500 Jahre Orgeln
in Berliner Evangelischen Kirchen
Band II

500 Jahre Orgeln
in Berliner Evangelischen Kirchen
Band II

Herausgegeben von Berthold Schwarz
Zusammengestellt von Uwe Pape
unter Mitarbeit von Stefan Behrens, Ernst Bittcher,
Matthias Hoffmann-Tauschwitz, Christhard Kirchner,
Christoffer Köbke und Ulrich Schmiedeke

Pape Verlag Berlin

134. Veröffentlichung der Gesellschaft der Orgelfreunde

Gedruckt mit Unterstützung durch

Evangelische Landeskirche Berlin Brandenburg
Deutsche Bank AG, Frankfurt/Main
Pandasoft Dr.-Ing. Eden, Berlin
Carl Giesecke & Sohn, Göttingen
Otto Heuss, Lich
Sietec Systemtechnik, Berlin

CIP-Kurztitelaufnahme der Deutschen Bibliothek

Schwarz, Berthold [Hrsg.]:
NE: Pape, Uwe
500 Jahre Orgeln in Berliner Evangelischen Kirchen.
Pape Verlag Berlin, 1991.
ISBN 3-921140-34-X.

© Pape Verlag Berlin, 1991. Printed in Germany.

Konzept und Koordination: Uwe Pape, Berlin
Graphische Gestaltung: atelier: müller, Berlin
Layout und Gesamtherstellung: Bernd Fischer, Berlin
Fotos: Angelika Fischer, Berlin
Satz: Nagel Fototype, Berlin (Berthold Garamond)
Lithographien im Duplexverfahren: O.R.T. Offset Repro Technik, Berlin
Druck: Ludwig Vogt, Berlin
Buchbinderische Verarbeitung: Lüderitz & Bauer, Berlin

ISBN 3-921140-34-X.

Inhalt

Band I

11 Grusswort

13 Vorwort

16 Berlin als Orgelstadt

22 Zur Baugeschichte der Berliner Kirchen

30 Der Orgelbau in Berlin von den Anfängen bis zum Beginn des 18. Jahrhunderts

52 Die erste Hälfte des 18. Jahrhunderts – Arp Schnitger, Johann Michael Röder und Joachim Wagner

106 Die Schüler Joachim Wagners und ihre Mitbewerber – 1750-1799

152 Die Orgeln der Frühromantik – 1800-1875

216 Die Orgeln der Hoch- und Spätromantik – 1875-1925

Band II

292 Die Zeit der Orgelbewegung – 1925-1942

344 Der Berliner Orgelbau nach 1945

444 Historisches Inventar

486 Werkverzeichnisse

492 Quellen und Literatur

502 Fotonachweis

504 Personenregister

511 Ortsregister

Schöneberg,
Zwölf-Apostel-Kirche

Die Zeit der Orgelbewegung
1925–1942

Albert Schweitzer

Der Zusammenbruch am Ende des Ersten Weltkriegs führte zu einem tiefgreifenden Bewußtseinswandel im geistigen Leben Mitteleuropas. Der Glaube an einen uneingeschränkten kulturellen Fortschritt, an eine geistige und moralische Fortentwicklung des Menschen war verflogen. Ernüchterung trat an die Stelle des idealistischen Denkens der Vorkriegszeit.

Der Traum von der Schlüsselstellung des Individuums wurde abgelöst durch ein neues Gemeinschaftsgefühl, und eine neue Werteskala zur geistigen Orientierung trat in den Vordergrund. Der schon in Ansätzen zu Anfang des Jahrhunderts erkennbare pädagogische Erneuerungswille wurde gesteigert zu einer pädagogischen Revolution. Es kam die Zeit der bündischen Jugendbewegungen, unter denen vor allem die Singbewegung dem gemeinschaftlichen Musizieren einen gewaltigen Aufschwung gab.

Mit dem geistigen Umbruch wurde auch eine grundlegende Wende im musikalischen Stilempfinden wirksam. Hatte sich schon vor Ausbruch des Krieges die radikale Erneuerung angekündigt, so wurde deren zukunftsweisende Bedeutung erst viel später erkannt. Die Zeit nach dem Ersten Weltkrieg gehörte den Antipoden Schönbergs wie Hindemith, Orff, Honegger und Weill.

In der Kirchenmusik fand die Erneuerung ihr Pendant in einer Rückbesinnung auf liturgische Werte und die in Vergessenheit geratene Klangwelt der alten Orgel. Die hier wirkende Erneuerung wurde getragen von Johann Nepomuk David, Ernst Pepping, Joseph Ahrens und Hugo Distler.

Die Anfänge der Orgelbewegung

Albert Schweitzer gebührt bekanntlich das Verdienst der ersten Initiative zu einer Bewegung der Orgelerneuerung (1906) mit dem Aufruf »Zurück zur wahren Orgel!«. In seinem Nachwort zur Neuauflage von 1927 schreibt er: »Erstaunlicherweise hatte es bis dahin noch niemand unternommen, den Organisten und Orgelbauern die Frage vorzuhalten, wohin es mit dem Orgelbau und der Orgelkunst eigentlich ginge.« Mit seiner Forderung »Zurück von der vom Erfindungsteufel eingegebenen modernen Fabrikorgel zur tonschönen und wahren Orgel!« erntete er anfangs nur Spott, und erst 1909, auf dem Kongreß der Internationalen Musikgesellschaft in Wien, konnte in einer Sektion für Orgelbau das »Internationale Regulativ für Orgelbau« verfaßt werden.[1]

Das Ideal Schweitzers war eine Synthese der Orgeln der Silbermann-Familie und Cavaillé-Colls. Gegen einen Rückgriff auf Orgeln der Vor-Bach-Zeit hat er sich wie andere Vorkämpfer der späteren Jahre immer verwahrt. Außerhalb der »Elsässischen Orgelreform« geschah Vergleichbares erst nach dem Weltkrieg: Wilibald Gurlitt und Oscar Walcker wagten 1921 den ersten Versuch der klanglichen Rekonstruktion einer Renaissance-Orgel, der Praetorius-Orgel in *Freiburg*. Mit pneumatischen Kegelladen war dieses Werk noch weit entfernt von der erstrebten klanglichen Gestaltung.[2] Aber der entscheidende Anfang war getan.

---

1. Scwe-1906, Nachwort, S. 49-70; Scwe-1926, in: Gurl-1926/1, Vorwort, S. 10.
2. vgl. z.B. Busc-1984/1, S. 402.
3. Wund-1961, S. 20-22; Fock-1974, S. 62.
4. Stra-1950, S. 89
5. Wund-1961, S. 22-23; Birt-1932, S. 47-53 zu Hans Henny Jahnn, die im Kreise der »Ugrino«-Gemeinde lebendige und gepflegte Auffassung der Musik und die daraus erwachsende »höchst blutvolle Mystifizierung der Orgel«.
6. Gurl-1926/2, S. 38.
7. Jahn-1926; Walc-1926/1; Mahr-1926.
8. Mahr-1928/2, S. 13-37.
9. Der Leser sei außerdem auf folgende zusammenfassenden Artikel zur Orgelbewegung zur Lektüre verwiesen: Birt-1932; Mahr-1938; Busc-1984/2;
10. Mahr-1931; Zur Person und zum Werk von Christhard Mahrenholz siehe Klot-1980.
11. Walc-1926/2, in: Gurl-1926/1, S. 160; Bieh-1929; Reze-1931.

Im *Hamburg* machte Hans Henny Jahnn im Zusammenhang mit der Aufführung der Orgelwerke Vincent Lübecks 1922 Günther Ramin auf das Instrument in St. Jacobi aufmerksam. Aus den überlieferten Berichten müssen wir den Eindruck gewinnen, als hätte Ramin mit dieser Entdeckung das erste Mal eine wirkliche Orgel kennengelernt. In einer Serie von mehr als 30 Konzerten wurde die 1690 erbaute und nach dem ersten Weltkrieg in der Grundsubstanz noch weitgehend original erhaltene Schnitger-Orgel einem breiten Publikum vorgestellt.[3]

Wenig später gelang es Ramin, Karl Straube zu einer Reise nach Hamburg zu bewegen. In »Rückblick und Bekenntnis« schreibt der Thomaskantor: »Schnitgers Meisterwerk in der Jakobi-Kirche zu Hamburg und die von Gurlitt rekonstruierte Prätorius-Orgel zu Freiburg waren die beiden Instrumente, deren eingehendes Studium meine Abkehr von dem romantischen Bach besiegelte und mir die Tür zu dem historischen Bach völlig öffnete.« In der neuen Folge der »Alten Meister des Orgelspiels« wurde die Disposition der Jacobi-Orgel den Registrierangaben zugrunde gelegt: »Das allein stilbestimmende Instrument für die Wiedergabe von Bachs Orgelpolyphonie kann nur die alte, unverfälschte Barockorgel sein.«[4]

Das Wirken Hans Henny Jahnns führte dann zu der denkwürdigen »Organisten-Tagung in Hamburg-Lübeck« vom 6. bis 8. Juli 1925, die dieser gemeinsam mit Günther Ramin ausrichtete. Hier versammelten sich erstmals Orgelbauer und Organisten in einem größeren Kreis und diskutierten grundlegende Probleme des Zusammenwirkens von Orgelbau und Orgelspielkunst.[5] Dieses Treffen war der Auftakt zu einer Reihe von Orgeltagungen, die die Grundlage der Orgelbewegung bildeten. Willibald Gurlitt kommt mit der Ausrichtung der »Freiburger Tagung für Deutsche Orgelbaukunst« vom 27. bis 30. Juli 1926 eine Schlüsselstellung zu.[6]

Orgelbautechnische Fragen hatten auf dieser Tagung neben musikwissenschaftlich orientierten Referaten eine vergleichsweise untergeordnete Bedeutung. Zwar referierten Oscar Walcker und Hans Henny Jahnn über Orgelmensuren und erteilten der Töpferschen Normalmensur einhellig eine Absage, und Hermann Mund brachte erstmals die Bedeutung des Orgelgehäuses zur Sprache, aber Christhard Mahrenholz stand in der improvisierten Nachsitzung, in der Traktur- und Ladensysteme diskutiert wurden, mit seiner Forderung nach Wiedereinführung der mechanischen Traktur auf verlorenem Posten.[7]

Diesbezüglich erfolgreicher war dagegen ein Jahr später die dritte Tagung für Deutsche Orgelkunst in Freiberg in Sachsen vom 2. bis 7. Oktober 1927. Christhard Mahrenholz stellte in seinem Eröffnungsreferat die Orgelbaugeschichte aus dem Verständnis des Orgelbaus heraus dar und leitete Forderungen ab, von denen variable Mensurierung, Dispositionsbestrebungen mit chorischer Gegenüberstellung und Ausbau des Werkprinzips sowie funktionelle Orgelgehäuse konkret angesprochen wurden.[8]

Christhard Mahrenholz

Die Arbeit der Initiatoren der Orgelbewegung wurde wesentlich von Karl Vötterle unterstützt. Der Inhaber des 1924 in Augsburg gegründeten und 1927 nach Kassel verlegten Bärenreiter-Verlages publizierte die Tagungsberichte von Freiburg und Freiberg und gründete unter dem Eindruck der Freiburger Tagung die Zeitschrift »Musik und Kirche«, die 1929 erstmals erschien und regelmäßig über Aktivitäten aus der Orgelbewegung berichtete.[9]

Die 1927 in Freiberg von Mahrenholz formulierten Vorschläge sind von ihm erstmals in *Göttingen, St. Marien* (1925), verwirklicht worden. Das 1927 fertiggestellte und 1940 und 1950 auf seine ausdrückliche Anregung hin veränderte Instrument zeugt noch heute vom Weitblick dieses Organologen.[10] Die Integration der klanglichen Reform mit klassischen Laden- und Traktursystemen war jedoch seinerzeit noch nicht möglich, weil den Orgelbauern die Kenntnisse und die Erfahrung im Umgang mit historischen Orgeln fehlten.[11]

Die Orgeltagungen von 1925 bis 1927 | 293

Göttingen, St. Marien-Kirche
Orgel von P. FURTWÄNGLER & HAMMER
Entwurf von CHRISTHARD MAHRENHOLZ

12. Mahr-1930; Vgl. auch Mahr-1928/2.
13. Elis-1930. Diese Arbeit gibt zugleich einen guten Einblick in das Wirkungsfeld Mahrenholz' und zitiert 26 von ihm disponierte Orgeln.
14. Korrespondenz des Verfassers mit Christhard Mahrenholz, 1975; MuK, 1931, S. 202, Bild S. 180a.

Zu Mahrenholz' besonderen Aufgaben gehörte auch die Betreuung der Instandsetzung historischer Werke. Die Wiederherstellung der Schnitger-Orgel in *Norden* in den Jahren 1929-1931 gehört zu seinen ersten Arbeiten, die unter Beachtung der Grundsätze der Orgelbewegung vorgenommen wurden. Wie schwer sich eine generelle Umsetzung der Ziele der Orgelbewegung gestaltete, wurde erst viel später deutlich.[12]

Die Realisierung einer Orgelbewegung

Mit den Tagungsberichten von Freiburg und Freiberg war ein Ausweg aus der deprimierenden Situation des Orgelbaus in den zwanziger Jahren gewiesen. Die Herausforderung der Orgelbewegung an die Orgelsachverständigen und Orgelbauer war groß, aber die Verwurzelung in der romantischen Tradition war ein gewaltiges Hindernis, die Denkansätze in die Praxis umzusetzen. In der pneumatischen Ära war das Verständnis für die Prinzipien des barocken Orgelbaus völlig verlorengegangen.

Die 1925 bis 1927 diskutierten Ideale ließen sich daher nicht von einem Jahr zum anderen verwirklichen. Es bedurfte einer mehr als 10 Jahre währenden Auseinandersetzung mit den verschiedenen Prinzipien einer möglichen Orgelerneuerung. Neben zahlreichen Einzeldokumenten gibt die Dispositionssammlung von CARL ELIS (1930) einen guten Einblick in das Ringen um die Wege der Bewegung.[13]

Die wesentlichen Kennzeichen der Instrumente jener Zeit sind folgende:
- durchgehender Aufbau der Klangpyramide von der Grundtonlage bis zur Klangkrone bzw. bis zu einem Niveau, das für die musikalische Praxis jener Zeit ausreichend erschien,
- eklektische Wahl von Registern, die in der Romantik kaum oder gar nicht gebaut wurden,
- oftmals alternierende Verteilung der Register des Weitchores bzw. Engchores auf die Manuale,
- aus heutiger Sicht zuweilen unorganische Verteilung dieser Register auf die einzelnen Tonlagen. Die Besetzung der Grundton-Lage läßt noch stark den Bezug zur Romantik erkennen; das Hauptwerk beginnt selbst bei sehr kleinen Orgeln fast immer mit einem Prinzipal 8',
- Disponierung hochliegender Mixturen, bei kleineren Instrumenten ohne Übergang von der 2'-Lage zur Mixtur,
- Disponierung von Aliquoten als Klangkrone im zweiten Manual.

Technisch gesehen standen diese Orgeln noch voll in der Tradition der Jahrhundertwende:
- Taschenladen oder Kegelladen mit chromatischer Aufstellung der Pfeifen,
- pneumatische oder elektropneumatische Trakturen mit den damit verbundenen Spielhilfen wie Transmissionen, Oktavkoppeln, freien Kombinationen usw.,
- Bau von weißen Untertasten und schwarzen Obertasten,
- große Tiefe der Orgel durch unorganische Aufstellung der Laden, oftmals hintereinander und/oder nebeneinander,
- vom Werk unabhängige Prospektgestaltung, nicht selten mit stummen Prospektpfeifen,
- zentrales Windreservoir als Parallelbalg oder Kastenbalg mit elektrischem Gebläse.

Klanglich waren die Instrumente - von der Tonlage der Register einmal abgesehen - ebenfalls »romantisch«:
- stabile Windversorgung durch großzügige Dimensionierung der Windladen und Kanäle,
- die Mensuren entsprachen der Praxis der beiden ersten Jahrzehnte dieses Jahr-

hunderts, nur in seltenen Fällen nicht mehr konstant, oft extrem weit oder eng,
- relativ hoher Winddruck und Intonation mit starken Kernstichen, hohem Aufschnitt und stark eingekulptem Fuß,
- Stimmung durch lange Stimmeinschnitte oder Stimmausschnitte (Expressionen), klingende Prospektpfeifen mit langen Überlängen,
- gleichschwebende Temperierung.

Die für eine Orgelbewegung wesentlichen und bereits 1926 und 1927 formulierten Kriterien wurden von den Orgelbaufirmen nur zögernd angenommen. Großbetriebe wie WILHELM SAUER, P. FURTWÄNGLER & HAMMER und G. F. STEINMEYER erwiesen sich als zu schwerfällig bei der Konzeptionierung neuer Systeme. Auch der anfangs höhere finanzielle Aufwand behinderte die Einführung von Schleifladen mit mechanischer Traktur.

Erst 1930 wurde die erste Orgel mit Schleifladen von EMIL HAMMER gebaut. Hierzu schreibt Mahrenholz: »Dies war die erste Schleifladenorgel, zu der ich Hammer gezwungen habe, weil er anders mit den von mir vorgeschriebenen Maßen nicht fertig werden konnte: Er mußte nämlich für die Laden die Klaviaturteilung nehmen, und so schmale ›Kanzellen‹ waren bei Taschenladen nicht möglich.«[14]

Noch nach dem Übergang zu Schleifladen und mechanischen Trakturen, bei den meisten Firmen erst nach dem Zusammenbruch 1945, orientierte sich der Orgelbau weitgehend an den Instrumenten der Romantik. Abgesehen von Positiven hatten die Laden keinen Bezug zu den Gehäusen, und die Trakturen waren demzufolge ungeschickt angelegt.

PAUL OTT und die Orgelbewegung

Mit dem Einsetzen einer Orgelbewegung war eine junge Orgelbauer-Generation aufgerufen, sich die Ideale der Verfechter klassischer Prinzipien zu eigen zu machen und in Zusammenarbeit mit den Beratern jener Zeit einen neuen Orgeltyp zu prägen. PAUL OTT war der erste, der ungeachtet einer für die neuen Ideen wenig dienlichen, wenn auch handwerklich soliden Orgelbaulehre von sich aus seinen eigenen Weg beschritt.[15]

Die von Mahrenholz ausgehenden Impulse zogen den bei G. F. STEINMEYER ausgebildeten und in der Singbewegung aktiven Paul Ott nach Norddeutschland. Nach einem kurzen Aufenthalt in Kassel bei KARL VÖTTERLE suchte Ott im November 1929 die Begegnung mit MAHRENHOLZ in Göttingen, der dem jungen Orgelbauer eine eigenständige Arbeitsmöglichkeit im Gartenhaus auf dem Grundstück der Firma CARL GIESECKE & SOHN vermittelte.[16]

Anfang 1930 baute Paul Ott seine erste Orgel, ein Positiv für die *Göttinger Marienkirche*, das ein Jahr später an die Gemeinde der *Versöhnungskirche* in *Leipzig-Gohlis* verkauft wurde. Hier war HERBERT SCHULZE seit 1925 als Kantor tätig, der 1934 auf Vorschlag HUGO DISTLERS als Instrumentallehrer und Dozent für Orgelkunde an die *Evangelische Schule für Volksmusik* (*Berliner Kirchenmusikschule*) berufen wurde.[17]

Ausstellungen auf den Kasseler Musikwochen und sein Engagement in der Singbewegung machten Paul Ott bald im norddeutschen Musikleben bekannt. Der Bedarf an Instrumenten für ein werkgerechtes Musizieren war groß, und da anfangs kein anderer als Ott geeignete Instrumente an Musikschulen, Hochschullehrer, Organisten und Liebhaber liefern konnte, lagen bereits 1934 zahlreiche Aufträge vor. Zu den Auftraggebern gehörten PAUL RUBARDT, *Leipzig*, ADAM BERNHARD GOTTRON, *Mainz*, und HUGO DISTLER, *Stuttgart*. Schon 1936 kam das erste Instrument nach *Berlin-Charlottenburg*, eine Übungsorgel mit ca. 7 Registern auf zwei Manualen und Pedal. 1937 lieferte Ott ein Positiv mit 3 Registern an die Familie PFEIFFER in *Lankwitz*, und 1938 ging ein Portativ an VON LÜPKE in *Spandau*.[18]

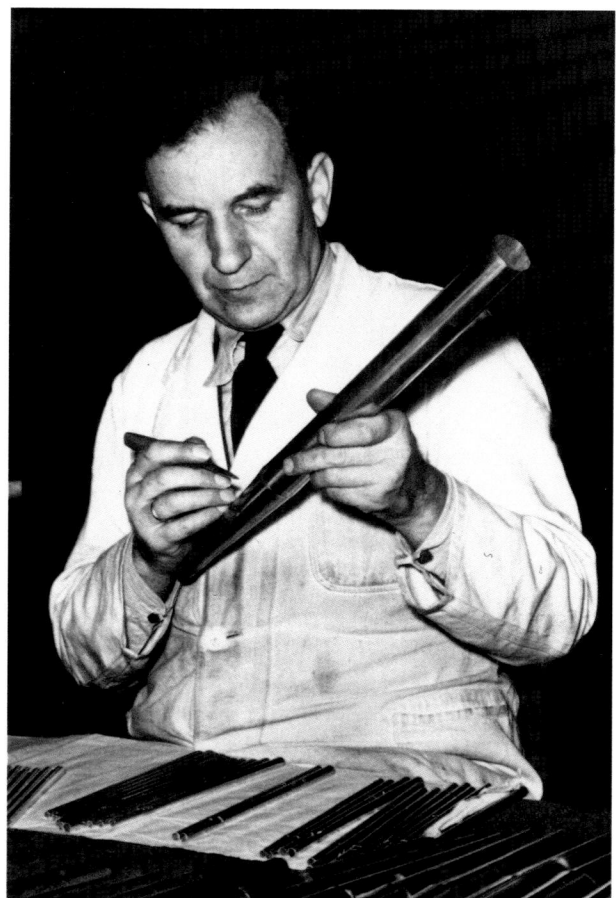

PAUL OTT, um 1950

15. Korrespondenz des Verfassers mit Christhard Mahrenholz, 1975. »Aber Ott war nicht der erste, Hammer war vor ihm an der Reihe, auch Kemper versuchte damals mit einer eigenen »Kemperlade«, die an Hans Henny Jahnns Harmslade erinnerte, wegzukommen. Etwa gleichzeitig mit ihm begann Marcussen in Apenrade, wenn mich meine Erinnerung nicht täuscht, mit dem Bau von Schleifladenorgeln.«
16. Gespräche des Verfassers mit Paul Ott, Göttingen, 1978, anläßlich der Aufnahme des gesamten Orgelwerks Hugo Distlers durch Arno Schönstedt an ausgewählten Ott-Orgeln; Pape-1979.
17. AOttG; MuK, 1931, S. 250, Bild S. 220a; Scul-1979, Klappentext.
18. Diverse von Vötterle gedruckte Werbeprospekte der Firma Ott; Anzeigen und Hinweise in Musik und Kirche; AOttG.

Paul Ott gelang die Überwindung der Spätromantik, die Umsetzung der Forderungen der Orgelbewegung in einem gemäßigt historischen Bezug und die praktische Verwirklichung ihrer ersten Erkenntnisse. Er wurde dank des starken Interesses an Positiven und Portativen seitens der Jugendmusikbewegung einer der bedeutendsten Wegbereiter und Führer der Orgelbewegung.[19]

Die Klangvorstellung Paul Otts mit engen Mensuren, niedrigem Winddruck und geringem Aufschnitt muß als ein Programm gegen die Auswüchse der Romantik verstanden werden. Daß dieser Weg zugleich in ein andres Extrem führte, blieb der Mehrzahl der unmittelbar Beteiligten mindestens zwei Jahrzehnte verborgen.

Restaurierung historischer Orgeln

Nach Paul Ott gingen Orgelbauer wie EMANUEL KEMPER, KARL SCHUKE, ALFRED FÜHRER, GUSTAV STEINMANN, RUDOLF VON BECKERATH u. a. eher einen Weg der Mitte, jedoch mit der Einschränkung, daß die frühen Instrumente nicht das Profil erlangten, das vor allem die kleinen Orgeln aus der Göttinger Werkstatt auszeichnet und das sie in der Musikbewegung so beliebt machte. Andererseits macht die besondere Bauweise der Ott-Orgeln deren Erhaltung heute so schwer und nicht selten problematisch.

Gleiches gilt für die Arbeiten an alten Orgeln. Verbunden mit den Schwierigkeiten, für die neuen Ideale in Kirchengemeinden Verständnis zu finden, und angesichts des kriegsbedingten Materialmangels konzentrierten sich die Arbeiten im Orgelbau vor dem Zweiten Weltkrieg in erster Linie auf Reparaturen und danach auf die Instandsetzung beschädigter Orgeln und Harmonien.

Die Arbeiten beschränkten sich aber nicht auf die Restaurierung und Rekonstruktion des historischen Bestandes. Die Annahme, eine gute Besetzung der 8′-Lage und der hoch erscheinde Winddruck vieler Werke aus dem 18. Jahrhundert seien nicht original, sowie das Bestreben, Instrumente aus dem 19. Jahrhundert von ihrer Grundtönigkeit zu befreien, führten zu einschneidenden Veränderungen an wertvollen historischen Instrumenten.[20]

Es lag im Zuge der Zeit, daß so gut wie kein Orgelbauer oder Berater Akten in Pfarrarchiven zur Hand nahm, um den originalen Bestand wenigstens hinsichtlich der Namensgebung und Tonhöhe zu überprüfen und gegebenenfalls zu rekonstruieren. Die Aktenlage in Landeskirchenämtern und Pfarrarchiven läßt erkennen, daß Orgelbauer dort, wo aufgrund des Bestandes die Sachlage einwandfrei war, oft keine andere Wahl hatten, als den Vorschriften der Sachberater zu folgen.

Waren Veränderungen im 19. Jahrhundert vorgenommen worden und diese nur geringfügig, so war eine Angleichung des Bestandes an die alte Disposition die Ausnahme. In der Regel wurde nach Ermessen des Sachverständigen eine Disposition erarbeitet, die zwar barock anmutete, aber in keiner Weise mit dem historischen Bestand in Zusammenhang stand. War die Veränderung des Werkes so erheblich, daß die Gesamtanlage betroffen war, ging man noch freizügiger bei der Wiederherstellung vor. Eine material- und mensurgetreue Restaurierung wurde nirgends in eine Überlegung einbezogen.

Den von den Sachverständigen geforderten Dispositionsveränderungen begegneten viele Orgelbauer mit einer weitgehenden Wiederverwendung des alten Materials, z. B. der Hauptwerks-Mixtur im Pedal, oder Umstellung von tiefen Registern in höhere Lagen. Hierdurch wird die Rückführung eines wesentlichen Teils des Pfeifenbestandes erleichtert. Die erwünschte Reduzierung des Winddrucks wurde durch Einlöten am Oberlabium ermöglicht. Manchmal wurden die Pfeifen auseinandergeschnitten, mit neuen Kernen versehen (vgl. *Karlshorst, Kirche zur frohen Botschaft*) und mit entsprechend niedrigerem Aufschnitt wieder zusammengelötet.

---

19. Einen sehr guten Überblick über die Jugendmusikbewegung vermittelt die Dokumentation Scol-1980. Wie hoch die Leistung Paul Otts heute eingeschätzt werden muß, wird deutlich, mit welcher Vehemenz Christhard Mahrenholz in Mahr-1938 die uns heute selbstverständlichen Prinzipien zu Disposition, Registerfundus, Lade und Traktur, Stellung der Orgel im Raum und Spieltisch hervorheben mußte.

20. Diese Angaben und die der folgenden Absätze gehen zurück auf eigene Aufzeichnungen, Gespräche mit Revisoren der hannoverschen und braunschweigischen Landeskirche, Gespräche mit Orgelbauern und Restaurierungsberichte von Orgelbauern.

Charlottenburg, Eosander-Kapelle, Restaurierung durch E. KEMPER 1931 und 1934, Beratung: WOLFGANG AULER

Die Lebendigkeit des Windes wurde durch Einbau von Kanal- und Ladenbälgen beseitigt. Die Erweiterung der Klaviaturen und Laden war nur selten von einer vollständigen Erneuerung des Spieltisches begleitet. Die Klaviaturen der Manuale wurden in der Regel nach altem Vorbild nachgebaut, eventuell erweitert, die des Pedals mit erweitertem Umfang und in neuartiger Ausführung hergestellt. Für das neue Pfeifenmaterial wurden kleine Laden gebaut, die neben den alten Platz fanden.

Der Orgelbau in Berlin

In *Berlin* setzte die Orgelbewegung erst zögernd ein. AULER schreibt treffend: »Von dem, was damals [1927] junge Organisten und Chorleiter bewegte, Renaissance der alten Meister, Orgel- und Singbewegung, war wenig zu spüren. Aus einem weitverbreiteten banalen Lyrismus ragten ziemlich einsam Fritz Heitmanns auf Straubes Schule beruhende Virtuosität und Wolfgang Reimanns vorbildliche Chorarbeit mit seiner evangelischen Bachvereinigung hervor.«[21] Als in anderen Städten wie *Freiburg* und *Göttingen* schon weit vor 1930 Dispositionen nach Prinzipien der Erneuerung gestaltet wurden, waren die Entwürfe für beispielsweise die *Kirche auf dem Tempelhofer Feld* oder die *Kirche am Hohenzollernplatz* ein halbherziges Konglomerat aus Romantik und Gedanken der Erneuerung ohne integriertes Konzept, das der Orgelbewegung in Berlin zum Durchbruch verholfen hätte.

Der innere Aufbau der Instrumente orientierte sich weitgehend an den Orgeln vor 1920, weil den in der pneumatischen Ära noch verwurzelten Orgelbauern das Verständnis für die Mechanik völlig verlorengegangen war. Die Laden hatten kaum einen Bezug zum Gehäuse, die Werke waren hintereinander statt übereinander oder nebeneinander angeordnet. Wurden Pedalpfeifen im Prospekt verwendet, so hatten sie wie in der Zeit der Pneumatik Frontladen; die eigentliche Pedallade stand hinten in der Orgel. Die Intonation war, von wenigen Ausnahmen abgesehen, dick und füllig, im Obertonbereich hart und scharf.

Die Orgelbewegung in Berlin begann mit dem Umbau und der Erweiterung romantischer Instrumente. 1930 wurde die von SCHULZE, Paulinzella, erbaute und von DINSE umgebaute Orgel der *St. Jacobi-Kirche* in *Kreuzberg* von KARL KEMPER umdisponiert. Auler schreibt von dieser Veränderung: »... Karl Kemper [hat es] ausgezeichnet verstanden, durch Umstellung alter und Einfügung neuer Register sowie eine wohlabgewogene Intonation ein klanglich völlig neues Instrument zu schaffen ...«[22]

WOLFGANG REIMANN

Der Umbau der Jacobi-Orgel führte zu der Restaurierung der Schnitger-Orgel im *Charlottenburger Schloß*. Dem Einsatz von BODO EBHARDT und der Öffentlichkeitsarbeit von WOLFGANG AULER ist es zu danken, daß dieses interessante Instrument 1931 instandgesetzt und die Disposition 1934 dem Originalzustand entsprechend wiederhergestellt werden konnte. FRITZ HEITMANN berichtete 1937 in einem Aufsatz über seine Erfahrungen an diesem Instrument.[23]

1932, dem Gründungsjahr der Berliner Arbeitsgemeinschaft für die Orgelbewegung, wurde das Rückpositiv der großen Domorgel mit Registern nach Mensuren von HANS HENNY JAHNN auf Schleifladen neu besetzt.[24] GEORG KEMPFF und ALEXANDER SCHUKE, dem vom Provinzialkonservator PESCHKE 1935 »reiche Erfahrungen in der Wiederherstellung alter Werke« bescheinigt wurden[25], versuchten 1939-1940 die Erkenntnisse der Orgelbewegung in der Orgel der *Emmaus-Kirche* umzusetzen. Durch den Bau einer Chororgel und eines Rückpositivs unter Verwendung alter Stimmen und des Dinse-Gehäuses für Hauptwerk und Pedal kommt dieser Umbau eher einem Neubau gleich.

In Berlin gibt es nur wenige beachtenswerte Neubauten aus den dreißiger Jahren. Die hier aktiven Orgelbauer wie ALEXANDER SCHUKE mit seinen beiden Söhnen und die Firma W. SAUER mit KARL RUTHER als treibende Kraft profilierten sich

21. Aule-1965, S. 126.
22. Aule-1965, S. 128.
23. Aule-1965, S. 129-130; Heit-1937. Vgl auch Voge-1963, S. 51-53, Reim-1932.
24. Aule-1965, S. 131.
25. EZA, 14/5011.

*Zehlendorf,
Ernst-Moritz-Arndt-Kirche*
Orgel von ALEXANDER
SCHUKE, 1934-35

1934-1936 mit je einem Instrument in der neu erbauten *Ernst-Moritz-Arndt-Kirche* in *Zehlendorf* und in der *Franziskaner-Klosterkirche* in *Berlin-Mitte*. Das Werk der »EMA« erhielt unter dem Einfluß von WOLFGANG AULER schon Schleifladen mit mechanischer Spieltraktur, während für das Werk im *»Grauen Kloster«* FRITZ HEITMANN verantwortlich war und Schleifladen und elektrische Traktur plante.[26]

26. Ebha-1926; Heit-1926; Heit-1953; Voge-1963, S. 49-50.

1935-1939 entstand an der *Evangelischen Kirchenmusikschule* in *Spandau* unter Leitung von GOTTFRIED GROTE und HERBERT SCHULZE ein Instrument von KARL KEMPER aus Lübeck, das durch den Einsatz in der Ausbildung Impulse auf die junge Organistern-Generation ausübte. Andere Instrumente, wie beispielsweise das Werk in der *Erlöser-Kirche* in *Berlin-Lichtenberg*, wurden unter Wiederverwendung alter Materialien erbaut und können nur bedingt als Zeugen einer Orgelbewegung angesehen werden.

Die Entwicklung nach dem Zusammenbruch

Die Jahre nach 1945 waren durch den Wiederaufbau des nahezu völlig zerstörten Berlins geprägt. Die Stadt, die 112 Kirchen verloren hatte, stand vor einem Neubeginn, wie ihn seinerzeit keine andere Stadt in Deutschland erlebte. Angesichts dieser Tatsache war der Orgelbau zweitrangig; die Arbeiten im kirchlichen Bereich konzentrierten sich auf Ausbesserung und Wiederaufbau beschädigter bzw. zerstörter Kirchen. Die Orgelbaufirmen, die auch erst wieder Fuß fassen mußten, waren notgedrungen angewiesen auf kleine Reparaturen beschädigter Instrumente, vor allem auf dem Lande, wo sich die Kriegsfolgen in Grenzen hielten und wo die Arbeiten in Naturalien bezahlt werden konnten.[27] Erst um 1955, nach dem Wiederaufbau der Stadtkirchen, konnten erste Aufträge für Neubauten in Stadtgemeinden erteilt werden.

27. Pape-1983/2.

Orgelbauer, die sich noch dem pneumatischen System verpflichtet fühlten, hatten nur in den Anfängen eine Chance, attraktive Aufträge zu erhalten. Sie wurden schnell verdrängt von jenen Meistern, die die Bedeutung eines integrierten Konzeptes auf der Grundlage der Orgelbewegung erkannt hatten und auch in der Lage waren, dies in die Praxis umzusetzen. Hierzu gehörten KARL SCHUKE und RUDOLF VON BECKERATH, die von Berlin und Hamburg aus ein weites Tätigkeitsfeld entwickelten und nachhaltigen Einfluß auf eine große Zahl von Schülern hatten.

Stand Berlin vor 1945 bezüglich der Orgelbewegung eher im Schatten der Entwicklung und waren die Ergebnisse kaum wegweisend, so änderte sich dies schlagartig nach dem Zusammenbruch. Die Potsdamer Firma mit den Brüdern HANS JOACHIM und KARL SCHUKE setzte 1946 mit ihrem Werk für die *Domgruft* ein Zeichen[28] und führte danach nur noch Neubauten mit mechanischer Traktur aus. KARL SCHUKE, der kurz nach 1950 im Westteil Berlins seßhaft wurde, hatte sich nach einer Serie von Positiven und Kleinorgeln 1957 in Verbindung mit der Bauausstellung »Interbau« durch das Instrument in der *Kaiser-Friedrich-Gedächtnis-Kirche* einen Namen gemacht. Und RUDOLF VON BECKERATH stellte im gleichen Jahr ein Instrument in der *St. Thomas-Kirche* in *Kreuzberg* auf und läutete damit seinerseits eine neue Epoche im Berliner Orgelbau ein. UP

28. Heit-1946. Es ist besonders bedauerlich, daß dieses interessante Werk 1990 nach den Wünschen des Organisten umgebaut wurde.

Berlin, Franziskaner-Klosterkirche, Orgel von WILHELM SAUER, *1935-36*

Die Entwicklung nach dem Zusammenbruch | 299

*Tempelhof,
Kirche auf dem Tempelhofer Feld*
Orgel von WILHELM SAUER,
1928

Tempelhof
Kirche auf dem Tempelhofer Feld

Die nördlich des alten Dorfes Tempelhof gelegene Siedlung Neu-Tempelhof, Ende der 20er Jahre planmäßig bebaut, erhielt 1927/1928 eine evangelische Kirche nach Plänen von Fritz Bräuning. Derselbe Architekt, der 1911 mit einem Entwurf einer Kirche in klassischen Formen für diesen Standort einen Wettbewerb gewonnen hatte, entwarf die realisierte Rundkirche unter Verwendung sowohl verhalten klassizistischer als auch expressionistischer Elemente. So sind besonders die gotisierende Laterne über der kegelförmigen Kuppel, die Spitzbogenmotive und die nicht mehr vorhandenen Gewölbe und Pfeiler des Inneren als Ausdruck des mystizistischen Expressionismus im Kirchenbau der 20er Jahre zu verstehen. Die ursprüngliche Ausstattung verband schließlich noch zeitgenössische Motive des Art deco mit diesem Konzept; eine im Kirchenbau - in Preußen - »unerhört« seltene Gestaltung. Bräuning äußerte sich zu seinem Entwurf: »Bei der Planung war der Gedanke maßgebend, eine evangelische Predigtkirche zu schaffen. Altar und Kanzel sind daher zu einer im Angesicht der Gemeinde errichteten Gruppe zusammengefaßt. Hinter der Kanzel liegt die Sängerempore, dahinter die Orgel. Die Bankreihen sind in Bögen zu Füßen des Kanzelaltars angeordnet, so daß die Blicke aller Kirchenbesucher auf ihn gerichtet sind. So ergab sich die Form eines Rundbaues ...«[1]
Der zentrale Raum erhielt also seine Ausrichtung durch die traditionalistische Anordnung von Altar, Kanzel und Orgel, eine Struktur, die Friedrich Wilhelm III. abgeschafft hatte und die erst bei Kirchbauten der zweiten Dekade unseres Jahrhunderts wieder vorkommt. Die Orgel befand sich auf der umlaufenden Empore, während die Kanzel zwischen den beiden Hauptebenen des Saales vermittelte. Auch die Details des Art deco und die Struktur dieser Inventarien entsprachen der expressionistischen Grundhaltung, die dem Kirchenraum über seine Farbgestaltung, seine Kultgegenstände und seine internen räumlichen Bezüge - in der Verquickung von Zentral- und »Weg«-Kirche - eine fast übersteigerte Sakralität gab. Nur ein weiterer Innenraum in Berlin - keine Kirche - entsprach stilistisch und in der Stimmung dieser Grundhaltung: das »Große Schauspielhaus« Max Reinhardts, in der Gestaltung von Hans Poelzig.
Durch die Wiederherstellung der Kirche nach dem Krieg durch Berking und die spätere Umgestaltung durch Behrmann ging diese Stimmung, zusammen mit dem Inventar, verloren. Auch der »Friedrichstadt-Palast«, das ehemalige Reinhardt-Theater, ist abgebrochen worden.
Die erste Orgel war ein Werk der Firma Sauer von 1928 und besaß 52 Register und 3 Transmissionen. »Die Orgel ist in ihrer Disposition eine geschickte Vereinigung eines modernen Orchesterwerks und der historischen Barockorgel, die in der heutigen Orgelbaukunst ihre Wiederentdeckung gefunden hat.« Kirche und Orgel - im Sinn der Orgelbewegung noch ein mehr als halbherziges Konzept - wurden am 17. Mai 1928 eingeweiht. Ein freistehender Spieltisch war mit der Orgel durch elektrische Traktur verbunden. Die vier großen Baßregister standen zu beiden Seiten der Hauptorgel in Nischen mit dem Gemshorn 16′ im Prospekt.[2]
Im Zweiten Weltkrieg wurde die Orgel durch Witterungseinflüsse unbrauchbar, so daß an eine Wiederherstellung nicht zu denken war. 1958 lieferte die Berliner Orgelbauwerkstatt Karl Schuke ein neues Instrument mit 30 Registern auf drei Manualen und Pedal.[3]

BS/UP

Tempelhof,
Kirche auf dem Tempelhofer Feld

1. Bräu-1928.
2. KoW-ZSOb, Meldebogen für Orgeln, 25. 5. 1944.
3. Fest-1978, S. 17-19, 24-26.

Manual I C–c⁴

Prinzipal 16′
Prinzipal 8′
Flute Harm. 8′
Gedackt 8′
Gemshorn 8′
Oktave 4′
Rohrflöte 4′
Rauschquinte 2fach 2⅔′
Cymbel 4fach
Cornett 1-5fach 8′
Trompete 8′

Manual II (Schwellwerk) C–c⁴, 16′- und 8′-Register ausgebaut bis c⁵

Gedackt 16′
Flötenprinzipal 8′
Konzertflöte 8′
Quintatön 8′
Viola di Gamba 8′
Salicional 8′
Nachthorn 4′
Flauto dolce 4′
Quintflöte 2⅔′
Waldflöte 2′
Terz 1⅗′
Sifflöte 1′
Mixtur 4-5fach
Krummhorn 8′
Horn 8′
Geigend Regal 4′
Tremulant

Tempelhof
Kirche auf dem Tempelhofer Feld
Zustand vor 1945

Manual III (Schwellwerk) C–c⁴, (16′- und 8′-Register ausgebaut bis c⁵)

Liebl. Ged.-Nachthorn 16′
Hornprinzipal 8′
Soloflöte 8′
Violoncello 8′
Echo Bourdon 8′
Aeoline 8′
Vox Coelestis 8′
Fugara 4′
Flauto Dolce 4′
Piccolo 2′
Harm. Aeth. 3fach
Großcymbel 3-7fach
Rankett-Fagott 16′
Oboe 8′
Vox humana 8′
Tremulant

Pedal C–f¹

Untersatz 32′
Prinzipalbaß 16′
Gemshornbaß 16′
Subbaß 16′
Liebl. Gedackt 16′   Transmission
Oktavbaß 8′
Baßflöte 8′
Cello 8′   Transmission
Oktave 4′
Rauschpfeife 4fach
Stille Posaune 32′
Posaune 16′
Fagott 16′   Transmission
Singend Cornet 2′

Taschenladen, elektropneumatische Traktur, Manualkoppeln, Pedalkoppeln, Superoktavkoppeln, zahlreiche Spielhilfen.

Spandau
Luther-Kirche

1895-1896 erhielt die St. Nikolai-Kirchengemeinde eine Filialkirche in der Spandauer Neustadt. Die *Luther-Kirche*, nach Entwürfen von ARNO EUGEN FRITSCHE in Formen des Übergangsstils von der Romanik zur Gotik gebaut, hat Vorbilder in den Kirchbauten von JOHANNES OTZEN. Die nur dreijochige, dreischiffige Halle mit gleichhohen Gewölben und dreiseitigen Emporen ist durch zwei Kapellenanbauten im Westen und Osten und den asymmetrisch im Südwesten eingestellten Turm akzentuiert. Während dadurch eine starke äußere Gliederung entsteht, ist der Innenraum von klarer, einfacher Struktur. Dem Altarraum mit den ausdrucksstark gestalteten Prinzipalstücken ist die Orgel- und Chorempore gegenübergestellt, die über der Westkapelle durch ein großes Radfenster geöffnet ist.

Die seinerzeit in dieser Kirche aufgestellte Orgel hat eine wechselvolle Geschichte erfahren. Die Firma GEBR. DINSE beteiligte sich 1896 an der Berliner Gewerbe-Ausstellung in *Treptow* mit einem Instrument, das 25 klingende Stimmen auf zwei Manualen und Pedal hatte und in der Rotunde des Hauptindustriegebäudes über

dem Eingang Aufstellung fand. »… der von Bruno Schmitz entworfene Prospekt der Orgel ist so gestaltet, daß er an beiden Seiten spitz zulaufende turmartige Säulen trägt, während der Mittelteil niedriger ist und das hohe Bogenfenster offen läßt, das sich über dem Portal befindet.«[1]

Die Orgel wurde preisgekrönt und im Anschluß an die Ausstellung noch 1896 von der Erbauerfirma erweitert und in der neu entstandenen *Luther-Kirche* in *Spandau* aufgestellt. Nach diesem Umbau umfaßte das Werk 36 Stimmen.[2]

Als 1910 MANFRED LANGER an der Luther-Kirche seinen Dienst als Organist aufnahm, wurde der Wunsch nach einer Umintonation laut: »Leider war die Intonation eine ganz und gar nicht berechtigten Anforderungen entsprechende.« Diese Intonationsänderung wurde bald darauf, vermutlich noch 1910, im Rahmen einer umfassenden Reinigung des gesamten Werkes durchgeführt.[3]

Heute wissen wir, daß mit der Umintonation und Reinigung nur ein erster Wunsch des Organisten erfüllt wurde. Das Instrument hatte eine »rein pneumatische Mechanik«. Diese »immer unzuverlässiger werdende Traktur« machte einen Umbau erforderlich, der schon um 1914 von der Firma SCHLAG & SÖHNE, Schweidnitz, durchgeführt wurde. Dieses Unternehmen, das sich durch mehrere Neu-

---

1. Gewe-1896, S. 106; Ura, 1897, S. 77; Frot-1950. Bruno Schmitz (1858-1916) ist vor allem durch seine monumentalen Denkmalbauten (Kyffhäuser-Denkmal, Porta Westfalica, Denkmal am Deutschen Eck in Koblenz, Völkerschlachtdenkmal, Leipzig) bekannt geworden.
2. Dins-1897, S. 8, 29; Ura, 1897, S. 28-29; Frot-1950. Die Namen und die Schreibweise der Register weichen in den Quellen voneinander ab. Hier wird die Disposition nach dem Kalog zitiert.
3. Lang-1914, S. 1089.

Disposition von 1896 (Treptow)

Hauptmanual (I) C-f³

Großprinzipal	16′
Prinzipal	8′
Flute harmonique	8′
Bourdon	8′
Viola da Gamba	8′
Oktave	4′
Gemshorn	4′
Quinte	2⅔′
Superoktave	2′
Kornett 3fach	
Progr. harm. 2-4fach	
Trompete	8′

Obermanual (II, Schwellwerk) C-f³

Gedackt	16′
Prinzipal	8′
Koncertflöte	8′
Gedackt	8′
Aeoline	8′
Oktave	4′
Rohrflöte	4′

Pedal C-d¹

Subbaß	16′
Violon	16′
Prinzipal	8′
Flöte	8′
Violoncello	8′
Posaune	16′

Kegelladen, pneumatische Traktur, Manualkoppel, Pedalkoppeln I-P, II-P, drei feste Kombinationen (Mezzoforte, Forte, Fortissimo), Rollschweller an und ab

Abb. rechts:
Die Orgel nach dem Umbau
von 1929 (heutiger Zustand)

4. Lang-1914, S. 1089-1091.
Hier finden sich auch die in der
Disposition weidergegebenen
Hinweise zu alten und neuen
Registern.
5. AHaH, Akte 1074,
Auftragszettel 2. 8. 1929;
Lang-1930; Frot-1950.

Spandau, Luther-Kirche
Gehäuse von SCHLAG & SÖHNE,
1914

Disposition von 1896 (Spandau)

Hauptmanual (I) C-f³

Principal 16'
Principal 8'
Gemshorn 8'
Flute harmonique 8'
Gambe 8'
Bourdon 8'
Octave 4'
Gemshorn 4'
Rohrflöte 4'
Rauschquinte 2⅔' 2'
Cornett 3-4fach
Mixtur 3-5fach
Trompete 16'
Trompete 8'

Obermanual (II, Schwellwerk) C-f³

Bourdon 16'
Principal 8'
Concertflöte 8'
Cello 8'
Aeoline 8'
Vox celeste 8'
Gedeckt 8'
Octave 4'
Fugara 4'
Flauto dolce 4'
Progressio 2-4fach
Clarinette 8'

Pedal C-d¹

Contrabass 16'
Violon 16'
Subbaß 16'
Gedeckt 16'
Nasard 10⅔'
Principal 8'
Violoncello 8'
Baßflöte 8'
Posaune 16'
Trompete 8'

Kegelladen, pneumatische Traktur, Manualkoppel, Pedalkoppeln
I-P, II-P, drei feste Kombinationen (Mezzoforte, Forte,
Fortissimo), Rollschweller an und ab, zwei Magazinbälge

bauten in Berlin bereits ausgewiesen hatte, fügte ein drittes Manual hinzu, installierte eine neue Röhrenpneumatik und paßte die Ansprache der alten, in das dritte Manual übernommenen Stimmen dem neuen Winddruck an. Das neue Gehäuse füllt den ganzen rückwärtigen Raum des Chorjochs und ist ungedeckt. Die vorgestellte Prospektfassade und deren wesentliche, an Pedaltürme, Brust- und Hauptwerk erinnernde Gestaltungselemente blieben größtenteils stumm. Das zeittypische, dunkel gebeizte Holzwerk, mit schmiedeeisernen Ergänzungen, kontrastiert dabei mit den ungefaßten und nicht überdeckten, stichbogig steigenden Pfeifengruppen. Die Disposition von 1914 hat einen für die damalige Zeit bemerkenswert obertonreichen Klangaufbau. Doch die alten Kegelladen von DINSE blieben erhalten.[4] Wenn auch die Disposition bereits Züge einer Orgelbewegung erkennen läßt, so standen doch Technik und Intonation voll im Einfluß der Romantik. Erst 15 Jahre später folgte man den aufkommenden Neobarock-Bestrebungen und entschloß sich zu einem weiteren Umbau durch P. FURTWÄNGLER & HAMMER, Hannover. Diese Instandsetzung, die auch mit einer Elektrifizierung verbunden war, kam fast einem Neubau gleich. Das Instrument wurde mit neuen Taschenladen und einem Rückpositiv am Reformationstag 1929 seiner Bestimmung übergeben.[5] Das neue Positiv nimmt zwar Gestaltungselemente des Hauptgehäuses auf; die plumperen Details der wenig souveränen handwerklichen Arbeit und die unorganische Einpassung in die Brüstung lassen es jedoch als spätere Zutat erkennen.

Spandau, Luther-Kirche

6. Lang-1930.

Disposition von 1914

Manual I

Prinzipal	16′	
Prinzipal	8′	
Gambe	8′	
Hohlflöte	8′	
Gedackt	8′	
Oktave	4′	
Rohrflöte	4′	
Cornett 1-3fach		Transmission
Cornett 1-5fach		
Mixtur 2-5fach		
Fagott	8′	alt, aus Trompete 16′

Manual II

Prinzipal amabile	8′	
Gemshorn	8′	
Flöte	8′	
Äoline	8′	
Fugara	4′	alt
Flauto dolce	4′	
Nasard	2⅔′	neu, weit
Octavin	2′	neu, überblasend
Zymbal 2-3fach		
Klarinette	8′	alt

Manual III (Schwellwerk)

Bordun	16′	
Hornprinzipal	8′	neu, weit, weit labiiert
Cello	8′	
Flute harmonique	8′	
Sourdine	8′	neu, »weder gedeckt noch offen«
Vox coelestis	8′	schwebend
Lieblich Gedackt	8′	C-H Holz, Rest Metall
Prästant	4′	
Flute octaviante	4′	
Piccolo	2′	neu
Sesquialter 2fach	2⅔′	
Mixtur 5fach		
Trompte	8′	alt
Oboe	8′	
Tremulant		für die schwächsten Stimmen

Pedal

Prinzipal	16′
Violon	16′
Subbaß	16′
Gedacktbaß	16′
Oktavbaß	8′
Violoncello	8′
Baßflöte	8′
Quinte	5⅓′
Gemshorn	4′
Posaune	16′

Das Instrument wurde nicht nur von der Gemeinde sofort angenommen; neben Gottesdiensten und Amtshandlungen wurde die Orgel zur Ausbildung von Studenten der Berliner Kirchenmusikschule im Johannes-Stift benutzt. Sie galt in Spandau vor Erbauung der Kemper-Orgel im Johannes-Stift als das bedeutendste moderne Instrument. Langer weist mit Recht auf eine Äußerung Ramins hin, die die damalige Zielsetzung der Orgelbewegung deutlich werden läßt: »Einen Klangtypus zu schaffen, der durch die Verbindung der klanglichen Vorzüge der klassischen Orgel mit äußeren technischen Errungenschaften unserer Zeit …. die Möglichkeit gibt, sowohl vorbachsche Musik als auch die große Kunst von Max Reger lebendig zu erhalten.«[6]

Heute ist uns bewußt, daß dieser Anspruch mit den Erfahrungen und technischen Möglichkeiten der zwanziger Jahre nicht in Einklang zu bringen war. Nur wenige Instrumente dieser Zeit sind daher noch erhalten. Um so vordringlicher ist es, nicht auch dieses Werk dem Verfall preiszugeben.

UP

Kegelladen, Membranladen, Manualkoppeln II-I, III-I, III-II, Pedalkoppeln I-P, II-P, III-P, Superoktavkoppeln III-I (ausgebaut), II-I, Einführung I, freie Kombinationen für I, II, III, P, Handregister ab für freie Kombinationen, Einführung Zungen und Mixturen I, II, III, Einführung Grundstimmen im Pedal, Einführung Zunge und Mixtur im Pedal, Rohrwerke ab, Tutti, Rollschweller, Handregister ab für Rollschweller, Rollschweller ab, Winddruck 95 mmm WS in I und II, 120 mm WS in III.

Disposition von 1929

Hauptwerk (II) C-g³

Prinzipal	16′	Prospekt, alt
Prinzipal	8′	alt, ab c¹ HT weiter
Rohrflöte	8′	z. Teil alt, Transmission aus Kornett
Gemshorn	8′	alt
Quinte	5 1/3′	neu, ab g, Transmission aus Kornett
Oktave	4′	
Spitzflöte	4′	neu, Transmission aus Kornett
Nasard	2 2/3′	neu, ab g, Transmission aus Kornett
Septime	2 2/7′	neu, ab g, Transmission aus Kornett
Gemshorn	2′	neu, ab C, Transmission aus Kornett
Terz	1 3/5′	neu, ab g, Transmission aus Kornett
Kornett 3-7fach	8′	neu
Mixtur 5fach	2′	neu
Zimbel 3fach	2/3′	neu

Oberwerk (III, Schwellwerk) C-g³

Stillgedackt	16′	
Prinzipal	8′	
Fernflöte	8′	zum Teil neu
Spitzflöte	8′	
Quintatön	8′	
Prinzipal	4′	
Querflöte	4′	
Schweizerpfeife	2′	neu
Sesquialter 2fach	2 2/3′	
Scharf 4fach		
Dulcian	16′	neu
Trompete	8′	
Oboe	4′	
Harfe		neu
Tremulant		

Rückpositiv (I) C-g³

Liebl. Gedackt	8′	alt
Quintatön	8′	C-H, aus Liebl. Gedackt, Rest neu
Gedacktflöte	4′	alt
Aperta	4′	alt
Rohrflöte	2′	neu
Quinte	1 1/3′	neu
Nachthorn	1′	neu
Zimbel 3fach	1/3′, 1/4′, 1/5′	neu
Rankett	16′	neu
Krummhorn	8′	neu
Tremulant		

Pedal C-f¹

Prinzipal	16′	
Subbaß	16′	
Echobaß	16′	Transmission aus II
Oktavbaß	8′	
Gedacktflöte	8′	
Echobaß	8′	Transmission aus II
Oktave	4′	
Flöte	4′	
Rauschpfeife 4fach	2 2/3′	neu
Sordun	32′	neu
Baßklarinette	16′	tiefe Oktave neu
Dulcian	16′	Transmission aus II
Trompete	8′	Transmission aus II
Oboe	4′	Transmission aus II
Singend Regal	2′	neu

Taschenladen, elektropneumatische Traktur, Manualkoppeln RP-HW, OW-HW, OW-RP, Pedalkoppeln HW-P, OW-P, RP-P, freie Kombinationen für HW, RP, OW, P, Handregister ab (Vorbereitung), Zungen an für HW, Zungen und Mixturen an für RP, OW, P, Einzelabsteller für die Zungen, Grundstimmen Pedal an, 16′ ab, Tutti, Registerschweller für die Manuale, Registerschweller für das Pedal, Registerschweller ab, Winddruck 70 mmm WS im RP, 80 mm WS im HW und P, 90 mm WS im OW

Spandau, Luther-Kirche
Spieltisch der Orgel

*Wilmersdorf,
Kirche am Hohenzollernplatz*
Orgel nach Fertigstellung des
Rückpositivs, um 1934
1943 zerstört

Wilmersdorf
Kirche am Hohenzollernplatz

Kirche von Nordosten, um 1939

Als 1927 die Überlegungen Gestalt gewannen, eine neue Kirche für den Norden der schnell wachsenden Gemeinde *Wilmersdorf* zu errichten, standen ihr zwei Gotteshäuser zur Verfügung, die Mutterkirche in der *Wilhelmsaue* und die *Kirche am Hochmeisterplatz*. In den Bürgerhäusern lebten höhere Beamte, Juristen, Ärzte, Kaufleute, das was man als gehobenes Bürgertum bezeichnete. So wundert es nicht, daß für den Bau von Kirche, Gemeindehaus und Pfarrhaus nicht weniger als 1,5 Millionen Mark von der Gemeinde aufgebracht wurden.[1]

Die vorteilhafte Lage am Hohenzollernplatz, der zugleich Kreuzungsbereich mehrerer Straßen ist, und nicht zuletzt die bereitgestellte Summe machten den Kirchbau zu einer für Architekten verlockenden Aufgabe. Fünf führende Berliner Architekten wurden zur Teilnahme an einem Wettbewerb aufgefordert, darunter auch Curt Steinberg, der später die *Bekenntnis-Kirche* in *Treptow* und die *Martin-Luther-Gedächtnis-Kirche* in *Mariendorf* erbaute. Das Schiedsgericht sah sich jedoch nicht in der Lage, auch nur einen der abgelieferten Entwürfe zur Übernahme zu empfehlen. Sie entsprachen zu wenig den Forderungen nach strenger Konzentration: ohne äußere und innere Überladung, einfach, aber würdig - als Kirchbau dennoch weithin erkennbar.

Fritz Höger (1877-1949), jener Außenseiter aus Holstein, der den norddeutschen Backsteinbau den Aufgaben der Gegenwart entsprechend zu erneuern suchte, erhielt, völlig unerwartet für die Berliner Öffentlichkeit, den Auftrag. Die Stürme der Entrüstung und Empörung über seinen expressionistischen Entwurf können noch heute in der »Deutschen Bauzeitung« und im Monatsheft »Wettbewerbe« verfolgt werden.[2]

Im Vergleich mit den anderen, heute noch bekannten Entwürfen wird sich kaum einer der Erkenntnis entziehen können, daß Höger die überzeugendste Lösung der Wettbewerber bot. Darüber hinaus waren Material und Stil für die Wahl entscheidend. Der hart gebrannte Backstein war für Höger ein Gestaltungsmittel für eine erstrebte Materialgerechtigkeit: die konstruktive Leistungsfähigkeit, d.h. Wetterbeständigkeit, Druckfestigkeit, Integrationsfähigkeit mit anderen Baustoffen, und der Materialreiz, d.h. die Farbe des Klinkers, die Reflexwirkung, die Oberflächenwirkung, waren weithin verlorene bauliche Werte.

Höger verband die neue Wertschätzung des Klinkers mit der Gestaltungsfülle, die sich allein aus dem Format, dem feinen Maßstab und der geometrischen Natur des Materials ergab. Eine klare, schlichte, betont senkrechte Gliederung der Baukörper werden zum der Ausdruck elementar konstruktiven und rationellen Bauens.[3]

Am 30. September 1930 fand die Grundsteinlegung statt, der Einweihungstermin wurde nach mancherlei Verzögerungen auf den 19. März 1933 gelegt. Den Innenausbau überließ Höger nicht den Handwerkern und beteiligten Firmen allein. Es gab kaum ein Detail, zu dem er nicht Stellung genommen, das er nicht begutachtet hätte. Hierzu gehören vor allem die Farbglasfenster des Altarraumes, die Verklinkerung und Mosaiken, der Altar mit Kreuz und Leuchtern.

1. Dorn-1983.
2. Pehn-1973, S. 50, 152-154; Wet-1928, Nr. 8, S. 101-106; DBZ-1928, Diverse Zuschriften, S. 496, 552, 682-684, 748, 1932, S. 585-589; Dorn-1983; PfA-WiHo.

3. Högn-1931; Pehn-1973, S. 128-129, S. 149-154; Berk-1977. Abb. 61. Weitere Literatur S. 42 oben.

Die Orgel, die von Architekten nur selten von Beginn an bei der Planung einer Kirche berücksichtigt wird, sollte auf einer eigenen Empore über einer »Hörer-Empore« und einer »Sänger-Empore« aufgestellt werden. Höger hatte sich sehr wohl Gedanken um den Aufstellungsort gemacht, aber die akustischen Gegebenheiten, insbesondere die hemmende Wirkung der Spitzbögen, falsch eingeschätzt. Die Firma P. FURTWÄNGLER & HAMMER, Hannover, die in der Mutterkirche zehn Jahre zuvor ein Instrument geliefert hatte, erhielt den Auftrag und lieferte 1932 ohne Beteiligung Högers ein dreimanualiges Instrument mit einem konventionellen Freipfeifenprospekt.[4]

Als die Orgel im Herbst 1932 fertig war und die klangliche Wirkung weit von dem entfernt war, was sich die Gemeinde vorstellte, wurde der Entschluß gefaßt, die Orgel um ein Rückpositiv zu erweitern. Hier griff Höger in die Planung ein und revidierte den Prospekt und forderte eine flächige Spitzbogenform - analog zu den Spitzbogen der Stahlbetonbinder. Auch den Entwurf des Rückpositivs mit gestaffelten Pfeifenreihen vereinfachte Höger zu einem schlichten Spitzbogenfeld. Aber die Baukommission lehnte Högers Mitwirkung ab und schloß ihn von weiteren Planungen aus.[5]

Die Forderungen der Gemeinde führten zu eingreifenden Maßnahmen im Orgelbau. Der bereits vorhandene Spieltisch mußte um ein viertes Manual erweitert werden: das Rückpositiv, dessen Spitzbogenfront die planenden Orgelbauer nicht wunschgemäß realisieren konnten oder wollten, wurde dem ersten Manual zugeordnet. Die beiden Register Großprinzipal 16′ (Hauptwerk) und Prinzipal 16′ (Pedal) wurden auf eine besondere Lade an vorderster Stelle der Orgelempore (innerhalb der sogenannten Beleuchtungsrinne) gestellt. Die Pfeifen erhielten zum Teil neue Füße, neue Oberlabien und Überlängen, damit sie ein einheitliches Äußeres boten und den Bogen voll ausfüllten. Auf die beiden freiwerdenden Kanzellen im Orgelinneren kamen die Register Hornaliquot 5⅓′ und Oktave 2′.

Die Orgel blieb trotz der Erweiterung und der klaren Disposition hinter den Erwartungen zurück. 1939, ein Jahr nach dem Amtsantritt von HANS JENDIS, wandte man sich mit dem Plan einer Erweiterung auf 94 Register und der Verlegung auf die untere Empore an die Firma W. SAUER in Frankfurt/Oder, und OSKAR WALCKER legte im gleichen Jahr einen für die Zeit sehr fortschrittlichen Prospektentwurf vor. Wie ernst es der Gemeinde um einen Neubau ging, läßt sich daran erkennen, daß noch vor Jahresende die Baugenehmigung erteilt wurde. Der Krieg vereitelte jedoch die Pläne. Die Orgel wurde in der Nacht vom 21. zum 22. November 1943 ein Opfer der Zerstörungen.[6]

Die 10-registrige Sauer-Orgel von 1934 im Gemeindesaal unter dem Kirchenschiff dagegen blieb von Kriegseinflüssen weitgehend verschont. Mit einfachen Mitteln konnte das Instrument mit seiner Röhrenpneumatik funktionsfähig erhalten werden: es war die vorerst einzige Orgel nach Kriegsende, auf der Orgelkonzerte, unter anderem von FRITZ HEITMANN, veranstaltet werden konnten.

Der große Kirchenraum konnte erst im Oktober 1955 wieder seiner Bestimmung übergeben werden. Um genügend Höhe für eine neue Orgel zu schaffen - und da inzwischen abzusehen war, daß man die unterste und größte Empore nicht für Gottesdienstbesucher benötigen würde - wurden die obersten beiden Emporen abgerissen. Die neue Orgel wurde von 1966 bis 1979 in mehreren Bauabschnitten von der Firma E. KEMPER & SOHN, Lübeck, bzw. KEMPER LÜBECKER ORGELBAU GMBH auf der verbliebenen Empore erbaut. Sie erhielt 61 Stimmen auf 4 Manualen und Pedal mit Pitman-Laden (!) und elektropneumatischer Traktur im Hauptwerk, Oberwerk, Brustwerk und Pedal sowie Schleifladen mit mechanischer Spieltraktur und elektrischer Registertraktur im Rückpositiv. Drei Registerpositionen im Rückpositiv sind noch unbesetzt.[7]

UP

Unverbindliche Vorstellungen des Architektenbüros Höger zur Orgel, um 1928 (Reste einer im Zweiten Weltkrieg verbrannten Zeichnung)

4. AHaH, Akte 1120: Kostenanschläge vom 1. April 1931 und 28. November 1932; PfA-WiHo, Orgelakte: Frot-1950 Aufzeichnung aufgrund einer Mitteilung der Firma Hammer; ZfI-1933, Jg. 53, S. 258-260.

5. AHaH, Akte 1120: Prospektzeichnungen, Entwürfe, um 1932; PfA-WiHo, Orgelakte, 10.12.1932, 20.1.1933.
6. PfA-WiHo; KoW-ZStOb, Schreiben von Hans Jendis vom 24.11.1950. Diverse Teile der neuen Orgel, darunter Spieltisch und Prinzipal 32′, waren 1944 fertiggestellt, gingen aber 1945-46 in Frankfurt verloren
7. PfA-WiHo.

Hauptwerk (I, später II) C-a³

Großprinzipal	16′	
Prinzipal	8′	
Holzflöte	8′	
Dolkan	8′	
Viola di Gamba	8′	
Hornaliquot	5⅓′	später hinzugefügt
Oktave	4′	
Russisch Horn	4′	
Quinte	2⅔′	Transmission aus Kornett
Superoktave	2′	
Kornett 3-4fach		
Mixtur 4-6fach		
Trompete	8′	

Brustwerk (II, später III, Schwellwerk) C-a³

Großgedackt	8′
Quintadena	8′
Salicional	8′
Prinzipal	4′
Spitzflöte	4′
Blockflöte	2′
Gemshornquinte	1⅓′
Sifflöte	1′
Scharff 3-4fach	
Rankett	16′
Krummhorn	8′
Tremulant	

Oberwerk (III, später IV, Schwellwerk) C-a³, durchgeführt bis a⁴

Lieblich Gedackt	16′
Hornprinzipal	8′
Violflöte	8′
Rohrflöte	8′
Aeoline	8′
Vox coelestis	8′
Geigen Prinzipal	4′
Nachthorn	4′
Nasat	2⅔′
Gemshorn	2′
Terzflöte	1⅗′
Progressio 2-4fach	
Septimen-Zimbel 4fach	
Dulcian	16′
Horn	8′
Regal	4′
Tremulant	

Änderung des Entwurfs der Orgelbaufirma durch FRITZ HÖGER, um 1932 (nicht ausgeführt)

Pedal (C-f¹)

Untersatz	32′	c-f¹ Transmission aus Subbaß
Prinzipal	16′	
Subbaß	16′	
Lieblich Gedackt	16′	Transmission
Prinzipalbaß	8′	
Rohrflöte	8′	Transmission
Violone	8′	
Oktave	4′	
Oktave	2′	später hinzugefügt
Rauschpfeife 3fach		
Posaune	16′	
Dulzian	16′	Transmission
Trompete	8′	
Regal	4′	Transmission

Taschenladen, elektrische Traktur, sechs Normalkoppeln, vier Superoktavkoppeln III, III-II, III-I, II-P, vier Suboktavkoppeln, III, III-II, III-I, II-I, alle Oktavkoppeln an vier freie Kombinationen, Auslöser, Tutti, Zungen ab, Walze, Walze ab, Normalkoppeln aus Walze, Pedalwalze, Pedalwalze an

Rückpositiv (I) C-a⁴

Prinzipal	8′
Singend Gedackt	8′
Oktave	4′
Rohrflöte	4′
Superoktave	2′
Tertian 2fach	
Mixtur 4fach	
Regal	8′
vier zusätzliche Normalkoppeln	

Zehlendorf, Ernst-Moritz-Arndt-Kirche
Orgel von ALEXANDER SCHUKE, 1934-35

Zehlendorf
Ernst-Moritz-Arndt-Kirche

Ernst-Moritz-Arndt-Kirche

Der monumentalen, teilweise martialischen Kirchenarchitektur der Deutschen Christen setzten einige Architekten bewußt andere Gewichtungen entgegen; Diez Brandi, Göttingen, der 1930 den für die in Zehlendorf-Nord zu errichtende Kirche ausgeschriebenen Wettbewerb unter 104 Einsendungen gewann, realisierte seinen Entwurf 1934/35, als die zeittypische Maßstabslosigkeit und Volkstümelei zumeist auch den Kirchenbau bestimmte. Die Heiligegeist-Kirche in Potsdam war das Vorbild. »Diese Anlehung ist nicht so sehr in einer äußerlichen Übereinstimmung, als vielmehr in der Gestaltung des preußischen Stils zu sehen, der in der Einfachheit, der Materialechtheit und in dem, der früheren sogenannten ›modernen Sachlichkeit‹ wohltuend entgegengestellten, liebevollen Behandlung der baulichen Einzelheiten bestehe«.[1]

Dies Gestaltungsprinzip verband Brandi mit den klaren kubischen Prinzipien des Revolutionsklassizismus der Zeit vor Schinkel. Der dadurch edle, traditionalistisch entwickelte und zugleich neuzeitliche Bau aus rohem Ziegelmauerwerk erhielt eine flache Holzdecke und eine einfache Ausstattung.

Die von Alexander Schuke, Potsdam, 1934-1935 als Opus 146 erbaute Orgel ist das erste größere Instrument, das in der Mark Brandenburg nach dem Tod von Albert Hollenbach, Neuruppin, wieder mit Schleifladen und mechanischer Spieltraktur entstand.[2]

Hans Joachim Schuke lieferte zunächst einen Kostenanschlag aufgrund einer selbst entworfenen Disposition. Dann wurde Wolfgang Auler als Sachverständiger hinzugezogen, der eigene Entwürfe gestaltete und die technischen Bedingungen formulierte. Brandi war verantwortlich für das Einholen von Kostenangeboten und die Auftragserteilung und legte seinem Schreiben vom 31. 5. 1934 an die Potsdamer Firma zwei der Entwürfe Aulers bei, einer für eine zweimanualige Orgel mit 24 Registern (I) und einer für eine dreimanualige mit 28 Stimmen (II). Die entsprechenden Kostenanschläge wurden am 29. Juni ausgefertigt.

Daneben gibt es einen reduzierten Entwurf mit 22 Registern (III), für den am 21. Juli ein Kostenangebot erstellt wurde. Schuke schreibt dazu unter Bezugnahme auf den ersten Entwurf an Auler: »...Ich habe mein Schreiben so abgefasst, dass die Disposition (24 Stimmen) in den Vordergrund geschoben wird; denn in der Tat ist ja die Disposition I. wirklich besser und mannigfaltiger als die jetzige (III). Ich möchte Sie bitten, Ihr Gutachten ebenso auszuarbeiten, dass die Disposition I. den Vorrang bekommt und zur Ausführung empfohlen wird....« Gebaut wurde schließlich eine Modifikation eines Entwurfs IV mit 24 Registern (Kostenanschlag vom 4. August), der als Kompromiß aus I und III zu verstehen ist. Hierbei wurde aus Kostengründen auf einige Spielhilfen verzichtet. Allerdings ergänzte Schuke eigenwillig die Disposition um die fehlende Oktave 4′ im Hauptwerk.[3]

Die Entwürfe Aulers sind sehr unterschiedlich und im Konzept in keiner Weise folgerichtig - der mittlere (I) mit einem guten, wenn auch nicht strengen Prinzipalaufbau, der kleine und größte mit einem extrem mageren Prinzipalgerüst, dafür aber höheren Anteil an Gedackten und Flöten. In allen Dispositionen versuchte Auler, durch Aliquote und Zungenstimmen ein Maximum an Farbigkeit zu erzielen.

Vergleicht man die Dispositionen, so drängt sich bei den Labialen der Eindruck eines Spiels mit Registernamen auf. Fast alle Bauarten werden mal in der einen, mal in der anderen Lage angeboten - nicht immer in der logischen Konsequenz vom tiefliegenden Gedackt über Halbgedackte und konische Register zum weiten 2′, 1⅓′ oder 1′. Gerade an diesem kleinen Instrument, bei dem man aus Kostengründen

1. VB, 18. 6. 1935, Ausgabe B, Nr. 169.
2. SupA-Zea, Dispositionvorschläde von Wolfgang Auler und Kostenanschläge von Alexander Schuke; AKScB, Akte der Orgel der Ernst-Moritz-Arndt-Kirche; Frot-1950. Albert Hollenbach starb am 24. 1. 1904 und baute als letzter Orgelbauer der Mark Brandenburg bis zu seinem Lebensende rein mechanische Orgeln.
3. AKScB, Akte der Orgel der Ernst-Moritz-Arndt-Kirche, Kostenanschläge und Begleitschreiben vom 29. 6. 1934, 21. 7. 1934 und 4. 8. 1934.

Abstriche hinsichtlich des Prinzipalgerüstes zu machen versuchte, zeigt sich die Unsicherheit, wie die heute wieder geläufigen Grundkonzepte des Dispositionsaufbaus mit Farbigkeit in Einklang zu bringen sind.

HANS JOACHIM SCHUKE plädierte für eine gute Prinzipalbasis und setzte sich daher mehrfach für den umfassendsten Entwurf einer zweimanualigen Orgel ein: »Während die 24-stimmige Orgel in den beiden Manualen eine Oktave bezw. Principal 4 enthält, hat man aus Sparsamkeitsrücksichten bei der 22-stimmigen auf diese beiden Stimmen verzichten müssen. Dieses bedeutet eine wesentliche Schwächung des Gesamtwerkes.... Andere Stimmen zugunsten einer Oktave fortfallen zu lassen, ist aus künstlerischen Gesichtspunkten nicht ratsam.« Auch hätte die Einbuße der Oktaven die Verwendung stummer Prospektpfeifen zur Folge: »In der heutigen Zeit, in der man wieder die äußere Gestaltung eines Werkes wahr und natürlich zur Geltung bringen will, wäre jetzt die Besetzung mit stummen Pfeifen eine Lüge.«[4]

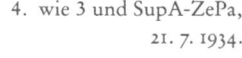

4. wie 3 und SupA-ZePa, 21. 7. 1934.

DIEZ BRANDI bestimmte auch entscheidend den Prospekt- und Werkaufbau, wobei sicher ist, daß WOLFGANG AULER auch hier beratend im Hintergrund stand: »Der Prospekt soll aus klingenden Pfeifen bestehen. Die tiefe Octave des Prinzipal 8′ steht als Turm über dem Spieltisch, dadurch ist es möglich, die Hauptwerkswindladen quer zu stellen. Unter dem Hauptwerk liegt im Schwellkasten das Brustwerk. Nach der Höhe des Schwellkastens richtet sich die Aufstellung der Hauptwerksladen. Die längsten Pfeifen des Hauptwerks müssen gekröpft werden. Das Pedal steht zu beiden Seiten in etwa ein Meter Höhe. Den Prospekt der Pedaltürme bilden die tiefen Pfeifen der Rohrwerke. Vorn steht das Regal. Es folgen Trompete und Posaune. / Die Mechanik muß leicht und geräuschlos funktionieren. ... Für die Mensuration der Pfeifen sind Vorbilder der klassischen Meister massgeblich. Die Trompete 8′ des Hauptwerks soll nach spanischer Art wagerecht im Prospekt liegen. / Bei dem zweiten Entwurf bleibt der Prospekt derselbe wie bei Entwurf I ohne Trompete 8′. / Das Rückpositiv wird mit freiem Prospekt angelegt auf einer

Windlade und zwar so, dass die tiefsten Pfeifen an den Aussenseiten, die kleinen innen stehen. Auf diese Weise kann der Organist auch ohne Spiegel das Kirchenschiff überblicken. Die Trompete 4′ des Rückpositivs soll ebenfalls wagerecht stehen. / Die Gehäusewand vor dem Brustwerk ist nicht durch Füllungen, sondern durch Gitterwerk zu schliessen. ...«[5]

HANS JOACHIM SCHUKE paßte sich diesen Vorgaben an und äußerte sich nur im besonderen: »... Sollte das Rückpositiv gemacht werden, müssen wir schon die Gemshornpfeifen in den Prospekt stellen, da uns keine weiteren Pfeifen zur Verfügung stehen. Aber ich denke das wird sich ganz hübsch machen...« Zur Materialwahl der Prospektpfeifen äußerte er sich: »... Zur Belebung des Prospektes dachte ich mir, die beiden runden Türme und den Mittelturm mit Kupferpfeifen zu besetzen, die dazwischenliegenden Felder mit Zinn. Im Pedal die Posaune 16 von Kupfer, davor Trompete 8 von Zinn und davor wieder Regal 2 von Messing. ... Die wagerecht herausragenden Trompeten ebenfalls von Kupfer und Zinn. Dies würde einen sehr interessanten und lebendigen Prospekt ergeben.«[6]

Am 15. November und 18. Dezember 1934 wurde der Vertrag aufgrund des Kostenanschlags vom 4. August 1934 unterzeichnet.[7] Während des Baus wurde, wie schon erwähnt, die Disposition mit 24 Stimmen geringfügig verändert und um Oktave 4′ im Hauptwerk erweitert. Damit einigte man sich auf ein Instrument mit gutem Prinzipalgerüst in den Manualen, das durch einen großzügig angelegten Zungenchor zu einem kräftigen Plenum aufgebaut wurde. Diesen insgesamt 10 Registern stehen 14 Gedackte, Flöten, Aliquote, Salicet 2′, eine Weitchormixtur sowie Regal 8′ und 2′ gegenüber – alles in allem ein progressives und für die damalige Zeit vergleichsweise ausgewogenes Konzept. Das Instrument wurde nach Mensuren von KARL SCHUKE in der ersten Hälfte des Jahres 1935 gebaut, im Mai und Juni aufgestellt und am 16. Juni 1935 mit der Kirche eingeweiht.[8] Das Instrument ist bis heute unverändert erhalten und steht mit der Kirche unter Denkmalschutz; nur 1965 wurde es von KARL SCHUKE geringfügig nachintoniert.[9]   UP

5. AKScB, Akte der Orgel der Ernst-Moritz-Arndt-Kirche, Anlage zum Schreiben vom 31. 5. 1934.
6. wie 3., 4. 7. 1934.
7. AKScB, Akte der Orgel der Ernst-Moritz-Arndt-Kirche, 15. 11. und 18. 12. 1934.
8. AKScB, Akte der Orgel der Ernst-Moritz-Arndt-Kirche, 22. 5. 1935, 1. 6. 1935 (Einladung und Festordnung); MuK, 1936, S. 112a, 144; Aule-1965, S. 113. Abnahmegutachten in Scuk-1935/3.
9. Hame-1935. Weitere Urteile finden sich in: VB, 4. 12. 1935; BTa, 3. 12. 1935; DAZ, 17. 6. 1935, 24. 6. 1935, 5. 7. 1935; 6. 12. 1935; Rbo, 7. 7. 1935; DZu, 7. 7. 1935. Diese Quellen nach AKScB und Scuk-1935/3.

Hauptwerk (I) C-g³

Principal	8′	im Prospekt
Gedackt	8′	
Oktave	4′	
Spitzflöte	4′	
Rohrnassat	2²/₃′	
Oktave	2′	
Mixtur 4fach		
Dulcian	16′	
Trompete	4′	C-h¹ im Prospekt, H-h¹ horizontal

Brustwerk (II, Schwellwerk) C-g³

Ital. Principal	4′
Rohrflöte	8′
Quintadena	4′
Waldflöte	2′
Salicet	2′
Gemshornterz	1³/₅′
Hohlquinte	1¹/₃′
Cymbel 3fach	
Trichterregal	8′
Tremulant	

Pedal (C-f¹)

Untersatz	16′	
Hohlflöte	8′	
Gemshorn	4′	
Rauschpfeife 4fach		
Posaune	16′	im Prospekt hinter Trompete 8′
Trompete	8′	C-cs¹ im Prospekt
Regal	2′	
Tremulant		

Schleifladen, mechanische Spieltraktur, elektrische Registertraktur, Manualkoppel BW-HW, Pedalkoppel HW-P, zwei freie Kombinationen, Tutti, Winddruck 65 mm (HW), 75 mm (BW) und 85 mm (Pedal)

*Mariendorf,
Martin-Luther-Gedächtnis-Kirche*
Orgel von E. F. Walcker &
Cie., 1935

1. Eier-1935.
2. Walc-1935; Frot-1950. Die Disposition wurde nach Frotscher zitiert. Kurz nach Fertigstellung muß es eine geringfügige Dispositionsänderung gegeben haben. Die beiden wesentlichen Umstellungen waren der Austausch von Alphorn 8′ und Hornoboe 8′ (Oboe 8′) sowie von Geigenprinzipal 8′ und Schalmei 4′. Dadurch wurde als Transmission die Schalmei statt Cello 8′ im Pedal wirksam.
3. Prol-1985; See-1985; LuZ, 31.8.1936.

Mariendorf
Martin-Luther-Gedächtnis-Kirche

Im Zusammenhang mit dem Architekten-Wettbewerb für den Neubau des *Theaters* in *Dessau* schrieb Egon Eiermann 1935: »Das Ergebnis …, das für viele unserer jungen Generation einen Fingerzeig und die ersehnte Hoffnung einer künftigen Entwicklung geben sollte, ist bedrückend. Der Kontakt mit jeder von uns getrennten Arbeit ist unterbrochen, die Verwirrung der Formen ist nicht mehr zu überbieten. / Pseudo-Barock und Pseudo-Renaissance, Gründerzeit, höfische und Biedermeier-Weltanschauung müssen herhalten, um einer neuen Zeit neuen Ausdruck zu geben. Falsche Monumentalität feiert Feste …«[1]

Eiermann zielt hier auf den üblichen Zeitgeschmack, in dem Curt Steinberg im selben Jahr, unter gleichzeitiger Verwendung von Reminiszenzen an die Architektur der 20er Jahre, die zweite Kirche der Mariendorfer Gemeinde schuf. Der Leiter des Kirchlichen Bauamtes hielt sich für die Bauwerksstruktur an die traditionelle Anordnung von Turm-Langhaus-Apsis, die er durch die fast archaische Überdimensionierung des Turms und durch die Wahl der Außenverkleidung, gelbgeflammte Klinker und Keramiken, entfremdete. Die ovale Turmlaterne im Kupferblechkleid und die senkrechte Struktur der unvermittelt auslaufenden Lisenen der Fassaden setzen weitere Akzente in der eigentümlichen Stilmischung aus vergangener Avantgarde der 20er und eklektizistischer Monumentalität der 30er Jahre.

Das Innere des tonnenüberwölbten Schiffes ist bestimmt von dem durchgängigen warmen Klinkerfarbton und den vertikal betonten, nur durch die Prinzipalstücke durchbrochenen linearen Struktur aller Bauteile. Die frei schwingende Vorderkante der Orgel- und Chorempore findet ihre Korrespondenz in der sowohl im Grundriß, als auch im Scheitelverlauf mitschwingenden Bewegung des Orgelprospektes, von einer vollkommen homogenen Pfeifenreihe in gleichmäßigem Anstieg und Abfall vor dem Werk beschriebenen und die ganze Breite des Kirchenschiffes füllend.

Typisch für die von Steinberg gebauten Großkirchen sind die Sängeremporen über dem Haupteingang und die darüberliegenden Orgelemporen. Eine ähnliche Situation wie in der Martin-Luther-Gedächtnis-Kirche findet sich noch in Landsberg an der Warthe, dort mit einer zweimanualigen Orgel von Sauer.

Die Orgel der Martin-Luther-Gedächtnis-Kirche, ein Neubau der Firma E. F. Walcker & Cie., Ludwigsburg, entstand 1935 und wurde am 4. Advent eingeweiht.[2] Die Gemeinde, zu der sich auch Jochen Klepper bis zu seinem Tod am 12. Dezember 1942 hielt, wußte nicht, daß gerade diese Orgel unter den Händen von Günther Ramin die Bekanntmachung der Rassengesetze in *Nürnberg* begleitete: Bevor das Instrument nach Berlin kam, diente es der Eröffnung des Nürnberger Reichsparteitages der NSDAP am 15. September. Hitler hatte im August 1935 befohlen, zur Eröffnungsveranstaltung eine Orgel mit mindestens 50 Registern aufzustellen. Oskar Walcker wurde nach Nürnberg zitiert und empfahl für den Parteitag die für Berlin bestimmte und im Bau befindliche Orgel. Sie wurde bis zur Hauptprobe am 2. September in ihren wesentlichen Teilen errichtet und in den verbleibenden zwei Wochen fertiggestellt. Sie erhielt in Nürnberg 60 Stimmen, deren Klang nicht weniger als 76 Lautsprecher verstärkten. Am 3. Oktober wurde die Orgel wieder abgebaut, mit 50 Registern in Berlin aufgestellt und fertig intoniert.[3]

In den 50er Jahren wurde das Instrument international bekannt und als Konzert-

Disposition von 1935

Manual I C-a³

Nachthorn 16′
(Quintatön)
Prinzipal 8′
Bordun 8′
Gemshorn 8′
Oktave 4′
Rohrflöte 4′
Quinte 2 2/3′
Superoktave 2′
Mixtur 4-5fach
Zimbel 3fach
Trompete 8′

Manual II (Schwellwerk, ausgebaut bis a⁴) C-a³

Hornprinzipal 8′
Quintatön 8′
Gedackt 8′
Salizional 8′
Prinzipal 4′
Nachthorn 4′
Schwiegel 2′
Terz 1 3/5′
Quinte 1 1/3′
Scharff 4fach
Krummhorn 8′
Oboe 8′
Schwebung

Manual III (Schwellwerk, ausgebaut bis a⁴) C-a³

Gedackt 16′
Geigenprinzipal 8′
Rohrgedackt 8′
Aeoline 8′
Vox coelestis (ab c) 8′
Ital. Principal 4′
Spitzflöte 4′
Quintflöte 2 2/3′
Waldflöte 2′
Sifflöte 1′
Mixtur 3-4fach
Alphorn 8′
Schalmei 4′
Schwebung

Fernwerk (Schwellwerk) von III aus spielbar

Echobordun 8′
Vox humana 8′
Schwebung

Pedal C-f¹

Untersatz 32′ — ab c⁰ Transmission aus Subbaß
Prinzipal 16′
Subbaß 16′
Sanftbaß 16′ — Transmission aus III
Oktave 8′
Gedackt 8′ — Transmission aus III
Choralbaß 4′ — Transmission aus III
Flöte 2′ — Transmission aus III
Rauschpfeife 4fach
Posaune 16′
Horn 8′ — Transmission aus III
Schalmei 4′ — Transmission aus III

Taschenladen, elektropneumatische Traktur, Manualkoppeln II-I, III-I, III-II, Pedalkoppeln I-P, II-P, III-P, Oberoktavkoppeln II-I, III-I, III-II, II, III, III-P, Unteroktavkoppeln III-I, III, Generalkoppel, vier freie Kombinationen, automatische Pedalumschaltung, Handregister ab, Zungen ab, 16′ und Unteroktavkoppeln ab, Tutti, Walze, Walze ab

*Mariendorf,
Martin-Luther-Gedächtnis-Kirche*
Chororgel von 1985

Disposition von 1968

Manual I C-a³

Pommer	16′	
Prinzipal	8′	Prospekt
Holzgedackt	8′	
Gemshorn	8′	1967 teilweise neu
Oktave	4′	
Rohrflöte	4′	
Quinte	2⅔′	
Kleinoktav	2′	
Mixtur 4-5fach	1⅓′	
Zimbel 3fach	½′	1967 teilweise neu
Trompete	8′	
Zimbelstern		

Manual II (Schwellwerk, ausgebaut bis a⁴) C-a³

Gedackt	8′	
Quintade	8′	
Prinzipal	4′	
Nachthorn	4′	
Oktave	2′	
Schwiegel	2′	
Terz	1⅗′	
Superquint	1⅓′	
Sifflöte	1′	
Sextan 2fach	1⅐, 8/11′	1967 neu
Scharff 4fach	1′	
Krummhorn	8′	
Oboe	8′	
Tremulant		

Manual III (Schwellwerk, ausgebaut bis a⁴) C-a³

Gedackt	16′	
Prinzipal	8′	
Rohrgedackt	8′	
Weitenpfeife	8′	
Schwebung	8′	ab c
Oktave	4′	
Spitzflöte	4′	
Nasat	2⅔′	
Waldflöte	2′	
Jauchz. Pfeif 2fach	1′, ½′	1967 neu
Mixtur 3-4fach	1⅓′	
Dulcian	16′	1967 neu
Jungfernregal	8′	
Schalmei	4′	
Tremulant		

4. Scwa-1985.
5. Stre-1985.

orgel sehr geschätzt. Ihre Bedeutung konnte aber nicht darüber hinwegtäuschen, daß schon nach 30 Jahren Störungen der Taschenladen und des Spieltisches sich mehrten. Eine durchgreifende Reparatur wurde unumgänglich. Da das Instrument kein Positivwerk besaß, entschloß sich die Gemeinde zu einer Erweiterung durch die Firma STEPHAN ORGELBAU und ergänzte 1967-1968 das Werk neben geringfügigen Dispositionsänderungen um eine Chororgel mit 8 Registern, die am Ende der linken Empore vor dem Altarraum Aufstellung fand. Die beiden Register des Fernwerks wurden in die Chororgel integriert; die Firma EISENSCHMIDT, Andechs, lieferte einen neuen Spieltisch.[4]

Die mit dem Einbau der Chororgel bewirkte Veränderung der Architektur und die Modifikationen im Registerbestand, unter anderem durch drei neue Mixturen, störten die Balance des Raumes und die Einheitlichkeit des Instrumentes erheblich. 1983-85 wurde daher eine Restaurierung durch GEORG JANN, Allkofen, vorgenommen.[5] Hierduch konnte die ursprünglich sehr einheitliche Mensurgestaltung, die maßgeblich dazu beigetragen hatte, die vielen verschiedenen Elemente der Disposition zu integrieren, wieder hergestellt werden. Die Orgel gehört heute zu den wenigen Instrumenten der dreißiger Jahre, die als klangliche Rarität der Übergangszeit von der Romantik zum Neobarock Erwähnung verdienen.   UP

Manual II (Schwellwerk, ausgebaut bis a⁴) C-a³

Hornprinzipal	8′	1984
Quintade	8′	alt
Gedackt	8′	alt
Salizional	8′	1984
Prinzipal	4′	alt
Nachthorn	4′	alt
Schwiegel	2′	alt
Terz	1⅗′	alt
Quinte	1⅓′	alt
Scharff 4fach		alt
Krummhorn	8′	alt
Hornoboe	8′	alt
Schwebung		

Manual III (Schwellwerk, ausgebaut bis a⁴) C-a³

Gedackt	16′	alt
Geigenprinzipal	8′	alt
Rohrgedackt	8′	alt
Aeoline	8′	alt
Vox coelestis	8′	ab c, alt
Ital. Principal	4′	alt
Spitzflöte	4′	alt
Quintflöte	2⅔′	alt
Waldflöte	2′	alt
Sifflöte	1′	alt
Mixtur 3-4fach		alt
Trompette harm.	8′	1984
Schalmei	4′	alt
Schwebung		

IV. Manual (Chororgel)

Singend Gedackt	8′	
Prinzipal	4′	1967 neu
Gemshorn	4′	
Oktavflöte	2′	
Sesquialtera 2fach	2⅔′	1967 neu
Mixtur 4fach	2′	
Vox humana	8′	
Tremulant		

Manual IV (Fernwerk, Schwellwerk)

Echobordun	8′	alt
Vox humana	8′	alt
Schwebung		

Pedal C-f¹

Untersatz	32′	ab c⁰ Transmission aus Subbaß
Prinzipalbaß	16′	
Subbaß	16′	
Gedacktbaß	16′	Transmission aus III
Untersatz	16′	Chororgel, 1967 neu
Oktave	8′	
Gedackt	8′	Transmission aus III
Oktave	4′	Transmission aus III
Rohrpfeife	4′	
Choralflöte	2′	Transmission aus III
Rauschpfeife 5fach	2⅔′	
Bombarde	32′	1967 neu, volle Länge
Posaune	16′	
Dulcian	16′	Transmission aus III
Trompete	8′	
Schalmei	4′	Transmission aus III

Taschenladen, elektropneumatische Traktur, Manualkoppeln II-I, III-I, III-II, IV-I, Pedalkoppeln I-P, II-P, III-P, IV-P, Oberoktavkoppeln II-I, III-I, III-II, II, III, III-P, Unteroktavkoppeln III-I, III, Generalkoppel, vier freie Kombinationen, automatische Pedalumschaltung, Handregister ab, Zungen ab, 16′ und Unteroktavkoppeln ab, Tutti, Walze, Walze ab

Disposition von 1990

Manual I C-a³

Quintade	16′	alt (Nachthorn)
Prinzipal	8′	alt
Gemshorn	8′	geändert
Bordun	8′	1984
Prinzipal	4′	alt
Rohrflöte	4′	alt
Quinte	2⅔′	alt
Oktave	2′	alt
Mixtur 4-5fach		alt
Zimbel 3fach		alt
Trompete	8′	alt

Pedal C-f¹

Untersatz	32′	ab c⁰ Transmission aus Subbaß
Prinzipal	16′	alt
Subbaß	16′	alt
Sanftbaß	16′	Transmission aus III
Oktave	8′	alt
Gedackt	8′	Transmission aus III
Choralbaß	4′	Transmission aus III
Flöte	2′	Transmission aus III
Rauschpfeife 4fach		alt
Posaune	16′	alt
Horn	8′	Transmission aus III
Schalmei	4′	Transmission aus III

Taschenladen, elektropneumatische Traktur, Manualkoppeln II-I, III-I, III-II, IV-II, Pedalkoppeln I-P, II-P, III-P, IV-P, Oberoktavkoppeln II-I, III-I, III-II, II, III, III-P, IV-P, Unteroktavkoppeln III-I, III, 80 Setzerkombinationen, zwei freie Kombinationen, zwei freie Pedalkombinationen, Tutti, Crescendo, Crescendo ab

Berlin-Mitte
Franziskaner-Klosterkirche

Berlin, Franziskaner-Klosterkirche
Orgel von C. A. Buchholz,
1844, 1933 beseitigt

Das Kloster der »Grauen Brüder«, der graue Kutten tragenden Franziskanermönche, wurde nach 1271 an der östlichen Stadtmauer Berlins errichtet, nur wenig südlich des Frankfurter Tores, das in Höhe des späteren Alexanderplatzes lag. Die schon vor 1250 in Berlin ansässigen Mönche errichteten die typische Klosteranlage, die zu Teilen ab 1574 das »Gymnasium Zum Grauen Kloster« aufnahm, in dessen Nachfolge eine gleichnamige Schule im Westen Berlins an die »Grauen Brüder« erinnert.

Die Klosterkirche, für Bettelordenskirchen typisch turmlos, bestand aus einem dreischiffigen, basilikalen Langhaus ohne Querschiffe und dem später angefügten Polygonalchor, das seitlich über die Langhauswände ausgriff. Der gesamte Raum war eingewölbt. Die innere Struktur des schlichten Baus, nämlich die Unterteilung in Laien- und Kleruskirche, wurde durch eine hervorragende Triumphkreuzgruppe vor dem mittleren Vorchorjoch über den Scheiteln der Seitenschiffe unterstrichen. Die Kirche erhielt im Zuge der zeittypischen »Gotifizierungen« im 19. Jahrhundert 1842/44 zwei schlanke Westtürme und einen Dachreiter. Ein italienisierender Arkadengang vor der Westfassade schirmte die Anlage ab.

Bei Umbau- und Erweiterungsmaßnahmen von 1926 bis 1935 wurde die Klosterkirche von Grund auf erneuert. In erster Linie ging es um eine Trockenlegung der Fundamente und eine Erhaltung der alten Bauteile, aber auch die 1842-1845 durchgeführten Veränderungen wurden wieder rückgängig gemacht. In den Mitteilungen des Vereins für die Geschichte Berlins heißt es 1927: »Bei den weiteren Wiederherstellungsarbeiten wird ... besonders Bedacht zu nehmen sein auf die alte Orgel, deren letzter Umgestalter zweifellos Buchholz gewesen ist.«[1] Da aber auch das Innere der Kirche neu gestaltet wurde, entschloß man sich nach erbittert geführten Auseinandersetzungen, die Buchholz-Orgel von 1844 mit Material aus dem 17. Jahrhundert aufzugeben und durch ein modernes Werk zu ersetzen.[2]

1. Hans-1927, S. 22-23.
2. Leh-1958: S. 134-135; TRu, Nr. 17, 1926.

320 | Die Zeit der Orgelbewegung

*Berlin,
Franziskaner-Klosterkirche*
Orgel von WILHELM SAUER,
1935-36, 1945 zerstört

3. MuK, 1937, S. 17a, 47-48; Frot-1939, S. 58; Frot-1950.
4. Voge-1963, S. 144.
5. Supp-1940, S. 37, 83. Geheimrat D. HIECKE war Staatskonservator und stand bei der Restaurierung seit 1926 dem Kirchenoberbaurat Dr. STEINBERG zur Seite. Hiecke hat eng mit SCHUKE in Potsdam zusammengearbeitet und zahlreiche Orgelprospekte entworfen. Zeichnungen befinden sich noch beim Landeskonservator in Berlin (West).

Die Firma W. SAUER aus Frankfurt/Oder erhielt den Auftrag und lieferte 1935 nach Plänen von FRITZ HEITMANN ein Instrument mit 29 Registern auf Schleifladen mit mechanischer Spieltraktur. Es wurde am 30. Juli 1936, zwei Monate nach der Übergabe der Kirche, eingeweiht.[3] Fritz Heitmann, der sich für dieses Instrument sehr einsetzte, schreibt in seinem Abnahmebericht: »... Ich halte die neue Klosterorgel, mit dem denkbar besten Pfeifenmaterial ausgestattet, für etwas Außerordentliches, ja Einmaliges. Sie vermag ... die unvergänglichen Werke der klassischen Orgelkunst sowie die Orgelmusik der Gegenwart in ungeahnter Weise zum Klingen zu bringen. Alle in einer Orgel wichtigen Klangcharaktere sind in dieser nur 29stimmigen Orgel in ganz seltener Leuchtkraft vertreten. Dabei ist das Werk im ganzen von wahrhaft imposanter Kraft und Fülle.«[4]

Die Disposition dieser Orgel und die des Werkes der *Ernst-Moritz-Arndt-Kirche* in *Zehlendorf* verkörpern den konsequenten Rückgriff auf die frühbarocke Orgelbaukunst Norddeutschlands. WALTER SUPPER betont in seiner Dissertation die Bedeutung des Instruments in der Klosterkirche: »Diese Orgel ist eines der ersten Beispiele, das (bei größeren Werken) die von der Orgelbewegung geforderte Schleifenwindlade hat.« Außerdem hebt er die Gestaltung des geteilten, von D. Hiecke, Berlin, entworfenen Prospektes hervor: »Gute Eingliederung d. Westfensters, das hier zum Bestandteil der Orgel geworden ist.«[5]

Kirche und Orgel fielen dem zweiten Weltkrieg zum Opfer. Nur die Umfassungsmauern des Chores der Kirche, von Teilen ihres Langhauses und ihre Westfassade mit dem prächtigen Trichterportal, ohne die Giebelspitze, sind erhalten geblieben.

UP

Disposition von 1936

Hauptwerk (I) C-g³

Prinzipal	8'
Quintadena	16'
Rohrflöte	8'
Oktave	4'
Spillflöte	4'
Nasat	2⅔'
Oktave	2'
Mixtur 6fach	
Cymbel 3fach	
Trompete	8'
Tremulant	

Oberwerk (II) C-g³

Kupfergedackt	8'
Holzflöte	8'
Prinzipal	4'
Blockflöte	4'
Schweizerpfeife	2'
Sifflöte	1'
Sesquialter 2fach	
Scharff 5fach	1'
Dulcian	16'
Bärpfeife	8'
Regal	4'
Tremulant	

Pedal (C-f¹)

Prinzipal	16'
Oktave	8'
Gedackt	8'
Oktave	4'
Mixtur 6-8fach	2'
Posaune	16'
Trompete	8'
Sing. Cornett	2'
Tremulant	

Schleifladen, mechanische Spieltraktur, elektrische Registertraktur, Manualkoppel OW-HW, Pedalkoppel HW-P, OW-P, vier freie Kombinationen, Organo pleno

Berlin-Mitte
Dreifaltigkeits-Kirche

Johann Georg Rosenberg
Die Mauerstraße mit der
Dreifaltigkeits-Kirche, 1785

Die *Dreifaltigkeits-Kirche*, die letzte Stiftung Friedrich Wilhelms I., war ein mit einer mächtigen Kuppel überwölbter Zentralbau. Die Parochie umfaßte das gesamte ursprüngliche Regierungsviertel des Reiches; der im Schwerinschen Palais in der Wilhelmstraße wohnende Reichspräsident, zuletzt Paul von Hindenburg, zählte sich zur Dreifaltigkeits-Kirchengemeinde, desgleichen einige Minister und Reichskanzler.

Nachdem die Kirche 1943 schwer beschädigt und unbenutzbar geworden war, ließ Reichpropagandaminister Goebbels in seiner Funktion als NSDAP-Gauleiter Berlins in den mächtigen Umfassungsmauern zu ebener Erde einen Bunker für die letzte Gauleitungszentrale errichten. Diesem Umstand ist anzulasten, daß die Ruine bis zuletzt hart gegen die sowjetischen Truppen verteidigt und schließlich durch deren Artillerie fast vollständig zerstört wurde. Das Grundstück ist von den gesprengten Resten freigeräumt.

Ernst Marx erbaute 1775 die erste größere Orgel für die Dreifaltigkeits-Kirche. Bis zu dieser Zeit behalf sich die Gemeinde mit einem Positiv, welches sie kurz vor 1740

Berlin, Dreifaltigkeits-Kirche
Gehäuse von Ernst Marx,
1775, 1945 zerstört

Manual I C-g³		III. Manual C-g³ (Schwellwerk, ausgebaut bis g⁴)	
Großprinzipal	16'		
Prinzipal	8'	Konzertflöte	8'
Gedackt	8'	Liebl. Gedackt	8'
Gemshorn	8'	Aeoline	8'
Oktave	4'	Vox coelestis (ab c)	8'
Rohrflöte	4'	Traversflöte	4'
Quinte	2²/³'	Nasat	2²/³'
Superoktave	2'	Blockflöte	2'
Rauschzimbel		Terz	1³/⁵'
2fach	1¹/³', 1'	Flageolett	1'
Kornett 3-4fach		Oboe	8'
Trompete	8'	Tremolo	

Manual II C-g³		Pedal C-f¹	
Gedackt	16'	Prinzipal	16'
Prinzipal	8'	Subbaß	16'
Rohrflöte	8'	Quinte	10²/³'
Quintadena	8'	Oktave	8'
Oktave	4'	Gedackt	8'
Flauto dolce	4'	Oktave	4'
Spitzflöte	2'	Flöte	2'
Progressiv 2-3fach		Posaune	16'
Trichterregal	8'	Trompete	8'

Chororgel, Manual III C-g³		Chororgel, Manual IV (Schwellwerk) C-g³	
Violflöte	8'	Bordun	16'
Singend Gedackt	8'	Rohrflöte	8'
Koppelflöte	4'	Prinzipal	4'
Prinzipal	2'	Gemshorn	2'
Zimbel 3fach	1'	Nachthorn	1'
Krummhorn	8'	Tertian 2fach	1³/⁵'
Tremolo		Dulzian	16'
		Tremolo	

Chororgel, Pedal C-f¹			
Subbaß	16'	Transmission aus IV (Bordun)	
Gedackt	8'	Transmission aus IV (Rohrflöte)	
Oktave	4'	Transmission aus IV (Prinzipal)	
Dulzian	16'	Transmission aus IV	

elektrische Traktur, Manualkoppeln II-I, III-I, IV-I, III-II, IV-II, IV-III, Pedalkoppeln I-P, II-P, III-P, IV-P, Oberoktavkoppeln III-I, III, III-P, Unteroktavkoppeln III-I, III, drei freie Kombinationen, Handregister ab, Generalabsteller, für Zungen, acht Einzelabsteller für Zungen, Mixturen ab, Normalkopppeln ab, Oktavkoppeln ab, Manual-16' ab, Generaltutti, Tutti Hauptorgel, Tutti Chororgel, Manual III Chororgel an, Manual III Hauptorgel an, Pedal Chororgel an, Pedal Hauptorgel an, Rollschweller Hauptorgel, Absteller, Rollschweller Chororgel, Absteller, Rollschweller Pedal

von einem heute unbekannten Spender geschenkt bekam.[1] Dieses Instrument, das selbst die Einquartierung napoleonischer Truppen 1806 überstand, wurde 1896 durch einen Neubau der Firma W. Sauer, Frankfurt/Oder, mit 37 Registern ersetzt. Das Gehäuse von 1775 blieb erhalten.[2]

1935-1936 lieferte die Firma G. F. Steinmeyer & Co., Oettingen, ein neues Instrument, in dem bereits wesentliche Ansätze der Orgelbewegung verwirklicht wurden. Das Gehäuse von Ernst Marx wurde wieder übernommen; vermutlich gilt dies auch für einige Grundstimmen der Sauer-Orgel und auch für die Windladen.[3]

Auf einer der Orgel gegenüberliegenden Musikempore kam eine Chororgel zur Aufstellung, die im Gedenken an das Gemeindemitglied und den Reichspräsidenten den Namen »Hindenburg-Gedächtnis-Orgel« erhielt. Dieses Werk war vom Spieltisch der Hauptorgel aus spielbar. Es erhielt ein mit alten Zinnpfeifen ausgestattetes frühbarockes Gehäuse aus der Instrumentensammlung im ehemaligen Kloster Nothgottes bei Rüdesheim. Der durch strenge, schmale Gruppen geprägte Prospekt dürfte nach heutigen Erkenntnissen um 1720 entstanden sein. In der Wappen-Kartusche auf dem Mittelturm des Gehäuses wurde das Familienwappen des Reichspräsidenten angebracht.[4]

Durch glückliche Umstände blieb das Gehäuse der Hindenburg-Gedächtnis-Orgel erhalten. Nachdem es 1942 auf Veranlassung des Provinzialkonservators ausgebaut worden war, wurden die wesentlichen Teile im Herbst 1989 im Keller eines Berliner Gemeindehauses aufgefunden und von der Karl Schuke Berliner Orgelbauwerkstatt GmbH übernommen.[5] Sie wurden für ein neues Instrument verwendet, das diese Werkstatt 1991 in die Emporenbrüstung der *Dorfkirche Zehlendorf* einfügte.

UP

Berlin, Dreifaltigkeits-Kirche
Hindenburg-Gedächtnis-Orgel, Gehäuse um 1720, 1991 in der Dorfkirche Zehlendorf aufgestellt

1. Bull-1969, S. 75-76; Lomm-1889, S. 42; Haup-1850; Gerb-1790, Spalte 895.
2. Gesc-1839, S. 28-29; Saue-1929; Frot-1950
3. AStOe, Akte der Hindenburg-Gedächtnis-Orgel, Auftragserteilung vom 2.8.1935, Einweihung im Mai 1936; EGb, 13. Jg., Nr. 6, 1936.
4. AStOe, Oettingen, Akte der Hindenburg-Gedächtnis-Orgel, Notiz vom Dezember 1933, Schreiben von Ministerialrat von Kurzell, Juli 1934; EGb, 13. Jg., Nr. 6, 1936; 8 Uhr Abendblatt, Berlin, 15.5.1936.
5. AStOe, Akte der Hindenburg-Gedächtnis-Orgel, Schreiben vom 31.8.1942; Karl Schuke Berliner Orgelbauwerkstatt GmbH, Befund Dezember 1989.

1. Scuk-1936.
2. AAScP, Akte Frohnau, Johannes-Kirche; Fest-1986.
3. wie Anm. 2.
4. wie Anm. 2, 23. 5. 1936.
5. wie Anm. 2, Auftragserteilung vom 18.5.1936, Schreiben vom 22. 5. 1936 und 23. 6. 1936. Die Sauer-Orgel von 1925, deren Material zur Disposition stand, ist noch in der alten, heute katholischen Kirche erhalten.
6. wie Anm. 2.
7. Scuk-1936/1, Gutachten von R. Kurth und W. Drwenski.
8. KoW-ZSOb, Gutachten von K. Th. Kühn vom 10.2.1985; PfA-ReJo; AKScB, Kostenanschlag vom 4.2.1988.

Alexander Schuke
ORGELBAUANSTALT · POTSDAM
Gegründet 1820

Orgel der Johanneskirche in Berlin=Frohnau
Erbaut 1936

Prospektentwurf: Architekten Walter und Johannes Krüger, Berlin=Charlottenburg

Disposition

I. Hauptwerk
C–a³

1. Quintadena 16′
2. Principal 8′
3. Rohrflöte 8′
4. Oktave 4′
5. Blockflöte 4′
6. Quinte 2²/₃′
7. Oktave 2′
8. Scharff 5fach 1¹/₃′
9. Trompete 8′

II. Brustwerk
C–a³

10. Gedackt 8′
11. Quintadena 8′
12. Principal 4′
13. Rohrflöte 4′
14. Rohrnassat 2²/₃′
15. Principal 2′
16. Tertian 1³/₅′, 1¹/₃′
17. Oktävlein 1′
18. Cymbel 3fach ¹/₄′
19. Rankett 16′ *)
20. Krummhorn 8′
    Tremulant

III. Oberwerk
C–a³ (im Schweller)

21. Gedackt 16′
22. Principal 8′
23. Sing. Gedackt 8′
24. Salicional 8′
25. Principal 4′
26. Nachthorn 4′
27. Waldflöte 2′
28. Mixtur 4fach 2²/₃′
29. Cymbel 3fach ¹/₂′
30. Fagott 16′ *)
31. Trompete 8′
32. Schalmei 4′
    Tremulant

Pedal C–f¹

33. Principal 16′
34. Subbaß 16′
35. Oktave 8′
36. Gemshorn 8′
37. Oktave 4′
38. Schweizer=Pfeife 2′
39. Mixtur 4fach 2′
40. Posaune 16′
41. Trompete 8′
42. Trompete 4′
    (Tr. aus 39)

Elektrische Traktur und fahrbarer Spieltisch

Koppeln:
1. Manualkoppel II/I
2. „   „   III/I
3. „   „   III/II
4. Pedalkoppel I
5. „   „   II
6. „   „   III
(Alle Koppeln als Registerdrücker und als Tritte extra)

Spielhilfen:
1. Tutti
2. Freie Combination I ⎱
3. „   „   II   ⎰ Als Druckknöpfe
4. „   „   III   ⎱ und Tritte in
5. „   „   IV   ⎰ Wechselwirkung
6. Auslöser
7. Registerschweller [ohne Koppeln] (Walze)
8. Walze ab (Tritt)
9. Registerschweller ab (Tritt)
10. Generalkoppeln (Tritt)
11. Einzelausschalter für 9 Zungen
12. Tremulant zum Brustwerk
13. Tremulant zum Oberwerk
14. Jalousieschweller zum Oberwerk
15. Elektrischer Gebläseantrieb
16. Voltmeter

*) = für späteren Einbau vorgesehen.

AUSZÜGE AUS DEN GUTACHTEN
Aus dem Abnahmebericht

Es ist zunächst in Kürze festzustellen, daß das Werk sowohl in seiner Gesamtheit wie in allen Einzelheiten in klanglicher und technischer Hinsicht als vorzüglich gelungen zu bezeichnen ist. Der Gesamtaufbau des Orgelinnern verdient als vorbildlich bezeichnet zu werden. Die Funktion der Taschenladen und der gesamten elektrischen Traktur in allen ihren Teilen läßt keinen Wunsch offen. Der Gesamtklang ist ein der kirchlichen Würde durchaus angemessener. Die Intonierung der einzelnen Register ist eine künstlerisch=charakteristische. Dem Spieler bieten sich infolge der vielen möglichen Tonverschmelzungen Gelegenheiten zu immer neuen Klangfarbenmischungen. Die Intonierung aller Stimmen ist auf die Wirkung im Schiff der Kirche berechnet.
Die Orgel ist in technischer wie in klanglicher Hinsicht als ein wohlgelungenes Meisterwerk zu bezeichnen, das in gleicher Weise für seine hohe Aufgabe im Gottesdienst wie für die stilreine Wiedergabe der Orgelliteratur älterer und neuerer Zeit geeignet ist.

Berlin, den 8. Januar 1937
gez. Reinhold Kurth
Königl. Musikdirektor, Orgelbausachverständiger der Berliner Stadtsynode
gez. Walter Drwenski
Organist und Chordirigent an der Kaiser=Wilhelm=Gedächtnis=Kirche

Frohnau
Johannes-Kirche

Die Architekten des Tannenberg-Ehrenmals in Ostpreußen, WALTER und JOHANNES KRÜGER, errichteten die Kirche 1935-1936, nachdem die evangelische Gemeinde eine Notkirche und zuvor einen Schulraum zu ihren Gottesdiensten genutzt hatte. Das Vorbild mitteldeutscher Dorfkirchen des Mittelalters ist, wenngleich maßstäblich verzerrt, unverkennbar. Dem mächtigen »Westwerk« mit der hölzernen Vorhalle, zugleich Zugang zum Gemeindesaal im Untergeschoß, sind Gemeinde- und Pfarrhaus zur Seite gegeben, wodurch die - in den 30er Jahren zeitgemäße - Monumentalität gesteigert wird. Das gelbe Klinkermaterial der Fassaden und das geschwärzte Holz entsprechen neben den erwähnten, zitierten Baustrukturen ganz dem zeitgenössischen Heimatstil, der die sogenannten »undeutschen« Architekturen, wie alle Bauhaus- und Werkbundtraditionen, verdrängen sollte.

Der Kirchsaal ist - seltsamerweise wie der eindeutig expressionistisch geprägte Raum der Kirche Am Hohenzollernplatz - von Stahlbetonbindern überwölbt, deren spitzbogiger Schnitt einen gotisch-mystischen Eindruck vermittelt. Der eher volkstümlich-einfachen Ausstattung entspricht der in den turmseitigen Spitzbogen gestellte Orgelprospekt kaum; statt einer womöglich zu erwartenden geschlossenen Schrankorgel mit kunsthandwerklichem Schnitzwerk deckt vielmehr eine mehrfach gipfelnde, in einer Linie stehende Prinzipalpfeifenreihe das in der Nische stehende Werk. Diese hinsichtlich der traditionellen Architektur der Kirche ungewöhnliche, auch vom Architekten der Kirche entworfene Anordnung, die die Bewegung des Raumes sensibel beantwortet, ist die einzige »moderne« Stilaussage der Gesamtgestaltung. Bis auf die Seitenfelder ist der Prospekt klingend.

Das Werk wurde 1936 von der Firma ALEXANDER SCHUKE, Potsdam, erbaut und gehört heute zu den wenigen unverändert erhaltenen Orgeln dieser Firma[1]. HANS JOACHIM SCHUKE bewarb sich unaufgefordert um den Neubau, handelte sich zunächst eine Absage ein, wurde aber kurze Zeit später doch um Abgabe eines Kostenangebots für eine vorgelegte Disposition gebeten.[2] Mitbewerber waren die Firmen W. SAUER, Frankfurt/Oder, und P. FURTWÄNGLER & HAMMER, Hannover.[3] Schuke unterbreitete am 12. 3. 1936 nicht nur das gewünschte Angebot, sondern schlug als Alternative eine zeitgemäßere Disposition vor und versuchte, sich damit gegen die Vorstellungen des zuständigen Sachverständigen REINHOLD KURTH durchzusetzen.[4] Dies gelang ihm, sogar mit dem Ergebnis, ausschließlich neue Materialien verwenden zu können.[5] Nach einem Besuch des Organisten in *Wittstock*, wo Schukes im Gehäuse LÜTKEMÜLLERS eine neue Orgel aufgestellt hatten, wurde die zweite Disposition nur noch geringfügig geändert.[6] Das Instrument wurde im Herbst 1936 gebaut und in einem Abnahmebericht vom 8. 1. 1937 begutachtet.[7]

Durch die Dachkonstruktion und das Fehlen eines Gehäuses findet keine optimale Klangbündelung und -mischung statt. Aufgrund dieses heute als störend empfundenen Sachverhaltes und der Störanfälligkeit der Taschenladen sind seit 1988 Bestrebungen vorhanden, das Werk umzubauen. Das heute noch erhaltene Instrument soll in einem neuen Werk erkennbar bleiben; der Hauptbestandteil des Pfeifenmaterials soll übernommen und auf Schleifladen mit mechanischer Spieltraktur gestellt werden. Die Ausführung wurde 1990 der KARL SCHUKE BERLINER ORGELBAUWERKSTATT GMBH anvertraut.[8]

UP

Hauptwerk (I) C-a^3

Quintadena 16′
Principal 8′
Rohrflöte 8′
Oktave 4′
Blockflöte 4′
Quinte 2⅔′
Oktave 2′
Scharff 5fach 1⅓′
Trompete 8′

Brustwerk (II) C-a^3

Gedackt 8′
Quintadena 8′
Principal 4′
Rohrflöte 4′
Rohrnassat 2⅔′
Principal 2′
Tertian 2fach 1⅗′, 1⅓′
Oktävlein 1′
Cymbel 3fach ¼′, ⅙′, ⅛′
Rankett 16′   vacant
Krummhorn 8′
Tremulant

Oberwerk (III, Schwellwerk) C-a^3

Gedackt 16′
Principal 8′
Sing. Gedackt 8′
Salicional 8′
Principal 4′
Nachthorn 4′
Waldflöte 2′
Mixtur 4fach 2⅔′
Cymbel 3fach ½′
Fagott 16′   vacant
Trompete 8′
Schalmei 4′
Tremulant

Pedal C-f^1

Principal 16′
Subbaß 16′
Oktave 8′
Gemshorn 8′
Oktave 4′
Schweizer-Pfeife 2′
Mixtur 4fach 2′
Posaune 16′
Trompete 8′
Trompete 4′   Pedal-Transmission

Taschenladen, elektrische Traktur, Manualkoppeln II-I, III-I, III-II, Pedalkoppeln I-P, II-P, III-P, Generalkoppeln, vier freie Kombinationen, Auslöser, Zungen-Einzelabsteller, Walze, Walze ab

Spandau, Johannesstift
Orgel von E. KEMPER & SOHN,
1936-39, 31 Register erhalten

Spandau
Johannesstift, Stiftskirche
Berliner Kirchenmusikschule

Das Evangelische Johannesstift war 1858 von JOHANN HINRICH WICHERN als eine der ersten diakonischen Einrichtungen im Sinne der späteren Werke in Deutschland gegründet worden. Nach der Reichsgründung und dem damit verbundenen wirtschaftlichen Aufschwung der Reichshauptstadt mußten seine Gebäude, in Moabit unweit des Plötzensees gelegen, der wirtschaftlichen Expansion weichen; auf dem Gelände entstand, im Anschluß an das Wasserstraßensystem an die Havel und Elbe, der bis heute für die Stadt lebenswichtige Westhafen.

Im Stadtforst Spandau errichteten SOLF und WICHARDS nach Plänen von OTTO KUHLMANN 1907/10 die schöne Gesamtanlage des neuen Stiftes in Ziegelbauweise. In der Achse der Hauptallee ist die Stiftskirche als Zentralgebäude des Stiftes angelegt; sie überragt mit ihrer an Renaissanceschlösser erinnernden, schiefergedeckten Kuppel die übrigen Bauten. Der Kreuzgrundriß der Kirche gibt einem durchaus zentral wirkenden Saal Platz, der seine traditionelle Ausrichtung durch die rundbogig abgesetzte Altarapsis betont. Den Ornamenten und Zuordnungen norddeutscher Renaissance- und Frühbarockarchitektur waren gotisierende und Jugendstildetails beigegeben; so ist der im übrigen seit den 60er Jahren entdekorierte Raum noch immer von einem rundbogigen Netzgewölbe überspannt.

Im Johannesstift ist bis heute die *Berliner Kirchenmusikschule* beheimatet. Die Anfänge dieser Einrichtung gehen auf die Gründung der »Evangelischen Schule für Volksmusik« am 1. April 1928 durch FRITZ REUSCH zurück. Die Schule sollte sich auf die Aufgaben einstellen, die für die evangelische Gemeinde- und Jugendpflege aus der Verbindung mit der Singbewegung heraus erwachsen waren. Neben der volksmusikalischen Abteilung bildete sich bereits im Oktober 1928 eine kirchenmusikalische Fachabteilung, die von ihrem Leiter GERHARD SCHWARZ 1931 erstmals »Berliner Kirchenmusikschule« genannt wurde.[1]

Nach der formalen Anerkennung als evangelische Kirchenmusikschule wurde die Heranbildung von Kirchenmusikern in den Lehrplan aufgenommen. Dies machte den Bau einer neuen Orgel erforderlich, die den Anforderungen an eine zeitgemäße kirchenmusikalische Ausbildung Rechnung tragen sollte. Vor allem war es der Wunsch der Planer, die durch die Orgelbewegung verbreiteten neueren Erkenntnisse des Orgelbaus unmittelbar zu verwerten: »Diese Orgel müßte einen ernstlichen Schritt in die Zukunft bedeuten und ein Beispiel dafür werden, was die Orgelbewegung will«.[2]

Der seit 1935 amtierende Leiter der Kirchenmusikschule, GOTTFRIED GROTE, und der zuständige Dozent für Orgel, HERBERT SCHULZE, entwarfen zusammen mit dem in der Orgelbewegung sehr aktiven KARL KEMPER aus Lübeck die Disposition. Als weitere Berater wirkten mit: GERHARD SCHWARZ, CARL ELIS, KARL THEODOR KÜHN, CHRISTHARD MAHRENHOLZ und ERICH THIENHAUS. Am 10. August 1935 erhielt die Firma E. KEMPER & SOHN den Auftrag und baute das Werk in den Jahren 1936 bis 1939.[3]

Das Projekt sollte bereits bis September 1937 ausgeführt werden, nahm jedoch aus Gründen der Komplexität weit mehr Zeit in Anspruch. Auch gab es Differenzen bezüglich der Disposition und der Wandstärken der Pfeifen. Die Beschränkung der Wandstärken war nach dem Hannoverschen Regulativ aus Ersparnisgründen erforderlich, wurde aber von den Beratern in einer Orgel für die kirchenmusikalische Ausbildung als unzumutbar angesehen.[4]

Spandau, Johannesstift
WINFRIED PETERSEN, ANGELA GROTE und HELMUT BARBE an der Kemper-Orgel, um 1947

1. Scul-1935. Diese Arbeit enthält die einzigen heute bekannten Informationen über die alte Orgel. Das Instrument wurde 1912 für die Zwecke der Stiftsgemeinde erbaut.
2. Scul-1935, S. 2. Schulze gibt in seinem Manuskript einen Einblick in sein Konzept und erläutert den hohen Anspruch, der bei der Planung in Spandau gestellt wurde. Vgl. auch Wörs-1944, S. 5.
3. AKmB, Protokoll einer Sitzung am 5.9.1936 vom 7.9.1936; Kühn-1968, S. 17.
4. AKmB, Protokoll vom 7.9.1936.

Disposition Spandau, Johannesstift, 1937-1939

Hauptwerk (II) C-g³

Register	Fußlage	Material
Quintade	16′	Kupfer
Principal	8′	Kupfer
Gedackt	8′	Metall
Oktave	4′	Kupfer
Rohrflöte	4′	Metall
Schweizerpfeife	4′	Zinn
Quinte	2⅔′	Kupfer, Metall
Oktave	2′	Kupfer, Metall
Mixtur 4-6fach	1⅓′	Zinn
Scharff 2-3fach		Zinn
Trompete	8′	Kupfer

Unterwerk (I) C-g³, im Schweller

Register	Fußlage	Material
Trichterflöte	8′	Kupfer
Gemshorn	8′	Holz, Metall
Holzgedackt	4′	Holz, Metall
Ital. Principal	2′	Zinn
Terzglockenton 3fach	2′	Zinn
Trompete	4′	Kupfer

Oberwerk (III) C-g³

Register	Fußlage	Material
Rohrgedackt	8′	Metall
Holzflöte	8′	Holz
Principal	4′	Kupfer
Nachthorn	4′	Metall
Oktave	2′	Metall
Sifflöte	1⅓′	Zinn
Septime	1 1/7′	Zinn
Oktave	1′	Zinn
Sesquialter 2fach	1⅓′	Zinn, rep.
Scharff 4fach	1′	Zinn
Bärpfeife	8′	Metall
Tremulant		

Brustwerk (IV) C-g³

Register	Fußlage	Material
Quintade	8′	Kupfer
Gedackt	8′	Metall, z.T. 1912
Blockflöte	4′	Metall
Nasat	2⅔′	Metall
Principal	2′	Zinn
Waldflöte	2′	Metall
None	8/9′	Metall
Tredezime	8/13′	Zinn
Tertian 2fach	1 3/5′	Zinn
Scharff 3fach	1/2′	Zinn
Cymbel 1fach	1/8′	Zinn
Rankett	16′	Kupfer
Krummhorn	8′	Metall
Trichterregal	4′	Metall
Tremulant		

Pedal C-g¹

Register	Fußlage	Material
Principal	16′	Kupfer
Subbaß	16′	Holz
Oktave	8′	Kupfer
Gedackt	8′	Blei
Oktave	4′	Kupfer
Hohlflöte	4′	Metall
Nachthorn	2′	Metall
Sesquialtera 2fach	5⅓′	Kupfer
Rauschpfeife 3fach	4′	Kupfer, Metall
Mixtur 5fach	2′	Zinn
Cymbel 3fach	1′	Zinn
Posaune	16′	Kupfer
Dulzian	16′	Kupfer
Trompete	8′	Kupfer
Cornett	2′	Kupfer

Schleifladen, mechanische Traktur, eine Normalkoppel OW-HW, Metallegierungen 15-45%, Zinnlegierung 75%, Zungen von Giesecke

5. AKmB, Vertrag vom 10.8.1935, Endabrechnung vom 13.10.1939; Hame-1939/2.
6. Wörs-1944, S. 13, 16; vgl. auch Hame-1939/1; Oehl-1942.
7. Wörs-1944, S. 6; Kühn-1968, S. 17.
8. AKmB, Zeichnung der Firma Kemper und ein Foto vom Umbau.
9. »Bei dem Kirchenumbau mußte auch die Orgel abgebaut werden. Dadurch ist eine größere Menge Brennholz angefallen, das allen Interessenten kostenlos zur Verfügung steht ...« Aushang im Johannesstift vom 21. 1. 1964.
10. Kühn-1968, S. 19-21.

Die Orgel entstand unter dem Druck der kriegsbedingten Materialknappheit mit starker Verwendung von Kupfer. Nur kleine Pfeifen wurden in Zinn oder Metall gefertigt. Auf Drängen Schulzes wurden mehrere Versuchspfeifen aus Kupfer und Zinn mit verschiedenen Fußöffnungen für die Festlegung der Obertonreihen angefertigt und akustische Versuche auf einer eigens konstruierten Lade durchgeführt. Die Aufstellung erfolgte von August 1937 bis November 1938.[5]

Die Abnahme der Orgel übernahm am 3. Oktober 1938 CHRISTHARD MAHRENHOLZ, Hannover. HERBERT SCHULZE weihte das Instrument 1939 unter anderem mit Max Regers Op. 127, Introduction, Passacaglia und Fuge in e-moll, ein. Daß diese Orgel »ein prachtvolles Instrument und ... DIE Spitzenleistung der deutschen Orgelbaukunst« genannt werden konnte, wird in vielen Kommentaren jener Zeit deutlich, und OSKAR SÖHNGEN berichtet vom Einweihungskonzert, daß er Max Regers Op. 127 »nie überzeugender und ... stilgerechter« gehört habe. WÖRSCHING äußert sich bei aller Begeisterung über das Instrument eher zurückhaltend »gegenüber der Frage, ob eine derartige Komposition, mit ihren gehäuften Akkordfolgen und dynamischen Gegensätzen und Abstufungen, auf der Kemper-Orgel einwandfrei darstellbar ist«.[6]

JOSEPH WÖRSCHING gibt eine ausführliche Analyse der Disposition in seiner Monographie. Er nennt das Instrument »... etwas völlig Neuartiges..., so neuartig, daß sie zweifellos als gewagter Sprung bereits in die Zukunft bezeichnet werden darf ...«. KÜHN ergänzt diesen Eindruck: »Auch das Klangbild dieses Instrumentes überraschte durch seine Transparenz und Linearität, wie man sie von den unter dem Einfluß der Orgelbewegung bis dahin entstandenen Orgeln her noch nicht kannte.[7] 1954-1955 wurde das Instrument instandgesetzt und bei dieser Gelegenheit im Prospekt geringfügig verändert.[8] Die klanglichen und technischen Unzulänglichkeiten, bedingt durch die geringe Erfahrung mit dem Bau mechanischer Trakturen und durch die Materialknappheit der Vorkriegsjahre, mußten weiterhin in Kauf genommen werden. Da die Orgel keine Spielhilfen besaß, entsprach sie 1963 nicht mehr den Vorstellungen der neuen Lehrkräfte an der Berliner Kirchenmusikschule. Diese veranlaßten 1964 den Abbruch des »vollkommen veralteten« Instrumentes und ließen es durch einen Neubau der Firma E. F. WALCKER & CIE., Ludwigsburg, ersetzen.[9] Nur die Disposition blieb weitgehend unverändert, und 31 Register konnten wiederverwendet werden. Die äußere Gestalt mit asymmetrischem Aufbau stammt von dem Berliner Architekten KARL W. OCHS.[10]   UP

Spandau, Johannesstift
Orgel von E. F. WALCKER & CIE., 1967-68

Disposition Spandau, Johannesstift, 1954-1955

Hauptwerk (II) C-a³

Quintadena	16′	Kupfer
Prinzipal	8′	Kupfer
Gedackt	8′	Metall
Oktave	4′	Kupfer
Rohrflöte	4′	Metall
Schweizerpfeife	4′	Zinn
Quinte	8/3′	Kupfer, Metall
Oktave	2′	Kupfer, Metall
Mixtur 4-6fach	4/3′	Zinn
Scharff 2-3fach	1/3′	Zinn
Trompete	8′	Kupfer

Rückpositiv (I) C-a³

Rohrgedackt	8′	Metall
Holzflöte	8′	Holz
Prinzipal	4′	Kupfer
Nachthorn	4′	Metall
Oktave	2′	Metall
Sifflöte	4/3′	Zinn
Septime	8/7′	Zinn
Oktave	1′	Zinn
Sesquialter 2fach	4/3′	Zinn, rep.
Scharff 4fach	1′	Zinn
Bärpfeife	8′	Metall, neu mensuriert
Tremulant		

Brustwerk (III) C-a³, im Schweller

Gedackt	8′	Metall, z.T. 1912
Quintadena	8′	Kupfer
Blockflöte	4′	Metall
Nasat	8/3′	Metall
Prinzipal	2′	Zinn
Waldflöte	2′	Metall
None	8/9′	Metall
Tredezime	8/13′	Zinn
Tertian 2fach	8/5′	Zinn
Scharff 3fach	1/2′	Zinn
Zimbel 1fach	1/4′	Zinn
Rankett	16′	Kupfer
Krummhorn	8′	Metall
Trichterregal	4′	Metall
Tremulant		

Schwellwerk (IV) C-a³

Liebl. Gedackt	16′	neu
Trichterflöte	8′	Kupfer
Gemshorn	8′	Holz, Metall (Schwebung)
Holzgedackt	4′	Holz, Metall
Prinzipal	2′	Zinn
Scharf 2fach	1/2′	neu
Terzglockenton I	2′ + 1/2′	Zinn
Terzglockenton II	2/5′	Zinn, rep.
Oboe	8′	neu
Trompete	4′	Kupfer, neu mensuriert
Tremulant		neu

Pedal C-g¹

Prinzipal	16′	Kupfer
Subbaß	16′	Holz, im Schweller
Oktave	8′	Kupfer
Gedackt	8′	Blei, im Schweller
Oktave	4′	Kupfer
Hohlflöte	4′	Metall, im Schweller
Nachthorn	2′	Metall
Sesquialtera 2fach	16/3′	Kupfer, im Schweller
Rauschpfeife 3fach	4′	Kupfer, Metall
Mixtur 5fach	2′	Zinn
Zimbel 3fach	1′	Zinn, im Schweller
Posaune	16′	Kupfer
Dulzian	16′	Kupfer
Trompete	8′	Kupfer
Kornett	4′	Kupfer

Schleifladen, mechanische Spielraktur, elektropneum. Registertraktur, Manualkoppeln RP-HW, BW-HW, SW-HW, BW-RP, SW-BW, vier Pedalkoppeln, zehn Setzerkombinationen, vier geteilte Setzerkombinationen, Zungengeneral- und -einzelabsteller, Walze (einstellbar), Tutti

Berlin-Mitte
Luisenstadt-Kirche

Ganz im Sinne der preußischen Sparsamkeit und Schlichtheit, die sich auch in den Kirchbaukonzepten des frühen Königreiches ausdrückte, wurden um 1700 schlichte rechteckige »Scheunen« oder kreuzförmige »Parolehallen« unter einfachen Walmdächern, ohne Türme, als neue Kirchen gebaut. Ähnlich der nur zehn Jahre später entstandenen *Stadtkirche Charlottenburgs*, der späteren *Luisen-Kirche*, bekam die Köllnische Vorstadt 1695 ihre kreuzförmige Kirchenhalle. Das nach Plänen von Grünberg errichtete Bauwerk erhielt den Namen *Sebastians-Kirche*, nicht etwa dem Heiligen Sebastian geweiht, sondern genannt nach dem Ratsherrn Sebastian Nethe, der den Kirchbau finanziell ermöglicht hatte.

Anders als die massive Charlottenburger Kirche, deren Ursprungsbau noch heute im Kern der Luisen-Kirche enthalten ist, war die *»Kirche vor dem Köpenicker Tor«* in der Köllnischen Vorstadt als Fachwerkbau ausgeführt. Sie wurde baufällig und mußte 1753 abgebrochen werden. Auf dem gleichen Grundstück entstand parallel zum Abriß der alten schon die neue Kirche; auch deren Grundmuster folgte dem zeitüblichen Standard. Der siebenjochige Rechtecksaal war quergelagert, so daß sich der Haupteingang im breiteren Zentraljoch einer Langseite gegenüber dem Kanzelaltar auf der anderen Langseite befand. Je sechs Joche zu beiden Seiten umspannten zwei fast quadratische Teile des einfachen, schlicht eingerichteten Saales. Ihren späteren Namen erhielt die Kirche 1802, als man die Köllnische Vorstadt in Erinnerung an die verstorbene Königin zur »Louisenstadt« umbenannte. 1838/45 wurde der Eingangsfront durch Stüler und Berger ein Turm vorgesetzt, dessen Proportionen und Details stark an den Turm der später unter Mitwirkung beider Architekten errichteten *St. Matthäus-* und den der *St. Lukas-Kirche* vor dem Potsdamer Tor erinnern.

Kein geringerer als Arp Schnitger erbaute in der Kirche vor dem Köpenicker Tor die erste größere Orgel. Bis dahin besaß die Gemeinde nur ein Positiv, welches sie 1696 für 35 Thaler erworben hatte. 1752 wurde das Werk wegen Baufälligkeit der Kirche abgebrochen und ein Jahr später von Peter Migendt, der Größe des Raumes entsprechend erweitert, wieder aufgestellt.[1]

1773-1774 wurde dieses Instrument durch einen Neubau von Ernst Marx ersetzt, an dessen Stelle wiederum 1844-1845 ein neues Werk von Lang und Dinse trat.[2] 1930 wurde auf der gegenüberliegenden Empore durch die Firma E. F. Walcker & Cie., Ludwigsburg, eine neue 53stimmige Orgel aufgestellt. Das Werk von Lang und Dinse blieb bis 1939 stehen. In der neuen Orgel wurden bereits einige Erkenntnisse der Orgelbewegung berücksichtigt, besonders in Bezug auf die Auswahl und Besetzung von Aliquot-, Zungen- und gemischten Stimmen. Die Grundkonzeption war jedoch noch romantischen Leitgedanken und nicht dem Werkprinzip verpflichtet. Dies äußerte sich schon bei der Benennung der Prinzipale (Hornprinzipal, Geigenprinzipal), der Wahl der Flöten (Doppelflöte, Hohlflöte, Konzertflöte) und Streicher (Salicional, Aeoline, Vox coelestis), bei der Mensurierung der meisten Zungenstimmen (Alphorn, Horn-Oboe, Horn) sowie bei den technischen Einrichtungen wie Koppeln und Spielhilfen. Schließlich ließ auch der flächige Prospekt jeden Gedanken an ein Werkprinzip vermissen.[3]

Berlin, Luisenstadt-Kirche
Orgel von Lang & Dinse,
1844-45, 1939 beseitigt

1. Fock-1974, S. 207; Noel-1894, S. 34.
2. Bull-1969, S. 72-73; Haup-1850; Gerb-1790, Spalte 895.
3. Walc-1930; Walc-1935, Rückseite.

Berlin, Luisenstadt-Kirche
Orgel von E. F. WALCKER & CIE.,
1930, 1939-40 verändert

Da 1936 das Innere der Kirche im Stile des Schinkelschen Klassizismus wiederhergestellt wurde, sollte nach dem Wunsch der Denkmalpflege auch die Orgel diesem Stile angepaßt werden. Dies machte eine Versetzung der Orgel auf die gegenüberliegende, breitere Nordempore notwendig. Damit war die Gelegenheit einer erneuten klanglichen Umgestaltung gegeben: mit einem radikalen Umbau wurde dem Bestreben der nun auch Berlin ergreifenden Orgelbewegung Rechnung getragen. Das neue Orgelgehäuse mit einem Rückpositiv deutet diesen Wandel bereits an. Es erhielt nach dem Entwurf des Architekten STAHL-URACH hohe Rundtürme in Anlehnung an die Schinkel-Prospekte des letzten Jahrhunderts. Hinzu kommen zahlreiche Änderungen und Ergänzungen des alten Registerbestandes auf der Grundlage eines neuen Dispositionsentwurfs, an dem GEORG KEMPFF wesentlichen Anteil hatte. Die Arbeiten wurden 1939-1940 von E. F. WALCKER & CIE., Ludwigsburg, ausgeführt.[4]

Die Orgel wurde zu Beginn des Jahres 1940 vom Organisten der Luisenstadt-Kirche, BERTHOLD SCHWARZ, als »Friedemann-Bach-Gedächtnis-Orgel« eingeweiht, hat doch FRIEDEMANN BACH wie JOHANN SIMON BUCHHOLZ auf dem Kirchhof seine letzte Ruhestätte gefunden. Das Instrument bestand nur fünf Jahre. Am 3. Februar 1945 wurde die Kirche durch Kriegseinwirkung stark beschädigt. Die Orgel verbrannte. Die Ruine der Kirche wurde 1964 gesprengt.   BS/UP

4. Walc-1940.

Disposition 1930 (Opus 2278)

I. Manual C-c⁴	II. Manual C-c⁴ (Schwellwerk)	III. Manual C-c⁴ (Schwellwerk, ausgebaut bis c⁵)
	Gedackt 16′	Nachthorn 16′
	Hornprincipal 8′	Geigenprincipal 8′
Quintatön 16′	Konzertflöte 8′	Doppelflöte 8′
Principal 8′	Quintatön 8′	Rohrgedackt 8′
Spitzgambe 8′	Salicional 8′	Aeoline 8′
Bordun 8′	Principal 4′	Vox coelestis 8′
Dulciana 8′	Spitzflöte 4′	Quintatön 4′
Oktave 4′	Quintflöte 2²/₃′	Nachthorn 4′
Hohlflöte 4′	Schwiegel 2′	Piccolo 2′
Kleingedackt 4′	Terz 1³/₅′	Quinte 1¹/₃′
Quinte 2²/₃′	Progr. harm. 4-7fach	Sifflöte 1′
Oktave 2′	Alphorn 8′	Cymbel 3-4fach
Mixtur 5fach	Krummhorn 8′	Horn-Oboe 8′
Trompete 8′	Schwebung II (Tremulant)	Vox humana 8′
		Schalmei 4′
		Schwebung III (Tremulant)

Berlin, Luisenstadt-Kirche
Orgel von E. F. WALCKER & CIE.,
1939-40, 1945 zerstört

Pedal C-f¹

Untersatz	32′	ab c⁰ Transmission aus Subbaß
Principalbaß	16′	
Violon	16′	
Subbaß	16′	
Sanftbaß	16′	Transmission aus II
Oktavbaß	8′	
Violoncello	8′	
Baßflöte	8′	
Choralbaß	4′	
Pedalmixtur 4fach	2′	
Posaune	16′	
Horn	8′	Transmission aus III
Schalmei	4′	Transmission aus III

Taschenladen, elektrische Traktur, Manualkoppeln II-I, III-I, III-II, Pedalkoppeln I-P, II-P, III-P, Oberoktavkoppeln II-I, III-I, II, III, III-P, Unteroktavkoppeln III-I, III, Generalkoppel, vier freie Kombinationen, Handregister ab, Zungen ab, 32′ + 16′ + Unteroktavkoppeln ab, Tutti, Walze, Pedalwalze, Walze ab

Disposition 1940 (Opus 2677)

Hauptwerk (II. Manual) C-a³

Quintatön	16′
Principal 1-2fach	8′
Holzgedackt	8′
Spitzgambe	8′
Quinte	5 1/3′
Oktave	4′
Kleingedackt	4′
Quinte	2 2/3′
Oktave	2′
Blockflöte	2′
Mixtur 5-6fach	
Trompete	8′
Zymbelstern	

Rückpositiv (I. Manual) C-a³

Singend Gedackt	8′
Prästant	4′
Rohrflöte	4′
Bauernpfeife	2′
Sesquialtera 2fach	
Zymbel 3fach	
Geigenregal	8′
Glockenspiel	
Tremulant	

Brustwerk (III. Manual) C-a³

Gedackt	8′
Quintade	8′
Spitzflöte	4′
Pommer	4′
Principal 1-4fach	2′
Schwiegel	2′
Terz	1 3/5′
Quinte	1 1/3′
Mixtur 4fach	
Oktavzymbel 2fach	
Dulcian	16′
Krummhorn	8′
Schalmei	4′
Tremulant	

Oberwerk (IV. Manual) C-a³

Gedackt	16′
Principal 1-2fach	8′
Rohrflöte	8′
Weidenpfeife	8′
Schwebung	8′
Oktave 1-3fach	4′
Nachthorn	4′
Spitzquinte	2 2/3′
Principal	2′
Sifflöte	1′
Scharff 4-5fach	
Terzzymbel 3fach	
Fagott	16′
Jungfernregal	8′
Trompete	4′
Tremulant	

Pedal C-f¹

Untersatz	32′	ab c⁰ Transmission aus Subbaß
Prinzipal	16′	
Subbaß	16′	
Gedackt	16′	Transmission aus IV
Oktave	8′	
Rohrgedackt	8′	Transmission aus IV
Oktave	4′	
Gedacktflöte	4′	
Rohrpfeife	2′	
Mixtur 6fach		
Posaune	16′	
Fagott	16′	Transmission aus IV
Trompete	8′	
Clarine	4′	Transmission aus IV
Glocken		

Taschenladen, elektrische Traktur, Manualkoppeln I-II, III-II, IV-I, IV-II, IV-III, Pedalkoppeln I-P, II-P, III-P, IV-P, Oberoktavkoppeln IV-II, I-P, IV-P, Unteroktavkoppel IV-II, Generalkoppel, vier freie Kombinationen, zwei freie Pedalkombinationen, Handregister ab, Zungen ab, 16′ ab, Tutti, Crescendo-Walze, Crescendoanzeiger, Walze ab, Koppeln aus Walze

Kreuzberg, Emmaus-Kirche
Gehäuse der Hauptorgel von Gebr. Dinse, 1892-93,
Rückpositiv von Alexander Schuke, 1939-41, 1945 zerstört

Kreuzberg
Emmaus-Kirche

Einer der wenigen Kirchbauten der 90er Jahre des letzten Jahrhunderts, der in Berlin nach den Thesen des »Wiesbadener Programms« zum protestantischen Kirchenbau von 1893 gebaut wurde, ja sogar parallel zu dessen Entwicklung, von 1890 bis 1893 entstand, war die bis auf den Turm im Zweiten Weltkrieg zerstörte Emmaus-Kirche. August Orth, der Kirchenarchitekt der südlichen Stadterweiterungen Berlins, Schinkelschüler der zweiten Generation, Vater der wissenschaftlichen Einordnung des bis dahin als »unwert« erachteten norddeutschen bzw. märkischen Backsteinbaus des hohen Mittelalters, schuf einen außergewöhnlichen Bau.

Die mit 140.000 Gliedern riesenhafte Gemeinde benötigte eine entsprechend große Kirche; zudem stand der städtebaulich tatsächlich »hervorragende« Lausitzer Platz als Grundstück zur Verfügung. Insgesamt 3000 Menschen konnten auf 2400 Sitz- und weiteren Stehplätzen am Gottesdienst teilnehmen. Der leicht quergestellte, oktogonale Saalbau, hinter einem kurzen »Langhaus« angeordnet, das zum überhöhten Turm vermittelt, besaß zwei Gemeinde- und eine Orgel- und Chorempore übereinander. Die vielfältig in die Tiefe des Raumes gestaffelten Emporen und die in freiem Schwung, ohne rechten Winkel zueinander, gegliederten Joche des Zentralraumes bewirkten eine zwingend konzentrierende Wirkung: die zentral stehende Kanzel mit dem Feieraltar davor war in idealer Weise Bezugspunkt von allen Plätzen der Kirche aus. Lediglich die *Gethsemane-Kirche* desselben Architekten vermittelt, nach der Zerstörung der Emmaus-Kirche, noch diese dem Wiesbadener Programm folgende Raumstruktur.

Die Orgel der Emmauskirche war ursprünglich ein Werk der Gebrüder Dinse, Berlin, mit 45 Registern auf drei Manualen und Pedal aus den Jahren 1892 bis 1893. Sie hatte mechanisch gesteuerte Kegelladen mit einer Barker-Maschine im ersten Manual.[1]

1930 wurde der Wunsch laut, die Orgel zu erweitern, zu elektrifizieren und in dem Raum, dessen prächtige Akustik immer gelobt wurde, ein neues kirchenmusikalisches Konzept zu realisieren. Hans Joachim Schuke schrieb im Begleitschreiben zu seinem Kostenanschlag vom 30. 10. 1930 über die alte Orgel: »Der Klang der vollen Orgel ist scharf, dünn, schreiend und ohne Fülle. Läßt man die besonders in der tiefen Oktave stark intonierten Zungenstimmen fort, so bleibt nur ein ganz dünner, obertöniger, wenig befriedigender Klang.... Der dünne Klang der Orgel hat in der Hauptsache seinen Grund in den sehr schwachen Principalen.... Diese Pfeifen sind sämtlichst zu schmal labiert... Das gleiche gilt von den Gedacktstimmen..., welche zu obertönig intoniert sind und nicht genügend Wind erhalten.«[2]

Dieser Umbau-Plan blieb unausgeführt. Erst 1937 wurden die Verhandlungen zwischen Gemeinde und Orgelbaufirma wieder aufgenommen. Die Brüder Schuke lieferten am 13. 8. 1937 einen neuen Kostenanschlag, der bereits die Grundkonzeption der zukünftigen Orgel - Hauptgehäuse, Rückpositiv und Chororgel - enthielt und am 12. 10. seitens des hinzugezogenen Georg Kempff mit wenigen Änderungen Zustimmung fand.[3] Die sich dann anschließende Auftragserteilung hatte jedoch einen Umbau ohne Rückpositiv und Chororgel, dafür mit zwei Schwellwerken, zum Ziel. Als die Bauarbeiten bereits in vollem Gange waren, wurde nach einer Besprechung am 6. 7. 1938 und aufgrund einer erneuten gutachterlichen Stellungnahme seitens des Sachverständigen aus Erlangen der Umbau unterbrochen.[4]

I. Manual C-f³

Principal	16'
Principal	8'
Flute harmonique	8'
Gamba	8'
Gemshorn	8'
Bourdon	8'
Octave	4'
Gemshorn	4'
Quinte	2²/₃'
Octave	2'
Cornett 4fach (ab g)	4'
Mixtur 2-5fach	2'
Cymbel 3fach	1¹/₃'
Trompete	16'
Trompete	8'

II. Manual C-f³

Bourdon	16'
Principal	8'
Salicional	8'
Concertflöte	8'
Rohrflöte	8'
Octave	4'
Rohrflöte	4'
Nasard	2²/₃'
Octave	2'
Cornett 3fach (ab g)	2²/₃'
Progressio 2-4fach	2'
Trompete	8'

Pedal C-d¹

Contrabass	16'
Violon	16'
Subbaß	16'
Nasard	10²/₃'
Principal	8'
Violoncello	8'
Baßflöte	8'
Octave	4'
Posaune	16'
Trompete	8'[1]

III. Manual (Schwellwerk) C-f³

Gambe	16'
Principal	8'
Viola d'amore	8'
Voix céleste	8'
Gedeckt	8'
Octave	4'
Flauto traverso	4'
Harm. aeth. 2-3fach	2'
Oboe	8'

Kegelladen, mechanische Traktur, Manualkoppel II-I, III-I, III-II, Pedalkoppeln I-P, II-P, pneumatische Maschine für I und Koppeln, fünf Kollektivtritte: Forte I, Forte II, Forte III, Forte Pedal, Fortissimo, Rollschweller, ein Magazinbalg mit zwei Schöpfern

Spieltisch der Orgel

Kreuzberg, Emmaus-Kirche
Chororgel von ALEXANDER
SCHUKE, 1939-41, 1945 zerstört

Hauptwerk (II) C-g³

Prinzipal	16′	alt
Oktave	8′	C-A alt, Rest neu
Rohrflöte	8′	C-A alt aus 8′ II, Rest neu
Quinte	5⅓′	alt aus Gemshorn 8′ I
Oktave	4′	alt
Pommer	4′	neu
Quinte	2⅔′	alt aus Rauschquinte I
Superoktave	2′	alt aus Rauschquinte I
Cornett 3-5fach		z.T. alt, Rest neu
Scharff 6fach	1⅓′	neu
Mixtur 4fach	1′	neu
Trompete	8′	neu unter Verwendung der alten Trompete

Rückpositiv (I) C-g³

Sing. Gedackt	8′	neu
Quintadena	8′	neu
Praestant	4′	neu
Blockflöte	4′	neu
Oktave	2′	neu
Quinte	1⅓′	z.T. alt, Rest neu
Sesquialtera 2fach	2⅔′	neu
Jauchzend Pfeif 2fach	1′	neu
Terzzymbel 3fach	⅙′	neu
Rankett	16′	neu
Geigend Regal	8′	neu
Tremulant		

Oberwerk (III, Schwellwerk) C-g³

Quintadena	16′	C-H alt aus Gambe, Rest neu
Grobgedackt	8′	alt aus Bordun 8′ I
Salicional	8′	alt
Prinzipal	4′	neu
Rohrflöte	4′	alt aus 4′ II
Nassat	2⅔′	alt
Oktave	2′	alt
Waldflöte	2′	neu
Sifflöte	1′	neu
Terzian 2fach	1⅗′	z.T. alt, Rest neu
Mixtur 6fach	1⅓′	z.T. alt aus Mixturen
Oktavzymbel 3fach	¼′	neu
Dulzian	16′	neu
Krummhorn	8′	neu unter Verwendung der alten Oboe
Clairon	4′	neu
Tremulant		

Chororgel (IV, Schwellwerk) C-g³

Gedackt	16′	alt aus 16′ II
Prinzipal	8′	alt aus III
Gedackt	8′	alt aus III
Aeoline	8′	alt aus III
Schwebung	8′	alt aus III
Oktave	4′	alt aus III
Quintadena	4′	neu
Nachthorn-Quinte	2⅔′	neu
Oktave	2′	alt
Blockflöte	2′	neu
Terz	1⅗′	neu
Mixtur 6fach	2⅔′	z.T. alt aus Mixturen
Quintzimbel 3fach	½′	neu
Fagott	16′	neu unter Verwendung der alten Trompete 16′
Vox humana	8′	neu unter Verwendung der alten Trompete 8′
Feldtrompete	4′	neu
Tremulant		

Pedal C-f¹

Untersatz	32′	Quinte 10⅔′, alt
Prinzipal	16′	alt, um 3 Töne versetzt
Subbaß	16′	alt, um 1 Ton versetzt
Oktave	8′	alt
Baßflöte	8′	alt
Quinte	5⅓′	alt
Octave	4′	alt
Flöte	4′	alt aus Flöte 8′ II
Bauernflöte	2′	neu
Mixtur 6fach	2⅔′	alt aus Mixturen
Posaune	16′	alt
Trompete	8′	neu unter Verwendung der alten Trompete P
Trompete	4′	Transmission

Chororgel-Pedal C-f³

Violon	16′	alt
Gedackt	16′	Transmission
Prinzipal	8′	

Kegelladen, elektrische Traktur, Manualkoppeln I-II, III-II, IV-II, IV-III, Pedalkoppeln I-P, II-P, III-P, IV-CP, Generalkoppeln, zwei freie Kombinationen, freie Pedalkombination, Auslöser, Manual-16′ ab, Zungen-Einzelabsteller, Walze, Walze ab, Koppel aus Walze

Schuke machte Kempff dank seiner Kenntnisse über norddeutsche Barockorgeln diverse Änderungsvorschläge, z.B. eine bessere Principal-Basis und eine doppelte Besetzung der höheren Tonlagen, und setzte sich am 25. 8. 1938 mit einem Neubau-Kostenanschlag durch, der 1939-1941 ausgeführt wurde.[5] Die Intonation lag anfangs in den Händen von Rudolf von Beckerath und wurde von Karl Schuke zu Ende geführt.[6]
Die neuen Gehäuseteile gestalteten Oberbaurat Peschke und Regierungsbaurat Klaus Blunck in Anlehnung an barocke Vorbilder. Das besondere an der Orgel war die Chororgel, die als Brüstungsorgel mit einem 8′-Prospekt in Altarnähe aufgestellt wurde. Kirche und Orgel wurden am 3. Februar 1945 ein Raub der Flammen.[7]

UP

1. Dins-1897, S. 37; AAScP, Akte Emmaus-Kirche, Aufzeichnung ohne Datum; ZfI, 1891/92, Jg. 12, S. 836; ZfI, 1892/93, Jg. 13, S. 445; Ura, 1895, Jg. 52, S. 86; Rich-1896, S. 158. Die Disposition wurde hinsichtlich der Registerzahl und -namen nach dem Dinse-Katalog zitiert. Differenzen in der Registeranzahl ergeben sich aus der Einbeziehung des Zuges für die Kalkantenglocke (47 Register) bzw. der Zusammenfassung der Quinten und Oktaven zu Rauschquinte im I. und II. Manual (44 bzw. 45 Register).
2. AAScP, Akte Emmaus-Kirche, 30. 10. 1930, 5. 11. 1930.
3. wie 2, 13.8.1937, 12.10.1937
4. wie 2, 9. 12. 1937, 12. und 28. 1. 1938, 21 .3. 1938, 7.7.1937.
5. wie 2, 12. 7. 1938, 3. 8. 1938, 25. 8. 1938. AKScB, Schreiben vom 19.10.1939, Niederschrift der Disposition ohne Datum; KoW-ZSOb, Niederschrift der Disposition ohne Datum; Fest-1968/1, S. 18.
6. Frdl. Mitt. von Herrn E. Bittcher.
7. Fest-1968/1, S. 18.

Lichtenberg, Erlöser-Kirche
Entwurf von Stahl-Urach, 1939
nicht ausgeführt

LICHTENBERG
ERLÖSER-KIRCHE

Lichtenberg, Erlöser-Kirche
Orgel von GEBR. DINSE, 1892
1940 beseitigt

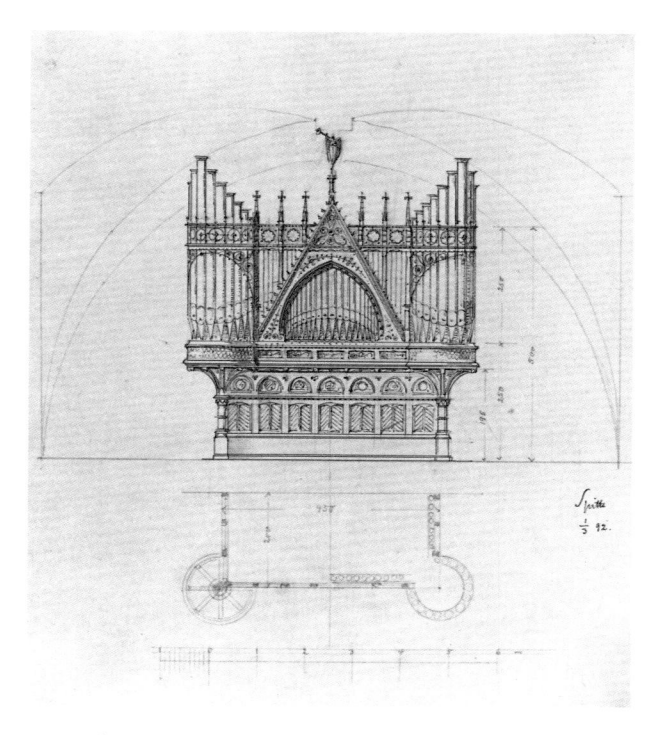

Entwurf von Max Spitta, 1892

Der »Vater« der nordwestdeutschen Neugotik, der Architekt und Denkmalpfleger CONRAD WILHELM HASE aus Hannover, regte den Baurat MAX SPITTA zu einigen seiner Berliner Kirchbauten an. Ein eindeutiges Zeugnis dieser für Berlin »kulturlandschaftsfremden« Stilrichtung, wenngleich konstruktiv, funktional und gestalterisch gelungen, baute man 1890/92 nach Spittas Entwurf für die aufstrebende Gemeinde *Boxhagen-Rummelsburg* in *Lichtenberg*. Die Erlöser-Kirche trägt in allen Grundformen die Züge der eher kubischen, wehrhaften Gotik der Schule Hases; ihr Erscheinungsbild ähnelt damit beispielsweise der *Neuen Nazareth-Kirche* Spittas, die er zeitgleich auf dem Leopoldplatz im Wedding errichten ließ. Das basilikale Schiff der Erlöser-Kirche ist jedoch in dieser Form innerhalb der Adaption Hasescher Architektur in Berlin einmalig; die Basilika wurde, hier in neugotischem Formenkanon ohnehin selten, nach 1861 nicht mehr als angemessene Struktur für evangelische Predigtkirchen eingestuft.

Das Gotteshaus besaß wie viele Kirchen aus der Zeit um die Jahrhundertwende ein pneumatisches Instrument der GEBRÜDER DINSE, Berlin.[1] Dieses Instrument stand auf der zweiten Empore und im Turm, weit ab von der Gemeinde. Nicht zuletzt SIEGFRIED REDA, als junger Organist an dieser Kirche, setzte sich für einen Umbau ein. GEORG KEMPFF, Erlangen, und die Potsdamer Firma ALEXANDER SCHUKE wurden hinzugezogen; nach einem Gutachten Kempffs lieferte HANS JOACHIM SCHUKE am 15. 10. 1937 einen ersten Umbau-Kostenanschlag. Zu einer Auftragserteilung kam es am 28. 1. 1939.[2]

Das folgende Jahr ist gekennzeichnet durch Unstimmigkeiten bei der Prospektgestaltung. STAHL-URACH legte unter Berücksichtigung des von Schuke vorgegebenen Werkaufbaus einen Entwurf vor, der von der Gemeinde aber abgelehnt wurde. Der im Anschluß daran beauftragte WINFRIED WENDLAND konnte mit einer stilistisch einfacheren Lösung auch nicht überzeugen, so daß schließlich Baurat PESCHKE eingriff und das noch heute erhaltene Gehäuse zeichnen ließ.[3]

1. KoO-ZSOb; AAScP, Reparatur-Akte Erlöser-Kirche.
2. AAScP, Akte Erlöser-Kirche, 11. 10. 1937, 15. 10. 1937, 13. 10. 1938, 28. 1. 1939; Reda-1940.
3. AAScP, Akte Erlöser-Kirche, 4. 3. 1939, 3. 11. 1939, 13. 3. 1939, 1. 4. 1940, 3. 4. 1940.

Hauptwerk (II, Kegellade) C-f³

Quintadena	16′	C-H Holz, c⁰-h⁰ Zink, Rest Metall
Principal	8′	C-d¹ Prospekt Zink, Rest Metall
Oktave	4′	C-G Prospekt, C-H Zink, Rest Metall
Sifflöte	1′	
Cornett 3fach	2⅔′	ab g⁰, Metall
Rohrflöte	8′	C-H Holz gedeckt, Rest Metall
Waldflöte	2′	konisch, C-H Zink, Rest Metall
Gemshorn	4′	Metall
Quinte	2⅔′	Metall
Superoktave	2′	Metall
Mixtur 5fach	1⅓′	Metall
Trompete	8′	C-h¹ Zinkbecher, Zinkstiefel, Zinkkehlen mit Messingauflage, Rest Zinn bzw. Messing

Rückpositiv (I, Taschenlade) C-f³

Praestant	4′	C-ds² Prospekt, C-ds⁰ Zink, Rest Metall
Blockflöte	4′	C-ds⁰ Zink, Rest Metall
Sing. Gedackt	8′	C-H Holz, c⁰-h⁰ Zink, Rest Metall
Sesquialter 2fach	1⅓′	rep., Quinte C-F und c⁰-f⁰ Zink, Rest Metall
Principal	2′	C-B Prospekt Zink (Extra-Lade), Rest Metall
Glöckleinton	1′, ½′	Metall
Cymbel 3fach		Metall
Krummhorn	8′	C-h¹ Zinkbecher, Zinkstiefel, Rest Metall, Messingkehlen
Tremulant		

Oberwerk (III, Kegellade, Taschenlade) C-f³

Gedackt	8′	C-H Holz, Rest Metall, cs³-f³ konisch offen
Quintatön	8′	C-H Zink, Rest Metall
Rohrflöte	4′	C-H Zink, Rest Metall, gs²-f³ konisch
Nachthorn	2′	C-H Zink, Rest Metall
Nassat	2⅔′	Rohrflöten, Metall, ab cs² konisch
Quinte	1⅓′	Metall
Terz-Cymbel 3fach	¼′	Metall
Vox humana	8′	Rohrflöten-Becher, Deckel drehbar mit Löchern, am c² Metallbecher
Stimmgang		
Fagott	16′	Taschenlade, Zinkbecher, C-H halbe Länge, Zinkstiefel, Zinkkehlen, C-H beledert
Mixtur 4fach	1′	Taschenlade, Metall
Principal	4′	Taschenlade, C-F Zink, Rest Metall
Tremulant		

Pedal (C-f¹)

Prinzipal	16′	Kegellade, Holz
Subbaß	16′	Kegellade, Holz
Posaune	16′	Kegellade, Holzbecher, Holzstiefel
Trompete	8′	Kegellade, Zinkbecher, Zinkstiefel
Oktave	8′	Prospektlade, Zink, C-f¹ im Prospekt
Oktave	4′	Prospektlade, Zink, C-Gs im Prospekt
Baßflöte	4′	Taschenlade, C-H Zink, c⁰-gs⁰ Holz, Rest Metall
Flöte	2′	Taschenlade, C-D Zink, Rest Metall
Mixtur 4fach		Taschenlade, Metall
Krummhorn	8′	Transmission

Kegelladen, Taschenladen, elektropneumatische Traktur, Manualkoppel RP-HW, OW-HW, Pedalkoppel HW-P, RP-P, OW-P, zwei freie Kombinationen, eine Pedalkombination, Zungen ab, Tutti, Walze, Walze ab [7]

---

4. AAScP, Akte Erlöser-Kirche; EZA, 14/3518.
5. AAScP, Reparatur-Akte Erlöser-Kirche.
6. Aufzeichung des Verfassers gemeinsam mit OBM Heinrich Wallbrecht in Firma Alexander Schuke Orgelbau GmbH, Potsdam, im Oktober 1990.
7. Wie Anm. 6.

Das 1941 bis 1942 gebaute Werk ist weitgehend unverändert erhalten geblieben.[4] Nur 1949 war eine Reparatur infolge der kriegsbedingten Beschädigung erforderlich.[5] Wenn auch die Verwendung alten Pfeifenmaterials nahezu vollständig vermieden werden konnte, so war man allerdings aus Kostengründen auf eine Übernahme der alten Windladen angewiesen. Dies hatte zur Folge, daß hinsichtlich der Laden und Traktur eine Umsetzung der Leitgedanken der Orgelbewegung unterbleiben mußte: die Orgel besitzt die alten Kegelladen und wurde im Oberwerk, Rückpositiv und Pedal um Taschenladen ergänzt; die Traktur wurde folglich elektrisch.

Das Instrument ist jedoch in den Grundzügen werkgerecht aufgebaut. Das Hauptwerk steht in der Höhe des Gehäusegesimses, das Rückpositiv hat ein geschlossenes Gehäuse in der Brüstung, das Oberwerk steht im Schwellkasten über dem Hauptwerk. Das Pedalwerk ist auf mehrere Laden verteilt: C-a⁰ der drei Grundstimmen und Trompete 8′ stehen hinter den Manualwerken zu ebener Erde, b⁰-f¹ auf einer Extra-Lade zwischen den beiden Hauptwerksladen. Die kleinen Stimmen stehen auf einer Taschenlade hinter dem Schwellwerk.[6]

Die Orgel der Erlöserkirche gilt heute als Dokument einer Zeit, in der man sich der klanglichen Qualitäten der Barockorgeln bewußt war und sich durch Dispositionsgestaltung, Mensurierung und Intonation um ein neues Klangideal bemühte, auch wenn kriegsbedingt minderwertige Materialien und elektrisch gesteuerte Registerkanzellenladen in Kauf genommen werden mußten.   UP

Lichtenberg, Erlöser-Kirche
Orgel von ALEXANDER SCHUKE, 1941-42

Der Berliner Orgelbau nach 1945

*Berliner Dom,
Orgel mit Teilen der
zerstörten Kuppel*

Das in diesem Buch enthaltene historische Inventar[1] gewährt dank der detaillierten Erfassung aller wesentlichen Daten über Orgelbauten in Berlin nicht allein einen Überblick über die Vielzahl der Instrumente in dieser Stadt. Es bietet eine verläßliche Grundlage dafür, die Entwicklung von den Anfängen bis heute auszuwerten und das Auf und Ab des Orgelbaus in Berlin graphisch darzustellen. Zum ersten Mal wird aber auch das wirkliche Ausmaß der im Zweiten Weltkrieg vernichteten Orgeln in Zahlen erkennbar.

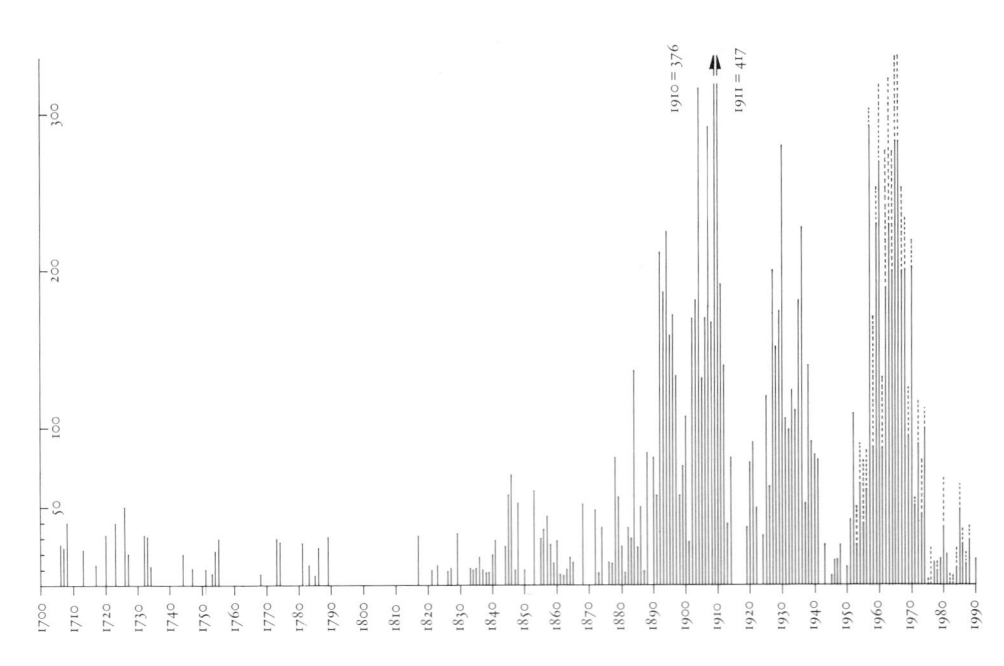

1. Vgl. S. 444 ff.

In der Zeichnung ist seit 1700 auf der Zeitachse Jahr für Jahr die Summe der gebauten Orgelregister aufgetragen, gipfelnd in der Summe von mehr als 400 Registern in den Jahren 1911 und 1965. Selbstverständlich sind diese Werte nicht eindeutig zu datieren, zeigen aber insgesamt die Tendenz. Für die Zeit nach 1945 ist der Anteil neu erbauter Positive gestrichelt hervorgehoben.

Deutlich erkennbar ist zunächst der Bau von Orgeln als Konjunkturbarometer mit den politisch bedingten Zäsuren der napoleonischen Kriege, des Krieges 1870/1871 und der beiden Weltkriege. Auch kann man an dieser Darstellung die Folgen einer Rezession und auch einen gewissen Sättigungsgrad des Marktes im Raum Berlin in der Gegenwart beobachten.

Die zeichnerische Darstellung ermöglicht außerdem, die Spannweite der auf JOACHIM WAGNER fußenden Orgelbautradition über MIGENDT, die Familien MARX und BUCHHOLZ bis in die sechziger Jahre des 19. Jahrhunderts zu verfolgen. Die Werkstatt LANG & DINSE, später FERDINAND DINSE, zunächst noch dieser Tradition verpflichtet, paßt sich in der folgenden Generation der GEBRÜDER DINSE dem neuen Stil an, der durch die großen Orgelimporteure, insbesondere durch Sauer, in der Kaiser-Metropole bestimmend wird.

Die beiden Zeiträume umreißen, simplifiziert natürlich, die zwei Erbteile: das klassisch gereifte Instrument Wagners, das schließlich als Buchholz-Orgel in der aufblühenden Hauptstadt Preußens individuell geprägt wird, und dann der dem beispiellosen Wachstum Berlins vergleichbare Orgelboom der Zeit nach der Reichsgründung.

Die zweite Periode reicht weiter, über die Zäsur des Ersten Weltkriegs hinweg, bis an das Ende der dreißiger Jahre. Was das klassische Instrument in dieser Zeit so massiv überwucherte, erhält durch technische Innovationen ständig neuen Nährboden. In der Unterschätzung dieser Infrastruktur liegt auch die Tragik der Orgelreform. Die wenigen Ansätze dieser neuen Zeit wurden zudem überrollt von dem Schrecknis des Zweiten Weltkrieges, der in seinen letzten beiden Jahren in Berlin ein beispielloses Unheil anrichtete.

Bestandsaufnahme 1945

Ehe die Luftangriffe auf Berlin begannen, standen in den hier erfaßten Kirchen, Kapellen und Gemeindesälen 250 Orgeln mit fast 6000 Registern. 87 Orgeln mit insgesamt 3265 Registern wurden durch Kriegseinwirkungen zerstört, 39 Instrumente mit einem Registerbestand von 1130 Stimmen später abgebaut, und nur 126 Orgeln mit 1580 Registern überdauerten den Krieg. Nimmt man in diesen drei Kategorien den Registerdurchschnitt pro Orgel, so kommt man zu folgendem Ergebnis:

Die zerstörten Orgelwerke mit durchschnittlich 38 Register zählten meist zu den repräsentativen Instrumenten der Innenstadt. Die später abgetragenen Orgeln mit 29 Registern im Durchschnitt mußten Neubauten weichen, weil sie nur mit großem finanziellen Aufwand hätten instandgesetzt werden können. Der Registerdurchschnitt noch erhalten gebliebener Orgeln liegt bei 12,5 Registern, macht also deutlich, daß es sich hierbei insbesondere um kleinere Werke handelt, die in Gemeindesälen und in den Außenbezirken Berlins den Krieg überlebten. Aufschlußreich ist außerdem ein Rückblick auf die Präsenz namhafter Orgelbauwerkstätten zu Beginn des Zweiten Weltkrieges in der Anzahl ihrer Instrumente, das Maß der Zerstörung, der dann folgenden Dezimierung und schließlich auf den Restbestand:

Die *Kaiser-Wilhelm-Gedächtnis-Kirche* nach ihrer Zerstörung im Zweiten Weltkrieg

Erbauer	Bestand	Zerstört	Abbau	Vorhanden
Sauer	92	40	14	38
Dinse	34	13	6	15
Schuke	34	7	4	15
Steinmeyer	28	8	4	23
Walcker	17	6	4	7
Furtw. & Hammer	12	3	3	6
Schlag & Söhne	5	1	2	2
Grüneberg	5	2	2	1

Ein Blick auf den Registerverlust des Hauses SAUER zeigt beispielhaft das Ausmaß der Verwüstung: 1500 Register zerstört, 330 Register später abgetragen, 725 Register noch erhalten, oft durch Umdisponierungen entstellt oder verstümmelt.

Wenn wir im Rahmen dieser Veröffentlichung nach dem Status quo des Orgelbaus in dem Berlin der »Stunde Null« fragen, kann sich diese Bestandsaufnahme nicht allein auf die obige Statistik beschränken. Die Frage ist vielmehr, ob in dieser Stadt der Boden bereitet war für einen Neubeginn des Orgelbaus. Oder scheiterten diese Zukunftsvisionen wie leider auch im Städtebau daran, daß unter den Ruinenfeldern festgegründete Infrastrukturen bestanden? Wir werden gerade an den Voraussetzungen des Berliner Orgelbaus die Problematik des Neubeginns erkennen.

Bemühungen um eine neue Orgel

Hatte der Orgelbau nach dem Kriegsende klare Zielvorstellungen, ein Grundgesetz gewissermaßen, nach dem programmatisch gehandelt werden konnte, dem Neubeginn des politischen Lebens damaliger Zeit vergleichbar? Dazu ein Zitat: »Die Orgelbewegung war ein Kind der deutschen Jugendbewegung. Die Gigantomanie der wilhelminischen Epoche, die mit gleichgeschaltetem Hurrapatriotismus einen Weltkrieg verursacht hatte, der die scheinheilig gehüteten, aber mißbrauchten Werte in Trümmer schlug, entließ aus diesem Weltkrieg ein kulturell verkommenes Deutschland. Auf unsicherem Boden versuchte die junge Generation moralischen Halt und geistige Neuorientierung zu gewinnen. Die Fortschrittsideologie der »Gewaltgerätemenschen«, wie HANS HENNY JAHNN sie nannte, hatte abgewirtschaftet. So wurde auch die industriell hergestellte Riesenorgel der Gründerzeit zum Synonym für die technokratische Maßlosigkeit der Vätergeneration; die wieder entdeckte Barockorgel dagegen zum tönenden Gleichnis einer nach Klarheit und Einfachheit strebenden Gesinnung, die ein handwerkliches Ethos für Instrumente nach menschlichem Maß verkündete. Die deutsche Orgelbewegung wurde aber von rivalisierenden Gruppen hin- und hergerissen, verzettelte sich in Ideologien und Dogmen, allzuviel Theoretisieren stand der praktischen Konsequenz oftmals im Weg.«[2]

Die Forderung HANS HENNY JAHNNS, die Orgel solle zwei Urheber haben, den klangschaffenden Orgelarchitekten und den tüchtigen Fabrikanten, signalisierte dieses Dilemma.[3] Nur selten kam es zu partnerschaftlicher Zusammenarbeit. Die Reformer unterschätzten angesichts ihrer umwälzenden Ideen die orgelbau-spezifische Beharrlichkeit. Überforderung und Bevormundung führten zu Entfremdung auch zu Lasten der Zielsetzung. Orgeln verwaisten, weil sich kein Elternteil zu deren Herkunft bekannte. Der Orgelbau brauchte seine Zeit, um aus eigener Erfahrung die Reform zu bejahen.

2. Summereder: Blickpunkt.
3. Wagn-1971, S. 81.
4. AKScB.
5. Pape-1978, S. 410.
6. Pier-1941.
7. Scuk-1972.
8. Gespräche von Ernst Bittcher mit Wolfgang Kobischke u. a.
9. AKScB, VON BECKERATH an KARL SCHUKE, 3. 3. 1941 aus Breslau.

HANS HENNY JAHNN (1894-1959)

Rudolf von Beckerath und Karl Schuke

Zwei Orgelbauer sind mit dem Schicksal der Berliner Orgel eng verbunden und haben wesentlich an der Gestaltung der Gegenwart mitgewirkt: RUDOLF VON BECKERATH, der staatliche Sachverständige für Orgelbau im Ministerium für Kirchliche Angelegenheiten in Berlin, und KARL SCHUKE, der Potsdamer Orgelbauer. Ein Briefwechsel von 1941 bis 1945, im Archiv der Berliner Firma[4] erhalten, gibt in seiner Spontanität Einblick in die Thematik des damaligen Orgelbaus. RUDOLF VON BECKERATH, 1907 geboren, erlernte nach einer Grundausbildung in der Holz- und Metallverarbeitung das Orgelbauerhandwerk bei GONZALEZ in Paris, arbeitete dort weiter, ohne eine Gesellenprüfung abgelegt zu haben, und konnte nach seiner Tätigkeit in der Werkstatt FROBENIUS sein Amt als Sachverständiger mit vielseitiger Erfahrung im praktischen Orgelbau beginnen.[5] Als überregionaler Supervisor hatte er bei exponierten Projekten Gelegenheit zu intensivem Studium von Mensuration und Intonation historischer Instrumente und intoniert selbst, wie 1941 bei der Restaurierung der Engler-Orgel in der *St. Elisabeth-Kirche* in *Breslau* mit Straube als planender Gutachter, MAHRENHOLZ als Abnahmegutachter für das Ministerium, REIMANN als Beauftragter des Evangelischen Oberkirchenrates und WALCKER und RUTHER als Orgelbauer.[6]

RUDOLF VON BECKERATH

KARL SCHUKE, nur gut zwei Monate älter als von Beckerath, begegnete dem Orgelbau bereits in früher Kindheit in der väterlichen Werkstatt. Seine Ausbildung, zunächst ganz im Stil des Orgelbaus der Jahrhundertwende, zielt schließlich auf die Herstellung von Metallpfeifen in der Werkstatt des Vaters, wo er nach seiner Pfeifenmacher-Lehre selbst eine Zinnwerkstatt einrichtete. Das Pfeifenwerk, seine Gestaltung in Mensur und Intonation, sollte sein Leben lang Kernstück seines Orgelbaus sein.[7]

Das Interesse an einer lebendigen Intonation führte 1935 die beiden Orgelbauer zufällig in der *Zehlendorfer Ernst-Moritz-Arndt-Kirche* bei der Intonation der Orgel zusammen. Zweifellos ging es an diesem Instrument um die Begegnung mit einer der ersten mechanisch gesteuerten, neu erbauten Orgeln, ihre Spielart und die Auswirkung der Tonkanzelle. Die Initialzündung dieser Freundschaft geschah angesichts der Handhabung der Orgelpfeifen im Labienbereich und beim Anblasen, eben auf dem Wege zur »neuen Intonation«.[8]

1941 begannen beide gemeinsam die Intonation der *Berliner Emmaus*-Orgel auf elektrischen Kegelladen. Von Beckerath wurde aber nach *Breslau* gerufen, und Karl Schuke mußte die Arbeit an der Emmaus-Orgel allein beenden. Hier beginnt der Briefwechsel mit einem Bericht von Beckeraths vom 8. März, in dem die großen Unterschiede beider Instrumente, die verschiedenen Ladensysteme und die unterschiedlichen Mensuren hervorgehoben wurden.[9]

Dennoch kann Schuke dem inzwischen zum Wehrdienst einberufenen Freund von namhaften Besuchern an der Emmaus-Orgel berichten, die sich nicht allein für die Dispositionsplanung GEORG KEMPFFS interessieren. Es ist vornehmlich

KARL SCHUKE

10. AKScB, K. S. an v. B., 4. 11. 1942.
11. AKScB, v. B. an K. S., 8. 2. 1942 aus Bourges.
12. AKScB, K. S. an v. B., 4. 11. 1942.
13. AKScB, v. B. an K. S., 30. 10. 1942 aus Bourges.
14. AKScB, K. S. an v. B., 4. 11. 1947.
15. AKScB, Werkverzeichnis vor 1945.

die »Vollblütigkeit« des Klanges der neuen Intonation, die auch einen HUGO DISTLER fesselte, der anfangs beide Orgelbauer bei der Arbeit besucht hatte.[10] Auler kam mit Orgelbaumeister DUTKOWSKI aus Braunschweig, um den Bau einer großen Orgel für den dortigen Dom, der Weihestätte der SS, vorzubereiten: »Sie sehen also, daß dieser Orgelstil sehr Schule macht und sich langsam durchsetzt.« Zwei weitere Umbauprojekte in *Braunschweig* bahnten sich in *St. Andreas* und *St. Magni* an, zu deren Planung von Beckerath als Sachverständiger Sonderurlaub aus Bourges erhielt.[11]

Ein Jahr später berichtet Karl Schuke von den Berliner Orgeltagen, wie sehr die *Johannesstift*-Orgel von KEMPER in den Vordergrund gerückt worden sei und daß Kemper und seine Anhänger gegen die Orgel in der Emmaus-Kirche Sturm liefen. Er selbst, Karl Schuke, kenne nur zu gut die Schwächen seiner Orgel.[12] Schuke erkannte schon früh ein in diesem Zusammenhang wichtiges Problem: »Im übrigen bin ich doch sehr deprimiert, daß es kaum Leute gibt, die auf solchen Orgeln anständig spielen können. Wozu bauen wir überhaupt mechanische Orgeln, wenn die Herren Organisten darauf herumpauken wie auf einer Maschine ...« Von Beckerath antwortet darauf: »Daß Sie in den Konzerten der Universitätsorgel Enttäuschungen erlebten, wundert mich nicht. Wir haben keine Leute, die solche Instrumente spielen können. Die guten Jungen glauben immer, diese gut klingenden und präzis gehenden Instrumente täten alles für sie und ahnen nicht, daß gerade an ihnen die Verpflichtungen des Spielers in's Ungemessene wachsen.« Und zwei Monate später schreibt von Beckerath: »Mittlerweile habe ich den Bericht über die Berliner Orgeltage gelesen und mich im Grunde darüber geärgert. Wenn man bedenkt, wie dieses ganze Volk da orgelt, teilweise mit jungen Leuten und unsereiner, der zur Orgel ja wohl auch einiges zu sagen hätte, im grauen Rock Dienst machen muß, dann kann einem, weiß Gott, der Konfirmationskaffee brausend wieder hochkommen.«[13]

Jahre später, nach der Tagung in *Rothenburg*, schrieb Karl Schuke: »Ich versuchte des öfteren, mich mit den Leuten über Intonation zu unterhalten, stieß aber ... auf völliges Unverständnis. Andere gestanden ganz einfach, daß sie auf Intonation nicht so großen Wert legten. Spieltische und Windladen interessieren mehr. Ich halte diese technischen Dinge für selbstverständlich. Unser Hauptaugenmerk müssen wir auf das Klangliche richten, ohne das andere zu vernachlässigen.«[14]

KARL SCHUKE

Leiter und Mitarbeiter der Firma ALEXANDER SCHUKE in *Brandenburg* vor der *St. Katharinen-Kirche* mit einem Ornament der Wagner-Orgel. Vierter von rechts: HANS-JOACHIM SCHUKE; erster von rechts: KARL SCHUKE

Karl Schuke, als Betriebsleiter der Potsdamer Orgelbauanstalt vom Wehrdienst befreit - sein Bruder HANS-JOACHIM befand sich an der Ostfront -, arbeitete mit stark reduzierter Mannschaft kontinuierlich an zahlreichen Neubauten und lieferte von 1939 bis 1944 24 Instrumente mit insgesamt 368 Registern, 17 Orgeln davon mit mechanischer Traktur.[15]

Schuke kann also die Hiobsbotschaft seines Freundes nicht bestätigen, daß 1942 der Bau von Inlandsorgeln verboten worden sei, wie ihm RIEGER und LAUKHUFF nach Frankreich berichtet hätten. Schuke berichtet vielmehr von seiner Gutachtertätigkeit und seinen Arbeiten in Österreich, an der *Hofkirche* in *Innsbruck*, in *St. Florian*, in *Klosterneuburg* und *Eisenstadt* bis zum Januar 1945, als die Front schon bedenklich nahegerückt war.[16]

Es ist überhaupt erstaunlich, wie in der Heimat bis zum Zusammenbruch Orgeln entstehen konnten; die Potsdamer Werkstatt im Holländischen Viertel blieb 1945 bei einem Bombenangriff fast unversehrt. Unvermeidlich die täglichen Fahrten nach Berlin, um Reste zerstörter Orgeln abzubauen oder noch brauchbare Instrumente zu sichern, die vielleicht am kommenden Tag verschüttet waren. Wie makaber klingt die Feststellung, daß die Orgeln in der *Emmaus-Kirche* wie auch in *Lichtenberg*, durchschossen und durch Bombensplitter »arg gerupft«, nunmehr in einem Raum ohne Fenster stünden.[17]

16. AKScB, v. B. an K. S., 30. 10. 1942 aus Bourges; K. S. an v. B., 16. 3. 1943, 5. 1. 1945.
17. AKScB, K. S. an v. B., 3. 11. 1944.

Breiten Raum nehmen in der Korrespondenz Kommentare zu der Luftschutzaktion des Jahres 1943 zum Erhalt historischer Orgeln in Norddeutschland ein. Geradezu atemlos schildert Schuke die Hilflosigkeit des Ministeriums: BECKERATH als Aktionsleiter? - Man wird ihn kaum beurlauben. MAHRENHOLZ als Koordinator und praktischer Mitarbeiter an Ort und Stelle? Oder Baustab KEIBEL? Aber der hat im Augenblick »Danzig abzubauen«.[18]

Eine Ausgeburt des »totalen Krieges« war die »Metallaktion« 1944/45. Hierfür erscheint in der Korrespondenz keine exakte Formulierung außer: Orgelmetallbeschlagnahme der Reichsstelle Metall. Analog zu der Ablieferung von Kirchenglocken sollten in Listen Daten aller Orgeln des Reiches erfaßt werden, aus denen der Metallwert der Instrumente erkennbar sei. Im Ministerium wollte man von Beckerath mit dieser Aufgabe betrauen, der seinerseits aber wenig Neigung zu dieser Henkersarbeit verspürte. Einige Kirchenmusiker sichteten die zahlreichen Meldebögen, je drei für ein Instrument, und Schuke prüfte mit Blick auf das Material 200 Orgelwerke pro Tag.[19]

Auf mysteriöse Weise scheint der Ausgang dieser Metallaktion mit dem Schicksal der *Berliner Domorgel* verquickt gewesen zu sein. Als der Dom durch den Verlust des Oberteils der Kuppel unbenutzbar geworden war und die große SAUER-Orgel zwar erhalten war, aber zur Disposition stand, fehlte es nicht an Stimmen für eine Verschrottung zu Rüstungszwecken. Fritz Heitmann aber griff den dringenden Appell Karl Schukes auf, diese Orgel als wesentlichen Bestandteil des Domes und Zeugnis der Reger-Zeit unbedingt zu erhalten, und erwirkte bei Speer ein Abrißverbot, dem alsbald auch eine Order zum Stop der Metallaktion folgte.[20]

Firmengründungen in Hamburg und Berlin

Auf dem Rückzug aus Frankreich gerät RUDOLF VON BECKERATH im Januar 1945 in amerikanische Kriegsgefangenschaft. Damit endet die Feldpostkorrespondenz, die zu den Unikaten dieser Spezies zu zählen ist. In seinem Marschgepäck muß von Beckerath seine Mensuraufzeichnungen mit sich geführt haben, denn er lieferte seinem Orgelbauer-Kollegen Schuke aus Frankreich konkrete Werte, insbesondere für Zungen. Aber die Qual, angesichts verheißungsvoller Aufgaben im Orgelbau, die Karl Schuke ihm euphorisch schildert, tatenlos Gefangener zu sein, dauert noch bis Mai 1946. Auch eine Bittschrift an die amerikanische Militärregierung, eine lesenswerte Darstellung des Notstandes im Orgelbau nach dem Kriege, kann die vorzeitige Entlassung nicht erwirken.[21]

Nach *München* in eine kleine möblierte Wohnung zu seiner Frau entlassen, arbeitet von Beckerath an kleinen Instrumenten, auf staatliche Veranlassung, also legitimiert, denn eine Gewerbegenehmigung kann er nicht erhalten. Ihm fehlen Gesellen- und Meisterprüfung, Werkstatt, Werkzeug und Material. Wohnung und Möbel in Berlin sind beschlagnahmt; nur ein Koffer mit Werkzeug ist noch dort. Welch unfaßbare Schwierigkeiten ergeben sich bei einem Transport Berlin - München.[22]

MAHRENHOLZ ruft im Herbst 1946 von Beckerath noch einmal als Sachverständigen nach *Hannover*, um den Bestand historischer Orgeln Niedersachsens aufzunehmen. Wieder ganz in seinem Element kommet er auch nach *Steinkirchen* und übernimmt dort, fast mit leeren Händen und einer fingierten Arbeitsbescheinigung Schukes, die Restaurierung der Schnitger-Orgel. Mechanikteile und fehlende Pfeifen entstehen in Potsdam. Ein westberliner Lehrling mit Interzonenpaß bringt die Holzteile über die Grenze; die Pfeifen gelangen nach schwierigen Verhandlungen durch Beziehungen zu einem britischen Offizier via Luftbrücke nach Hamburg.[23]

RUDOLF VON BECKERATH

18. AKScB, K. S. an v. B., 27. 2. 1943.
19. Wie Anm. 17.
20. Wie Anm. 17.
21. AKScB, Mitteilung Dr. Söhngen, Februar 1946.
22. AKScB, v. B. an K. S., 5. 6. 1946 u. flgd.
23. AKScB, v. B. an K. S., 3. 8. 1948 aus Steinkirchen.

Steinkirchen, Orgel von
ARP SCHNITGER, 1687

Stralsund, St. Marien, Orgel
von FRIEDRICH STELLWAGEN,
1641

Über Berlin war kurz nach der Währungsreform die Blockade verhängt worden. Die Restaurierung *Steinkirchen* war Mitte November 1948 beendet, hatte aber noch ein bemerkenswertes Nachspiel in der Korrespondenz, weil ALFRED HOPPE bei der Abnahme den Austausch der einarmigen Klaviaturen gegen Wippentasten monierte. Die Reaktionen der Orgelbauer Schuke und von Beckerath zeigen, daß sich die Orgelreform tatsächlich Schritt für Schritt vollziehen mußte, denn beide lehnten die »enge« Sicht Hoppes auch Mahrenholz gegenüber ab.[24]

Von Beckeraths Meisterprüfung im Juni 1949 bestand lediglich aus einer schriftlichen Arbeit. Unverzüglich meldete er in Hamburg einen Betrieb an, findet zufällig eine Werkstatt samt Inventar mit Unterstützung von REEMTSMA und erhält alsbald vom Hamburger Senat den Auftrag zum Bau einer großen mechanischen Orgel mit 58 Registern für die *Hamburger Musikhalle*.[25] Angesichts dieses Starts aus dem Nichts hin zu einer bedeutenden Orgelbauwerkstatt RUDOLF VON BECKERATH wenden wir uns noch einmal der Potsdamer Orgelbauanstalt SCHUKE des Jahres 1948/49 zu.

Es ist erstaunlich, daß in der Nachkriegszeit intensiv gearbeitet werden konnte. Andere Betriebe waren zerstört oder lagen in abgetrennten Landesteilen. So kann Karl Schuke von einer Fülle von Aufträgen berichten, sogar aus Österreich. Die Freude war groß, als sein Bruder Hans Joachim am 8. 5. 1948 unerwartet aus russischer Gefangenschaft heimkehrte und voller Tatendrang die Leitung der bis auf den letzten Arbeitsplatz besetzten Werkstatt mit Karl Schuke zusammen übernahm.[26]

Wenig später, kurz nach der Währungsreform, verlassen Fachkräfte die Potsdamer Werkstatt, »heimlich, still und leise« in Richtung Westen: von 7 Pfeifenmachern blieb nur einer. Auch Schukes selbst hätten die Potsdamer Werkstatt aufgeben und die Ostzone verlassen können. Aber Karl Schuke betonte immer wieder, seinen Vertragspartnern und vor allem den Orgeln seiner Heimat verpflichtet zu sein wie *St. Marien* in *Stralsund* und *St. Marien* in *Berlin*.[27] Dort allerdings, in dieser einzigen kaum zerstörten Kirche der Altstadt, standen hinter dem originalen Wagner-Prospekt auf Sauerschen Kegelladen Pfeifen von Wagner und neue Register aus dem Hause Schuke – ein gordischer Knoten für den Intonateur KARL SCHUKE, der natürlich an dieser repräsentativen Stelle in der neuen Art intonierte. Am besten klinge der Wagnersche Prospekt mit langen Kondukten. Schuke schrieb von Beckerath nach Steinkirchen, er habe nun schon geraume Zeit auf Schleifladen intoniert und könne die Ansprache auf Kegelladen einfach nicht mehr ertragen.[28]

Hatte Schuke in seinen Briefen zunächst die Aufgabe in der Ostzone beharrlich betont, so nehmen nach 1948 die Klagen über unerträgliche Zustände, insbesondere über die politische Situation zu. Die Korrespondenz muß über Deckadressen im Westsektor Berlins geleitet werden. Angesichts der drohenden Enteignung und der Regelung in West-Berlin, nur an ortsansässige Firmen Aufträge zu vergeben, beschließen KARL und HANS JOACHIM SCHUKE, im freien Teil der Stadt 1950 eine BERLINER ORGELBAUWERKSTATT zu gründen. Als Initiator dieser Aktion will sich sogar von Beckerath zur Verfügung stellen, nachdem Schuke auf dessen Vorschlag, eine süddeutsche Firma zu übernehmen, nicht einging. Aber es blieb bei diesem freundschaftlichen Angebot, denn zwei junge Orgelbauer der Potsdamer Werkstatt, ERNST BITTCHER und ARNOLD MAEDER, waren bereit, mit wesentlicher materieller Unterstützung des Stammhauses dort mit der Arbeit zu beginnen.

Von der vorläufigen Niederlassung in *Nikolassee* aus wurde eine *Zehlendorfer* Tischlerei nahe dem *Oskar-Helene-Heim* bezogen. Dort entstanden Positive, zum Teil aus Halbfertigfabrikaten, die meist illegal die Kontrollen an der Glienicker Brücke oder auf den S-Bahnhöfen passieren mußten. Als schließlich 1953 KARL SCHUKE mit seiner Familie nach West-Berlin übersiedelte, hatten bereits die Verhandlungen

24. AKScB, Chr. Mahrenholz an K. S., 20. 7. 1949 u. a.
25. AKScB, v. B. an K. S., 14. 10. 1949.
26. AKScB, K. S. an v. B., 20. 5. 1948.
27. AKScB, K. S. an v. B., 29. 12. 1948.
28. AKScB, K. S. an v. B., 5. 11. 1948.

über den Bau der Konzertsaalorgel mit 70 Registern in der *Hochschule für Musik* begonnen. Später arbeitete der Betrieb, inzwischen auf 40 Mitarbeiter angewachsen, in *Lichterfelde-Süd*. 1966 wurde schließlich auf eigenem Grund und Boden wiederum in *Zehlendorf* eine neue Werkstatt eingeweiht.[29]

Der Orgelbau nach 1950

Vergleicht man im europäischen Orgelbau seit 1950 den niederländisch-skandinavischen Orgeltyp - die Orgeln von FLENTROP, MARCUSSEN und FROBENIUS als Beispiele - mit Instrumenten deutscher Werkstätten, so erinnert die Diskrepanz an die Situation des Orgelbaus vor der Jahrhundertwende in Frankreich und Deutschland. EMILE RUPP beklagte seinerzeit die deutsche Indolenz englisch-französischen Verbesserungen der mechanischen Traktur gegenüber. Man wählte in Deutschland den »Radikalausweg« bis hin zur Röhrenpneumatik. »... die blinde Verehrung des ›Fortschritts‹ in einem im rein Technischen befangenen Zeitalter, die Autoritätskultur des ›Zeitgemäßen‹ trugen das ihre bei zu dem tiefsten Sturze, den die deutsche Orgelbau- und Spielkunst je getan hatte.«[30]

Freilich war 1950 dank der Orgelreform der Streit um Register- und Tonkanzelle so gut wie entschieden. Aber es gab hierzulande einen Innovationstaumel im Orgelbau, dies »verurteilt, frei zu sein«. Das Hochgefühl, nach langer Zeit der Reglementierung und Kontingentierung an der Welt unbegrenzter Möglichkeiten teilhaben zu können, trieb den Orgelbau auf verschiedenen Gebieten in die Sackgasse.

Durch Kriegsfolgen, insbesondere Reparationsleistungen, war die Rohstoffdecke in Deutschland, vor allem der Holzbestand, stark dezimiert. Was Wunder, daß durch den Mangel an natürlichen Rohstoffen - in unserem Fach Holz, Leder und Leim - die Kunststoffindustrie die Marktlücken zu schließen suchte. Die Deutschen, stets erfindungsreich in Zeiten von Vierjahresplänen oder ähnlichen Krisenzeiten, überboten sich in innovativem Know how wie Kunststoffwindladen, Aluminium- und Seilzugtrakturen. Problematisch war in diesem Prozeß, daß die Orgelbauer kaum das kleine Einmaleins der Schleifladenorgel kannten. Hinzu kam im Sog des Orgelbaubooms eine Nivellierung des Anspruchs. Wie viele Orgeln jener Zeit, in Abnahmegutachten hoch gelobt, überlebten kaum zwei Jahrzehnte. Der Hang, sich im noch nie dagewesenen zu profilieren, zeitigte obendrein Orgelgehäuse besonderer Art. Anlaß und Rahmen dazu waren Kirchbauten der Neuzeit mit unterschiedlichsten Raumkonzeptionen. Ein Orgelbauer pendelte stets zwischen architektonischen Welten, wenn er zunächst mit EGON EIERMANN über die *Kaiser-Wilhelm-Gedächtnis-Kirche*, dann mit HANS SCHAROUN über die *Berliner Philharmonie* und weiter mit PAUL BAUMGARTEN über die *Kirche am Lietzensee* und die jeweiligen Orgelwerke sprach. Wie mag es FLENTROP in der *Paul-Gerhardt-Kirche* in *Schöneberg* ergangen sein? Konnte eine Orgelreform wachsen und reifen in stets wechselnder Gehäusekonzeption? Wo fanden sich in den neuen Kirchen natürliche, von der Raumform allein geprägte Klangverhältnisse ohne das make up akustischer Manipulationen? Konnten Orgelbauer in der Wiederholung und im Vergleich mit anderen Instrumenten ihrer Werkstatt in dieser Vielfalt moderner Kirchbauten, wie sie gerade eine Stadt wie West-Berlin bot, Erfahrungen sammeln, wie es GOTTFRIED SILBERMANN durch Typisierung praktizierte? - Wenden wir uns wieder dem Orgelbau in Berlin zu.

Orgelbau in Berlin seit 1950 im Zeichen des Wiederaufbaus

Heute fragen wir nach den Ursachen für die Demontage der Orgeln, die - wenn auch beschädigt - den Krieg überdauerten. Gutachter und Orgelbauer standen vor

Berlin, Philharmonie, Orgel von KARL SCHUKE

29. AKScB, Bauakten.
30. Rupp-1929, S. 117.

31. Frdl. Mitt. Dr. Minzlaff, Berliner Industriebank AG.

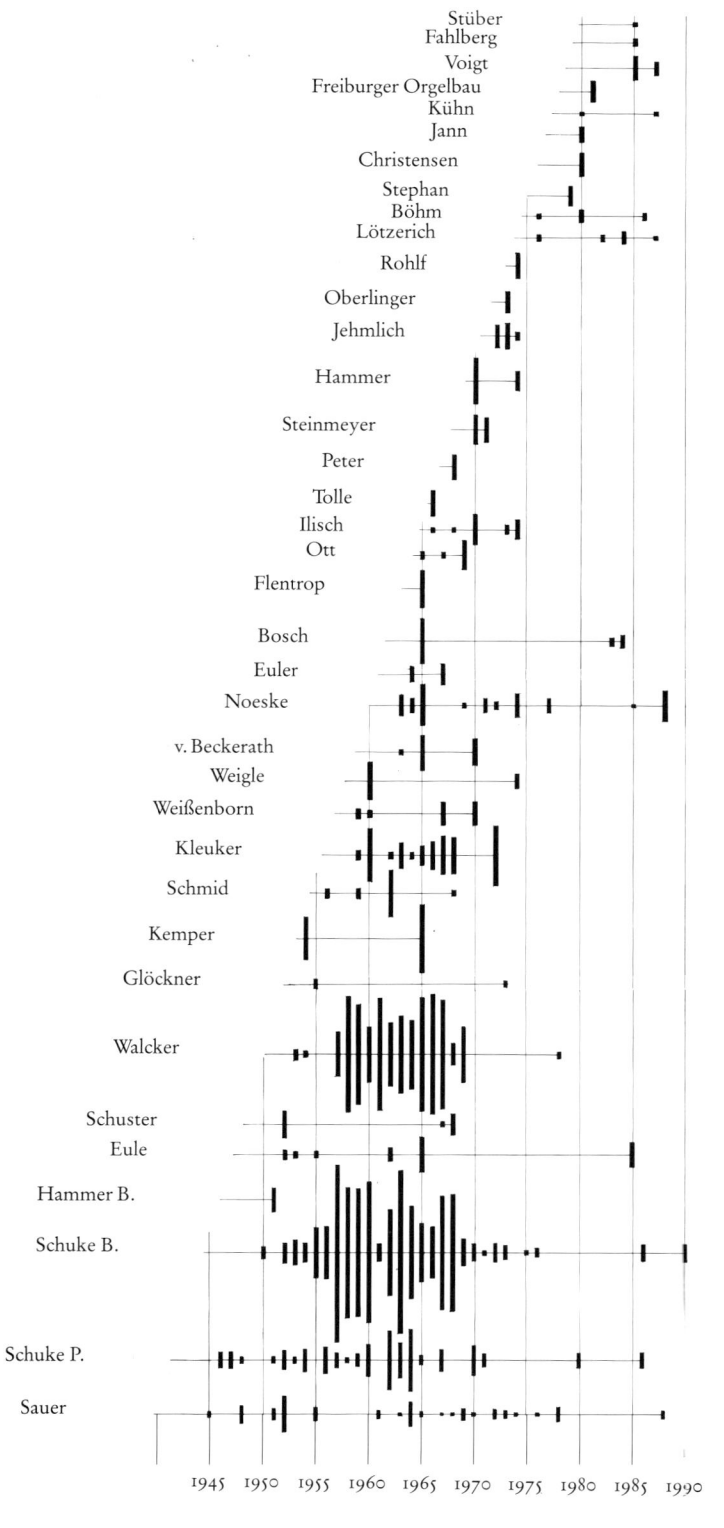

der Frage, ob die vorhandene Substanz solid wiederhergestellt werden konnte. Das war, diktiert von der Not jener Zeit, zunächst eine finanzielle Frage. Es ist manchen ambulanten Orgelbauern der Nachkriegszeit nicht zu verdenken, daß sie, um selbst überleben zu können, da und dort Orgeln zu sanieren versuchten. Aber diese Aktionen konnten keine dauerhaften Ergebnisse zeitigen, weil es meist kein geeignetes Material gab. Man denke nur an Spendenaktionen von Glacéhandschuhen in den Gemeinden, um mit diesem Leder defekte Pneumatikteile ersetzen zu können. Leider fanden bei diesen technischen Wiederbelebungsversuchen meist auch barocke Umdisponierungen zu Lasten zinnhaltiger 8'-Register statt, Maßnahmen, die sogar Organisten auf eigene Faust bewerkstelligten. Es leuchtet ein, daß solche Praktiken den Fortbestand dieser Instrumente mehr untergraben als fördern konnten. Der Kahlschlag restlicher romantischer Orgeln bis auf wenige Exemplare ist nicht dem Eifer orgel-reformischer Bilderstürmer zuzuschreiben. Die Gemeinden brauchten zuverlässige, ökonomisch disponierte Instrumente für den Gottesdienst, meist wesentlich kleiner als die Vorgängerorgel. Die Gemeindekirchenräte und Organisten von der Richtigkeit dieser Entscheidung zu überzeugen, war oft für die Sachverständigen und Orgelbauer schwierig.

Nun begünstigte die Entscheidung zu einem Orgelneubau in dem Westteil der Stadt die Finanzierung mit Hilfe des Marshall-Planes. In den Jahren 1956 und 1958 standen insgesamt 13 Kirchengemeinden günstige Kredite in einem Gesamtvolumen von 200.000 DM für Orgelneubauten zur Verfügung.[31] Voraussetzung war allerdings die Vergabe des Auftrags an ein hiesiges Unternehmen. Das bewirkte eine Stabilisierung der BERLINER ORGELBAUWERKSTATT, führte aber gleichzeitig zu einer zeitweiligen Vormachtstellung des Hauses Schuke, zu einem Monopol, das der Vielfalt der aufblühenden Musikstadt nicht entsprach.

Natürlich fand das Musizieren an diesen asketisch disponierten, rein mechanischen Instrumenten nicht überall die begeisterte Zustimmung der Organisten, und der Wunsch nach Alternativen wuchs.

Wenn in Kreuzberg die Orgelbaufirma E. F. WALCKER & CIE. eine Filiale mit eigener Werkstatt gründete, so geschah dies auch auf Wunsch von Organisten, die damit die Tradition von WALCKER und SAUER fortsetzen wollten. ERNST BITTCHER führte mehrere Jahre lang diesen Betrieb und entwarf mehrere Prospekte, darunter die für die *St. Jacobi-Kirche* und *Heilig-Kreuz-Kirche* in *Kreuzberg* und die *Matthäus-Kirche* in *Steglitz*.

Die statistische Grafik zeigt das Engagement aller im Raum Berlin tätigen Orgelbauer seit 1945 Jahr für Jahr. Dargestellt sind die erbauten Register, soweit das genau zu datieren ist. Man erkennt zunächst den großen Marktanteil SCHUKES und WALCKERS, der nach 1970 als Zeichen einer gewissen Sättigung ausklingt. Am großen Orgelboom dieser Zeit partizipierten KLEUKER, KEMPER, SCHMID, BOSCH, WEIGLE, WEISSENBORN und OTT. Leider konnten namhafte Orgelbauer nur durch großen Einsatz einzelner Kirchenmusiker zu Gastrollen in dieser Inselstadt verpflichtet werden.

Bemerkenswert und in dieser Statistik klar erkennbar ist, daß man nach einer Zeit der Hochkonjunktur erneut nach Alternativen sucht und nun die nachfolgende Generation zu den wenigen Orgelneubauten der letzten Jahrzehnte aufgefordert wird. Zu den Orgelbaumeistern, die nach der Ausbildung oder Tätigkeit in Potsdam und Berlin in der Bundesrepublik eigene Werkstätten gründeten, zählen DIETER NOESKE, seit geraumer Zeit schon durch verschiedene Orgeln in Berlin anerkannt, und GEORG JANN, in seiner Heimat leider nur durch einen Neubau vertreten. Beide engagierten sich jedoch außerdem für den Erhalt von Orgeln der

Jahrhundertwende: Noeske setzte die Orgel der *Auenkirche* in *Wilmersdorf* und Jann die Orgel der *Martin-Luther-Gedächtnis-Kirche* in *Mariendorf* instand. Restaurierungen - sie sind übrigens in der Statistik nicht berücksichtigt - fanden auch an den Orgeln der *Heilig-Geist-Kirche* in *Moabit*, der *Stephanus-Kirche* im *Wedding* und der *Weihnachtskirche* in *Haselhorst* durch KARL SCHUKE statt. Zu der Gruppe dieser Arbeiten mag auch die Tätigkeit KARL LÖTZERICHS an der Orgel der *Matthäus-Kirche Steglitz* gezählt werden.

Ein in Berlin ausgebildeter Orgelbaumeister, HINRICH PASCHEN, baute von *Kiel* aus ein Instrument in eine freikirchliche Gemeinde *Schönebergs*, ist also wie auch der gesamte Orgelbestand der katholischen Kirchen in diesem Rahmen nicht erfaßt. Orgelbaumeister ROMAN ILISCH emigrierte nicht, gründete vielmehr nahe der Lehrwerkstatt Schuke in *Friedenau* eine eigene Werkstatt und baute in Berlin einzelne bemerkenswert individuelle geprägte Orgeln. Auch Orgelbaumeister ARNDT STEPHAN arbeitete zunächst im Hause Schuke. Zu denen, die nach ihrer Ausbildung in Potsdam oder Berlin im Westen Werkstätten gründeten, zählen OBM LUDWIG HOFFMANN und OBM MANFRED GAULKE.

In der gleichen Werkstatt ausgebildet, profilierten sich folgende Orgelbaumeister zu leitenden Mitarbeitern namhafter Orgelbauwerkstätten:
HELMUT KLEEMANN in RUDOLF VON BECKERATH ORGELBAU GMBH, *Hamburg*,
HANS-JOACHIM SCHACHT in ORGELBAU KUHN, *Männedorf* (Schweiz),
KLAUS KNOTH in RIEGER-ORGELBAU, *Schwarzach* (Österreich),
ARNOLD MAEDER in ROMANUS SEIFERT & SOHN, *Kevelaer*,
KARL-HEINZ BROSE in EMIL HAMMER ORGELBAU, Hannover.

Zu der gleichen Generation zählen auch als Leitung der KARL SCHUKE BERLINER ORGELBAUWERKSTATT GMBH: WOLFGANG THEER, WOLFGANG KOBISCHKE und ERNST BITTCHER.

Die Projekte von Schulze und Kühn

Jeder, der diesem kompromißlosen, insbesondere der zeitgenössischen Musik verpflichteten Interpreten und Lehrer HERBERT SCHULZE und seinem wissenschaftlichen Mitarbeiter, dem Physiker KARL THEODOR KÜHN, begegnet ist, spürte die ganze Spannweite eines totalen Anspruchs dieses Organologen. Der Musiker und Orgelreformer Herbert Schulze hat sich mehrfach zu seinen Ideen geäußert, am ausführlichsten in seinem Buch »Orgelprojekte 1942-1978«. Mit Blick auf die Orgelbewegung schreibt er hier: »Meisterwerke von der Spätgotik bis in den Barock wurden als zeitnah empfunden und zum Ausgang gesetzt. Aber das praktische Ergebnis blieb unbefriedigend, selbst bei Orgelneubauten, die als Stilkopien gedacht waren, oder bei Restaurationen, die einer teilweisen Ergänzung bedurften. Es fehlten, abgesehen von der Klarheit im ganzen und von der Farbigkeit, schon dem Einzelklang jeder Pfeife die Frische, Unmittelbarkeit und die Wärme, die für die Instrumente bis zur frühen Romantik bezeichnend sind. Ich sah, daß die Orgel nur weiter entwickelt werden konnte, wenn das Fundamentale in Ordnung gebracht wurde, und verglich zunächst die alten und die aus der Orgelbewegung hervorgegangenen Instrumente auf konstruktive Verschiedenheiten.«[32]

Schulzes Zielsetzung war aber keine konservative Rückschau, sondern war stets nach vorn gerichtet: »Von der Schönheit der alten Orgeln erfaßt, von dem Prototyp des Meisterwerks als Ganzem oder nur von der Einzelheit, war es doch nichts als die Sicht des neu zu gewinnenden Instrumentes, die mich trieb. Der Gedanke, eines der klassischen Werke zu verabsolutieren, lag mir ebenso fern wie die Forderung, auf einer in unserer Zeit errichteten Orgel im historischen Sinne stilgetreu interpretieren zu können.«[33] So ist auch seine Äußerung zur Neobarock- und Kompromißorgel zu verstehen: » ... beide Wege [werden] im Gestrüpp

HERBERT SCHULZE

32. Scul-1979, S. 1.
33. Scul-1979, S. 140.

34. Scul-1979, S. 127.
35. Scul-1979, S. 2.
36. Scul-1979, S. 126.
37. Wie Anm. 36.
38. Scul-1979, S. 10.
39. Scul-1959, S. 12 (Abb.).
40. Scul-1979, S. 131.
41. Scul-1979, S. 145.

Spandau, Johannesstift, Orgel von EMANUEL KEMPER & SOHN, 1935-39

Steglitz, Matthäus-Kirche, Orgel von E. F. WALCKER & CIE., 1957-58, Registerschilder

enden: in einer Nachahmung der Alten, die sich unmöglich in ihrem Geist vollziehen kann und darum das wesentliche als ein neu zu Gewinnendes schuldig bleibt, oder bei einem musikalischem Zwitter.«[34]

Eine Folge dieser Überlegungen war die Fixierung auf die einzelne Pfeife als entscheidender Klangkörper, verbunden mit der Maxime unmittelbarer Windführungen ohne Kondukten oder Verführungen im Pfeifenstock in den Fuß ohne jegliche Kulpung. Dies wird auch deutlich in der Äußerung zu der von ihm mitgeplanten Orgel im *Spandauer Johannesstift*: »Die Bedeutung der Stiftsorgel lag ... in der wiedergefundenen ›Mächtigkeit‹, in dem Substanzgewinn für jeden einzelnen Ton, wie ihn die befreite Windführung verursacht.«[35]

Daß die Intonation mit vollem Wind, die er sich sogar patentieren ließ, nicht allein des Rätsels Lösung war, mußte auch Schulze einsehen. Das Dilemma der Orgelreform zu einer Zeit, als schon Schleifladen gebaut wurden, also in den 40er und 50er Jahren, wird von Schulze in folgender Äußerung auf den Punkt gebracht: »Disposition nach barockem Vorbild, Windführung und Intonation der Pfeifen diesem immerhin stark angenähert, dazu aber Mensuren mit vertikaler Tendenz wie die Töpfersche Normmensur geben das für ein solches Werkzeug bezeichnende Klangbild. Den weniger Musikalischen überrascht die lebhafte Ansprache und die Helligkeit. Beides erleichtert das Auffassen einer stimmig gehäuften Satzbildung; der geschulte Hörer jedoch vermißt die Bewegung und die Durchgestaltung der Linien.«[36]

Und er fährt fort: »Erst das sinnvolle Zusammenwirken aller Parameter ergibt das kulturelle Niveau und damit auch einen an Spieler und Hörer gerichteten Anspruch des Instrumentes.[37]

Bewußt dem Echten verpflichtet und jeder Halbheit abhold schreibt Schulze kategorisch: »Es ist unabdingbar, daß jede Pfeife aufgrund der für eine organische Tonentwicklung bestehenden Gesetze zum Klingen gebracht wird. Kein Register - trage es den Namen eines Streichers oder Holzbläsers - darf durch den Versuch der Imitation eines Orchesterinstrumentes verbogen sein. Auf die rechte Art zum Klingen gebracht, ahmt es dieses nicht nach; es wahrt die Eigenständigkeit und ›entspricht‹ ihm nur in nicht menschlicher statischer Entrücktheit.«[38]

Aber der Orgelreformator wendet sich nicht allein gegen die Imitation historischer Instrumente und gegen die Orchesterorgel, er verlangt, daß wir uns von altvertrauten Begriffen lösen, wie den Registernamen Gemshorn, Blockflöte und dergleichen. Es ist wie ein Bildersturm gegen klanglich Bildhaftes und namentlich Vertrautes, wenn Schulze auf den Registerklappen der *Steglitzer Matthäus-Orgel* nur noch Symbole der Körperkonturen mit der jeweiligen Fußtonlage anbringen läßt. Er zwingt damit den Spieler, die Registrierungen auf originärste Weise aus engen bis weiten zylindrischen, konischen, gedeckten oder halbgedeckten Resonatoren einzurichten. Er wiederholt damit gewissermaßen den Schöpfungsakt des Orgelarchitekten, der rein nach physikalischen akustischen Gesetzmäßigkeiten unterschiedlich geformte Resonatoren als Basis und dazu den entsprechenden Oberbau vielschichtig und farbig gestaltet.[39]

Fragt man nun, was von dem Registerfundus der in Jahrhunderten gereiften Orgelbaukunst für den neuen Orgeltyp geeignet ist - Schulze und Kühn untersuchten und analysierten dazu verschiedene alte Meisterwerke - , so gilt die Forderung, selbst dieses historische Erbe hinter sich zu lassen: »Gerade die Änderung der Maßverhältnisse an klassischen Registern sind ein lebendiges Zeichen dafür, daß die Ausgangsphase der Anknüpfung an die Historie überwunden ist.«[40]

Die Lösung vom Historischen ist legitimiert: »Wie es den Komponisten heute treibt, das Tonmaterial anders zu ordnen als früher, so muß auch der Bau von Instrumenten - innerhalb der Ordnung und fern von Willkür - zu neuen Klangformen führen.«[41] Diese Haltung führte zu den seltsamsten Experimenten, zu extremen Labierungen, zu unnatürlich engen Stockbohrungen und machte selbst vor elektronischen Tongeneratoren nicht halt.

Wer aber kennt diese Ordnung und wo beginnt die Willkür? Wer leitet den Innovationsprozeß ein, veranlaßt Experimente, bewertet die Ergebnisse und verantwortet schließlich das Resultat? Die Antwort lautet: »Die zu leistende Arbeit besteht aus drei Teilen: Entwurf des Klangbildes und Umsetzung desselben in die Mensuren, Festlegung im Konstruktiven und Bauausführung. Die Bauausführung und der größere Teil des Konstruktiven fallen dem Orgelbauer zu. Für das Klangliche aber empfiehlt sich die Heranziehung eines ›Theoretikers‹ (in Anführungszeichen, weil das reale Klangbild der Orgel tatsächlich durch diesen bestimmt wird). H. H. Jahnn, der um den Anspruch und seine Mühen gewußt hat, wollte den also Tätigen nicht mit Unrecht als ›Orgelarchitekt‹ bezeichnet wissen. Am besten ist es, wenn dessen Aufgaben von einem Physiker und einem Musiker gemeinsam durchgeführt werden können.«[42]

Hierarchie statt Gleichberechtigung glaubt man nicht befürchten zu müssen, wenn man liest: »Die Dreiteiligkeit des Komplexes entspricht der beim Häuserbau, zu dem sich Bauingenieur, Architekt und Ausführender in einer Arbeitsgemeinschaft zusammenfinden. Die Bereiche mögen sich hier in anderer Weise überschneiden; es bleibt aber das Getrennte und zugleich Ineinandergreifen der Ressorts; wer engagiert ist, muß von den übrigen soviel verstehen, daß er bereit ist, die eigenen Vorstellungen nötigenfalls in ein Gesamtbild zu fügen, das zum Teil von dem seinigen abweicht.«[43]

Diese Grundregel jeder Teamarbeit wird zur Theorie, wenn Schulze postuliert: »Über Fragen des Geschmacks läßt sich nicht diskutieren, sondern nur etwas zu ihnen sagen. Doch gewiß kann nur der eine Entscheidung treffen, der von der Sache selber aufs höchste gefesselt ist. Denn dieser wählt anders, ordnet anders und vermag andere Möglichkeiten und Notwendigkeiten zu sehen, als der bloß aus Verstandesgründen halbbeteiligte Zuschauer.«[44]

Deutlich sichtbar stehen sich die aktiv schöpferische, geistige Schwungkraft und die skeptisch passive Anspruchslosigkeit gegenüber, wenn Schulze meint, daß nur wenige Hörer die Qualitätsunterschiede bemerken und auch die Orgelbauer zu einem Klang, der »hochkonzentriert ist und doch schwerelos wirkt«[45], oft kein unmittelbares Verhältnis haben. Dieser Anspruch, diese Polarität zwischen Sendungsbewußtsein und angeblicher Halbbildung hat die Zusammenarbeit zwischen dem Orgelreformator Schulze und dem Orgelbauer oft so schwer gemacht, »der von der Sache selber aufs höchste gefesselt ist ...« - hier einmal in des Wortes eigenster Bedeutung - dieser Protagonist kann scheitern, weil er sich anderen nicht mitteilen und sie für diese Sache gewinnen konnte. Hier wartet noch ein Thema auf seine Bearbeitung, ein Modell der zukünftigen Orgel, das zu früh skizziert worden ist.

42. Scul-1979, S. 134.
43. Wie Anm. 42.
44. Scul-1979.
45. Scul-1979, S. 112.

Der Orgelbau der achtziger Jahre und die zukünftige Entwicklung

Ein Rückblick auf mehr als vier Jahrzehnte Orgelbaugeschichte macht manche Tendenz auch der jüngsten Zeit deutlich. Seit mehr als zehn Jahren kann ganz allgemein eine verstärkte Orientierung hin zu einer historischen Bauweise beobachtet werden. Die bei Restaurierungen gewonnenen Erfahrungen drangen sichtbar in das Bewußtsein vieler Orgelbauer und führten zu einer intensiveren Auseinandersetzung mit klassischen Bauprinzipien auch bei Neubauten.

Dieser Trend kann auch in Berlin beobachtet werden, beschränkt sich aber auf Einzelfälle, und es nicht erkennbar, ob nach der Einbeziehung des Ostteils der Stadt die finanziellen Einschränkungen dieser Entwicklung genügend Raum geben werden. Auch werden sich nicht alle Betriebe dieser Entwicklung anschließen wollen, zumal in einer Großstadt wie Berlin andere Bedingungen als auf dem Lande herrschen.

Letztendlich entstanden zwei Gruppen mit unterschiedlichen Grundsätzen: jene, die an den in den 60er und 70er Jahren entwickelten technischen und klanglichen Prinzipien festhalten wollen oder diese aufgrund der Umweltbedingungen in einer verkehrsreichen Großstadt beibehalten müssen und bewußt an Stahlkonstruktionen, stabilem Wind und elektrischen Registertrakturen festhalten, und jene, die klassische Orgelbauprinzipien für unabdingbar halten und zunächst einmal die Qualität des früheren Orgelbaus erreichen und darauf aufbauend neue Wege suchen wollen. Die erkennbaren Tendenzen betreffen alle Komponenten des Instrumentes wie Gehäuse und Werkaufbau, Windladen und Windversorgung, Mechanik und Spieltisch sowie das Pfeifenwerk.[46]

Die sparsame Gehäuseausführung wird nicht selten abgelöst von einer anspruchsvolleren Ausformung der Front, oft ohne Rücksicht auf den Raum. Dies gilt primär für die allgemeine Gliederung und Formgebung, ausgehend von der Funktion, äußert sich aber auch in Details wie Gesimsen, Füllungen, Profilen und Ornamenten. Die Instrumente im *Lazarus-Krankenhaus* (DIETER NOESKE, 1988) und im *Kornelius-Gemeindezentrum* (GEORG JANN, 1980), beide im *Wedding* gelegen, sind Musterbeispiele für zwei, gleichermaßen positive Alternativen der neuzeitlichen Gehäusegestaltung.[47]

Besondere Aufmerksamkeit wird heute der Windversorgung gewidmet. Die Zeit der Schwimmerbälge ohne die geringste Flexibilität ist wohl überwunden. Wenn auch manche Orgelbauer einen starren Wind vorziehen, so scheint sich der Trend der letzten Jahre fortzusetzen: »Ein unerschütterlich linearer Wind macht den Orgelklang … ärmer, gemessen an einem Wind, der sich stören läßt und sich bewegt. Die Wahrheit liegt auch hier nicht bei einem Extrem, sondern beim richtigen Maß, welches der gute Geschmack finden muß.«[48]

Die Traktur einer Orgel ist nicht nur notwendiges Übel, um ein funktionsfähiges Spiel der Orgel zu garantieren. Sie ist vielmehr der Teil der Orgel, über den der Organist seine Kreativität dem Instrument vermitteln kann und soll. Ihre Sensibilität steht in einer engen Wechselwirkung mit der Windversorgung. Hier wird eine möglichst leichtgängige mechanische Traktur mit einem ausgewogenem Wind weiterhin höchste Priorität besitzen.[49]

Eine Mechanik ist gut, wenn sie einfach angelegt und genau gearbeitet ist. Die Breite wird vom Aufbau der Windlade bestimmt und sollte gering sein, um die Torsion der Wellen gering zu halten. Hier haben sich Holz und Eisen bewährt und werden sich auch in Zukunft durchsetzen, wenn es die Höhe der Wellenbretter erlaubt (vgl. *Charlottenburg, Eosander-Kapelle*, und *Berlin, Franz. Friedrichstadt-Kirche*). Mit hängenden Trakturen und historischen Tastenmaßen ist die veränderte Spielweise einer jüngeren Organistengeneration eng verbunden.[50] Diese Thematik wird auch heute noch kontrovers diskutiert, auch in Berlin, wo es kaum ein Instrument gibt - von der Orgel in *Karlshorst* einmal abgesehen -, das eine historische Spieltechnik gestattet. Durch die Zusammenarbeit von RUDOLF VON BECKERATH und KARL SCHUKE haben Balanciers auch in Berlin Einzug gefunden und haben dank der damit verbundenen Leichtgängigkeit der Trakturen zu keiner ernsthaften Auseinandersetzung mit beispielsweise einarmigen Hebeln geführt.

Die frühen Bemühungen KELLETATS um eine ungleichschwebende Temperierung (*Wilmersdorf, Kirche am Hohenzollernplatz*, 1966) vermochten sich nicht durchzusetzen; erst im letzten Jahrzehnt konnten an wenigen Instrumenten, verbunden mit einem besseren Verständnis der Orgel der Barockzeit, ungleichstufige Stimmungen gelegt werden.

Große Instrumente werden auch in Zukunft mit elektrischen Registersteuerungen gebaut werden. Hier wird sich der Einsatz modernster Technologien fortsetzen

Wedding, Lazarus-Krankenhaus, Orgel von DIETER NOESKE, 1988

Wedding, Kornelius-Gemeindezentrum, Orgel von GEORG JANN, 1980

46. Pape-1987, S. 277-283.
47. Pape-1987, S. 277-278.
48. Rohl-1977, S. 4; Pape-1987, S. 280-281.
49. Pape-1987, S. 278-280.
50. Wie Anm. 49.

und sogar verstärken. Mikroprozessoren und Glasfaserkabel sind heute schon keine Seltenheit mehr.[51]

Die wichtigsten Fortschritte liegen zweifellos auf dem Gebiet des Pfeifenbaus. So ist eine stärkere Differenzierung bei der Verwendung unterschiedlicher Zinn-Blei-Legierungen zu beobachten. Offene Pfeifen werden ab $2^2/_3'$-Länge zunehmend auf Tonlänge geschnitten. Größere Pfeifen werden nach oben hin ausgedünnt, um eine bessere Stabilität zu erzielen. Gedackte und Rohrflöten werden nicht selten zugelötet (*Franz. Friedrichstadt-Kirche*, EULE, 1987). Einige Orgelbauer verwenden nach Möglichkeit oder ausnahmslos gehämmerte Pfeifen. Die schlechten Erfahrungen mit heimischen Weichhölzern aus dem 19. Jahrhundert haben zur Rückkehr zu holzwurmresistenten Hölzern wie Eiche, Kiefer, Oregonpine und Mahagoni geführt. Ökologische Bedenken und ein möglicherweise unerwartetes Arbeiten des Materials sprechen allerdings gegen Importe aus tropischen Ländern.[52]

Der Werkaufbau und die Struktur der Dispositionen haben sich in Berlin seit 1967 verändert. Die SCHUKE-Orgel in der *Sühne-Christi-Kirche* in *Charlottenburg* war beispielsweise die erste, in der in einem bescheidenen Maß mehr Grundstimmen gebaut wurden, das über das in Neobarockorgeln gewohnte hinausging. Seit den 70er und 80er Jahren werden zunehmend Schwellwerke gebaut. Oberwerke und noch weniger Brustwerke mit geringer Höhe werden erst in zweiter Linie diskutiert.

Kopflastige Klangvorstellungen haben sich überlebt. Eine breitere Ausbildung der Grundtonlagen bestimmt auch in Berlin den heutigen Orgelbau; die Zusammensetzung der Klangkronen schließt besser an die $2^2/_3'$-$2'$-Lage an. In fast allen Werken werden Zungenstimmen in französischer Bauweise gewünscht. Besondere Bemühungen gelten charaktervollen Stimmen wie Streichern, Schwebung und überblasenden Flöten.

Der Charakter der Schwellwerke wird nicht ausschließlich dem deutschen Schwellwerk spätromantischer Prägung entlehnt, sondern entwickelt sich eigenständig, um gleichermaßen deutsche und französische Werke interpretieren zu können. Die Zungen der Schwellwerke sind angesichts des großen Interesses an der Darstellung französischer Orgelmusik der Romantik in wachsendem Maße der CAVAILLÉ-COLL-Schule verpflichtet (Beispiel: *Spandau*, *Waldkrankenhaus*, KARL LÖTZERICH, 1990).

In Verbindung mit dieser Tendenz zur Romantik sind auch weitere Mensuren und ein höherer Winddruck festzustellen. Erstrebt wird eine ausgewogene und differenzierte Klanggebung, die Extreme meidet, aber in einer zunehmend romantisierenden Klangwelt fülligere Stimmen bevorzugt. Daneben ist eine stärkere stilistische Differenzierung zu beobachten, um Orgelmusik einzelner Epochen werkgetreuer spielen zu können.[53]

Die Erhaltung alter Instrumente ist eine ebenso wichtige weil letztlich kostensparende Aufgabe wie der Bau neuer Orgeln. Die Sicherung und Pflege der noch erhaltenen Instrumente aus den Jahren vor 1930 wird in Zukunft verstärkt eine wichtige denkmalpflegerische Aufgabe sein. Vor allem in Berlin, das jetzt wieder mit seinem Umland verbunden ist, wird eine Phase der verstärkten Restaurierung historischer Orgeln beginnen. Im Ostteil der Stadt und in der Mark Brandenburg sind zahlreiche Instrumente der Früh-, Hoch- und Spätromantik erhalten geblieben, die angesichts der Dezimierung im Westteil der Stadt sorgfältig restauriert werden sollten. Nicht nur die große *Dom*orgel hat eine originalgetreue Wiederherstellung verdient, sondern auch Instrumente wie die in *Treptow* (*Kirche zum Vaterhaus*) und *Rosenthal* (*Dorfkirche*) werden ihresgleichen suchen. Es besteht kein Zweifel darüber, daß auch hier höchste Anforderungen an die Übereinstimmung in Struktur und Maßen und an die Materialtreue gestellt werden müssen. EB/UP

51. Pape-1987, S. 279-280.
52. Pape-1987, S. 281-283.
53. Pape-1987, S. 282-283.

Charlottenburg, Sühne-Christi-Kirche, Orgel von KARL SCHUKE, 1967

Berlin-Mitte
Dom, Tauf- und Traukapelle

Berlin, Dom Gruftkirche

Hauptwerk (I) C-f³

Prinzipal	4′	C-g⁰ Prospekt Zink, gis-h² Prospekt Zinn, Rest Zinn innen
Rohrflöte	8′	C-H gedeckt, C-h⁰ Zink, Rest Zinn
Quintadena	8′	C-f⁰ Zink, Rest Zinn
Waldflöte	2′	C-H Zink, Rest Zinn, konisch
Mixtur 4fach	1⅓′	Zinn, rep. auf c⁰, c¹, c²

Hinterwerk (II) C-f³

Gedackt	8′	C-H Holz, c⁰-h⁰ Zink, Rest Zinn
Nachthorn	4′	C-h⁰ Zink, Rest Zinn, zylindrisch
Sesquialtera 2fach	1⅓′	Zinn, rep. auf c⁰
Prinzipal	2′	C-H Zink, Rest Zinn
Quinte	1⅓′	C-F Zink, Rest Zinn
Scharff 3fach	1′	Zinn, rep. auf c⁰, c¹, c²
Regal	8′	Krummhorn, Becher C-c⁰ Zink, Rest Zinn, Stiefel Zink (Giesecke)
Tremulant		

Pedal C-f¹

Subbaß	16′	Holz
Oktave	8′	C-H Holz, mit Konducten hinter den Subbaß geführt, Rest Zink
Pommer	4′	C-f⁰ Zink, Rest Zinn
Posaune	8′	Stiefel und Köpfe Holz, Becher Zink (Beckerath)

Schleifladen, mechanische Traktur, Manualkoppel, zwei Pedalkoppeln, Ventilator mit kleinem Magazin-Einfaltenbalg ohne Schöpfer, in der Orgel unter den Manualladen zwei Magazin-Einfaltenbälge, auf der C-Seite für I + P, auf der Cs-Seite für II, 60 mm WS.
a′ = 870 Hz bei 15° C.[4]

Der große *Berliner Dom*, die »Dom- und Oberpfarr-Kirche«, war 1895-1905 anstelle des durch SCHINKEL umgestalteten kleineren Vorgängerbaus, den man 1893 gesprengt hatte, nach Plänen von JULIUS und OTTO RASCHDORFF errichtet worden. Dieser gewaltige Bau gab unter seinen vier kuppelgekrönten Ecktürmen, unter der großen Zentralkuppel und der angehängten halbrunden Kapellenkuppel insgesamt sechs Funktionen Raum: Im Zentralraum befand sich die »Fest- und Predigt-Kirche«, in der südlichen Seite zwischen den schloßseitigen Türmen lag die »Tauf- und Trau-Kirche«; die »Gruft-Kirche« im Untergeschoß und die »Denkmals-Kirche« mit den Prunksarkophagen der Hohenzollern im angehängten Nordbau ergänzten das Ensemble.

Die schweren Beschädigungen des Bauwerks, die es im Zweiten Weltkrieg vor allem durch den Brand der großen Kuppel und deren Teileinsturz erlitt, Beschuß in den letzten Kriegswochen und Vandalismus im Inneren - auch an der großen Orgel - sowie die Witterungseinflüsse auf den jahrelang ungeschützten Zentralraum machten eine jahrzehntelange, noch andauernde Restaurierung erforderlich. Nachdem sich die Domgemeinde über die 50er und 60er Jahre für ihre Gottesdienste mit der nur wenig in Mitleidenschaft gezogenen Gruft-Kirche begnügen mußte, konnte sie Ende der 70er Jahre die zunächst provisorisch, inzwischen aber längst vollkommen wiederhergestellte Tauf- und Trau-Kirche an der Südseite beziehen. Im Zuge der Restaurierung des Äußeren des Doms waren die letzten noch in der Denkmals-Kirche befindlichen Sarkophage um 1970 in die Gruft-Kirche gebracht worden, da im Anschluß der »landesherrschaftliche« Anbau im Zuge einer sozialistisch fremdbestimmten Denkmalpflegezielstellung abgerissen wurde. Das Schicksal der Denkmals-Kirche erlitt übrigens auch die »kaiserliche Unterfahrt«, ein baldachinartiger Vorbau an der Südseite des Südwestturms, der ebenfalls unnötigerweise abgerissen wurde. Den Umzug der gottesdienstlichen Domgemeinde aus der mit Särgen überfüllten Gruft-Kirche in die hergerichtete Tauf- und Trau-Kirche vollzogen auch einige bis heute dort erhaltene Inventarien mit. Neben dem Altarbild, den Chorschranken, der Taufe und dem Altargerät, das noch aus der Schinkelkirche stammt, betraf dies auch die Orgel, die ALEXANDER SCHUKE 1946 in der Gruft-Kirche des Doms aufgestellt hatte.

Das Instrument, von dem man bis vor kurzem annahm, es sei erst nach Kriegsende erbaut wurden, entstand bereits in den ersten vierziger Jahren. Im November 1940 erteilte das *Diakonissenhaus* in *Teltow* der Firma Schuke den Auftrag, eine Orgel für die dortige Kapelle zu bauen. Das Instrument wurde 1941-42 gebaut, konnte aber nicht aufgestellt werden, weil die Kapelle 1943 ausbrannte. Die Teile lagerten daraufhin bis 1945 in *Potsdam*.[1]

Gleich nach Kriegsende nahm FRITZ HEITMANN mit der Potsdamer Firma Kontakt auf, um sich nach den Möglichkeiten eines Orgelneubaus für die Gruftkirche zu erkundigen, in der sich die Domgemeinde zu Gottesdiensten versammelte. Das dort vorhandene Instrument der Firma SAUER aus den dreißiger Jahren (II+P 17)[2], hatte zwar den Krieg überstanden, war jedoch nicht mehr spielbar, genügte aber auch nicht mehr den Ansprüchen Heitmanns, die dieser an die kirchenmusikalische Praxis stellte.

KARL SCHUKE bot ihm die für Teltow gebaute, dort jedoch nicht mehr benötigte Orgel an. Da Holz, Metall und Leder als Material auf dem Wege des Tausches für die bereits in wesentlichen Teilen fertiggestellte Orgel beschafft werden mußten, zogen sich die Fertigstellung und Aufstellung mehrere Monate hin. Erst im Sommer 1946 konnte die Orgel aufgestellt und im September abgenommen werden. Fritz Heitmann schreibt in seinem Gutachten vom 6. 9. 1946 zu der zwei Tage zuvor durchgeführen Orgelabnahme: »Jedes Register erfüllt im Rahmen der knappen Disposition sowohl einzeln als auch in Verbindung mit anderen Stimmen seine Aufgabe, alle Stimmen wurden mit Sorgfalt intoniert und den akustischen Verhältnissen der Gruftkirche angepasst. Besonders hervorzuheben ist auf dem I. Manual der im Prospekt stehende sonore Prinzipal 4′, die sehr charakteristische Quintadena 8′, die schöne Rohrflöte 8′ und in Verbindung mit ihr die liebliche Waldflöte 2′. Die Mixtur 4fach verschmilzt gut mit den anderen Stimmen und vertritt in lebendig tragender Weise das Obertonelement dieses Klaviers. Auf dem II. Manual interessieren neben Gedackt und Regal 8′ das wunderbar singende Nachthorn 4′, die herbcharakteristische Sesquialtera 2fach, der zierlich helle Prinzipal 2′, die köstlich heitere Quinte $1\frac{1}{3}$′(in Verbindung etwa mit Gedackt 8′) sowie das obertönig hochgelagerte feinschneidende Scharf 3fach. Die Pedalregister Subbass 16′, Oktave 8′ und Pommer 4′ geben mit gezogenen Pedalkoppeln den Labialregistern ein gutes Baßfundament, das Labial-Pleno des ganzen Werkes wird durch den Zungenklang der Posaune 8′ im Pedal und das Regal 8′ im II. Manual in schöner Weise vervollständigt.«

An der Wortwahl spürt man, wie sehr dem Gutachter das Spiel an diesem Instrument mit der für jene Zeit neuen Intonation auf Schleifladen Freude bereitete. Er lobt die Traktur als »überaus leicht und erfreulich« und hebt hervor, daß der Spieler »zum Unterschied von der pneumatischen oder elektropneumatischen Traktur einen lebendigen Spielorganismus« betätigt und wie sehr er »von dem nahen Orgelklang getragen und wahrhaft inspiriert wird.«[3]

Die Orgel wurde bis 1980 dreimal umgesetzt: 1967 innerhalb der Domgruft wegen Einsturzgefahr, 1972 in die Tauf- und Traukapelle zu ebener Erde und 1977/80 auf die restaurierte Empore der Traukapelle. Von 1975 bis 1977 war sie in Folie verpackt, von 1977 bis 1980 abgebaut. 1970 wurde die Zungenblätter erneuert, 1980 das Pfeifenwerk gereinigt und eine Nachintonation durchgeführt. Die Arbeiten lagen in den Händen der Potsdamer Firma.[5]

1990 wurde auf Veranlassung des Organisten ein Umbau der Orgel durchgeführt. Die Mechanik wurde zum Teil neu gebaut, und die Prospektpfeifen aus Zink durch Zinnpfeifen ersetzt. Die Mitteldeutsche Orgelbauanstalt A. VOIGT, *Bad Liebenwerda*, führte die Arbeiten aus.[6]

UP

1. AAScP, Akte Domgruft, 13. 8. 1945.
2. Wie Anm. 1. Diese Orgel (Opus 1021) wurde 1945 abgebaut und war 1966 noch erhalten (24.4.1966).
3. Zitate aus dem Abnahmegutachten vom 6. 9. 1946, AAScP, Akte Domgruft. Kurzberichte vom Neubau in NZ, 21. 6. 1946, 6. 8. 1946, Kur 21. 6. 1946, 22. 8. 1946, Tgr 19. 6. 1946, 6. 8. 1946, Mor 7. 8. 1946, BZtg 27. 7. 1946, MVst 22. 7. 1946.
4. AAScP, Akte Domgruft, 19. 1. 1962.
5. AAScP, Akte Domgruft, 17. 5. 1989.
6. KoO-ZSOb.

*Berlin, Dom
Gruftkirche*

*Entwurf von W. Wendland
für das Diakonissenhaus
in Teltow*

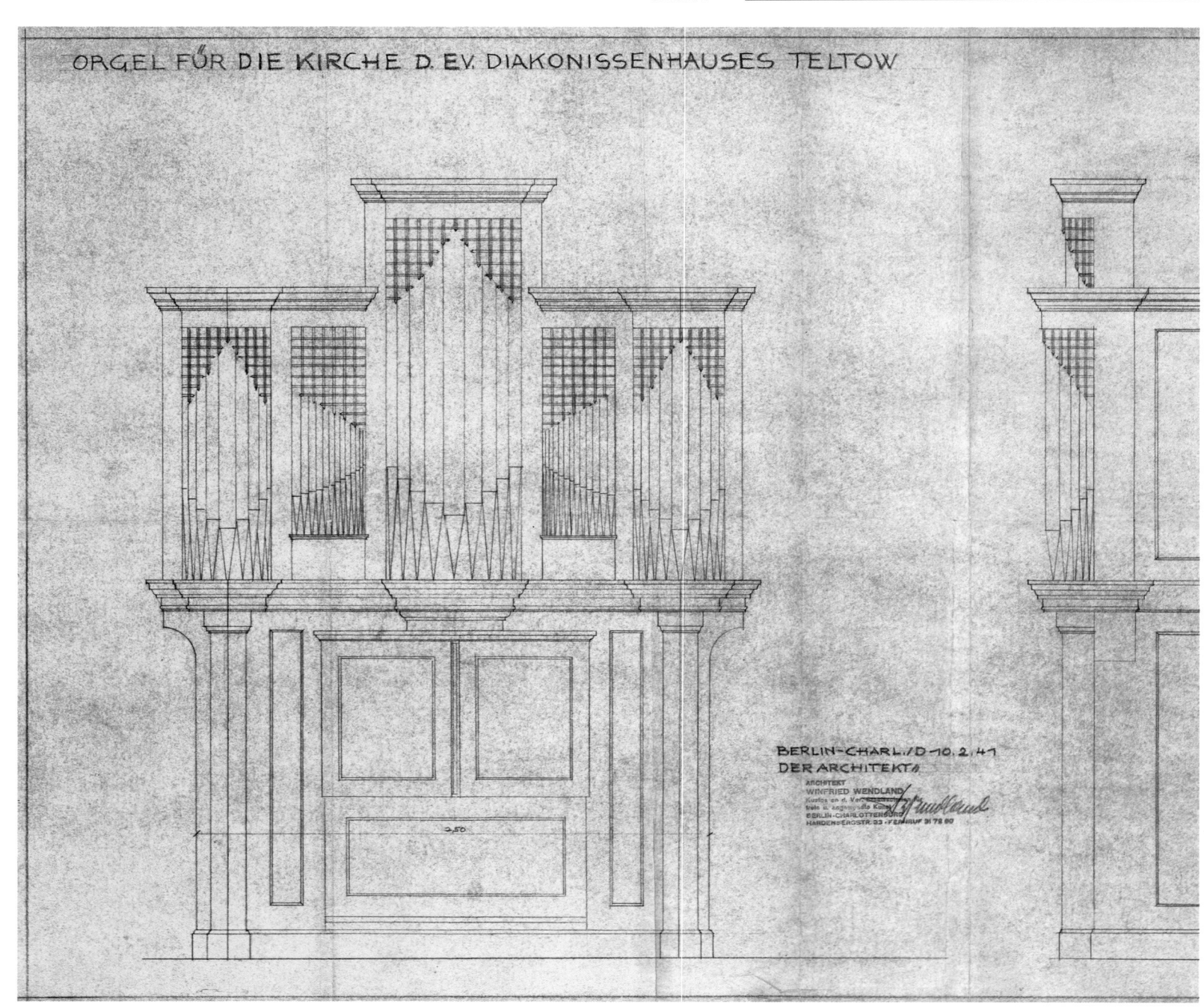

ORGEL FÜR DIE KIRCHE D. EV. DIAKONISSENHAUSES TELTOW

Berlin, Dom
Orgel der *Gruftkirche*, heute in der *Tauf- und Traukapelle*

HANSAVIERTEL
KAISER-FRIEDRICH-GEDÄCHTNIS-KIRCHE

Tiergarten, Kaiser-Friedrich-Gedächtnis-Kirche (1892-95), 1943 zerstört

Die erste *Kaiser-Friedrich-Gedächtnis-Kirche* wurde 1892-95 nach Entwürfen des Hamburger Architekturprofessors JOHANNES VOLLMER gebaut. Ihre norddeutsch-neugotische Gestaltung über einem einfachen, wenngleich asymetrischen Grundriß war für Berlin ungewöhnlich. Der schlanke, stark überhöhte Turm setzte am Südrand des *Hansaviertels*, in der Sichtachse und am Ende der ehemaligen Lessingstraße einen wichtigen städtebaulichen Akzent.

Hier entstand eine Orgel der Firma ERNST RÖVER aus *Hausneindorf* bei Quedlinburg. Die Firma E. F. WALCKER & CIE., *Ludwigsburg*, baute in den 30er Jahren ein dreimanualiges Werk, das schon die Bestrebungen der Orgelbewegung erkennen ließ. Bis auf den Turm und Reste der Umfassungsmauern zerstörte eine Luftmine am 22. November 1943 das ganze Kirchengebäude und seine Umgebung.

Nach dem Kriege wurden die Ruinen abgerissen, um einem Kirchenneubau im Zusammenhang mit der Neuplanung des Hansaviertels Platz zu machen. Der Neubau von LUDWIG LEMMER aus den Jahren 1956-57 war ein Kernstück der Bauausstellung »Interbau«, die dem Hansaviertel eine neue Gestalt gab. Die Straßenführung wurde größtenteils geändert; obwohl der Bauplatz der neuen Kirche nur geringfügig von der Stelle abweicht, an der der Vorgängerbau stand, ist die straßenräumliche Wirkung des Neubaus stark eingeschränkt: Die Lessingstraße wurde zur Fußgängerzone und endet am U-Bahnhof, während ihre Achse hinter der Altonaer Straße und im weiteren durch Neubauriegel verstellt ist. Dennoch setzt der außergewöhnliche, offen konstruierte, mit Spindeltreppe an eine Spirale erinnernde Turm wegen seiner beachtlichen Höhe vor allem für den Tiergarten ein weithin sichtbares und - bei Geläut - hörbares Zeichen. Wesentlich für die Architektur dieser neuen Kirche ist die Abkehr von traditioneller Baustoffbewertung; erstmals erhalten Sichtbeton und naturblankes Aluminium durch den »Adel« eines Kirchengebäudes höhere optische und inhaltliche Qualitätszuweisung. Die reiche Ausstattung mit künstlerischen Fensterverglasungen und Mosaiken von verschiedenen namhaften Künstlern wurde durch nordwestdeutsche Städte, durch Banken, durch die Alliierten und andere Spender finanziert.

Die KARL SCHUKE BERLINER ORGELBAUWERKSTATT GMBH baute für diese Kirche zu gleicher Zeit ein dreimanualiges Instrument mit 40 klingenden Registern. Eine geringfügige Dispositionsänderung wurde von der Erbauerfirma 1964 durchgeführt; diese Veränderung, die auch eine Erweiterung des Pedals um ein Register einschloß, geht aus der hier wiedergegebenen Disposition hervor.

Tiergarten,
Kaiser-Friedrich-Gedächtnis-Kirche

Bemerkenswert sind die in Harmonisierung mit den anderen in dieser Kirche gewählten Materialien angewendeten Plexiglas-Verkleidungen. Die seitlich im einschiffigen Raum auf der Empore angeordnete Orgel ist auch in ihrer werkgerechten Auflösung in Türme auf jeweils quadratischem und rechteckigem Grundriß weitgehend frei gruppiert. Sie gibt damit dem ansonsten streng und flächig strukturiert möblierten Saal einen wesentlichen raumbildenden Akzent. Es ist erstaunlich, daß dieses Instrument, in der äußeren Erscheinung eher ein Exponat der Bauausstellung und in seiner klanglichen Gestalt kaum verändert, Jahrzehnte überdauerte. Hier steht eine der ersten Orgeln des neuzeitlichen Berlin in einem Raum mit kammermusikalischer intimer Akustik, eine für den Intonateur und Interpreten extreme Herausforderung. Aber es wird deutlich, daß sich die Orgel auch ohne typischen Nachhall zu artikulieren weiß, insbesondere bei der Darstellung der musica nova, die gerade in dieser Kirche eine Heimstatt gefunden hat. Orgelmusik in der Kaiser-Friedrich-Gedächtnis-Kirche ist in Berlin zu einem Begriff geworden, bei dem Musik, Instrument und Raum zu einer unverwechselbaren Einheit verschmelzen.　　　　　　　　　　　　　　　　　　　　EB/BS

Hauptwerk (II) C–g^3

Register	Größe	Bemerkungen
Principal	8′	C–h^0 im Prospekt, Metall 60%, Rest Metall 40%
Quintade	16′	C–fs^0 Zink, Rest Metall 40%
Blockflöte	4′	Metall 50%, 1964 für Dulciana 8′
Koppelflöte	8′	C–H Zink, Rest Metall 40%
Oktave	4′	C–Fs Zink, Rest Metall 40%
Scharff 4fach	2/3′	Metall 60%, 1964 für Gemshorn 4′
Nassat	2 2/3′	C–h^1 Rohrflöte, Rest konisch, Metall 20%
Oktave	2′	Metall 40%
Mixtur 5-6fach	1 1/3′	Metall 40%, 1964 verändert
Dulcian	16′	C–H Zink, Rest Metall 40%
Trompete	8′	C–H Zink, Rest Metall 40%

Rückpositiv (I) C–g^3

Register	Größe	Bemerkungen
Principal	4′	C–b^1 im Prospekt, Metall 60%, Rest Metall 40%
Gedackt	8′	C–Gs Zink, Rest Metall 20%
Flûte douce	4′	C–Fs Zink, Rest Metall 40%
Feldpfeife	2′	C–g^3 überblasend, Metall 40%
Sifflöte	1 1/3′	Metall 40%
Sesquialtera 2fach	1 3/5′ 1 1/3′ ab c^0 2 2/3′ 1 3/5′	Metall 40%
Oberton 2fach	1 1/7′ 8/9′	Metall 40%
Scharff 4-5fach	1′	Metall 40%
Trichterregal	8′	Metall 40%

Brustwerk (III schwellbar) C–g^3

Register	Größe	Bemerkungen
Gedeckt	8′	Eiche
Rohrflöte	4′	C–g^2 gedeckt, Rest konisch, Metall 40%
Principal	2′	Metall 60%, 1964 für Trichterflöte 2′
Spitzflöte	2′	Metall 50%, 1964 für Terz 1 3/5′
Oktave	1′	Metall 40%
Terzian 2fach	2/5′	Metall 50%, 1964 für Quinte 1 1/3′
None	2/9′	B 4/9′ gs^0 8/9′ Metall 50%, 1964 für Zink 3fach
Cymbel 3fach	1/4′	1964 verändert, Metall 60%
Krummhorn	8′	Metall 40%
Tremulant		

Pedal C–f^1

Register	Größe	Bemerkungen
Principal	16′	C–D, E, Fs–c^0, d^0, e^0 im Prospekt, C–f^1 Zink
Oktave	8′	C–d^0 im Prospekt, C–gs^0 Zink, a^0–f^1 Metall 20%
Mixtur 5fach	2′	Metall 40%
Posaune	16′	C–h^0 Zink, c^1–f^1 Metall 40%
Trompete	8′	C–H Zink, c^0–f^1 Metall 40%
Schalmei	4′	Metall 40%
Pommer	4′	Metall 40%, 1964 zusätzlich
Bauernflöte	2′	Metall 20%, als Rohrflöte
Oktave	4′	Metall 50%, 1964 für Hohlflöte
Baßsesquialtera 3fach	5 1/3′ 3 1/5′ 2 2/7′	Metall 40%
Gedackt	8′	Kiefer
Subbaß	16′	Kiefer

Schleifladen, mechanische Spieltraktur, elektrische Registertraktur, Manualkoppeln I-II, III-II, Pedalkoppeln I-P, II-P, III-P, zwei freie Kombinationen, Organo pleno.

*Tiergarten,
Kaiser-Friedrich-Gedächtnis-
Kirche,* Orgel von
Karl Schuke

KREUZBERG
ST. THOMAS-KIRCHE

Kreuzberg,
St. Thomas-Kirche

Die *St. Thomas-Kirche* entstand als letzte Patronatskirche der Stadt Berlin innerhalb deren südlicher Erweiterung, der *Luisenstadt*, als sich dieses Gebiet um 1860 auch in Richtung auf die Spree und den Schiffahrtskanal an der Grenze zu Treptow und Rixdorf (heute Neukölln) verdichtete. Ein Wettbewerb mit äußerst gegensätzlichen, zumeist höchst qualitätvollen Entwürfen namhafter Architekten wurde zugunsten des Planes FRIEDRICH ADLERS entschieden, der eine Langhausanlage mit doppeltürmigem »Westwerk«, schmalen Seitenschiffen am kurzen Hauptschiff, mit mächtiger Kuppel über einer kleeblattartig von drei halbrunden Konchen umgebenen Vierung in deutschen und italienischen Formen der Romanik vorgeschlagen hatte. Der in gelbgeflammten Ziegeln ausgeführte Bau, dessen städtebauliches Pendant am Nordostrand des »Engelbeckens«, am Ende des Luisenstädtischen Kanals, die katholische *St. Michaels-Kirche* ist, zählt zu den größten protestantischen Gotteshäusern Berlins. Er wurde nach fünfjähriger Bauzeit am 4. Advent, dem 21. Dezember 1869 eingeweiht.

Das Innere war in traditioneller Ordnung mit Bankreihen in Richtung auf den Chor und mit dort, außerhalb der Mitte des Kuppeltambours, angeordnetem Altarraum gegliedert. Gemeindeemporen in den Querhauskonchen und eine kurze Orgel- und Sängerempore im ersten Joch teilten die beachtliche Vertikale des Raums, die durch die gußeisernen Säulen - als konstruktive, revolutionäre Neuerung - unterstrichen wurde.

Hauptwerk (I) C-g³

Prinzipal	8′	C-c¹ Prospekt
Gedackt	16′	C-H Mahagoni, Rest Eiche
Rohrflöte	8′	
Oktave	4′	
Hohlflöte	4′	
Nasat	2⅔′	
Oktave	2′	
Terz	1⅗′	
Mixtur 5fach	1⅓′	
Trompete	8′	

Brustwerk (II) C-g³, schwellbar

Holzgedackt	8′	Eiche
Rohrflöte	4′	
Waldflöte	2′	
Quinte	1⅓′	
Sesquialtera 2fach	1⅓′	resp. auf c⁰
Scharff 4fach	1′	
Cromorne	8′	
Tremulant		

Pedal C-f¹

Prinzipal	16′	C-A Prospekt
Offenflöte	8′	
Choralbaß	4′	
Nachthorn	2′	
Rauschpfeife 4fach	2⅔′	
Posaune	16′	
Trompete	8′	
Schalmei	4′	

Schleifladen, mechanische Traktur, elektrische Registertraktur, Manualkoppel BW-HW, Pedalkoppeln HW-P, BW-P, fünf Setzerkombinationen

Nach der Sicherung des Gebäudes, das im Zweiten Weltkrieg nur geringe Schäden davongetragen hatte, schuf LUDOLF VON WALTHAUSEN in den 50er Jahren eine Neugestaltung des Innenraums. Der Altar wurde auf einem quadratischen Podest, flankiert von einer Kanzel, unter einem großen Baldachin in der Mitte des großen zentralen Kuppelraums aufgestellt. Die rechtwinklige Orgelempore zog er halbkreisförmig, seitlich in Richtung der großen Kuppel ausgreifend, vor, wodurch eine große Chor- und Orchesterfläche gewonnen wurde; auch der ehemalige Altarraum wurde als Orchester- und Sängerbühne umgestaltet. Die Gewölbeflächen kleidete man zur Verbesserung der problematischen Raumakustik mit eingefärbtem Spritzasbest aus. Nachdem die Kirche von der - durch die Berliner Teilung und Überfremdung Kreuzbergs - zahlenmäßig stark reduzierten Gemeinde Anfang der 80er Jahre nicht mehr angemessen genutzt werden konnte und sie wegen der Asbestbelastung vom Gewölbeputz bauaufsichtlich geschlossen werden mußte, steht seit Mitte 1990 für mindestens fünf Jahre ihre umfassende Restaurierung, außen und innen, bevor.

Die ursprüngliche Orgel von WILHELM SAUER (1868-1869) und P. FURTWÄNGLER & HAMMER (Umbau 1932) verstellte mit ihrer Rundturmarchitektur das große Rundbogenfenster zwischen den Türmen, dessen Licht nur vage und reduziert, seitlich an der Orgel vorbei, in die Kirche gelangte. Der Zungenchor aller Fußtonlagen, grundtönige Labiale, mechanische Traktur und ein in Mauerwerk eingelassenes Rückpositiv waren Hauptmerkmale dieses Instrumentes.

Zum Abschluß der Wiederherstellung und Umgestaltung des Inneren baute 1957 RUDOLF VON BECKERATH ein Instrument mit 25 Registern auf zwei Manualen und Pedal, bei dem man in derselben Weise wie von Walthausen bei seiner Innenraumgestaltung versucht hat, auf die vorgegebene Raumstruktur zu antworten. So, wie der Architekt den Zentralraum durch die Altarinsel unter der Kuppel - konsequenter als Adler in der Ursprungsfassung - erwidert hat, versuchte man mit der Gehäusegestaltung der neuen Orgel das dahinterliegende Fenster der Turmfassade für den Raum wirksam werden zu lassen.

BS

Kreuzberg,
St. Thomas-Kirche, Orgel von
Rudolf von Beckerath,
1957

Schöneberg
Kirche zum Heilsbronnen

Als nach 1905 die repräsentativen Bauplätze für Kirchenstandorte vergeben waren, rückten die neuen evangelischen und katholischen Kirchbauten in die Straßenfront ein. Hierbei wurde zumeist bereits ein »integratives Baumodell« verfolgt: Ein Pfarr- und Gemeindehaus mit oft »sakral« gestimmter, also neugotischer Fassade, über der sich der Turm erhob, stand zwischen den benachbarten Vorderhäusern der Mietskasernen, während der Kirchsaal sich, unmittelbar angebaut, auf dem tiefen Grundstück dahinter befand.

Nach diesem Muster plante Ernst Deneke die 1911/1912 errichtete *Kirche zum Heilsbronnen*, deren schlichte Neugotik den Ausklang des Historismus widergibt: Ornamentale Formen wichen kubischer Strenge. In den nach 1945 erhaltenen Umfassungsmauern bauten Hans Geber und Otto Risse in den 50er Jahren einen neuen Kirchsaal, dessen historische Elemente bis auf die Fensterformen und die Raumstruktur gänzlich verschwunden sind. Ausstattungsstücke der Bildhauer und Maler Gerhard Schreiter, Waldemar Otto und Hans Joachim Burgert kamen im Laufe von 3 Jahrzehnten in den Raum und bestimmen seine eindeutig sakrale Haltung, der mit seiner beinahe weihevolle Stimmung unter evangelischen Kirchen der Nachkriegszeit seinesgleichen sucht.

Die erste Orgel der Kirche war ein Werk der Hannoveraner Orgelbauanstalt P. Furtwängler & Hammer. Sie wurde im Kriege zerstört; nur die Umfassungsmauern der Kirche blieben stehen. Schon 1950 begann man mit dem Wiederaufbau, und in den Jahren 1957-1958 entstand in den Werkstätten von Karl Schuke ein Instrument mit 40 klingenden Stimmen auf drei Manualen und Pedal, das 1981 auf 42 Register erweitert wurde.

Die Entscheidung, für die *Kirche zum Heilsbronnen* ein größeres Orgelwerk zu bauen, war nicht allein auf die Initiative der Gemeinde zurückzuführen. Die günstige Lage nahe der City, die Größe des Kirchenraumes und die gute Akustik waren die Voraussetzung für bedeutende kirchenmusikalische Arbeit. Als Nachfolger von Prof. Fritz Heitmann an der Hochschule für Musik sollte Prof. Hans Heintze aus Lüneburg gewonnen worden. Dieser überregionale Aspekt schuf auch die finanziellen Voraussetzungen für ein repräsentatives Orgelwerk, das nach einer Disposition Heintzes entstand. Der ursprüngliche Plan, die vorhandene zweimanualige Orgel durch ein Rückpositiv und separates Pedal zu erweitern, wurde verworfen. Die Berliner Tradition, mit einem Lehrstuhl an der Hochschule für Musik auch ein repräsentatives Organistenamt zu verbinden, setzte sich fort in der Nachfolge Prof. Michael Schneiders, der ebenfalls in der *Kirche zum Heilsbronnen* wirkte. Wenn man bedenkt, daß in der nachfolgenden Generation bedeutende Interpreten wie Ulrich Bremsteller und schließlich Heinz Lohmann an dieser Stelle nachfolgten, so erklärt das die Tatsache, daß die Orgel mehrfach umdisponiert worden ist.

BS/EB

Hauptwerk (II) C-g^3

Register	Fußlage	Bemerkung
Principal	8′	C-ds^1 im Prospekt, Metall 40%
Quintatön	16′	C-fs^0 Zink, Rest Metall 40%
Rohrflöte	8′	Metall 20%
Oktave	4′	C-Fs Zink, Rest Metall 40%
Spitzflöte	4′	Metall 40%
Quinte	2⅔′	Metall 40%
Oktave	2′	Metall 40%
Mixtur 6-8fach	1⅓′	Metall 40%
Scharff 5-7fach	⅔′	Metall 40%, geändert 1961
Trompete	8′	Metall 40%

Schwellwerk (I) 1981 statt Oberpositiv C-g^3

Register	Fußlage	Bemerkung
Principal	4′	C-c^2 im Prospekt, Metall 40%
Gambe	8′	C-F gedeckt, Rest offen Metall 65%, seit 1981
Schwebung	8′	ab c^0, seit 1981 zusätzlich angeb., Metall 65%
Gedackt	8′	C-Fs Zink, Rest Metall 20%
Quintade	8′	C-Fs Zink, Rest Metall 40%
Blockflöte	4′	C-Fs Zink, Rest Metall 20%
Sesquialtera 2fach	C: 1⅗′ 1⅓′ c^0: 2⅔′ 1⅗′	Metall 40%
Waldflöte	2′	Metall 40%
Quinte	1⅓′	Metall 40%
Scharff 5-7fach	1′	Metall 40%
Dulcian	16′	Metall 40%
Trichterregal	8′	Metall 40%
Glockenspiel	2′	c^0-d^3
Tremulant		

Brustwerk (III schwellbar) C-g^3

Register	Fußlage	Bemerkung
Holzgedackt	8′	Eiche
Rohrflöte	4′	C-f^2 Rohrflöte, Rest offen konisch, Metall 20%
Rohrnassat	2⅔′	C-h^1 Rohrflöte, Rest offen konisch, Metall 20%
Principal	2′	Metall 40%
Oberton 3fach	1⅗′ 1⅓′ 1⅐′	Metall 40%
Cymbel 3fach	½′	Metall 40%
Vox humana	8′	Metall 40%
Tremulant		

Pedal C-f^1

Register	Fußlage	Bemerkung
Prinzipal	16′	C-G im Prospekt, Gs-f^1 Metall
Subbaß	16′	Kiefer
Oktave	8′	C-fs^0 Zink, g^0-g^1 Metall 20%
Gedackt	8′	Kiefer
Oktave	4′	C-Fs Zink, G-f^1 Metall 40%
Nachthorn	2′	Metall 20%
Rauschpfeife 2fach	2⅔′ 2′	Metall 20%
Posaune	16′	C-f^0 Zink, fs^0-f^1 Metall 40%
Trompete	8′	Metall 40%
Schalmey	4′	Metall 40%
Tremulant		

Schleifladen, mechanische Traktur, Manualkoppeln I-II, II-II Pedalkoppeln I-P, II-P, III-P. Setzerkombination Privatbau Christian Lohmann 1000fach neu. Cymbelstern.

Schöneberg,
Kirche Zum Heilsbronnen,
Orgel von KARL SCHUKE,
1957-58

Steglitz
Matthäus-Kirche

Steglitz, Matthäus-Kirche
Orgel von E. F. Walcker &
Cie., 1957-58

Steglitz hatte bis 1881 eine Dorfkirche aus dem 12. Jahrhundert. Wie in vielen seit den Gründerjahren inzwischen verstädterten Vororten Berlins wurde sie als für die gewachsene Gemeinde zu klein befunden und, weil ohnehin baufällig, durch die neugotische *Matthäus-Kirche* des Architekten Gette ersetzt. Sein 1876/80 nahe bei der alten Dorfkirche realisierter Entwurf umfaßt einen Kreuzbau mit vier rechtwinkligen Kreuzarmen; das Langhaus ist von hohen, integrierten Seitenschiffen gepaart und vom schlanken Turm angeführt. Grundform und Details der Kirche lassen die Verwandtschaft zu den Bauten des »Vaters« der norddeutschen Neugotik, des Hannoveraners Conrad Wilhelm Hase, erkennen.

Die Orgel der Gebr. Dinse aus der Erbauungszeit[1] entsprach in den 50er Jahren nicht mehr den im südlichen Berlin geforderten kirchenmusikalischen Ansprüchen. Frank Michael Beyer, seinerzeit Organist in Steglitz, bemühte sich um neue Wege für einen Orgelneubau.[2] Das Werk wurde abgebaut und verkauft, und somit stand der Raum für ein Instrument zur Verfügung, dessen Konzeption in die Hände von Herbert Schulze und Karl Theodor Kühn gelegt wurde. Die Firma E. F. Walcker & Cie, *Ludwigsburg*, wurde mit der Ausführung beauftragt. Ernst Bittcher, Leiter der Berliner Niederlassung, gestaltete das weit über Berlins Grenzen hinaus bekannt gewordene Gehäuse und betreute 1958 die Aufstellung.[3]

Die Disposition der Orgel trägt ungewöhnliche Züge, und auch die Gestaltung der Registerschilder mit den Bauformen der Stimmen, die bis zum Neubau der Spielanlage im Spielschrank allein die Grundlage für die Registrierung bildeten, ruft Verwunderung hervor. Hier ging es wie auch bei den anderen Instrumenten Herbert Schulzes um eine neuartige Vermittlung der Grundstrukturen des Klangaufbaus einer Orgel an den Interpreten.[4]

Die Register sind in vier Gruppen unterteilt, die mit I, II, III und IV bezeichnet sind:
I. Prinzipale und Aliquote, die die Prinzipalfamilie ergänzen (Ib).
II. Prinzipalstellvertreter und Weitchorstimmen.
III. Bedingt plenumsfähige Register, insbesondere Farbkomponenten, Streicher, Schwebungen.
IV. Ausschließlich für das Solospiel geeignete Stimmen.

Die Zungenstimmen wurden den Gruppen I und II zugeordnet.

Das Oberwerk (Hauptwerk) hat in erster Linie Prinzipalfunktion, ergänzt durch eine Quintadena 16′, zwei Stimmen mit Begleitfunktion und ein Farbregister. Der Prinzipalchor ist durch zwei 8′-Prinzipale bestimmt, von denen der eine

1. Consist. 6275, 28. 2. 1911.
2. Scul-1959, S. 5.
3. Hamm-1958, S. 20; Scul-1959, S. 1, 5; Scul-1979, S. 46-54.
4. Scul-1959.

Steglitz, Matthäus-Kirche
Orgel (Ausschnitt)

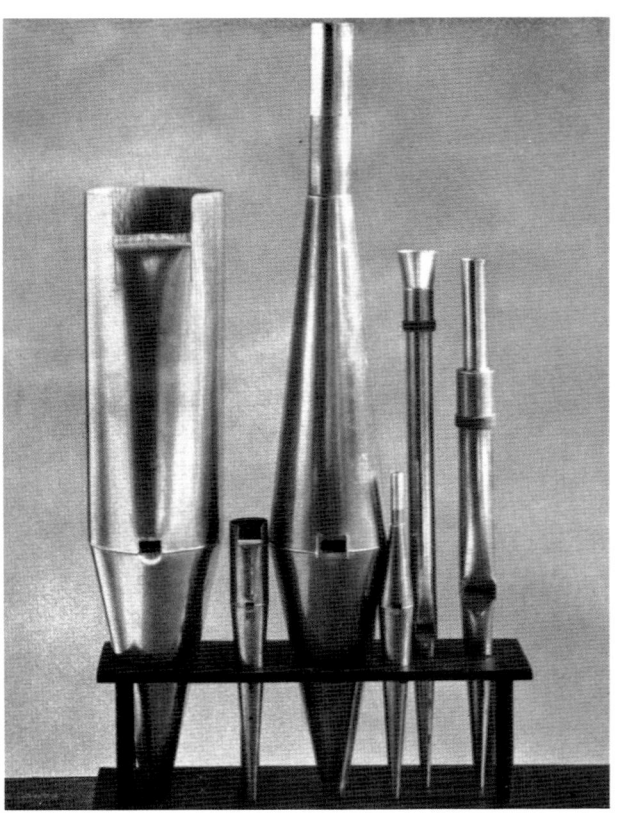

Kubische Pfeife

Septime (zylindrisch)
Terz (konisch)
Flûte à pavillon
Rohrgedackt

Neuer Spieltisch von
Karl Lötzerich

nur im Diskant erklingt, und hat eine bis zur geteilten Mixtur vollständige Klangpyramide. Das Unterwerk ist das hellere Gegenklavier zum Hauptwerk und versucht vornehmlich Solo- und Farbfunktionen zu erfüllen. Das Pedalwerk zu beiden Seiten erfüllt in erster Linie Prinzipal- und Begleitfunktion, weist aber auch zwei Solo- und Farbregister auf.[5]

Der Manualumfang ist ungewöhnlich groß: er reicht vom C bis zum d⁴. Damit können Kompositionen, die nur einen Umfang bis zum d³ erfordern, eine Oktave höher gespielt werden. Das Pedal ist bis zum a¹ ausgelegt.

Schulze und Kühn haben sich ausführlich zur Idee der hier gewählten Mensurierung geäußert.[6] Stimmen mit gleicher und verschiedener Bemerkbarkeit ergänzen einander und versuchen ihren Beitrag zu einem vorwiegend polyphon bestimmten Konzept zu leisten. »Ein weiteres Bemühen gilt der vermehrten Bindefähigkeit unter den Partialen. ... Auch hier wurden bei der Steglitzer Orgel durch die Anwendung geeigneter Körpermensuren (bis 21 HT über NM) und geeigneter Labienverhältnisse (bis 1/20 des Körperumfangs) [- also extrem weite Register mit extrem schmalem Labium -] Fortschritte gemacht. ... Ebenso wurden in Verfolg des schon früher eingeschlagenen Weges weitere Teiltöne praktisch nutzbar gemacht; Schreipfeife des Oberwerks (8/15′) und die beiden unharmonisch gelagerten Chöre des Holzstabklingers. Als Neukonstruktion finden wir die obertonarme, sehr stille Kubisch Pfeife (aus Holz).«[7]

In einem engen Verhältnis zur Mensurierung steht die Intonation der Register. »An dieser Stelle muß auf das besondere Vorgehen bei der *Intonation* hingewiesen werden, das sich aus der Arbeit mit den beschriebenen Klangkurven ergibt. Hierbei werden zunächst die Hochpunkte, anschließend die Tiefpunkte der Bemerkbarkeit für den bestimmenden Principal festgelegt (bzw. bei gleicher Bemerkbarkeit die verschiedenen C's, ausgehend von Groß-C). Das Klangergebnis dient zur Orientierung für das bei allen anderen Registern anzustrebende Ziel. Es werden also auch bei der Intonation, wie schon bei der Mensuration und zuerst bei dem Entwurf der Kurven alle klingenden Teile des Instrumentes aufeinander bezogen. Man könnte dies Verfahren, das aus unserer Praxis hervorgegangen ist und sich schon oft bewährt hat, ein zeichnerisches nennen, bei dem die Linien der verschiedenen Register einander kontrapunktieren. Auf diese Weise entsteht im Zusammenhang mit den durch die Mensur gegebenen Vorbedingungen die fast restlose Bindefähigkeit aller Klangfaktoren und, daraus resultierend, die Geschlossenheit des Plenums, welche den Hörer immer wieder in Erstaunen setzt.«[8]

Zur Wiedergabe des klassischen Orgelrepertoires schreiben Schulze und Kühn: »Das Instrument erweist sich zur orgelmäßigen Wiedergabe eines jeden Stils geeignet. Die Art seiner Klangmittel schützt den Spieler davor, der Versuchung des Historisierens zu erliegen, was besonders bei der dynamisch-flexiblen Kunst der Spätromantik hervortritt. Die Problemeatik der Wiedergabe Regerscher Orgelwerke z. B. scheint in der ihnen jetzt zuteil werdenden »Verfremdung« aufgehoben.«[9]

In den darauffolgenden 25 Jahren ist das Pendel der Klangbewertung wieder zurückgeschlagen, und diese Form der »Umschöpfung« - Darstellung von Orgelwerken der Romantik auf Instrumenten wie in *Spandau* (vgl. S. 330) und Steglitz - entspricht nicht mehr dem heutigen Stilempfinden. So finden die von Schulze und Kühn geplanten Instrumente nicht mehr das Interesse, das sie zur Zeit ihrer Erbauung auf sich zogen. So haben sich auch viele als bedeutsam hervorgehobene Eigenschaften nicht als epochemachend erwiesen. Dies gilt auch für das Instrument in Steglitz, das 1984 von KARL LÖTZERICH umgebaut wurde. Die Disposition wurde geringfügig verändert, die Intonation modifiziert und eine neuer Spieltisch angelegt.

UP

---

5. Scul-1959, S. 2-5; Scul-1979, S. 47.
6. Scul-1979, S. 48-50; Scul-1959, S. 5-6.
7. Scul-1959, S. 6; vgl. auch Scul-1979, S. 47.
8. Scul-1959, S. 6.
9. Scul-1959, S. 9.

Oberwerk (I) C-d⁴

Register	Fuß	
Principal	8′	I
Diskant-Principal	8′	I, ab g⁰
Quintadena	16′	II, S
Gedackt	8′	II, S
Octave	4′	I
Rohrflöte	4′	II, S
Quinte	8/3′	I, S
Octave	2′	I
Terz	16/5′	Ib, S
Septime	16/7′	Ib, S
Schreipfeife 3fach	8/11′ 8/13′ 8/15′	III/IV
Mixtur 4-6fach		I
Mixtur 2-3fach		I
Trompete	8′	I, horizontal

Unterwerk (II) C-d⁴

Register	Fuß	
Principal	4′	I
Oktave	1′	I
Scharff 3-4fach		I
Scharff 1-2fach		I
Rohrgedackt	8′	II, S
Kubische Pfeife	8′	IV, S
Trichterflöte	8′	III/IV, schwebend, S
Viola di Gamba	4′	III, S
Flûte à pavillon	2′	II, S
Quinte	8/3′	Ib, S
Terz	8/5′	Ib, S
Septime	8/7′	Ib, S
Holzstabklinger 2fach		IV, S
Krummhorn	8′	II, S
Tremulant		

Pedal C-a¹

Register	Fuß	
Principal	16′	I
Subbaß	16′	II, S
Octave	8′	I
Gemshorn	8′	II/III, S
Quinte	16/3′	I, S
Oktave	4′	I
Koppelflöte	4′	II/III, S
Nachthorn	2′	II/III, S
Mollterz	128/77′	III/IV, S
Rauschpfeife 2fach	8/3′	I, S
Posaune	16′	I
Trompete	8′	I
Klarine	4′	I
Pauke	16′	D, G, A

Schleifladen, mechanische Spieltraktur, elektropneumatische Registertraktur, Manualkoppeln II-I, Pedalkoppeln I-P, II-P, fünf freie Kombinationen, zwei freie Pedalkombinationen, Schweller I (Weitchor und Aliquote), Schweller II (alle Register ohne Prinzipal 4′, Octave 1′ und Scharff), Schweller Pedal (Weitchor und Aliquote), jeweils gekennzeichnet durch S.

Steglitz, Matthäus-Kirche, Orgel von
E. F. Walcker & Cie, 1957-58

Lichterfelde
Paulus-Kirche

Dorfkirche Lichterfelde und Paulus-Kirche

Hauptwerk (II) C–g³

Prinzipal	8′	C–E Zink, F–b⁰ Metall 40%, im Prospekt, h⁰–g³ innen Metall 40%
Quintadena	16′	C–A Zink, c⁰–g³ Metall 40%
Koppelflöte	8′	Metall 65%, 1988 neu
Oktave	4′	Metall 50%
Gemshorn	4′	Metall 50%
Oktave	2′	Metall 50%
Mixtur 4–6fach	1¹/₃′	Metall 40%
Trompete	8′	Metall 40%
Cymbelstern		1988 neu

Rückpositiv (I) C–g³

Prinzipal	4′	C–f¹ im Prospekt, Metall 40%
Rohrflöte	8′	Metall 40%
Spitzgedackt	4′	Metall 50%
Waldflöte	2′	Metall 50%
Sesquialtera 2fach	1³/₅′	C 1³/₅′ 1¹/₃′ c 2²/₃′ 1³/₅′ Metall 50%
Sifflöte	1′	Metall 50%
Scharff 4fach	1′	Metall 40%
Krummhorn	8′	Kupfer
Tremulant		

Brustwerk (III, schwellbar) C–g³

Gedackt	8′	Eiche
Weidenpfeife	8′	1988 neu, C–e⁰ gedeckt, Rest offen, Metall 65%
Rohrflöte	4′	Metall 40%
Prinzipal	2′	Metall 40%
Cornettino 3fach	2²/₃′	Vorabzug Terz 1³/₅′, 1988 statt Oberton
Quinte	1¹/₃′	Metall 40%
Scharffcymbel 3fach	²/₃′	1988 statt Zimbel ¹/₂′
Rohrschalmei	8′	1988 statt Vox humana
Tremulant		

Pedal C–f¹

Prinzipal	16′	C–ds⁰ im Prospekt, C–E Zink, F–ds⁰ und e⁰–f¹ innen Metall 40%
Oktave	8′	C–H Zink, c⁰–f¹ Metall 40%
Gemshorn	8′	Metall 40%, 1988 neu auf Stock Subbaß 16′
Hohlflöte	4′	Metall 50%
Nachthorn	2′	Rohrflöte, Metall 50%
Hintersatz 5fach	4′	Metall 50%
Posaune	16′	Metall 50%
Schalmei	4′	Metall 50%
Untersatz	16′	Kiefer, Zusatzlade neu

Schleifladen, mechanische Traktur, Manualkoppeln I-II, III-II, Pedalkoppeln I-P, II-P, III-P

Der um 1910 mit seinen Straßenfrontkirchen besonders in Erscheinung getretene Architekt Fritz Gottlob hatte zuvor Gelegenheit, sich auf opulentem Grundstück, nämlich der *Dorfaue Lichterfelde*, in unmittelbarer Nachbarschaft der erhalten gebliebenen mittelalterlichen Dorfkirche, mit dem Entwurf einer großen neuen Lichterfelder Kirche einen Namen zu machen. Die *Paulus-Kirche*, 1898/1900 gebaut, zitiert die norddeutsche Backsteingotik mit ihrer »märkischen« Variante; während die Bauform insgesamt als Kreuzbau mit vorangestelltem Turm eher räumlich unspezifisch ist, sind viele Schmuckdetails märkischen und mecklenburgischen Kirchbauten des hohen Mittelalters entlehnt. Wie etwa seit 1880 vorwiegend üblich, wurde der Innenraum massiv eingewölbt und ausgemalt.

Erst 13 Jahre nach der Zerstörung der Kirche im Jahre 1957 konnte die Wiederherstellung des Gotteshauses vollendet werden. Das Äußere ist bis auf wenige Einzelheiten auch heute noch in der Ursprungsform erhalten, während der Gottesdienstraum durch eine nochmalige Umgestaltung 1985/87 nach Entwürfen von Peter Lehrecke teilweise die Dürftigkeit und Ausdruckslosigkeit der Wiederaufbaufassung von 1957 ablegte. Helle Farben, ein in das Langhaus vorgezogener Altar mit einem stark akzentuierenden Radleuchter darüber, ein ausgeklügeltes Beleuchtungssystem und einige behutsame Rekonstruktionen der alten Fassung raumbildender Teile geben der Kirche eine überraschend neue, wenngleich geschichtsorientierte Identität.

Die Planung eines Orgelneubaus sah zunächst 30 klingende Stimmen auf drei Manualen und Pedal vor. 1960 wurde der erste Bauabschnitt mit 14 Registern von der Karl Schuke Berliner Orgelbauwerkstatt GmbH abgeschlossen, und 1964 die Orgel mit leicht geänderter Disposition fertiggestellt. 1987-88 wurde das Werk von der Erbauerfirma geringfügig umdisponiert und erweitert.

Die Orgel in einfacher klassischer Form entbehrt jeder schmückenden Zutaten wie Schnitzwerk oder Gesimse. Auch klanglich ist sie ein Beispiel für die Zeit, die einzig einem Brustwerk dynamische Möglichkeiten konzedierte. Der letzte Umbau zielt auf eine dezente Korrektur.

BS/EB

Lichterfelde, Paulus-Kirche
Orgel von KARL SCHUKE,
1960, 1964

MOABIT
HEILANDS-KIRCHE

Moabit, Heilands-Kirche,
Gehäuse von E. F. WALCKER
& CIE., 1894

Zwischen der Turmstraße und der Straße Alt-Moabit beherrscht der stattliche Backsteinbau der *Heilands-Kirche* mit ihrem fast 90 Meter hohem Turm die Gegend des sogenannten »Kleinen Tiergartens«. Über einem kreuzförmigen Grundriß erhebt sich nach Plänen des Architekten FRIEDRICH SCHULZE eine Hallenkirche in neugotischen Formen. 1943 erlitt die Kirche schwere Schäden. Beim Wiederaufbau wurden Apsis und Altarraum nicht in alter Form wiederhergestellt; an ihrer Stelle schloß man die Kirche mit einer Wand ab, in deren Mitte ein großes Buntglasfenster nach einem Entwurf GOTTFRIED VON STOCKHAUSENS das Schmuckstück der Kirche wurde.

Die erste Orgel war wie in den Nachbargemeinden ein Werk E. F. WALCKERS aus dem Jahre 1894 (II+P 35), das 1929 durch einen Neubau von ALEXANDER SCHUKE ersetzt wurde. Das Material der Walcker-Orgel wurde wiederverwendet, die Disposition aber im Sinne der Orgelreform auf 61 Register auf 3 Manualen und Pedal erweitert. Zwei Stimmen davon waren vakant geblieben, fünf Register aus anderen transmittiert.

Nach dem Kriege lieferte GERHARD SCHMID, *Kaufbeuren*, einen Neubau, der 1961-62 ausgeführt wurde. Gerhard Schmid entwarf den Prospekt und auch die Disposition. Auch die Intonation wurde von ihm selbst ausgeführt.

Besonderheiten der Mechanik sind: Aluminium-Wellen, Abstrakten aus Aluminium und Holz, zweiarmige Tasten.

BS/UP

Moabit, Heilands-Kirche
Orgel von GERHARD SCHMID, 1961-62

Disposition der Orgel der Heilands-Kirche in Moabit

Hauptwerk (II) C-g³

Prinzipal	8'	C-Fis Zink, Rest Zinn 70%
Scharff 3fach	1'	Zinn 60%, C-E und G-c¹ im Prospekt
Mixtur 4-5fach	1⅓'	Zinn
Prinzipal	2'	Zinn 60%
Spitzquinte	2⅔'	Zinn 40%
Rohrgedackt	4'	Metall
Oktave	4'	C-G Zink, Rest Zinn 50%
Gemshorn	8'	C-G Holz, Gs-f⁰ Zink, Rest Zinn 40%
Holzflöte	8'	C-H Gedeckt ab c⁰ offen, Eiche, Rest Metall
Gedackpommer	16'	C-h¹ Föhre und Fichte, Rest Zinn 30%
Trompete	8'	Stiefel Zinn, Becher C-H Zink, Rest Zinn 50%

Pedal C-f¹

Prinzipal	16'	C-dis⁰ Zink, im Prospekt
Trompete	8'	Becher C-F Zink, Rest Zinn 50%, Stiefel Jaccaranda
Prinzipal	16'	Innenpfeifen, e⁰-f⁰ Zink, Rest Föhre
Großnasat	10⅔'	Holz
Subbaß	16'	Mahagoni
Oktave	8'	Metall
Gedackt	8'	Eiche
Rohrflöte	4'	Zinn 40%
Gemspfeife	2'	Zinn 40%
Rauschbaß 5fach	4'	Zinn 50%
Nachthorn	1'	Zinn 50%
Posaune	16'	Becher Zink, Stiefel Mahagoni

Rückpositiv (I) C-g³

Prästant	4'	Naturguß, C-d² im Prospekt
Holzgedackt	8'	C-H Eiche, Rest Pflaume
Weidenpfeife	8'	C-H aus Gedackt, c⁰-f⁰ Zink, Rest Zinn 50%
Rohrquintade	4'	Zinn 40%
Kleinpommer	2'	Zinn 50%
Sifflöte	1⅓'	Zinn 30%
Oktave	1'	Zinn 60%
Cymbel 3fach	½'	Zinn 60
Krummhorn	8'	Stiefel Zinn, Becher Kupfer
Tremulant		

Brustwerk (III, schwellbar) C-g³

Koppelflöte	8'	C-H Holz, Rest Zinn 30%
Quintade	8'	C-H Zink, Rest Zinn 40%
Spitzgamba	8'	C-g⁰ Zink, Rest Zinn 40%
Prinzipal	4'	Zinn
Gemsflöte	4'	C-H Zink, Rest
Nasat	2⅔'	Zinn 20%
Blockflöte	2'	Zinn 20%
Terz	1⅗'	Zinn 40%
Septime	1⅐'	Zinn 60%
Prinzipal	1'	Zinn 60%
None	8/9'	Zinn 60%
Sexte	8/13'	Zinn 60%
Scharfmixtur 5fach	1'	Zinn 60%
Dulcian	16'	Stiefel und Becher 50% Zinn
Schalmey	4'	Stiefel und Becher 50% Zinn
Tremulant		

Schleifladen, mechanische Spieltraktur, elektrische Registertraktur, Manualkoppeln I-II, III-II, Pedalkoppeln I-P, II-P, III-P

Charlottenburg
Kaiser-Wilhelm-Gedächtnis-Kirche

Mit der im Jahre 1943 zerstörten Kirche ging auch die viermanualige SAUER-Orgel mit ihren 103 Registern zugrunde. Bereits wenige Monate nach Kriegsende fanden wieder Gottesdienste und Amtshandlungen in der Ruine der Kirche statt; ihr Symbolwert für das Nachkriegs-Berlin und den Wiederaufbauwillen wuchs schnell über denjenigen als Kirche der westlichen, mondänen Geschäftsstadt, den sie bereits vor der Zerstörung gehabt hatte, hinaus. Lange hielt die öffentlich geführte Diskussion über ihren Wiederaufbau in den alten Fromen und Dimensionen an; immerhin waren der Westturm mit den begleitenden Treppentürmen, Teile der Umfassungsmauern und der gesamte Chor mit den kapellenartigen Sakristeianbauten und den östlichen Nebentürmen erhalten geblieben.

Ein Ende der 50er Jahre ausgeschriebener Wettbewerb ergab, daß die meisten der Planer sich im Sinne der Berliner Volksstimme nicht an den erhaltenen Ruinen vergriffen, sondern mehr oder weniger in Anlehnung an die historische Struktur ein neues Kirchenschiff in Langhausform zwischen die Ruinenteile, zu deren Verbindung, setzen wollten. Nur wenige Architekten dachten an einen unabhängig von den alten Teilen zu errichtenden Neubau; vereinzelt war dabei sogar an einen Totalabriß der Ruinen gedacht.

Der Entwurf von EGON EIERMANN, der schließlich - heiß diskutiert und umstritten - 1960/61 realisiert wurde, war eine von zwei Varianten dieses Architekten. Auch er hatte sich im anderen Fall gegen die Erhaltung der alten Kirchenfragmente entschieden. Sein oktogonaler Kirchbau, der westlich des alten Turms und unabhängig von ihm die bisherige Orientierung um 180° dreht, ist um einen ebenfalls achteckigen Glockenturm, südöstlich des alten Turms, und um eine Kapelle im Osten der Anlage ergänzt. Ein Foyer mit Gemeinderäumen schließt sich direkt an die Kirche an. Der doppelschalige Wandaufbau der Kirche gestattet, daß außen und innen zu jeder beliebigen Tageszeit der Eindruck einer beleuchteten Kirche einerseits und gleichmäßigen Tageslichts andererseits entsteht: Scheinwerfer zwischen den Schalen machen das - genaugenommen fensterlose - Bauwerk tageslichtunabhängig. Die Betonwaben der neuen Bauteile, inzwischen zusammen mit der Gesamtgestaltung der neuen Kirche und mit dem allein verbliebenen, alten Hauptturm der historistischen Kirche zum »Markenzeichen« der »City West« geworden, mußten ebenso wie der alte Turm aufwendig saniert werden.

Die farbigen Gläser in den Betonwaben der Neubauten wurden von GABRIEL LOIRE aus *Chartres* entworfen; neben dieser eindrucksvollen Gestaltung zählen der segnende bzw. auferstehende Christus des Müncheners HEMMETER über dem Altar und das Glockenspiel im alten Turm zu den besonderen Ausstattungen der Kirche.

Der neue Gottesdienstraum erhielt 1962 einen repräsentativen Orgelneubau von KARL SCHUKE mit 64 klingenden Stimmen. Der asymmetrische Prospekt der Orgel zeigt mit klar gegliedertem Werkaufbau und den spanischen Trompeten ein harmonisches Gesamtbild.

Zunächst hatte Eiermann wie in *Pforzheim-Weiherberg* ein Windladentableau mit freistehenden Pfeifen vor Augen. Aber in vorbildlicher Zusammenarbeit von Architekt und Orgelbauer, vor den Anforderungen des Instrumentes einerseits

*Charlottenburg,
Kaiser-Wilhelm-Gedächtnis-Kirche,*
SCHWECHTEN, 1891-95

und den formalen Gesetzmäßigkeiten des Bauwerks andererseits erhielt die Orgel ihr stählernes Rechteck-Gehäuse, innwändig mit Holzflächen ausgelegt. Um 45° angewinkelte Flügeltüren sollten den Prospekt flankieren, bis Eiermann schließlich, von einer Spanienreise heimgekehrt, spanische Trompeten als raumgreifendes Element forderte. Sogar ein Rückpositiv wurde diskutiert.

Eiermann regte an, das frei vor der Raumrückwand stehende Orgelwerk nicht nur optisch hinter Hauptwerk und Positiv durch Glaswände transparent zu machen. Er empfahl auch, das Schwellwerk zu klanglich dynamischer Nuancierung nach hinten mit Jalousietüren zu öffnen. Mit allem Nachdruck widmete er sich der Detaillierung des Spielschrankes, um ja kein »Büfett« entstehen zu sehen. So kam es zu der leicht geneigten Spieltischrückwand, aus der homogen die Klaviaturen hervortreten, die Registerschalter in schwenkbarem Stahlchassis auf separater Säule. Selbst die Orgelbank wurde anderen Raumdetails entsprechend gestaltet. Die Gliederung der Prospektfläche überließ er zunächst ganz dem Orgelbauer unter der Maßgabe technisch klanglicher Korrektheit. Symmetrische Formationen konnten sich neben der freien Gruppierung von dreigeteilten Pfeifenfeldern und Schwelltürfronten nicht behaupten. Eiermann drehte lediglich im Hauptwerk- und Positiv-Prospekt je ein Feld gegenläufig um - aber das war eben die entscheidende Alternative.

Ketzerisch - so nannte er selbst sein unbändiges Engagement für diese Kirche - saß er eines Tages, den Rücken zum Hemmeter-Christus, mit Blick auf Empore und Orgel mit den Worten: »Das ist mein Altar.« Es war ein Zusammenwirken von Architekt und Orgelbauer ohne Beispiel.

Als es schließlich um eine Belebung der diesem Raum nicht gemäßen Akustik ging - man diskutierte ein Verspachteln der inneren Wabenelemente - schrieb Eiermann (10. 3. 1967): »Wir selbst wollten nämlich vollkommen glatte Wabenflächen an der Innenwand machen, wollten sogar Holz dafür nehmen, und ich könnte mir die Haare ausreißen, wenn ich daran denke, daß wir diesem trotzigen Akustiker auf den Leim gekrochen sind, der von uns einen so porigen Beton gefordert hat, daß wir Mühe hatten, die notwendige Festigkeit zu erzeugen.«

Rechteck und Quadrat bestimmen die in der Aufteilung des Prospektes sichtbare Anordnung der Werke: die ungeteilte Anlage der Manualwerke im Zentrum, das geteilte Pedal in den Außenfeldern, die Schwelltüren für das Schwellwerk, das Brustwerk und ein Schwellpedal in sichtbarer Funktion, schließlich die in einer Fläche zusammengefaßten Schallbecher der horizontalen Trompeten.

Die für eine große Orgel notwendigen Klankkomponenten sind auf vier Manual- und zwei Pedalwerke verteilt. Das 16füßige Prinzipalpleno des Hauptwerks wird durch einen mächtigen Trompetenchor kontrapunktiert. Dazu tritt ein kleiner Weitchor. Das Positiv hat als Seitenklavier zum Hauptwerk ein leichteres, 8füßiges Prinzipalpleno und enthält die elementaren Solofarben der Orgel, in die auch der ausgebaute Zungenchor einzubeziehen ist. Das Brustwerk weicht nur in der Anordnung seiner Obertöne von der für dieses Werk charakteristischen klassischen Bauweise ab. Das Schwellwerk zerlegt einen großen Cornett in 8 Einzelregister und führt diese durch den französischen Orgelbau inspirierte Klangcharakteristik in seiner Mixtur und den Rohrwerken fort, ergänzt durch einen kleinen Seitenchor, in dem sich auch »streichende« Stimmen zusammenfinden.[1]

Die Disposition entwarf SIEGFRIED REDA, der als Leiter des *Instituts für Evangelische Kirchenmusik* an der *Folkwangschule* in *Essen* und als Orgelsachberater im Rheinland führend tätig war. In der Nachkriegszeit hat er durch farbige Dispositionen mit obertonreichen gemischten Stimmen wegweisende Impulse für die zeitgenössische Kirchenmusik gegeben. 1985 wurde die Disposition geringfügig verändert, wobei einige der für Reda typischen Stimmen zugunsten klassischer Register entfernt wurden.

EB/UP

Charlottenburg,
Kaiser-Wilhelm-Gedächtnis-Kirche
EIERMANN, 1960-61

1. Reda-1965.

Spanische Trompeten auf
Anregung Egon Eiermanns

*Charlottenburg,
Kaiser-Wilhelm-Gedächtnis-Kirche*
Modell der geplanten Orgel

Brustwerk (III, schwellbar) C-g³

Holzgedackt	8′	Eiche
Spitzgedackt	4′	Metall 50%
Principal	2′	Metall 75%
Terzian 2fach	1 3/5′	Metall 60%
Oktave	1′	Metall 60%, ursprünglich Tertian 2fach 1′ 16/19′
Scharff 3-5fach	1/2′	Metall 60%
Vox humana	8′	ursprünglich Bärpfeife 16′ Metall 40%
Krummhorn	8′	Kupfer
Tremulant		

Schwellwerk (IV)

Ged. Pommer	16′	Metall 40%
Unda maris	8′	ab c⁰, Metall 60%
Schwegel	8′	Metall 50%
Koppelflöte	8′	Metall 40%
Holzprincipal	4′	Eiche
Spitzgambe	4′	Metall 50%
Hohlquinte	2 2/3′	Metall 50%
Nachthorn	2′	Metall 50%
Gemshorn	1′	Metall 50%
Terz-None	1 3/5′ 8/9′	Metall 60%
Quint-Sept	1 1/3′, 1 1/7′	Metall 60%
Fourniture 5-7fach	2′	Metall 60%
Trompete Harm.	8′	Metall 60%
Clairon	4′	Metall 60%
Tremulant		

Hauptwerk (II) C-g³

Principal	16′	Fs-gs¹ im Prospekt, Metall 75%
Oktave	8′	Metall 60%
Spielflöte	8′	Metall 50%
Oktave	4′	Metall 60%
Nachthorn	4′	Metall 40%
Oktave	2′	Metall 60%
Rohrnassat	2 2/3′	Metall 40%
Mixtur 6-8fach	2′	Metall 60%
Mixtur 4fach	1′	Metall 60%
Trompete	16′	Metall 50%
Trompete	8′	Metall 50%
Span. Trompete	8′	Metall 75%
Span. Trompete	4′	Metall 75%

Pedal C-g¹

Principal	16′	C-cs⁰ im Prospekt, Metall 75%
Quinte	10 2/3′	Metall 50%, gedeckt, ursprünglich offen
Oktave	8′	Metall 50%
Hintersatz 5fach	4′	Metall 50%
Mixtur 3fach	1′	Metall 60%
Fagott	32′	Metall 50%
Posaune	16′	Metall 50%
Trompete	8′	Metall 50%
Feldpfeife	1′	überblasend, Metall 50%
Baßsesquialtera 3fach	5 1/3′, 3 1/5′, 2 2/7′	Metall 40%
Hohlflöte	4′	Metall 40%
Gedackt	8′	statt Trichtergedackt 8′, Metall 40%
Subbaß	16′	C-H Eiche, c⁰-f¹ Metall 40%
Span. Trompete	4′	Metall 75%
Span. Cornett	2′	Metall 75%
Tremulant		

Positiv (I) C-g³

Principal	8′	C-c¹ im Prospekt, Metall 75%
Rohrflöte	8′	Metall 40%
Quintadena	8′	Metall 50%
Oktave	4′	Metall 60%
Blockflöte	4′	Metall 40%
Sesquialtera 2fach	2 2/3′	Metall 50%
Rohrpfeife	2′	Metall 40%
Quinte	1 1/3′	Metall 60%
Mixtur 4-6 fach	2′	Metall 60%
Fagott	16′	Metall 50%
Oboe	8′	Metall 60%
Schalmei	4′	Kupfer + Metall 50%
Tremulant		

Schleifladen, mechanische Spieltraktur, elektrische Registertraktur, Manualkoppeln I-II, III-II, IV-II, IV-III, Pedalkoppeln I-P, III-P, IV-P, Setzerkombination 96fach, Schweller Pedal Oberlade.

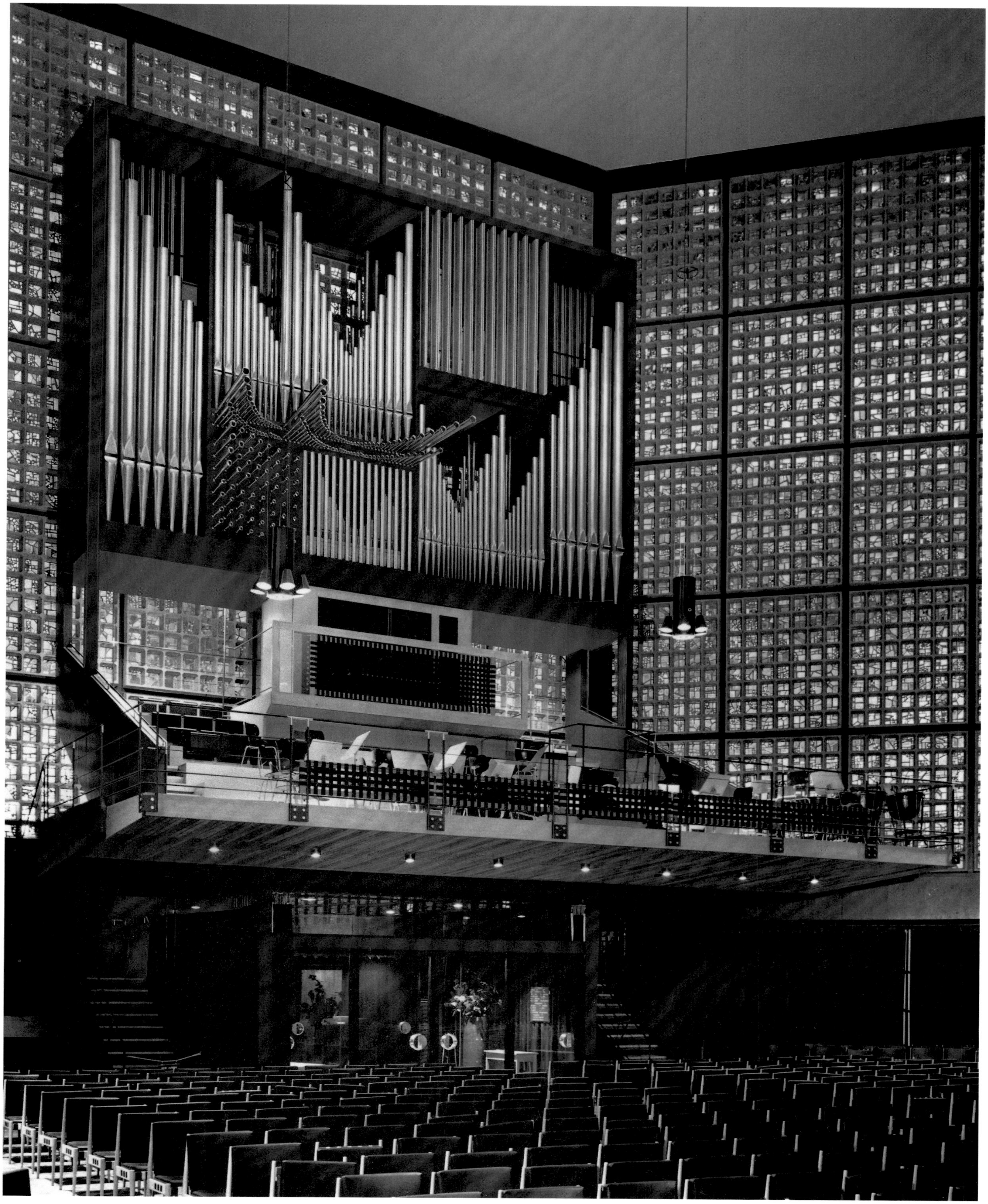

Charlottenburg, Kaiser-Wilhelm-Gedächtnis-Kirche

Friedrichshain
St. Bartholomäus-Kirche

Hauptwerk (I) C-g³

Principal	8′	Prospekt
Bordun	16′	
Koppelflöte	8′	
Oktave	4′	
Spitzflöte	4′	
Nassat	2⅔′	
Oktave	2′	
Mixtur 5-6fach	2′	
Scharff 4fach	1′	
Trompete	8′	

Oberwerk (II) C-g³

Prinzipal	4′	Prospekt
Rohrflöte	8′	
Quintadena	8′	
Sesquialtera 2 fach	1⅓′	rep. auf c
Waldflöte	2′	
Quinte	1⅓′	
Septime	1⅐′	
Mixtur 5-7 fach	2′	
Dulcian	16′	
Tremulant		

Brustwerk (III) C - g³

Principal	2′	Prospekt
Holzgedackt	8′	
Rohrflöte	4′	
Oktave	1′	
Terz	1⅗′	
Sifflöte	1′	
Cymbel 3 fach	1′	
Vox humana	8′	
Tremulant		

Pedal C-g¹

Principal	16′	Prospekt
Subbaß	16′	
Oktave	8′	
Spitzflöte	8′	
Oktave	4′	
Bauernflöte	2′	
Mixtur 6 fach	2′	
Posaune	16′	
Trompete	8′	
Feldtrompete	4′	

Schleifladen, mechanische Traktur, Manualkoppeln II-I, III-I,
Pedalkoppeln I-P, II-P, III-P[5]

Die *»Kirche am Königstor«* entstand nach Entwürfen FRIEDRICH AUGUST STÜLERS, die FRIEDRICH ADLER überarbeitete und 1857/1858 praktisch umsetzte. Stüler, der Schinkelschüler der ersten Generation, gab seine grundlegenden Ideen zum evangelischen Kirchenbau, die vor allem in der Konzeption der weiten, ungeteilten Halle bestand, an Adler, den Eleven der zweiten Generation nach Schinkel, den späteren großen Theoretiker zum Backsteinbau und Baumeister hervorragender Predigtkirchen - wie *St.Thomas* - weiter. In der idealisierten Neugotik der *Bartholomäus-Kirche*, deren Struktur derjenigen der Stülerschen *St. Matthäus-Kirche* und deren Stilistik der ehemaligen *St. Petri-Kirche* STRACKS ähnelt, finden sich in einzigartiger Weise die Beweise für die Tradierung der entwurflichen und wissenschaftlichen Qualitätsbegriffe der preußischen Bauakademie über die Jahrhundertmitte hinaus. Charakteristisch für die tektonischen Schwächen mancher dieser Entwürfe - auch St. Petri war nicht frei von statischen Problemen - war die Notwendigkeit einer Grundsanierung des Bauwerks 1905. Dies betraf vor allem die ehemals offenen Vorhallen seitlich des Turms, vor den Seitenschiffen. Die Planungen für einen Orgelbau begannen bereits 1958. Ein völliger Neubau sollte das im Kriege beschädigte Instrument von ALEXANDER SCHUKE (1932) ersetzen. Auf der Grundlage eines Kostenanschlags vom 23. 6. 1958[1] erfolgte 6 Wochen später die Auftragserteilung[2] an die Potsdamer Firma ALEXANDER SCHUKE, deren Leitung inzwischen in die Hände von HANS JOACHIM SCHUKE übergegangen war. Das Instrument war in drei Bauabschnitten geplant. Entgegen dem Vertrag,[3] in dem man am 16. 3. und 19. 6. 1959 nur die erste Phase fixierte, wurde das Instrument 1965 in allen Teilen und nur mit geringen Modifikationen gegenüber der ursprünglichen Vereinbarung aufgestellt.[4]

UP

1. AAScP, Orgelakte
St. Bartholomäus, Kosten-
anschläge vom 23. 6. 1958
und 26. 8. 1958.
2. AAScP, Auftragserteilung
vom 3. 8. 1958.
3. AAScP, Vertrag vom 26. 3. /
19. 6. 1958.
4. AAScP, Dispositions-
änderung Piasetzki vom 2. 10.
1962 und Schreiben vom 16. 6.
1965.
5. AAScP, Abnahmegutachten
Piasetzki vom 29. 3. 1966.

Friedrichshain,
St. Bartholomäus-Kirche,
Orgel von Alexander
Schuke, 1965

Wedding
St. Pauls-Kirche

Wedding, St. Pauls-Kirche,
Schinkel, 1832-34

Hauptwerk (I) C-g³

Prinzipal	8′	C-gs⁰ im Prospekt
Gedacktpommer	16′	Metall
Spielflöte	8′	
Oktave	4′	
Quinte	2²/₃′	
Oktave	2′	
Mixtur 6-8fach	1¹/₃′	
Trompete	8′	

Oberwerk (II) C-g³

Prinzipal	4′	C-gs² im Prospekt
Gedackt	8′	
Quintadena	8′	
Blockflöte	4′	
Nasat	2²/₃′	
Waldflöte	2′	
Terz	1³/₅′	
Scharf 4fach	1′	
Trichterregal	8′	
Tremulant		

Kronwerk (III, schwellbar) C-g³

Holzgedackt	8′	Eiche
Rohrflöte	4′	
Prinzipal	2′	
Quinte	1¹/₃′	
Sesquialtera 2fach	1¹/₃′, c⁰ 2²/₃′	
Flageolett	1′	
Cymbel 3fach	½′	
Krummhorn	8′	Messing-Rohr
Tremulant		

Pedal C-f¹

Subbaß	16′	C-H Mahagoni, Rest Eiche
Prinzipal	8′	Metall
Gedackt	8′	Metall
Offenflöte	4′	
Nachthorn	2′	
Mixtur 4fach	2²/₃′	
Posaune	16′	
Trompete	8′	
Schalmei	4′	

Schleifladen, mechanische Spieltraktur, elektrische Registertraktur, Manualkoppeln II-I, III-I, Pedalkoppeln I-P, II-P, III-P, 4 Setzerkombinationen, Zungen an, Auslöser.

Das Innere der Schinkelschen *St. Pauls-Kirche* (s. dort) war im Zweiten Weltkrieg vor allem durch Brände weitgehend zerstört worden. In die erhaltenen Umfassungsmauern fügte nach einer grundsätzlichen Entscheidung des Landeskonservators, des ehemaligen Bauhauslehrers Hinnerk Scheper von 1952, der Architekt Hans Wolff-Grohmann in den folgenden Jahren einen vereinfachten und zeitgenössischen Ausbau ein. Während die Außenhaut in beinahe jedem Detail »schinkelgetreu« wiederhergestellt wurde, hielten sich Scheper und Wolff-Grohmann im Inneren lediglich an die althergebrachte Aufteilung hinsichtlich der Emporengliederung und der Orientierung des Raums und an dessen grundsätzliche vergangene Farbstimmung; kühle, »antikisch« aufzufassende Tönungen in hellen Abstufungen prägen den Raum auch jetzt. Anstelle einer Gestaltwiederholung der zerstörten alten Inventarien schuf Wolff-Grohmann neue Prinzipalstücke in zeitgemäßen Materialien. Ein Kunststeinaltar korrespondiert mit einer Kanzel, die ein Bronzeblechrelief von Schrieber ziert.

Die Orgel wurde 1965 von Rudolf von Beckerath, *Hamburg*, erbaut. In dem Abnahmegutachten vom 21. 12. 1965 werden die Technik als »mustergültige handwerkliche Arbeit« und die Intonation als »richtungsweisend« hervorgehoben. Der Spieltisch ist angebaut, darüber befindet sich das Hauptwerk, dahinter das Pedalwerk ohne Prospekt. Über dem Hauptwerk steht das Oberwerk, dahinter das Kronwerk im Schweller.

UP

Wedding, St. Pauls-Kirche
Orgel von Rudolf von Beckerath, 1965

WILMERSDORF
LINDEN-KIRCHE

Wilmersdorf, Linden-Kirche, Orgel von WERNER BOSCH, *Gehäuse-Entwurf von* HELMUT BORNEFELD, *Zustand von 1965*

Die 1936 nach Plänen von BRODFÜHRER fertiggestellte Kirche, die gemeinsam mit Gemeindesälen, Gemeindehaus und Pfarr- sowie Wohnhaus entstand, ist wegen ihrer stilistischen Auffassung und Dimension als verhaltenes, aber zeittypisches Zeugnis der Kirchbauarchitektur der 30er Jahre in Deutschland anzusehen. Ihre klare, fast monumentale Ordnung mit dem mächtigen, asymmetrisch gestellten Turm erinnert an die klassizistischen Vorbilder dieser Zeit; andererseits geben Innenraumdetails, vor allem der Altarraumausstattung, Hinweise auf die zeitgenössische Mystifizierung des protestantischen Gotteshauses durch die »Deutschen Christen«. Unverkennbar sind jedoch auch die frühfunktionalistischen Ansätze zum Kirchenbau, wie sie OTTO BARTNING schon vor dem Ersten Weltkrieg propagierte: Alle Einrichtungen der Kirchengemeinde sollten in einer Baugruppe zusammengefaßt werden, wobei die Kirche mit ihren traditionellen äußeren Einzelformen als »Wiedererkennungsmerkmal« dient.

Die *Linden-Kirche* erhielt zu ihrer Fertigstellung eine dreimanualige Orgel mit 49 Registern von der Firma G. F. STEINMEYER & CO. aus Oettingen. Dieses Instrument war sowohl technisch als auch klanglich ein spätes Beispiel für den romantischen Orgelbau. Nach der Zerstörung des Kirchendaches im Jahre 1943 wurde die erhalten gebliebene Orgel ausgelagert und in den Wirren des Krieges nach und nach von Metall- und Brennholzsammlern entwendet.[1]

1. Kirc-1981, S. 4-5.

Nach einer Zeit des Behelfs mit einer kleinen Orgel aus dem Gemeindesaal der heutigen *Vaterunser-Kirche* wurde 1965 eine neue Orgel von WERNER BOSCH, Sandershausen, als Op. 655 fertiggestellt. Als Sachberater hatte man HELMUT BORNEFELD hinzugezogen, der der Gemeinde Vorschläge unterbreiteten sollte, wie historische Gleise vermieden werden könnten. Die ersten Empfehlungen, die Bornefeld im Juni 1961 vorlegte, bildeten die Grundlage für den Neubau, wenn auch die Registerzahl aus Geldgründen etwas reduziert werden mußte.[2]

Bornefeld ist vor allem durch die von ihm konzipierten zweimanualigen Kleinorgeln bekannt geworden. Hier verzichtet er auf den Ausbau eines vollständigen Prinzipalchores in den einzelnen Werken und baut diesen nur durchgehend für den gekoppelten Zustand. Die entstehenden Lücken besetzte er mit Stimmen, die begrenzt plenofähig sind. Dieser Grundbestand wird durch Weitchor- und Farbstimmen ergänzt und seinerseits möglichst komplett ausgebaut. Quinten bleiben selbständig, während hohe Teiltöne aus Klang-, Stimmungs- und Geldgründen gebündelt werden. Dies heißt, daß auf die klassischen Register Sesquialtera 2fach und Tertian 2fach verzichtet wird, dafür aber eine Quinte unabhängig steht und die Terz beispielsweise durch eine Septime oder None ergänzt wird. Oder aber Kornett und Sesquialtera werden durch Nonen oder Septimen erweitert. Zungenstimmen werden mit Rücksicht auf das vorhandene labiale Obertonspektrum nur sparsam disponiert. Diese Form der Dispositionstechnik führt zu einer Unterbewertung der Grundtonlage und deren Oktave und zu einer Trennung von Eng- und Weitchor erst auf höheren Teiltonebenen.[3]

Diese Prinzipien fanden auch in der Orgel der Linden-Kirche Anwendung. Während die beschriebene Farbigkeit im begrenzten Maße durchaus interessant sein kann, so leistet sie keinen positiven Beitrag bei größeren Orgeln, denn Prinzipale und Weitchor werden vernachlässigt und die wenigen Grundstimmen durch »vielchörige, gleißende Mixturen aufgegipfelt«.[4]

Disposition 1965

Hauptwerk (I) C-f³

Quintade	16′	
Prinzipal	8′	Prospekt
Gemshorn	8′	
Oktave	4′	
Spillpfeife	4′	
Quinte	2⅔′	
Ital Principal	2′	
Nonenkornett	2⅔′	
Mixtur 6-8fach	1⅓′	
Tremulant		

Oberwerk (II) C-f³

Rohrpommer	8′	
Ital Principal	4′	Prospekt
Blockflöte	2′	
Sesquialtera 3fach	2⅔′ 1⅗′ 1¹⁄₇′	
Grobmixtur 4-6 fach	2′	
Oktavzimbel 3fach	½′	
Sordun	16′	
Span. Trompete	8′	
Schalmei	4′	
Tremulant		

Brustwerk (III) C-f³

Gedackt	8′
Rohrflöte	4′
Rohrnasat	2⅔′
Prinzipal	2′
Terznone	1⅗′ 8/9′
Gemsquinte	1⅓′
Siebenquart	1¹⁄₇′ 16/19′
Zimbel 4fach	½′
Vox humana	8′
Tremulant	

Pedal C-f¹

Prinzipal	16′ Prospekt
Untersatz	16′
Prinzipal	8′
Gedackt	8′
Flöte	4′
Baßzink 4fach	5⅓′
Choralbaß 4fach	4′ 2′ 1⅓′ 1′
Posaune	16′
Clairon	4′
Tremulant	

Schleifladen, mechanische Spieltraktur, elektrische Registertraktur, elektrische Manualkoppeln II-I, III-I, Pedalkoppeln I-P, II-P, III-P, zwei freie Kombinationen

2. Kirc-1981, S. 5-7.
3. Born-1976, S. 224-228.
4. Lind-1965.

Wilmersdorf, Linden-Kirche,
Orgel von WERNER BOSCH, 1965,
nach 1970 geringfügig verändert

Das Instrument wurde daher entsprechend den Anforderungen der Kirchenmusik 1988 grundlegend umdisponiert. Die gebündelten Obertonreihen wurden getrennt und zum Teil neu zusammengestellt, der Zungenchor wurde stark erweitert. Das Schwellwerk erhielt ein neues Gehäuse und eine zusätzliche Lade, um vor allem neue Grundstimmen aufnehmen zu können. Die Traktur wurde neu angelegt und eine Chororgel mit eigener mechanischer Traktur wurde als viertes Manual mit elektrischer Tonsteuerung in den neuen Spieltisch integriert. Das Gehäuse und die wesentlichen Teile des Klangkörpers der 1984 angeschafften Kleinorgel wurden zum Hauptwerk der Chororgel umgebaut.

UP

Disposition 1990

Hauptwerk (I) C-g³

Quintade	16′	
Principal	8′	z.T. neu
Gemshorn	8′	
Octave	4′	
Spillpfeife	4′	
Quinte	2²/₃′	
Ital Principal	2′	
Großsesquialter III	5¹/₃′ 3¹/₅′ 1⁶/₉′, z.T. neu	
Cornett V	8′	neu
Großmixtur IV	2²/₃′	z.Z. neu
Kleinmixtur III	1¹/₃′	z.Z. neu
Trompete	8′	alte Span. Trompete
Span. Trompete	16′	neu, ab c⁰ Transmission
Span. Trompete	8′	neu
Tremulant		

Oberwerk (II, schwellbar, 2. Lade neu) C-g³

Bordun	16′	neu
Holzprincipal	8′	neu
Rohrpommer	8′	
Salicional	8′	neu
Voix céleste	8′	neu
Octave	4′	
Ital Principal	4′	
Spitzflöte	4′	neu
Blockflöte	2′	
Sesquialtera II	jetzt ohne 1¹/₇′	
Sextan II	1⁶/₁₁′ 1¹/₇′	
Mixtur IV-VI	2′	z.Z. neu
Oktavzimbel III	½′	
Trompette harmonique	8′	neu
Hautbois	8′	
Messingschalmei	4′	
Tremulant		

Brustwerk (III, schwellbar) C-g³

Gedackt	8′	
Rohrflöte	4′	
Rohrnasat	2²/₃′	
Principal	2′	
Terz	1³/₅′	aus Terz-None
Gemsquinte	1¹/₃′	
Nachthorn	1′	aus Siebenquart
Zimbel IV	⅓′	
Sordun	16′	
Vox humana	8′	
Tremulant		
Glockenspiel	neu	

Chororgel (IV) C-f³

Gedackt	8′	A
Principal	4′	A
Gedacktflöte	4′	A, neu
Offenflöte	2′	A
Mixtur III	2′	A, z.Z. neu
Regal	16′	B, horizontal, neu
Regal	8′	B, horizontal, neu
Tremulant		
Span. Trompete	16′	Transmission
Span. Trompete	8′	Transmission

Pedal C-f¹

Principal	16′	
Flötenbaß	16′	neu
Untersatz	16′	
Subbaß	16′	Chororgel, neu
Quinte	10²/₃′	neu, neue Lade
Oktave	8′	
Gedackt	8′	
Choralbaß	4′	aus Choralbaß 4fach
Flöte	4′	
Hintersatz III	2²/₃′	aus Choralbaß 4fach
Baßzink IV	1′	
Posaune	16′	
Trompete	8′	neu
Clairon	4′	
Span. Trompete	16′	Transmission
Span. Trompete	8′	Transmission
Tremulant		

Schleifladen, mechanische Spieltraktur, elektrische Registertraktur, Manualkoppeln II-I, III-I, IV-I, III-II, Pedalkoppeln I-P, II-P, III-P, III.4′-P, 8x8 elektronische Setzer, Chororgel: A = Man. I, B = Man. II

Wilmersdorf, Linden-Kirche
Orgel von WERNER BOSCH, 1965,
1988 umgebaut

SCHÖNEBERG
PAUL-GERHARDT-KIRCHE

*Schöneberg,
Paul-Gerhardt-Kirche*

Hauptwerk (II) C-g³

Prinzipal 8′
Quintade 16′
Rohrflöte 8′
Oktave 4′
Flöte 4′
Nasat 2⅔′
Oktave 2′
Mixtur 3-4fach
Scharf 3fach
Trompete 8′

Rückpositiv (I) C-g³

Holzgedeckt 8′
Rohrflöte 4′
Prinzipal 2′
Sifflöte 1′
Sesquialtera 2fach
Zymbel 3fach
Holzregal 8′
Tremulant

Oberwerk (III, schwellbar) C-g³

Prinzipal 4′
Metallgedackt 8′
Gemshorn 8′
Blockflöte 4′
Waldflöte 2′
Quinte 1⅓′
Oberton 1⅐′
Scharf 4fach
Dulcian 16′
Vox humana 8′
Tremulant

Pedal C-f¹

Prinzipal 16′
Subbaß 16′
Oktave 8′
Gedackt 8′
Oktave 4′
Nachthorn 2′
Mixtur 4-5fach
Posaune 16′
Trompete 8′
Schalmei 4′

Schleifladen, mechanische Spieltraktur, elektrische Registertraktur, Manualkoppeln I-II, III-II, Pedalkoppeln I-P, II-P, III-P, fünf Setzer-Kombinationen

Die 1908-10 errichtete *Paul-Gerhardt-Kirche* von FRIEDRICH SCHULZE, in der ein großes Werk von P. FURTWÄNGLER & HAMMER stand, wurde im Zweiten Weltkrieg zerstört. Neben der Dorfkirche besaß die *Alt-Schöneberger Kirchengemeinde* mit diesem Bauwerk ein sowohl innenräumlich als auch stadträumlich zu den »Großkirchen« zu zählendes Gotteshaus. Schulze hatte neorenaissancehafte Zitate mit Elementen des Jugendstils und des Neobarocks verbunden.

FEHLING und GOGEL schufen 1961/62 einen Neubau, der in städtebaulicher Gesamtkonzeption mit der verändert wiederhergestellten katholischen *St. Norbert-Kirche* und den dazwischenliegenden Gemeindehausbauten, in denen sich auch zentrale kreiskirchliche Einrichtungen befinden, der somit entstandenen »Schöneberger Kircheninsel« einen wesentlichen Akzent gibt. Innenraumbezüge aus funktionalem Ansatz, aus der Gemeinde heraus entwickelt, dazu im Bauwerk manifeste liturgische Ansprüche und Zeichen, vor allem in der künstlerischen Ausstattung, aber auch in den ehrlichen, materialgerechten Oberflächen von Spritz- und Schalbeton sowie Holz und Glas, adeln die Kirche überzeugend und zugleich eindeutig zeitgenössisch: kaum ein anderes Kirchbauwerk der 60er Jahre ist leichter zeitlich einzuordnen.

1965 lieferte die Orgelbaufirma D. A. FLENTROP in *Zaandam*, Holland, unter Mitwirkung von JOHANNES GÜNTHER KRANER, Berlin, eine neue Orgel mit 37 Registern auf drei Manualen und Pedal. Eine Generalüberholung mit Einbau des Rückpositiv-Tremulanten und der Rückpositiv-Pedalkoppel erfolgte 1987 durch die Erbauerfirma.

BS

Schöneberg, Paul-Gerhardt-Kirche
Orgel von D. A. FLENTROP, Zaandam, Holland, 1965

Charlottenburg
Sühne-Christi-Kirche

Hauptwerk (II) C-g³

Principal	8′	C-cs¹ im Prospekt, Metall 75%, Rest Metall 60%
Schwegel	16′	C-H gedeckt, Metall 40%, Rest offen, Metall 50%
Spielflöte	8′	Metall 50%
Oktave	4′	Metall 60%
Nassat	2⅔′	Metall 50%, konisch
Nachthorn	4′	gedeckt, Metall 40%
Oktave	2′	Metall 60%
Sesquialtera 2fach	2⅔′	Metall 50%
Mixtur 5-6fach	1⅓′	Metall 60%
Trompete	8′	Metall 60%

Rückpositiv (I, schwellbar) C-g³

Principal	4′	C-g³ im Prospekt, Metall 75%
Gedackt	8′	Metall 40%
Quintadena	8′	Metall 50%
Rohrflöte	4′	Metall 50%
Oktave	2′	Metall 60%
Oberton 4fach	2′ 1³/₅′ 1¹/₇′ ⁸/₉′	Metall 50%
Scharff 4fach	1′	Metall 60%
Cromorne	8′	Metall 50%
Tremulant		regulierbar

Schwellwerk (III) C-g³

Praestant	8′	C-b⁰ im Prospekt, Metall 75%, Rest Metall 60%
Viola di Gamba	8′	Metall 50%
Koppelflöte	8′	Metall 40%
Prinzipal	4′	Metall 60%
Flûte traversière	2′	Metall 50%, gedeckt überblasend
Flûte douce	4′	Mahagoni
Cornett 2-4fach		C 2⅔′ 1³/₅′, B 4 2⅔′ 1³/₅′, gs⁰ 8′ 4′ 2⅔′ 1′ Metall 50%
Fourniture 6fach	2′	Metall 60%
Oboe	8′	Metall 50%
Tremulant		regulierbar

Pedal C-f¹

Principal	16′	C-gs, B, und C im Prospekt, Metall 75%, innen Metall 50%
Subbaß	16′	Mahagoni
Oktave	8′	Metall 50%
Großnassat	10⅔′	Metall 20% gedeckt
Gedackt	8′	Metall 20%
Superoktave	4′	Metall 50%
Blockflöte	4′	Metall 40%
Mixtur 5fach	2′	Metall 50%
Liebl. Posaune	16′	Metall 50%
Trompete	8′	Metall 50%
Schalmei	4′	Metall 50%

Schleifladen, mechanische Spieltraktur, elektrische Registertraktur, el. Manualkoppeln I-II, III-II, el. Pedalkoppeln I-P, II-P, III-P, 8 Setzerkombinationen

Im Zuge der Bebauung nördlich des S-Bahnringes, südlich der *Jungfernheide* und östlich von *Siemensstadt* in *Charlottenburg* wurde eine große Filiale der *Gustav-Adolf-Kirchengemeinde* geschaffen, die 1962/64 ihre eigene Kirche nach Plänen von HANSRUDOLF PLARRE erhielt. Die sechseckige Kirche, deren Name an die Nähe zur *Strafanstalt Plötzensee* mit der ehemaligen Hinrichtungsstätte der nationalsozialistischen Unrechtsjustiz erinnert, ist wegen ihrer Dominanz kaum als integrativer Bau erkennbar: Gemeinde- und Pfarrhausbauten schließen sich als flache Baukörper an. Das kristalline weiße Äußere des Baus wird im Inneren durch das warme Ziegelrot der Wände zurückgenommen, wenngleich Inventar und sichtbare Dachkonstruktion auch hier einen nüchternen Eindruck machen.

Die Orgel der *Sühne-Christi-Kirche* wurde von KARL SCHUKE, Berlin, 1967 erbaut. Sie erhielt 38 Register auf 3 Manualen und Pedal. Der Vielfalt des Neu- und Wiederaufbaus Berliner Kirchen hätte es widerstrebt, wenn der häufig engagierte Orgelbauer kompromißlos nur seinen Typ von Orgel propagiert und gebaut hätte. Ohne sein Gesicht zu verlieren, hatte er sich Anregungen von Organisten und Architekten zu stellen. Diese Auseinandersetzung war unausweichlich wesentlicher Bestandteil seines Orgelbaus. Ein gutes Beispiel dafür ist die Orgel der Sühne-Christi-Kirche.

HANNS-MARTIN LEHNING wollte als Disponent die überkommene Hierarchie der Manualwerke Hauptwerk, Positiv und Brustwerk durchbrechen, indem er zwei gleichwertige 8′-Klaviere unterschiedlichen Charakters und ein Rückpositiv entwarf. Die Planung der Orgel auf der weitgespannten Emporenbrücke begann so rechtzeitig, daß der Baukörper mit Rücksicht auf die 16′-Pedaltürme auf Verlangen des Organisten erhöht wurde. Federführend bei der Prospektgestaltung war OTTO-LUDWIG ZIMMERMANN, der im ersten Jahrzehnt der BERLINER ORGELBAUWERKSTATT dort unter anderem die Orgelgehäuse für die Instrumente des *Hansaviertels*, der *Kirche zum Heilsbronnen* und später für die *Heilands-Kirche Moabit* entwarf. Wenn auch das Bauwerk des Architekten Plarre nur bedingt an die Konzeption der *Kaiser-Wilhelm-Gedächtnis-Kirche* erinnert, so begegnet uns in der streng funktionalen Spieltischform mit schwenkbarer Registeranlage die Gestaltungsweise EGON EIERMANNS.

Die Orgel, in diesem großflächigen Sechseckraum ein dominierendes Prinzipalstück, läßt sich trotz ihrer Vielfalt und Größe bei der deutlich reduzierten Akustik keinesfalls bombastisch vernehmen.

EB

*Charlottenburg,
Sühne-Christi-Kirche*
Orgel von KARL SCHUKE, 1967

GRUNEWALD
GRUNEWALD-KIRCHE

Eine der wenigen neugotischen Kirchen Berlins mit Natursteinverkleidung steht in *Grunewald*; PHILIPP NITZE schuf sie 1902/04 nach vorwiegend englischen Vorbildern. Die einfache, rechteckige Grundrißdisposition ist durch handwerklich bemerkenswert detaillierte Werksteinornamente an den Wänden und durch massive Gewölbe des seit dem Wiederaufbau nach dem Zweiten Weltkrieg entdekorierten Raumes überspielt.

Eine farbliche, lichttechnisch unterstützte Neufassung steigerte die Wirkung des Innenraums 1988/89 ohne zusätzliche ornamentale Akzente gegenüber der ersten Nachkriegsversion vor allem wegen der damit verbundenen Annäherung an die Sprache der Ursprungsarchitektur des Gebäudes. Eine künstlerische Verglasung der Fenster durch JOHANNES SCHREITER wird diesen Prozeß in den kommenden Jahren verstärken; damit werden Arbeiten dieses Glaskünstlers von Weltrang erstmals in einer evangelischen Kirche in Berlin vertreten sein.

Nach der ersten SAUER-Orgel aus dem Jahre 1904 wurde in den 30er Jahren von der gleichen Firma unter Leitung von WOLFGANG REIMANN eine monumentale Orgel mit zwei Rückpositiven nach den damaligen neobarocken Bestrebungen gebaut. Dieses große Instrument ging im Krieg verloren.

In den Jahren 1967-68 baute die Werkstatt von KARL SCHUKE ein neues Werk mit 50 klingenden Registern auf 3 Manualen und Pedal. Die Disposition GOTTFRIED GROTHES läßt auf seine Erfahrungen an den Instrumenten HERBERT SCHULZES schließen. In dieser Orgel mit zwei Schwellern steht im Oberwerk der Praestant 8′ als Prospektregister vor den Jalousietüren. Aber auch das Brustwerk gliedert sich, hier aus klanglichen Gründen, in ein Außen und Innen: vor den Schwelltüren stehen Prinzipal 2′ und Regal 8′ dahinter das Krummhorn und die restlichen Labiale. Grothe erweiterte den Standard-8′- und -4′-Bestand neben reicher Auswahl von Aliquoten zu einer vielseitigen Disposition.

Die im Villenviertel ruhig gelegene Kirche war nach erforderlichen akustischen Korrekturen geraume Zeit ein idealer Raum für Funk- und Schallplattenaufnahmen des Philharmonischen Orchesters. So ist auch heute noch die Orgel der *Grunewald-Kirche* wie das Instrument der *Kirche Zum Heilsbronnen* bei öffentlichen Konzerten und in Rundfunkaufnahmen zu hören.

BS/EB

Hauptwerk C-g³

Register	Fußlage	Material
Prinzipal	8′	C-h⁰ im Prospekt, Rest Metall 75%
Quintadena	16′	Metall 40%
Gemshorn	8′	Metall 50%
Oktave	4′	Metall 75%
Gedackt	8′	Metall 40%
Quinte	2²/3′	Metall 50%
Rohrflöte	4′	Metall 50%
Oktave	2′	Metall 75%
Mixtur major 4-6fach	1¹/3′	Metall 75%
Mixtur minor 3fach	1′	Metall 75%
Trompete	8′	Metall 50%

Unterwerk (schwellbar) C-g³

Register	Fußlage	Material
Regal	8′	Metall 75%, nicht im Schweller
Prinzipal	2′	Metall 75%, nicht im Schweller
Schwelltüren		
Krummhorn	8′	Metall 60%
Gedackt	8′	Eiche
Quintadena	8′	Metall 50%
Blockflöte	4′	Metall 50%
Nasat	2²/3′	ab c⁰, Metall 50%
Waldflöte	2′	Metall 50%
Terz	1³/5′	Metall 50%
Quinte	1¹/3′	Metall 50%
Sifflöte	1′	Metall 50%
None	8/9′	ab c⁰, Metall 50%
Cymbel 3fach	1/6′ 1/8′ 1/10′	Metall 75%
Tremulant		

Oberwerk (schwellbar) C-g³

Register	Fußlage	Material
Praestant	8′	C-e¹ im Prospekt, Rest Metall 75%
Cornett 5fach	8′	ab f⁰, im Prospekt
Gemsflöte	8′	Metall 50%
Rohrgedackt	8′	Metall 40%
Schwebung	8′	ab c⁰, Metall 50%
Prinzipal	4′	Metall 75%
Zartgeige	4′	Metall 50%
Holzflöte	4′	Mahagoni
Schwegel	2′	Metall 50%
Quintflöte	1¹/3′	Metall 50%
Septime	1¹/7′	ab c⁰, Metall 50%
Superoktave	1′	Metall 50%
Mixtur 5fach	2′	Metall 75%
Oboe	8′	Metall 60%
Dulcian	16′	Metall 50%
Schalmei	4′	Metall 60%
Tremulant		

Pedal C-f¹

Register	Fußlage	Material
Principal	16′	C-g⁰ im Prospekt, Metall 75%, gs⁰-f¹ innen Metall 50%
Oktave	8′	Metall 50%
Weitprinzipal	2′	Metall 50%
Rauschpfeife 3fach	4′	Metall 50%
Mixtur 5fach	2′	Metall 60%
Fagott	16′	Mahagoni
Hinterlade		
Posaune	8′	Metall 40%
Sesquialtera	5¹/3′	Metall 50%
Hohlflöte	4′	Metall 50%
Gedackt	8′	Metall 20%
Gedackt	16′	Mahagoni
Subbaß	16′	Mahagoni

Schleifladen, mechanische Spieltraktur, elektrische Registertraktur, Manualkoppeln UW-HW, OW-HW, Pedalkoppeln HW-P, UW-P, HW-P, zwei freie Kombinationen, zwei freie Pedalkombination, Organo pleno

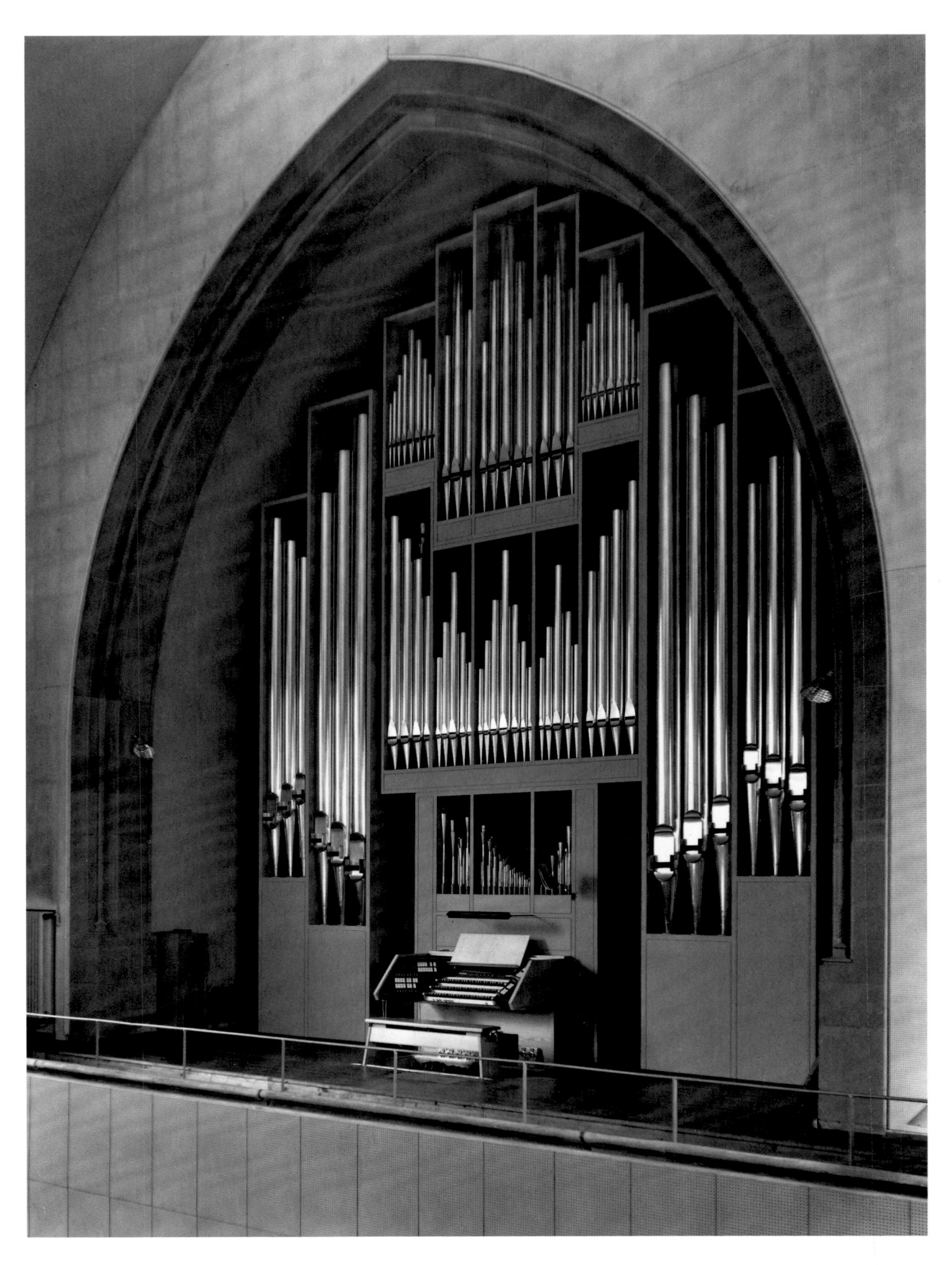

Grunewald,
Grunewald-Kirche, Orgel von
Karl Schuke, 1967-68

SCHÖNEBERG
ZWÖLF-APOSTEL-KIRCHE

Hauptwerk (I) C-g³

Prinzipal	8′	C-g¹ im Prospekt, Metall 75%, Rest Metall 60%
Rohrflöte	16′	Metall 40%
Spielflöte	8′	Metall 50%
Oktave	4′	Metall 60%
Nassat	2⅔′	Metall 50%
Cornett 3-5fach	ab f 2⅔′, a⁰ 4′, c¹ 8′ Rohrflöte Metall 50%	
Rohrflöte	4′	Metall 40%
Oktave	2′	Metall 60%
Mixtur 4-6fach	1⅓′	Metall 60%
Trompete	8′	Metall 50%

Schwellwerk (II) C-g³

Oboe	8′	Metall 50%
Cor anglais	16′	Metall 50%
Mixtur 5fach	2′	Metall 60%
Quinte	1⅓′	Metall 50%
Terz	1⅗′	Metall 50%
Nachthorn	2′	Metall 50%
Quintflöte	2⅔′	Metall 50%
Flauto douce	4′	Metall 50%
Prinzipal	4′	Metall 60%
Koppelflöte	8′	Metall 40%
Stitzgambe	8′	Metall 50%
Tremulant		

Kronwerk (III) C-g³

Violflöte	4′	C-g¹ im Prospekt, Rest Metall 75%
Holzgedackt	8′	Eiche
Spitzgedackt	4′	Metall 50%
Prinzipal	2′	Metall 60%
Sifflöte	1′	Metall 50%
Sesquialtera 2fach	C	1⅗′ 1⅓′
	c⁰	2⅔′ 1⅗′ Metall 50%
Scharff 3fach	⅔′	Metall 60%
Musette	8′	Metall 60%
Tremulant		

Pedal C-f¹

Prinzipal	16′	C-g⁰ im Prospekt, Metall 75%, gs⁰-f¹ Metall 50%
Oktave	8′	Metall 50%
Subbaß	16′	Mahagoni
Gedackt	8′	Metall 20%
Hohlflöte	4′	Metall 50%
Nachthorn	2′	Metall 50%
Hintersatz 5fach	4′	Metall 60%
Posaune	16′	Metall 40%
Fagott	8′	Metall 50%
Klarine	4′	Metall 50%

Schleifladen, mechanische Spieltraktur, elektrische Registertraktur, Manualkoppeln I-II, III-II, Pedalkoppeln I-P, II-P, III-P, zwei freie Kombinationen, Organo pleno

FRIEDRICH AUGUST STÜLER hatte erste Entwürfe zu einer neuen Kirche für *Schöneberg* gefertigt, durch die angeregt HERMANN BLANKENSTEIN, der Restaurator von *St. Nikolai* zu *Berlin*, und JULIUS EMMERICH die 1871-74 gebaute Kirche planten. Ihr dem Rundbogenstil, einem Zitat vorwiegend italienischer Romanik folgender Formenkanon ist einem einfachen, dreischiffigen Langhaus mit massiven Gewölben aufgesetzt. Die beinahe grazilen Strebepfeiler der Langseiten, die den Schub der Wände und Gewölbe kaum aufnehmen können, dazu der glattkantige Fünfachtelchor mit den Seitenkapellen und der italienisierende Turm mit Spitzhelm lassen den »Stimmungswandel« im Kirchbau zur Gründerzeit erkennen: die noch eher bescheidenen Dimensionen des Gebäudes sind mit ornamentalen Gesten versehen, die erst zehn bis zwanzig Jahre später vermehrt auftreten; zugleich gehören sie hier in Verbindung mit den erwähnten Mitteln des Rundbogenstils einer bereits mit STÜLER abgeschlossenen Epoche an. Die dreischiffige Halle wurde in den 50er Jahren durch LUDOLF VON WALTHAUSEN analog zu seiner Neugestaltung von *St. Thomas* renoviert und mit zeitgenössischen Ausstattungsstücken versehen.

Die Kirche hatte 1874 ein dreimanualiges Instrument der Firma GEBR. DINSE erhalten. Es besaß keine mechanische Traktur mehr, sondern eine Röhrenpneumatik, und war damit eine der ersten pneumatischen Orgeln in Berlin.[1] Ein Neubau erfolgte 1968 durch KARL SCHUKE mit 39 Registern auf drei Manualen und Pedal. Neben Hauptwerk und Schwellwerk wurde das dritte Manual als Kronpositiv angelegt. Zunächst war geplant, das Gehäuse von 1874 für Hauptwerk, Schwellwerk und Pedal zu übernehmen und die Orgel durch ein drittes Manual (Rückpositiv) zu erweitern. Die Tiefe des vorhandenen Gehäuses sollte mit Rücksicht auf zusätzliche Chorplätze verringert werden.

Enttäuscht, aber ohne energischen Einspruch akzeptierte der Orgelbauer die Entscheidung der Gemeinde und entwarf einen Prospekt für Hauptwerk und Pedal über einem eingezogenen Orgelfuß mit angebautem Spieltisch. Das Schwellwerk, in einen Rundbogen der Turmwand gestellt, wurde mit weitmaschigem Gitterwerk kaschiert, über dem sich das Kronwerk zwischen den Pedaltürmen wie auf einer zweiten Empore befand.

Mit seiner Folge von Rundtürmen, Flachfeldern und Spitztürmen nimmt der Prospekt die barocke norddeutsche Gliederung auf, so daß sich das Gehäuse mit dem eher süddeutsch orientierten Werkaufbau sozusagen als hanseatisch-württembergische Synthese präsentiert.

BS/EB

1. Dins-1897, S. 32.

*Schöneberg,
Zwölf-Apostel-Kirche*

ZEHLENDORF
KIRCHE ZUR HEIMAT

Zehlendorf, Kirche Zur Heimat

Hauptwerk (II) C-g³

Principal 8′
Rohrpommer 16′
Gedecktflöte 8′
Octave 4′
Rohrflöte 4′
Nasat 2⅔′
Gemshorn 2′
Mixtur 6fach 1⅓′
Trompete 8′

Rückpositiv (I) C-g³

Musiziergedeckt 8′
Quintade 8′
Principal 4′
Pommer Nachthorn 4′
Octava nazarda 2′
Überbl.
Gemshornquinte 1⅓′
Sesquialtera 3fach 2⅔′
Cimbelmixtur 4-5fach
Rohrschalmei 8′   1989 statt Vox humana
Tremulant

Pedal C-f¹

Subbaß 16′
Octavbaß 8′
Rohrgedeckt 8′
Dolcan 4′
Überbl.
Rohrschweizerpfeife 2′
Rauschpfeife 4fach 2⅔′ß
Fagott 16′

Schleifladen, mechanische Spieltraktur, elektrische Registertraktur, el. Manualkoppel I-II, el. Pedalkoppeln I-P, II-P, zwei freie Kombinationen

Die Siedlung »*Zur Heimat*« erhielt in Nachbarschaft zur *Kirchlichen Hochschule* 1955-1957 eine Kirche nach dem Entwurf von WILHELM und PETER LEHRECKE. Der nicht mehr allein funktionalistische, sondern im Sinne der 60er-Jahre-Architektur kubistisch strenge Baukörper besticht vor allem durch seine Außenraumbezüge; nicht nur der für die Siedlung ortsräumlich wichtige, zur Kirchlichen Hochschule vermittelnde Vorplatz, sondern vor allem die vollverglaste Wand hinter der Altarzone des quergelagerten Saales, die den dahinterliegenden Forst für den Innenraum mittelbar wirksam werden läßt, verdeutlicht die Möglichkeiten funktionaler Architektur: Mensch und Natur gehören als raumbildendes Element zum Ort, gestalten die Architektur durch sich selbst mit.

Die Orgel wurde 1968 als zweimanualiges Instrument mit 25 klingenden Stimmen aus der Werkstatt von WILLI PETER, Köln-Mühlheim, gebaut. Die Beratung bei diesem Neubau lag in den Händen von ERNST KARL RÖSSLER.

1989 wurde die Orgel instandgesetzt. Statt der Seilzugtraktur wurden Holzabstrakten eingebaut. Außerdem wurden die Schleifenzugmotoren erneuert und eine Zungenstimme ersetzt.

BS/UP

Zehlendorf, Kirche Zur Heimat
Orgel von WILLI PETER, 1968

Friedenau
Kirche Zum Guten Hirten

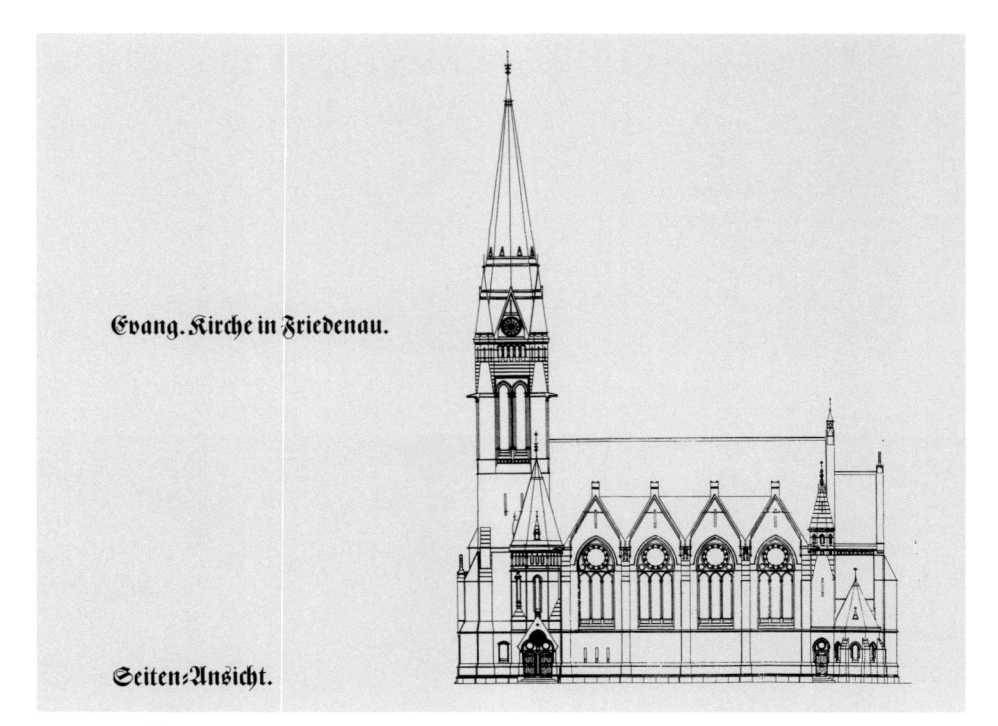

Hauptwerk (II) C-g³

Principal	8′	C-b¹ im Prospekt, C-g³ Metall 75%
Pommer	16′	Metall 40%
Oktave	4′	Metall 60%
Rohrflöte	8′	Metall 40%
Nachthorn	4′	Metall 50%
Nassat	2⅔′	Metall 50%
Rauschpfeife 2fach	2⅔′	Metall 60%
Flachflöte	2′	Metall 50%
Mixtur 5-6fach	1⅓′	Metall 60%
Trompete	8′	Metall 50%

Positiv (I) C-g³

Principal	4′	C-g³ im Prospekt, Metall 75%
Gedackt	8′	Metall 20%
Quintadena	8′	Metall 55%
Blockflöte	4′	Metall 40%
Nachthorn	2′	Metall 55%
Quintflöte	2⅔′	C-h⁰ gedeckt, Rest offen konisch, Metall 55%
Terz	1⅗′	C-h⁰ gedeckt, Rest offen konisch, Metall 55%
Quinte	1⅓′	Metall 55%
Scharff 4-5fach	1′	Metall 65%
Krummhorn	8′	Kupfer
Rankett	16′	Metall 55%
Tremulant		

Brustwerk (III, schwellbar) C-g³

Liebl. Gedeckt	8′	Eiche
Holzprincipal	4′	Eiche
Principal	2′	Metall 75%
Sesquialtera 2fach	C	1⅗′, 1⅓′
	c⁰	2⅔′, 1⅗′ Metall 55%
Sifflöte	1′	Metall 50%
Cymbel 3fach	¼′	Metall 60%
Vox humana	8′	Metall 55%
Regal	4′	Metall 55%
Tremulant		

Pedal C-f¹

Principal	16′	C-H im Prospekt, c⁰-f¹ Metall 75%
Oktave	8′	Metall 50%
Baßflöte	8′	Kiefer, alt
Oktave	4′	Metall 55%
Weitprincipal	2′	Metall 40%
Hintersatz 4fach	2⅔′	Metall 50%
Posaune	16′	Metall 40%
Trompete	8′	Metall 40%
Schalmei	4′	Metall 55%
Cornett	2′	Metall 55%
Unterladen:		
Subbaß	16′	Kiefer, alt
Quintbaß	10⅔′	Kiefer, alt
Rohrpommer	4′	Metall 40%

Schleifladen, mechanische Spieltraktur, elektropneumatische Registertraktur, Manualkoppeln I-II, III-II, Pedalkoppeln I-P, II-P, III-P, vier freie Kombinationen, eine freie Pedalkombination, Tutti, 11 Einzelabsteller für Zungen, Pommer 16′ HW und Quintbaß 10⅔′.

Die Gründerzeit-Vorstadt *Friedenau* bekam erst 1891-93, zwanzig Jahre nach ihrer Entstehung, eine eigene Kirche; auf dem südlichen Endpunkt ihrer Hauptmagistrale, der alten Kaiser- und heutigen Bundesallee, bis heute *Friedrich-Wilhelm-Platz* genannt, wurde die *Kirche Zum Guten Hirten* nach Plänen von Doflein gebaut, dessen Wettbewerbsentwurf für die *Gnaden-Kirche* - beim *Invalidenhaus* im Bezirk *Mitte* - Aufmerksamkeit erregte, wenngleich sein Konkurrent Schwechten den dortigen Bau ausführte. Die »akademisch« aufgefaßte Neugotik der Friedenauer Kirche entspricht den ornamentalen, weniger regionalistischen Ansätzen der neugotischen Kirchenarchitektur von Johannes Otzen, der unter anderen die *Kirche Zum Heiligen Kreuz* in *Kreuzberg* und die ehemalige *St. Georgen-Kirche* am Alexanderplatz entwarf.

Das hohe, dreischiffige Langhaus, dessen Seitenschiffe unter quergestellten Dachsätteln mit jochbezogenen Einzelgiebeln von achteckigen Treppentürmchen und Pastophorien - Kapellen- und Nebenräumen - flankiert sind, wird im Süden vom ausgewogen proportionierten Hauptturm abgeschlossen. Das tiefe Portal und die plastische Fassadengliederung sowie die auch nach einer unglücklichen farblichen Neufassung der 60er Jahre erkennbare, eindrucksvolle Gliederung des Innenraums mit den dreiseitig umlaufenden Emporen lassen den souveränen Entwurf des geübten historistischen Baumeisters erkennen: auch ohne die zeittypischen Emporenstaffelungen und Querhäuser mit aufgeweiteten Vierungen, die an Zentralräume erinnern, wie sie von Otzen, Spitta und anderen als zeitgemäß verstanden angewandt wurden, atmet der Raum der Kirche ohne Zweifel den »erhabenen Geist der Zeit« der 90er Jahre des 19. Jahrhunderts.

Die Orgel wurde 1968-69 von Karl Schuke erbaut. Anders als der ursprünglich nur 8füßige Prospekt auf einer oberen Empore beherrscht das 16′-Gehäuse der neuen Orgel die Westwand der Kirche. Im Schoße des zur Mitte abfallenden Pedal- und Hauptwerkprospektes ist mit kongruentem Deckenverlauf das Oberwerk weit ausladend angeordnet. Über dem Spieltisch befindet sich als dynamisch variables Klavier hinter sichtbaren Schwelltüren das Brustwerk. Der Prospektentwurf entstand zeitgleich mit der Kirchenrenovierung in Zusammenarbeit mit dem Architekten Peter Lehrecke.

EB

Friedenau,
Kirche Zum Guten Hirten,
Orgel von KARL SCHUKE,
1968-69

BRITZ
FÜRBITT-GEMEINDEZENTRUM

Britz, Fürbitt-Gemeindezentrum

Hauptwerk (I) C-g³

Prinzipal	8′	Prospekt
Spitzflöte	8′	
Oktave	4′	
Rohrflöte	4′	
Kleinoktave	2′	
Sesquialtera 2fach	2⅔′	
Mixtur 4-6fach	1⅓′	

Oberwerk (II) C-g³

Prinzipal	4′	Prospekt
Koppelflöte	8′	
Nachthorn	4′	
Feldpfeife	2′	
Quinte	1⅓′	
Scharff 3-4fach	1′	
Rohrschalmei	8′	
Tremulant		

Pedal C-f¹

Prinzipal	8′	Prospekt
Subbaß	16′	
Gedackt	8′	
Oktave	4′	
Offenflöte	4′	
Mixtur 3fach	2⅔′	
Fagott	16′	
Trompete	8′	

Schleifladen, mechanische Spieltraktur, elektrische Registertraktur, Manualkoppel II-I, Pedalkoppeln I-P, II-P, zwei freie Kombinationen, Tutti

Das integrative Gemeindezentrum, dessen Gemeindesaal durchaus die städtebaulichen Qualitäten einer »Kirche« hinsichtlich des »Wiedererkennungswertes« hat, wurde von WOLFGANG PINGEL entworfen und 1964-66 errichtet. Die gestalterische Qualität des Gebäudes liegt vor allem in einer kompromißlosen Verwirklichung konstruktivistischer Prinzipien; vor allem der Kirchsaal besteht konsequent aus den tektonischen Elementen »Scheibe« (=Wand und Decke) und »Öffnung als Glied zwischen Scheiben« (=Fenster und Tür).

Für den quadratischen Gottesdienstraum baute PAUL OTT, *Göttingen*, 1969 ein zweimanualige Instrument mit 22 Registern. Für den Orgelbaumeister, der in der Orgelbewegung eine führende Rolle einnahm, sind die Gehäusegestaltung mit chromatischer Aufstellung, die elektrische Registersteuerung und die freien Kombinationen ungewöhnlich. Dagegen haben sich bis heute die für die Ott-Werkstatt typische Intonation und die leichte Spielart der mechanischen Traktur bewahrt.

UP

Britz, Fürbitt-Gemeindezentrum
Orgel von Paul Ott, 1969

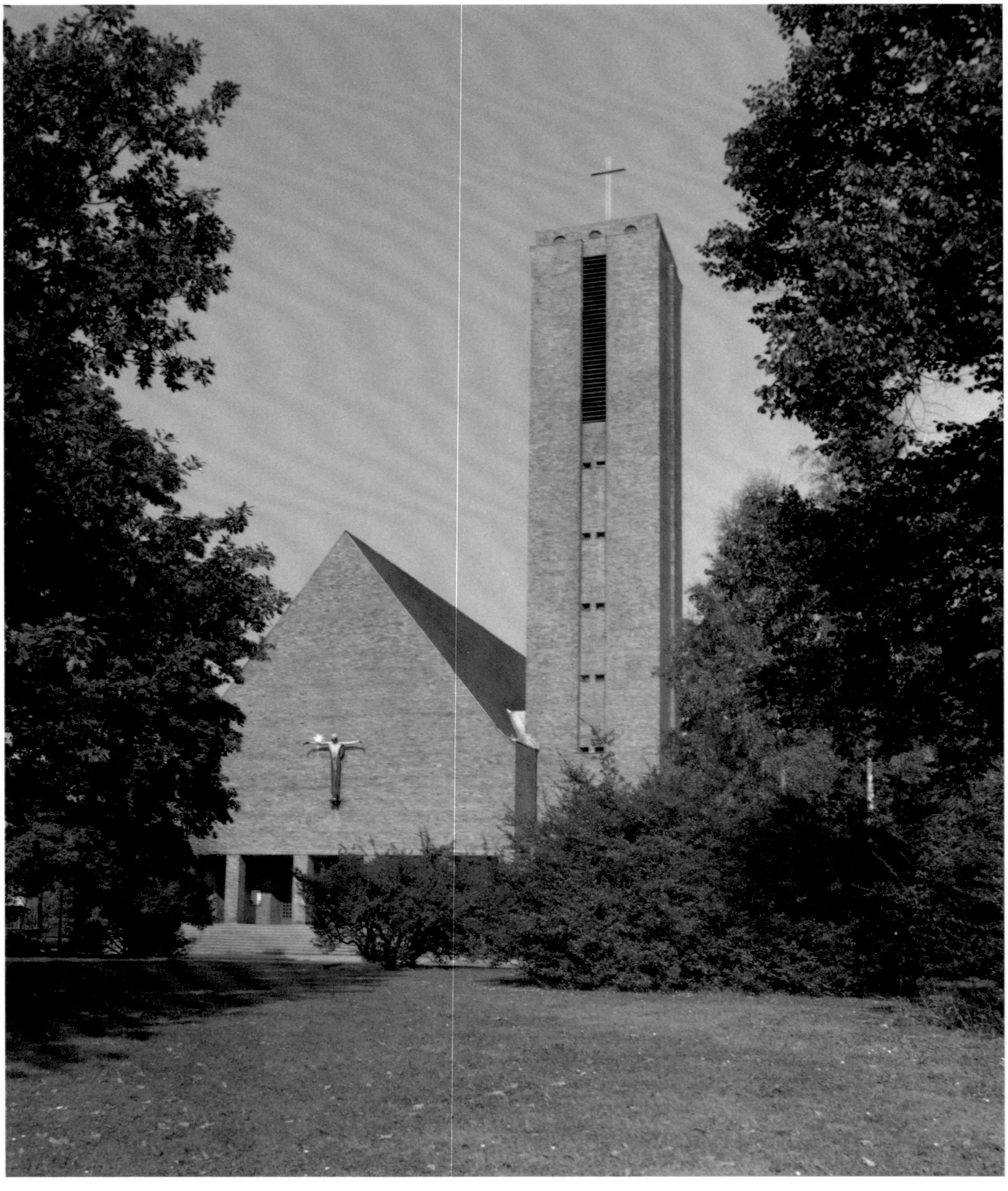

DAHLEM
JESUS-CHRISTUS-KIRCHE

Dahlem, Jesus-Christus-Kirche,
Orgel von W. SAUER, 1931,
nicht erhalten

Entgegen des ersten Eindrucks, den die neue Kirche *Dahlems* als vermeintlicher massiver, geschlossener Mauerwerksbau vermittelt, wurde sie 1930/31 nach dem Entwurf von JÜRGEN BACHMANN als Stahl-Fachwerkbau errichtet und lediglich mit gelb- bis rotgeflammten Klinkern verkleidet. Schon vor dem Ersten Weltkrieg sollte hier eine zweite evangelische Kirche für die Villenvorstadt gebaut werden; HEINRICH STRAUMER hatte einen neobarocken Bau dazu entworfen. Das mächtige, archaisch anmutende Schiff, umfaßt im Inneren ohne weitere Teilungen nur das bis in den Dachfirst hinaufreichende Langhaus mit angedeuteten »Seitenschiffen« unter Flachdecken, dazu den abgesetzten Altarchor und den Orgelchor über jeweils rechtwinkligen Grundflächen. Es ist allein durch die wuchtigen Prinzipalstücke, das riesige Schriftornament mit dem apostolischen Glaubensbekenntnis an der Chorfrontseite, durch die farbigen Fenstergläser LÖPELMANNS aus den 60er Jahren und durch die Orgel gegliedert und geschmückt.

Die SAUER-Orgel von 1931 wurde im Krieg beschädigt und 1970 durch einen Neubau der Firma EMIL HAMMER, *Hannover*, ersetzt. Die günstigen Höhen- und Breitenverhältnisse erlaubten einen Aufbau, bei dem alle Manualwerke übereinander und das Pedalwerk zu beiden Seiten angeordnet werden konnten. Aus dem Dispositionsplan, der zwei schwellbare Werke vorsah, ergab sich für das am höchsten einzugliedernde Manualwerk das Hauptwerk, das aus dem Formungswillen zur Feingliedrigkeit in vier Felder stufenförmig aufgeteilt wurde. Die Terzteilung des Pfeifenwerks wurde konsequent von der Baßlage an durchgeführt. Für Auge und Ohr besonders auffallend sind die beiden spanischen Trompeten, die neben der klassischen 8′-Trompete dem Plenum eine bestechende Brillanz verleihen.

Die Terzteilung wurde vom darunterliegenden Positivwerk in der tiefen Oktave und vom Pedal aufgenommen, während das Brustwerk in C- und Cs-Seite geteilt ist. Der Spieltisch wurde $2\frac{1}{2}$ m vor das Orgelwerk gestellt, um dem Spieler eine bessere Beurteilung der Registrierungen zu ermöglichen.

Die technische Planung lag in den Händen von HEINZ BROSE und WOLFGANG SPECHT, für Mensurierung und Intonation zeichnete KLAUS KNOTH verantwortlich.[1]

BS/UP

1. PfA-ZeJC, Kostenanschlag vom 22.4.1968, Abnahmebericht vom 21.10.1970.
2. Wie Anm. 1.

Hauptwerk (I) C-g³

Principal	8′	Prospekt, Zinn (75%)
Gedacktpommer	16′	C-H Kiefer, Rest Metall (25%)
Doppelflöte	8′	ab c⁰ doppelte Labien, Ahorn
Viola di Gamba	8′	Naturguß
Oktave	4′	Zinn (75%)
Nachthorn	4′	Metall (25%)
Nassat	2⅔′	Metall (25%)
Flachflöte	2′	Naturguß
Mixtur 5-7fach	2′	Zinn (75%)
Scharff 3fach	⅔′	Zinn (75%)
Fagott	16′	Becher Naturguß
Trompete	8′	Becher Naturguß
Span. Trompete	8′	Becher Naturguß
Span. Trompete	4′	Becher Naturguß

Oberwerk (II, schwellbar) C-g³

Principal	4′	Prospekt, Zinn (75%)
Gedackt	8′	Metall (25%)
Quintadena	8′	Naturguß
Spitzgedackt	4′	Metall (25%)
Sesquialtera 2fach	2⅔′	Metall (25%)
Waldflöte	2′	Naturguß
Quinte	1⅓′	Zinn (75%)
Scharff 3-4fach	1′	Zinn (75%)
Dulzian	16′	Becher Mahagoni
Rohrschalmey	8′	Becher Messing/Zinn
Span. Regal	8′	Becher 75% Zinn
Tremulant		stufenlos einstellbar

Brustwerk (III, schwellbar) C-g³

Holzgedackt	8′	Ahorn
Rohrflöte	4′	Metall (25%)
Principal	2′	Zinn (75%)
Terzian 2fach	1⅗′	Zinn (75%)
Oktävlein	1′	Zinn (75%)
Cymbel 2-3fach	⅙′	Zinn (75%)
Holzrankett	16′	Becher Weißbuche
Geigenregal	8′	Becher Naturguß
Regal	4′	Becher Zinn (75%)
Tremulant		stufenlos einstellbar

Pedal C-f¹

Principal	16′	Prospekt, Zinn (75%)
Subbaß	16′	C-H Kiefer, Rest Eiche
Oktave	8′	Naturguß
Gedackt	8′	Metall (25%)
Oktave	4′	Naturguß
Pommer	4′	Metall (25%)
Mixtur 5fach	4′	Zinn (75%)
Posaune	16′	Becher Mahagoni
Trompete	8′	Becher Naturguß
Klarine	4′	Becher Zinn (75%)
Cornett	2′	Becher Zinn (75%)

Schleifladen, mechanische Spieltraktur, elektrische Registertraktur, Manualkoppeln II-I, III-I, Pedalkoppeln I-P, II-P, III-P, vier freie Kombinationen, Organo pleno. Differenzierter Winddruck zwischen 50 und 70 mm WS.²

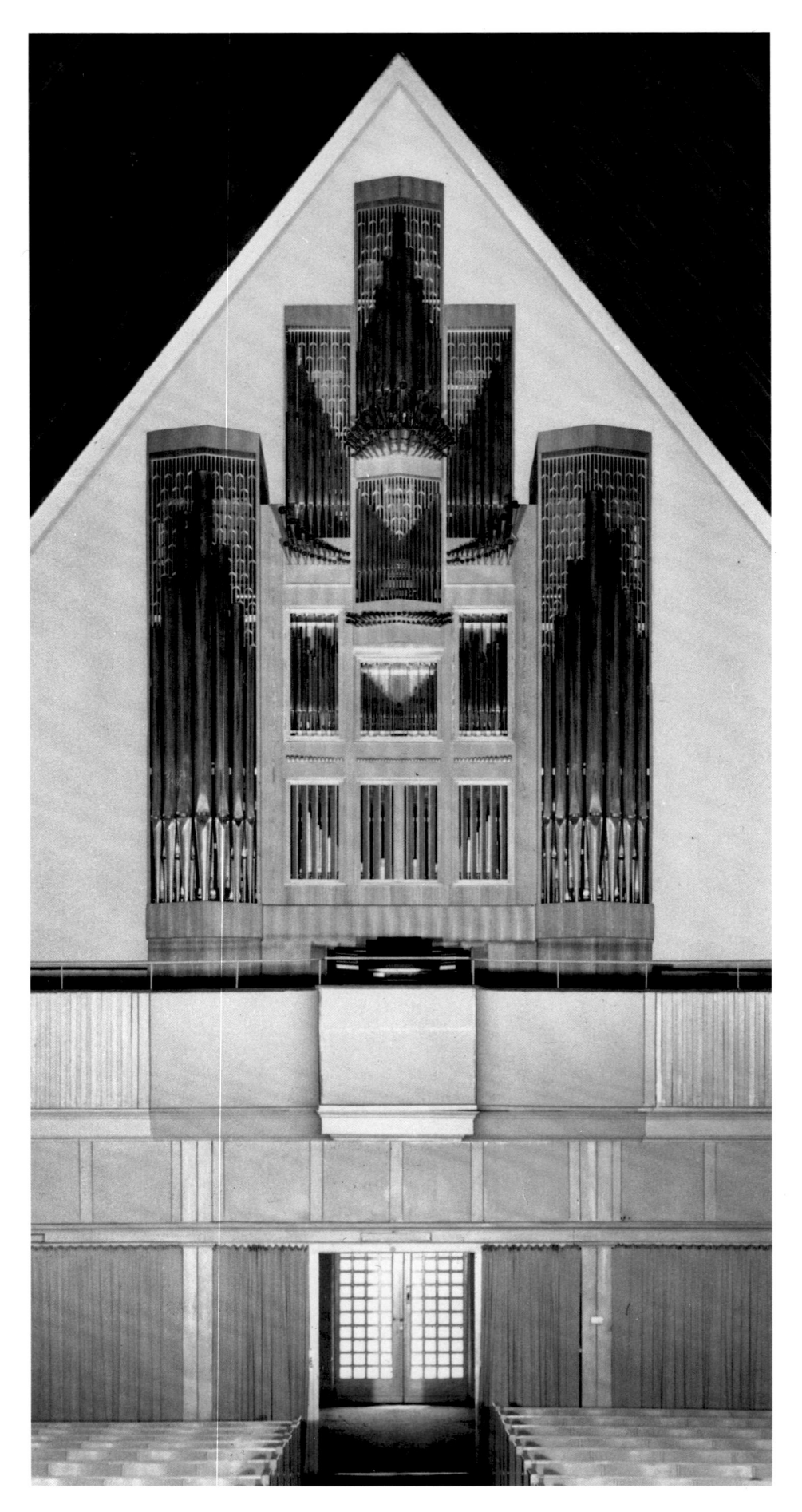

Dahlem, Jesus-Christus-Kirche

NIKOLASSEE
KIRCHE NIKOLASSEE

Kirche Nikolassee

Nikolassee, Kirche
Alte Orgel

Die Gartenstadt *Nikolassee* bekam 1909/10 nach Plänen von BLUNCK und BARTSCHAT eine evangelische Kirche, die, in einiger Entfernung vom eigentlichen »Ortsmittelpunkt« am Bahnhof, an der *Rehwiese* gelegen, wie viele der Wohnhäuser der Gartenstadt dem sogenannten »Heimatstil« angehört. PAUL SCHULTZE-NAUMBURG hatte in diesen Jahren mit seinen Schloßbauten - allen voran der *Potsdamer Cecilienhof* des Kronprinzen - und den Forschungen dazu neben HERMANN MUTHESIUS mit seinen Wohnbauten diesen Stil der Vermittlung zwischen Historismus und Moderne propagiert. Während die spektakulären Bauten Schultze-Naumburgs und Muthesius' vorwiegend eindeutige, zumeist englische (Landhaus-)Vorbilder haben, rezipierten Blunck und Bartschat für ihre Kirche lediglich historische Einzelformen, die sie einer unkonventionellen, nur noch in der inneren Raumordnung traditionellen Bauform beigaben. So sind die vielen, reizvollen Details auch des Kirchenraums von hoher handwerklicher und gestalterischer Qualität; sie steuern bei verhalten spürbarem Stilzitat zu einer vollkommen neuen Gesamtwirkung bei, die durch die asymmetrische Raum- und Baustruktur der Kirche noch gesteigert wird.

Die Orgel ist ein Werk der Firma G. F. STEINMEYER & CO., *Oettingen*, aus dem Jahre 1970. Das Hauptwerk ist in C- und Cis-Seite geteilt, zwischen den Laden wird die Traktur zum Kronwerk geführt. Das Schwellwerk liegt hinter dem Kronwerk, die Lade liegt etwas tiefer. Das Pedalwerk ist in C- und Cis-Seite geteilt und liegt hinter dem Hauptwerk.

UP

Nikolassee, Kirche
Alte Orgel von
E. F. Walcker & Cie., 1911

Nikolassee, Kirche
Blick aus dem Seitenschiff auf die Orgel

Seitenschiff der Kirche

Hauptwerk (I) C-g³

Prinzipal	8′	Prospekt
Spillpfeife	8′	
Oktave	4′	
Rohrflöte	4′	
Quinte	2⅔′	
Oktave	2′	
Mixtur 5fach	2′	
Trompete	8′	

Schwellwerk (II) C-g³

Quintatön	16′	C-H Kupfer
Holzflöte	8′	Holz
Salicional	8′	
Prinzipal	4′	
Gemshorn	4′	
Nachthorn	2′	
Sesquialtera 2fach	2⅔′	
Scharff 4fach	1′	
Oboe	8′	
Tremulant		

Kronwerk (III) C-g³

Holzgedackt	8′	Holz
Spitzflöte	4′	Prospekt
Ital. Principal	2′	
Quinte	1⅓′	
Oktave	1′	
Terzzimbel 3fach	½′	
Tremulant		

Pedal C-f¹

Subbaß	16′	Holz
Oktave	8′	
Gemshorn	8′	
Blockflöte	4′	
Hintersatz 5fach	4′	
Holzdulzian	16′	Holzbecher
Rohrschalmei	4′	

Schleifladen, mechanische Spieltraktur, elektrische Registertraktur, Manualkoppeln II-I, III-I, III-II, Pedalkoppeln I-P, II-P, III-P, vier freie Kombinationen, Organo pleno, Zungeneinzelabsteller.

Nikolassee, Kirche
Orgel von G. F. Steinmeyer & Co., 1970

Plötzensee
Gemeindezentrum

Plötzensee, Gemeindezentrum
Orgel von ROMAN ILISCH, 1971

Hauptwerk (I) C-g^3

    Prinzipal 8′
    Koppelflöte 8′
    Oktave 4′
    Spitzflöte 4′
    Quinte 2⅔′
    Flöte 2′
    Mixtur 4-6fach
    Trompete 8′

Brustwerk (II, mit Türen) C-g^3

    Gedackt 8′
    Rohrflöte 4′
    Prinzipal 2′
    Terz 1⅗′
    Quinte 1⅓′
    Scharff 4fach
    Krummhorn 8′
    Tremulant

Pedal C-f^1

    Subbaß 16′
    Prinzipal 8′   Transmission
    Holzflöte 8′
    Oktave 4′   Transmission
    Nachthorn 4′
    Bauernflöte 2′
    Fagott 16′

Schleifladen, mechanische Traktur, Manualkoppel II-I, Pedalkoppeln I-P, II-P, Tritt zum Öffnen und Schließen der Brustwerk-Türen.

1. PfA-ChPl, Programm für das erste Orgelkonzert am 1. Advent 1971; Mitt. von Herrn Reitebuch, 1973.
2. PfA-ChPl, Abnahmegutachten vom 17. 1. 1972; Programm für das erste Orgelkonzert am 1. Advent 1971.

In unmittelbarer Nähe der katholischen Votivkirche *Maria Regina Martyrum* schuf die Architektengemeinschaft NEUMANN, GRÖTZEBACH und PLESSOW in den Jahren 1968-70 ein für alle Zwecke des evangelischen Gemeindelebens geeignetes Zentrum. Die von innen nach außen entwickelte funktionale Architektur der gestaltigen Baugruppe kann als charakteristisch für die letzten evangelischen Gemeindezentren angesehen werden, die vor dem Erliegen kirchlicher Neubautätigkeit nach der Phase des Gemeindeaufbaus im ehemaligen Berlin (West) in größerer Zahl entstanden. In der Mitte des Zentrums lenkt der Kirchenraum mit Graphitzeichnungen von ALFRED HRDLICKA, *Wien*, die Aufmerksamkeit auf sich.

ROMAN ILISCH baute im Jahre 1971 ein zweimanualiges Werk mit einem interessanten, hoch aufragenden Gehäuse und machte aus der Not eine Tugend: da das Konzept des Kirchenraumes eine Orgel nicht vorsah, war die extreme Vertikalanlage nach Plänen von WOLF ULRICH REITEBUCH der einzige Ausweg.[1] Die Orgel erhielt 22 Register, darunter 2 Transmissionen im Pedal nach einem Entwurf von PAUL HAMMERMEISTER. Die Intonation lag in den Händen von GEORG JANN.[2]

UP

Plötzensee, Gemeindezentrum

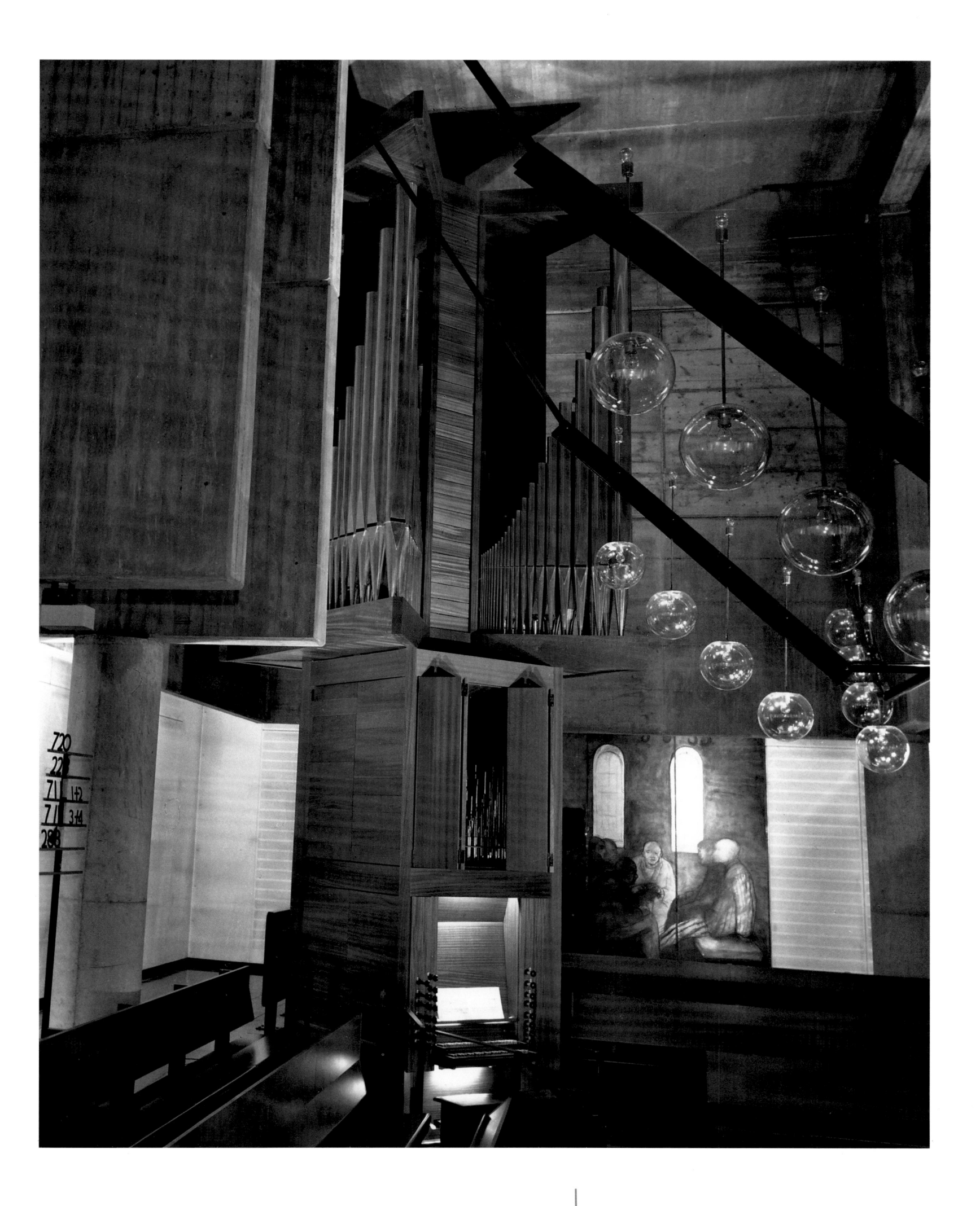

*Charlottenburg,
Gustav-Adolf-Kirche,*
OTTO BARTNING, 1932-34

Charlottenburg
Gustav-Adolf-Kirche

1. Fest-1972, S. 7-9.

Schon seit 1915 gab es die selbständige Kirchengemeinde »Luisen Nord«. Erst 1925 wurde ein Architektenwettbewerb ausgeschrieben, um eine Kirche für diese Parochie bauen zu können. OTTO BARTNING, der sich schon vor dem Ersten Weltkrieg mit Theorien zum evangelischen Kirchenbau beschäftigt hatte, nahm daran teil, ohne einen Preis zu erhalten. Ihn beauftragte man schließlich mit einer weiteren Planung, nach der 1932-1934 die Kirche errichtet wurde.

Das Bauwerk überdeckt mit seinen großen Eisenbetonskelett-Rahmenträgern, die wie ein riesiger Fächer nebeneinanderstehen, die Fläche eines Kreissegmentes. Das überdimensionale, an der Spitze abgestumpfte »Tortenstück« ist an seiner Stirnseite, der eigentlichen Spitze, in der der Altarraum liegt, vom überschlanken Turm überragt, der zugleich Landmarke des Stadtviertels und städtebauliche Dominante der zwei sich am Grundstück kreuzenden Straßen ist. Außen am Kreisbogen bildet eine massive Wand mit der großen Orgelempore den Abschluß. Die raumhohen Fensterbänder zwischen den Segmentträgern und die großen Rasterfenster in den seitlichen Abschlußwänden gaben dem Raum mit dunkel-mystisch getönten Gläsern eine »weihevolle Stimmung«. Ein durchaus gewolltes Ergebnis, wenngleich derartige Raumwirkungen eher im zeitgleichen Expressionismus vorkommen. Bartning konnte den Wiederaufbau der Kirche, die durch Gemeinde- und Pfarrhausbauten auf dem rückwärtigen Grundstücksteil ergänzt worden war, nach den Beschädigungen durch den Zweiten Weltkrieg bis zu seinem Tod 1959 selbst leiten. Die *Gustav-Adolf-Kirche* erhielt ihre erste Orgel 1934 von der Orgelbau-Anstalt W. SAUER, Frankfurt/Oder. Abgesehen von der Größe dieses Instrumentes kamen hier in Disposition und Intonation bereits einige Erkenntnisse der Orgelbewegung zum Tragen. Beim »Fest der deutschen Kirchenmusik« im Jahre 1937 spielte diese Orgel neben den Instrumenten der *Klosterkirche*, der »*Alten Garnisonkirche*«, der *Eosander-Kapelle* und des *Domes* eine entscheidende Rolle.

1971-1972 erhielt die Kirche eine neue Orgel von DETLEF KLEUKER, Brackwede, mit 41 Stimmen auf drei Manualen und Pedal. Das breit ausladende Gehäuse an der Westwand ähnelt äußerlich dem Freipfeifenprospekt der alten Orgel. Im Mittelteil befindet sich das in drei Felder aufgeteilte Hauptwerk mit Prinzipal 8′ im Prospekt. Über dem Hauptwerk sieht man fünfteilig die fast 6 Meter hohen Pfeifen des Prinzipal 16′ vom Pedal hervorragen. Links und rechts vom Hauptwerk schließen sich je zwei Felder des Positivs an. Ganz außen wird die Orgel von je zwei Pedaltürmen flankiert. Unter Hauptwerk und Positiv liegt hinter Schwelljalousien das Brustwerk verborgen[1].   BS/UP

Hauptwerk (II) C-g³

Prinzipal 8′
Quintadena 16′
Rohrflöte 8′
Oktave 4′
Spillpfeife 4′
Nasat 2⅔′
Oktave 2′
Flachflöte 2′
Mixtur 6fach 1⅓′
Scharf 3fach ⅔′
Trompete 8′

Positiv (I) C-g³

Prinzipal 4′
Koppelflöte 8′
Spitzgedackt 8′
Nachthorn 4′
Waldflöte 2′
Quinte 1⅓′
Sesquialtera 2fach 2⅔′
Aliquot 8/7′, 8/9′, 8/11′
Scharff 5fach 1′
Dulcian 16′
Krummhorn 8′
Tremulant

Brustwerk (III, schwellbar) C-g³

Holzgedackt 8′
Spitzflöte 4′
Prinzipal 2′
Sifflöte 1′
Terzian 2fach 1⅗′
Zymbel 4fach ⅔′
Franz. Oboe 8′
Ragal 4′
Tremulant

Pedal C-f¹

Prinzipal 16′
Oktavbaß 8′
Subbaß 16′
Pommer 8′
Choralbaß 4′
Nachthorn 2′
Rauschpfeife 2fach 2⅔′
Mixtur 6fach 2′
Posaune 16′
Trompete 8′
Clarine 4′

Schleifladen, mechanische Spieltraktur, elektrische Registertraktur, Manualkoppeln I-II, III-II, Pedalkoppeln I-P, II-P, III-P, sechs Generalsetzer

*Charlottenburg,
Gustav-Adolf-Kirche,*
Orgel von W. Sauer, 1934,
nicht erhalten

*Charlottenburg,
Gustav-Adolf-Kirche,*
Orgel von DETLEF KLEUKER,
1971-72

Prenzlauer Berg
Gethsemane-Kirche

Prenzlauer Berg, Gethsemane-Kirche
Orgel von Alexander Schuke, 1928

Hauptwerk C-g³

Pommer	16′	
Prinzipal	8′	C-b⁰ im Prospekt
Rohrflöte	8′	
Oktave	4′	
Gemshorn	4′	
Waldflöte	2′	
Sesquialtera 2fach	2²/₃′	
Mixtur 4fach	2′	
Trompete	8′	
Tremulant		

Schwellwerk C-g³

Holzgedackt	8′
Prinzipal	4′
Blockflöte	4′
Oktave	2′
Sifflöte	1′
Oberton 3fach	1³/₅′ 1¹/₇′ 8/9′
Scharff 5fach	1′
Rohrschlamei	8′
Tremulant	

Pedal C-f¹

Prinzipal	16′	c⁰-c¹ im Prospekt
Subbaß	16′	
Gemshorn	8′	
Nachthorn	4′	
Mixtur 6fach	4′	
Posaune	16′	
Trompete	8′	
Schalmei	4′	

Schleifladen, mechanische Traktur, elektrische Registertraktur,
Manualkoppel, zwei Pedalkoppeln

August Orth, der wichtige Kirchenbauarchitekt *Kreuzbergs* im ausgehenden 19. Jahrhundert, schuf einige sehr große, beinahe amphitheatralische Predigtkirchen mit über 3000 Sitzplätzen. Zu diesen vor allem im Hinblick auf hohe akustische Qualität entwickelten Räumen zählte neben der bis auf den Turm leider nicht erhaltenen *Kreuzberger Emmaus-Kirche* auch die *Gethsemane-Kirche*, die Orth für den *Prenzlauer Berg* entwarf und die 1891-93 errichtet wurde. Äußerlich zeigt der Bau eine Mischung aus einerseits neugotischen Großformen, wie tiefgestaffelte Strebpfeiler, Fialen und Turmspitzhelm, andererseits Elemente des Rundbogenstils, wie Fenstermaßwerke und Galerien. Der mit den zwei weit ausschwingenden Emporen übereinander und trotz Kreuzgrundriß fast zentral wirkende, vielfach gebrochen überwölbte Innenraum ist in vollkommen freier Anwendung des Rundbogenstils, ganz ohne die sonst üblichen Zitate italienischer oder rheinischer Romanik oder gar des Quattrocento als bemerkenswertes Zeugnis von »Modernität« innerhalb des Historismus einzustufen. Die im Hinblick auf beste Sprechakustik angelegte Gesamtkonzeption bewährt sich in höchstem Maß auch in musikakustischer Hinsicht.

Die Orgel wurde 1973 von Gebr. Jehmlich, *Dresden,* erbaut und löste ein von Alexander Schuke 1928 erbautes Instrument ab. Die Aufstellung erfolgte auf der Empore mit Einbau in die Turmnische. Das Orgelgerüst wurde als Holzkonstruktion ausgeführt; die Schleifladen haben Balgböden zur differenzierten Windversorgung. Im Hauptwerk und Pedal stehen die beiden Prinzipalregister im Prospekt.

UP

Prenzlauer Berg, Gethsemane-Kirche
Orgel von Gebr. Jehmlich, 1973

Reinickendorf
Luther-Kirche

Die *Luther-Kirchengemeinde* erhielt 1962-66 eine eigene Kirche nach dem Entwurf von Peter Poelzig. Ihr Standort im Grünzug am Rand der in den 50er und 60er Jahren errichteten Wohngebiete südwestlich der »*Weißen Stadt*«, der ersten städtischen Erweiterung des alten Dorfes *Reinickendorf* aus den 20er Jahren, macht sie zu einem städtebaulichen Merkzeichen am »Eingang« des Stadtviertels. Poelzig verband verschiedene Gemeindebereiche mit der eigentlichen Kirche, deren Kubus die Hangsituation des Grundstücks durch eine Zweigeschossigkeit aufgreift. Ungezwungen sind damit funktionsintegrative Elemente in das eindeutig als Sakralbau erkennbare Gebäude aufgenommen. Die Anlage aus Sichtbeton-Wandscheiben, deren vertikale schlitzartige Abstände und Versätze den Kirchenraum mit indirektem, blendfreien Tageslicht versorgen, ist an einem Innenhof mit einem Glockenträger und mit Gemeindehausbauten ergänzt.

Die im Jahre 1966 eingeweihte Kirche erhielt erst nach 8 Jahren ein Orgelwerk. Der jetzt in *Neubulach* wirkende Orgelbauer Johannes Rohlf erbaute in den Jahren 1973-74 ein Instrument mit 25 Registern auf zwei Manualen und Pedal. Diese Orgel war die erste, bei welcher die Werkstatt Rohlf von der »orgelbewegten« Intonationsweise - enge Kernspalten, niedrige Aufschnitte, keine Kernstiche - bewußt Abstand genommen hat. Die Gedackte sind noch nicht zugelötet, sind aber mit Leder (in Anlehnung an G. Silbermann) und nicht mit Filz garniert. Die Mechanik-Wellen sind noch von Aluminium; erst die nachfolgenden Instrumente haben Holz- oder Eisenwellen.

Bemerkenswert ist die Prospektgestaltung, die durch die beschränkte Höhe und die damit verbundene Aufstellung der Windladen bedingt ist. Vorbild war die gerade gebaute, von Jakob Schmidt entworfene Kuhn-Orgel im *Konservatorium Winterthur*. Über dem Spielschrank, nach rechts hinausgezogen, befindet sich das Hauptwerk, darunter das Schwellwerk (Terzteilung). Links vom Spielschrank liegt das Pedal, darunter Balg und Motor.   UP

Hauptwerk (I)

Prinzipal	8′	Prospekt
Quintade	16′	Zinn
Koppelflöte	8′	
Oktave	4′	
Blockflöte	4′	
Sesquialtera 2fach	2⅔′	
Waldflöte	2′	
Mixtur 4-5fach	2′	
Trompete	8′	

Schwellwerk (II)

Gedeckt	8′	Eiche
Quintade	8′	Zinn
Prinzipal	4′	Prospekt
Rohrflöte	4′	
Oktave	2′	
Quinte	1⅓′	
Terz	1⅗′	
Scharff 3fach	1′	
Oboe	8′	Eiche

Pedal

Praestant	8′	Prospekt
Untersatz	16′	Zinn
Bordun	8′	
Flöte	4′	
Hintersatz 4fach	4′	
Fagott	16′	
Dulcian	8′	

Schleifladen, mechanische Traktur, Manualkoppel II-I, Pedalkoppeln I-P, II-P, Kanaltremulanten für Hauptwerk und Schwellwerk.

Reinickendorf, Luther-Kirche
Orgel von Johannes Rohlf, 1973-74

Borsigwalde
Gnade-Christi-Kirche

*Borsigwalde,
Gnade-Christi-Kirche*

Hauptwerk (I) C-g³

Prinzipal	8′	Prospekt
Oktave	4′	
Spillpfeife	8′	
Rohrflöte	4′	
Flachflöte	2′	
Mixtur 4-5fach	1⅓′	
Trompete	8′	
Quinte	2⅔′	

Brustwerk (II, schwellbar) C-g³

Spitzgambe 8′
Gedackt 8′
Blockflöte 4′
Prinzipal 2′
Nasat 1⅓′
Sesquialtera 2fach 2⅔′
Scharff 3fach 1′
Holzdulcian 8′
Tremulant

Pedal C-f¹

Prinzipalflöte	8′	Prospekt
Untersatz	16′	
Gedackt	8′	
Rohrpfeife	4′	
Rauschwerk 3fach	2′	
Fagott	16′	
Schalmei	4′	

Schleifladen, mechanische Traktur, elektrische Registertraktur. Manualkoppel II-I, Pedalkoppeln I-P, II-P, vier freie Kombinationen. eine Pedalkombination, Organo pleno.

1970 wurde anstelle einer Holzbaracke mit Glockenträger eine neue Kirche in *Borsigwalde* eingeweiht, die HANSRUDOLF PLARRE geplant hatte. Der kubische Bau, mit Fensterschlitzen und mächtigen Beton- und Mauerwerksmassen, definiert den Gottesdienstraum auf quadratischem Grundriß, während ein zuschaltbarer Saal und weitere Gemeinderäume weniger prägnant zugeordnet sind. Ausdrucksstarke Inventarien und eine die hellen Flächen des Inneren durch Lichtfarben steigernde, auch indirekte Tageslichtführung steigern außer dem bereits vor der Kirche symbolträchtig und signalhaft wirksamen Glockenträger die Sakralität der Kirche. Die Gedenkkapelle mit einem Sühnekreuz und die Kreuzigungsgruppe von JOACHIMM DUNKEL auf dem Altar tragen ebenfalls dazu bei.

DIETER NOESKE baute 1974 und 1978 eine zweimanualige Orgel in zwei Bauabschnitten. Über dem angebauten Spieltisch befinden sich die Schwelltüren des Brustwerks und konsolartig darüber Hauptwerk und Pedal.   BS

Borsigwalde, Gnade-Christi-Kirche
Orgel von DIETER NOESKE, 1974, 1978

Weissensee
Dorfkirche

Weißensee, Dorfkirche

Hauptwerk (I) C-g³

Oktave	4′	Prospekt
Holzprinzipal	8′	(Prospekt)
Metallgedackt	4′	
Sesquialtera 2fach	2⅔′	
Mixtur 4-5fach		
Tremolo		

Brustwerk (II) C-g³, mit Plexiglas-Türen

Rohrflöte	4′	(Prospekt)
Holzgedackt	8′	
Prinzipal	2′	
Sifflöte	1⅓′	
Scharff 3-4fach		
Krummhorn	8′	
Tremolo		

Pedal C-f¹

Gemshorn	8′	Prospekt
Subbaß	16′	
Choralbaß	4′	
Trompete	8′	

Schleifladen, mechanische Traktur, Manualkoppel, zwei Pedalkoppeln.

Die Kirche des im 13. Jahrhundert gegründeten Dorfes ist nur noch in Rudimenten mittelalterlich. Begonnen als Feldsteinbauwerk, wurde ihr Schiff mit Backsteinen im 15. Jahrhundert vollendet. Nach dem Dreißigjährigen Krieg mußte das Gebäude rundum erneuert werden. Ende des vorigen Jahrhunderts griff man zweimal in die Substanz ein: während andernorts neue, große Kirchen die Dorfkirchen ersetzten oder in der Nachbarschaft dazu entstanden, verlängerte man in Weißensee zunächst das Schiff nach Osten, um später ein Querhaus und einen Fünfachtelchor anzufügen. Auch der Westturm erhielt um 1900 ein verändertes Aussehen. Schließlich vereinfachte die Wiederaufbaulösung nach dem Zweiten Weltkrieg die Kirche, vor allem den jetzt fast expressionistisch anmutenden Turm mit der kurzen Spitze.

Die heutige Orgel wurde in den Jahren 1975-76 von der Firma VEB Frankfurter Orgelbau »Sauer«, Frankfurt/Oder, erbaut. Das an der Ostwand des Querhauses aufgestellte Werk präsentiert sich mit zylindrischen und konischen Metall- sowie Holzpfeifen im Prospekt. Der Klang ist für die Erbauungszeit vergleichsweise kräftig und scharf und steht in einem bemerkenswerten Gegensatz zu der tonlichen Gestaltung des Instrumentes von Hermann Eule (1952), das auf der Westempore noch erhalten geblieben ist. Die Mechanik wurde mit zweiarmigen Tastenhebeln, Aluminiumwellen, Holzabstrakten und Aluminiumdrähten konstruiert.

UP

Weißensee, Dorfkirche
Orgel von VEB Sauer, 1975-76

CHARLOTTENBURG
EPIPHANIEN-KIRCHE

Eine der wenigen ursprünglich tatsächlich eklektizistischen Kirchen Berlins steht in *Charlottenburg* an der Knobelsdorffstraße. Das Nebeneinander unterschiedlichster Stilzitate aus sieben Jahrhunderten abendländischer Baukunst war 1904-06 nach einem Entwurf von Jürgen Kröger realisiert worden. Nachdem Walter und Johannes Krüger 1929/30 ein Gemeindehaus an das zusammen mit der Kirche entstandene Pfarrhaus und an den Westgiebel des Gotteshauses angebaut hatten, veränderte zunächst Erich Ruhtz das Erscheinungsbild der Anlage beim Wiederaufbau nach dem Zweiten Weltkrieg erheblich. Vor allem der an märkische mittelalterliche Dorfkirchen erinnernde quergelagerte Dachsattel auf dem Turmriegel ist heute anstelle der alten Doppelspitze stadtbildprägend. Konrad Sage schuf schließlich 1957-60 den heutigen Innenraum der Kirche, der sich außen durch die kristalline Aluminium-Glas-Dachkonstruktion mit aus gleichseitigen Dreiecken bestehenden Tetraedern - innen unverkleidet, außen mit Fensterflächen und Metalldachfeldern geschlossen - darstellt. Die kristallinen Formen der Dachkonstruktion kehren in der Grundrißgestaltung und inneren Ordnung des Altarraumes wieder.

Das Instrument von G. F. Steinmeyer & Co., *Oettingen*, das 1922 an die Stelle einer Orgel von Gebr. Dinse trat, wurde im Krieg mit der Kirche zerstört. Der Gottesdienst wurde danach im Gemeindesaal gehalten, für den die Firma Karl Schuke eins ihrer ersten Instrumente lieferte. Dieses Werk mit 9 durchgehenden und 9 halben Registern - eine Planung von H. Schulze und K. Th. Kühn - ist heute noch in der kath. *St. Bernhard-Kirche* in *Tegel* erhalten.[1]

Die Orgel der 1960 wiederhergestellten Kirche ist 1975 von der Firma Friedrich Weigle, Echterdingen, gebaut worden. Zunächst war auf Vorschlag des Organisten Baldenius eine Zusammenarbeit mit Helmut Bornefeld vorgesehen. Diese Pläne zerschlugen sich, und die Betreuung ging in die Hände von Herbert Schulze und Karl Theodor Kühn, der zur Epiphanien-Gemeinde gehörte, über. Das entscheidende Gutachten wurde von Prof. Lothar Cremer erstellt, der als Leiter des Fachgebietes Technische Akustik der TU Berlin hinzugezogen wurde.[2]

Einen weiteren Impuls erhielt das Orgelprojekt durch die Dissertation von Hartmut Ising über Experimente an Orgelpfeifen. Die Ergebnisse dieser Arbeit wurden in das Konzept von Schulze und Kühn integriert, die daraufhin das größte von drei Projekten in vollem Umfang durchführen wollten. Das Ausbleiben finanzieller Unterstützung, die zunächst in Aussicht gestellt worden war, verlangte eine Reduzierung des Planes. So mußte zunächst auf die Klangmittel zur Darstellung experimenteller Musik verzichtet werden, dann auf die Anlage eines Rückpositivs, das eine zusätzliche Abstützung der Empore erfordert hätte. Von den ursprünglich 44 geplanten Registern wurden nur 15 gebaut.[3] Die Manualregister stehen sämtlichst auf einer in C- und Cs-Seite geteilten Windlade. Im Vorderwerk stehen die »Elemente der principalen Plenumsfunktion« und die Kubische Pfeife, im Hinterwerk die »Begleitfaktoren und die schwebende Stimme als Sonderfunktion, beides Aufgaben, die vorher im Hauptwerk lokalisiert waren.« Die hinteren Register bis hin zu den Aliquoten im Vorderwerk sind durch Jalousien zu einem Schwellwerk zusammengefaßt. Das Pedalwerk hat ausschließlich Begleitfunktion und weist nur durch die Trompete 8′ eine gewisse Selbständigkeit auf.[4]

Epiphanien-Kirche, heutige Disposition

Vorderwerk (I) C-a³

Principal	8′	I, Prospekt
Octave	4′	I
Terz	8/5′	II/III, S
Septime	8/7′	II/III, S
Mixtur 2fach	2′	I, Mixtur, 1. Zug
Mixtur 4-5fach		I, Mixtur, 2. Zug
Mixtur 1-5fach		I, Mixtur, 3. Zug, ab a¹, Diskant-Kompensation
Kubische Pfeife	8′	IV, Echoform, S
Tremulant		

Hinterwerk (II) C-a³

Gedackt	8′	II, S
Waldflöte	4′	II/III, S
Oktave	2′	I, S
Rauschpfeife 2fach	4/3′	III, S
Harmonika	8′	III, Schwebung, S

Pedal C-f¹

Subbaß	16′	II, S
Gemshorn	8′	II/III, S
Hohlflöte	4′	II, S
Trompete	8′	I, S, Prospekt

Schleifladen, mechanische Traktur, Manualkoppel II-I, Pedalkoppeln I-P, II-P, Schweller für einen Teil der Register des Vorderwerks und für alle Register des Hinterwerks, außerdem für die Pedalregister, jeweils gekennzeichnet durch S.

Charlottenburg, Epiphanien-Gemeinde
Orgel von Karl Schuke, 1953, für den Gemeindesaal, 1968 verkauft

rechte Seite:
Charlottenburg, Epiphanien-Kirche
Orgel von Friedrich Weigle, 1975

1. Scul-1979, S. 43-44.
2. Frdl. Mitt. G. Matthaei, Berlin.
3. Scul-1979, S. 84.
4. Scul-1979, S. 84-85.

Charlottenburg, Epiphanien-Kirche

In seiner letzten Ausbaustufe soll das neue Instrument vier Manuale umfassen. Das geplante Hauptwerk wird weitgehend aus Registern des bisherigen Hinter- und Vorderwerks gebildet. Das Unterwerk ist ein helles Positivwerk, das stillere Register und höhere Tonlagen enthält. Das Pedalwerk I übernimmt die heutigen Stimmen und wird durch Cantus-firmus-Register ergänzt; das Pedalwerk II wird neu und enthält Grund- und Plenumstimmen. Die Rauschpfeife wird in sechs Einzelzüge zerlegt und bietet damit eine reiche Palette an Klangfarben für die Darstellung des Baßverlaufes. Das Vorderwerk hat Solofunktion und enthält die für eine Generalbaßbegleitung wichtigen Register. Das Hinterwerk wird vorwiegend aus Streichern gebildet.[5]

Das Konzept mit umstimmbaren Registern ist sehr gewagt und erscheint, wenn es in der auf 52 Pfeifenreihen erweiterten, von GOTTFRIED MATTHAEI vertretenen und auf S. 431 wiedergegebenen Form realisiert wird, bei den heutigen Erfahrungen mit den Orgeln von Schulze und Kühn wenig erfolgversprechend. Die traditionelle Basis des Instrumentes ist sehr schmal; ungewöhnliche und ausgefallene Klänge haben die Überhand. Schließlich ist zu bedenken, daß die Erbauerfirma nicht mehr existiert, an deren überzeugendes Resultat aus dem Jahre 1975 ohne Bruch angeknüpft werden muß.

Ohne Zweifel käme ein solches Instrument den Klangideen der experimentellen Orgelmusik und der elektronischen Musik sehr nahe. Und es vermeidet den größten Mangel des Elektroniums, »das Fehlen der von Ton zu Ton gestuften Tragfähigkeit«.[6] Schulze greift mit seiner Idee ein Patent von K. J. BAILEY[7] auf, der jede Pfeife mit einem elektrischen Generator versehen will, dessen Tonhöhe der durch den Pfeifenkörper gegebenen entspricht. Der Ton wird nicht durch Windzufuhr erzeugt. Die Anregung durch den Resonator »bringt zwar eine andere Wirkung hervor als die pendelnde Luftlamelle. Aber es ist anzunehmen, daß sich auch der durch elektrische Schwingungen hervorgerufene Ton mit dem Quantum der angeregten Luftsäule zu *einer* Klangerscheinung zusammenschließen wird. / Ein solches Instrument würde, obwohl ein legitimer Sproß der Orgelfamilie, den kontinuierlichen Übergang in sämtliche Lautstärkenbereiche und vielleicht auch das biegsame Durchgestalten jedes einzelnen Tones ermöglichen. Auch der beliebige Ersatz eines An- bzw. Ablauts ließe sich denken. Sein Hauptvorteil wäre die leichte Auswechselbarkeit der Tonhöhen, die freilich zur Umstellung auch der entsprechenden Verlängerung oder Verkürzung der schwingenden Luftsäule im bzw. am Resonanzkörper bedürfte ...«[8]

Bei sechs Registern des Vorderwerks und dem Gedacktbaß des Pedalwerks II soll die Klangerzeugung durch Wind erfolgen, jedoch wird eine Modifizierung der Tonhöhe durch elektronische Bauteile vorgeschlagen. Hierdurch ist es möglich, reine Temperierungen zu erzeugen bzw. die Stimmung den zu begleitenden Instrumenten anzupassen.[9]

Ein Forschungsprojekt mit dem *Institut für Technische Akustik* der *Technischen Universität Berlin* (PROF. DR.-ING. M. HUBERT, DR. HARTMUT ISING) konnte keine abschließenden positiven Ergebnisse liefern, weil die Experimente die grundlegenden Bedingungen des klassischen Orgelbaus zum Teil unberücksichtigt ließen. Zahlreiche Benefizkonzerte konnten auch die für den Umbau erforderlichen Mittel nur zu einem geringen Teil erbringen, so daß eine Erweiterung der Orgel vorerst unterbleiben mußte.

Nach neuesten Erkenntnissen scheint es am sinnvollsten zu sein, das heute vorhandene Instrument, das zweifelsohne zu den interessanten und gesuchten der Berliner Orgellandschaft gehört, in seiner grundlegenden Struktur unverändert zu lassen. Eine Alternative wäre ein Ausbau in Anlehnung an die älteren Entwürfe, in dem die experimentellen Komponenten nur in einem heute noch vertretbaren Maße Berücksichtigung finden sollten.

UP

---

5. PfA-ChEp, zweiseitiges Informationsblatt mit der Disposition nach der geplanten Erweiterung, um 1986.
6. Scul-1979, S. 142.

Charlottenburg, Epiphanien-Kirche
Spieltisch, 1975

7. Wie Anm 6.
8. Wie Anm 6.
9. PfA-ChEp, einseitiges Informationsblatt über den Aufbau der Orgel nach der geplanten Erweiterung, um 1986.

Epiphanien-Kirche, geplante Disposition

Vorderwerk (I) C-a³

Zink	4′	Kupfer
Dreikegelregal	8′	Metall 50%
Gedackt	8′	Holz, mit Generator
Rohrflöte	4′	Metall 45%, mit Generator
Prinzipal	2′	Metall 70%, mit Generator
Scharff 3fach		Metall 70%, mit Generator
Quinte	2/3′	Metall 70%, rep., mit Generator
Kubische Pfeife	8′	Holz, alt
None	8/9′	Metall 40%, mit Generator, Tertian, 1. Zug
Oberton 2fach	8/11′, 8/13′	Metall 40%, mit Generator, Tertian, 2. Zug
Stimmgang		
Cornett-Cymbel 3-12fach	64/11′	Metall 25-30%, Bailey-Pfeifen
Querpfeife	8′	Metall 70%, ab fis¹ überbalsend, Bailey-Pfeifen
Holzstabklinger 6fach		Metall 85%, Bailey-Pfeifen
Kubische Pfeife	32/7′	Plexiglas, 13 Pfeifen C-c⁰, von der Pedalklaviatur aus zu spielen, Bailey-Pfeifen, Prospekt
Bocktremulant		
Tremulant		elektronisch

Hauptwerk (II) C-a³

Pommer	16′	C-H Mahagoni, Rest Metall 50%, S
Harmonika	8′	Schwebung, alt, S
Gedackt	8′	alt, S
Waldflöte	4′	alt, S
Terz	8/5′	neu, S, Glockenton 1. Zug
Quinte	4/3′	aus Rauschpfeife, S, Glockenton 2. Zug
Septime	8/7′	alt, S, Glockenton 3. Zug
Oberton 2fach	16/19′, 16/27′	Metall 60%, S, Glockenton 4. Zug
Mixtur 2fach	2′	alt
Mixtur 4-5fach	2/3′	alt
Mixtur 1-5fach		Diskant-Kompensation
Oktave	4′	alt
Prinzipal	8′	alt, Prospekt
Trompete	8′	horizontal, Becher Metall 80%

Unterwerk (III) C-a³

Krummhorn	8′	Metall 50%, S
Dulzian	16′	Naturguß, S
Blockpfeife	8′	Metall 30%, S
Nasat	8/3′	Metall 40%, S
Spillpfeife	2′	Metall 40%, S
Cymbel 1-5fach		Metall 70%, S
Holzflöte	4′	S
Vokalformant 4fach		Metall 50%, Frequenzen zwischen 1000 und 2000 Hz, repetierend, S
Stimmgang		
Scharf 3fach	1′	Metall 70%
Scharf 2fach	2/3′	Metall 70%
Scharf 1-3fach		Diskant-Kompensation
Oktave	1′	Metall 70%, z. T. alt
Rohrgedackt	8′	Metall 50%
Prinzipal	4′	Metall 70%, Prospekt
Flügeltremulant		

Hinterwerk (IV) C-a³

Viola di Gamba	16′	Metall 80%, Bailey-Pfeifen
Koppelflöte	8′	Metall 40%, Bailey-Pfeifen
Salizet	4′	Metall 70%, Piffaro, 1. Zug, Bailey-Pfeifen
Echo-Prinzipal	1′	Metall 70%, Piffaro, 2. Zug, Bailey-Pfeifen
Blendung 1-10-1fach	8′	Metall 20+40%, zwei Züge, Bailey-Pfeifen
Tremulant		elektronisch

Pedalwerk I C-f¹ (oben)

Subbaß	16′	alt, S
Gemshorn	8′	alt, S
Hohlflöte	4′	alt, S
Trompete	8′	alt, S
Schwiegel	2′	Naturguß, S
Cornett 1fach	16/5′	Naturguß, Cornett, 1. Zug, S
Cornett 4fach	16/9′, 8/7′, 16/15′, 1′	Naturguß, Cornett, 2. Zug, S

Pedalwerk II C-f¹ (seitlich, C/Cs)

Offenflöte	4′	Holz, Bailey-Pfeifen, S
Cello	8′	Metall 80%, Bailey-Pfeifen, S
Gedacktbaß	16′	Metall 40%, mit Generator, S
Harfenprinzipal	16′	Metall 70%
Oktave	8′	Metall 60%
Quinte	16/3′	Metall 60%, Rauschpfeife 1. Zug
Oktave	4′	Metall 60%, Rauschpfeife 2. Zug
Quinte	8/3′	Metall 60%, Rauschpfeife 3. Zug
Oktave	2′	Metall 60%, Rauschpfeife 4. Zug
Quinte	4/3′	Metall 60%, Rauschpfeife 5. Zug
Oktave	1′	Metall 60%, Rauschpfeife 6. Zug
Stimmgang		
Clarine	4′	Becher Naturguß
Posaune	16′	Becher Mahagoni, Prospekt

Schleifladen, mechanische Traktur, Manualkoppeln, Pedalkoppeln, Schweller, gekennzeichnet durch S.

Wannsee
St. Andreas-Kirche

Hauptwerk (I) C–g³

Principal	8′	C–e² Prospekt 75% Zinn, Rest 67% Zinn [1]
Traversfløjte	4′	C–f⁰ 33% Zinn, Rest überblasend 67% Zinn [3]
Oktav	4′	67% Zinn [6]
Rørfløjte	8′	C–H Kupfer, Rest 33% Zinn [7]
Oktave	2′	67% Zinn [9]
Sesquialtera 2fach	2′, 1³/₅′, ab c⁰ 2²/₃′, 1³/₅′	67% Zinn [10]
Mixtur 4-5fach	1¹/₃′	67% Zinn [12]
Trompet	8′	Becher 33% Zinn [14]
Tremolant		

Oberwerk (II, schwellbar) C–g³

Principal	4′	C–e¹ 75% Zinn, nicht im Schweller, Rest 67% Zinn
Spidsgamba	8′	C–Gs aus Gedackt, Rest 67% Zinn
Gedakt	8′	C–H Holz, Rest 33% Zinn
Rørfløjte	4′	Innenröhrchen, 33% Zinn
Gemshorn	2′	33% Zinn
Nasat	1¹/₃′	konisch, 67% Zinn
Scharff 3-4fach	1′	67% Zinn
Skalmeje	8′	Becher 33% Zinn
Tremolant		

Pedal C–f¹

Oktave	8′	C–A Transmission aus Principal 8′, Rest 67% Zinn [2]
Subbaß	16′	C–H Holz, c⁰–h⁰ Kupfer, Rest 33% Zinn [4]
Gedakt	8′	C–f⁰ Transmission aus Subbaß, Rest 33% Zinn [5]
Nathorn	4′	C–F Kupfer, Rest 33% Zinn [8]
Rauschquint 4fach	2²/₃′	67% Zinn [11]
Fagott	16′	Becher C–d⁰ Kupfer, Rest 33% Zinn, C–G halbe Länge, Gs–f⁰ ²/₃ Länge, Rest volle Länge [13]
Trompet	8′	Transmission aus dem Hauptwerk [14]

Schleifladen, mechanische Traktur, Manualkoppel II-I, Pedalkoppeln I-P, II-P. Die Ziffern in eckigen Klammern geben die Stellung der Register im Hauptwerk und im Pedal auf der Lade an.

Eigentlich war JOHANNES OTZEN als Architekt der Kirche der von WILHELM CONRAD gegründeten Villenkolonie »Alsen« vorgesehen. Der Erbauer der *Kreuzberger Kirche Zum Heiligen Kreuz* schuf aber nur eine mächtige Vorhalle, gewissermaßen als »Modell« für das spätere ganze Gebäude. Otzens Schüler OTTO STAHN plante dann die 1895/96 errichtete Kirche, die er um 90° gegenüber der alten Planung drehte. Die Vorhalle ist somit nur mehr für den Kirchhof von Bedeutung. Die einfachen neugotischen Formen mit ihren wenig strukturierten und geschlossener wirkenden Flächen gegenüber Otzenscher Kirchenarchitektur lassen die Handschrift Stahns mit seiner Vorliebe für »norddeutsche« Neugotik erkennen. Auch das ungewölbte, mit einer freien Balkendecke versehene Innere des zentral wirkenden, wenngleich angedeutet kreuzförmigen Schiffes zeugt von dieser Vorliebe.

Die aus dem Jahre 1903 stammende erste Orgel dieser Kirche war ein pneumatisches Werk der GEBR. DINSE, Berlin. Für die damalige Zeit mochte das kleine Werk genügt haben, jedoch hatte der Zahn der Zeit bis zur praktischen Unbrauchbarkeit an dem Werk genagt.

1980 lieferte die Firma BRUNO CHRISTENSEN & SØNNER ein neues Instrument mit 23 Registern. Hauptwerk und Pedal stehen auf einer gemeinsamen Windlade. Die Planung lag in den Händen von GEORG DIETERICH, Berlin. BS/UP

Wannsee, St. Andreas-Kirche
Orgel von Bruno
Christensen & Sønner, 1980

WEDDING
KORNELIUS-GEMEINDEZENTRUM

I. Manual C-g³

Prinzipal	8′	Prospekt
Rohrflöte	8′	
Oktave	4′	
Sesquialtera 2fach	2²/3′	
Schwegel	2′	
Mixtur 4-6fach	2′	
Trompete	8′	

II. Manual C-g³

Gedackt 8′
Blockflöte 4′
Quinte 1¹/3′
Scharff 4fach 1′
Praestant 2′

Pedal C-f¹

Subbaß 16′
Hohlflöte 8′
Nachthorn 4′

Schleifladen, mechanische Traktur, Manualkoppel II-I, Pedalkoppeln I-P, II-P

HANS CHRISTIAN MÜLLER schuf den Entwurf für das Gemeindezentrum der Tochtergemeinde von *Kapernaum*, der 1957 und 1975 in zwei Baustufen verwirklicht wurde. Die klare, an Bauhaustraditionen anknüpfende Architektursprache der kubischen Baukörper mit ihren Mauerwerksflächen, Fensterbändern und Körper- und Flächendurchdringungen gibt auch dem einfachen Gemeindesaal, in der zweiten Baustufe entstanden, mit seiner gottesdienstlichen Ausstattung eine sachlich-nüchterne, aber auch eindringliche Atmosphäre.
Dieser Raum erhielt von GEORG JANN in *Allkofen* im Jahre 1980 ein zweimanualiges Orgelwerk mit 15 klingenden Registern. Das asymmetrisch gegliederte Werk wurde an der rechten Emporenseite aufgestellt.   UP

Wedding,
Kornelius-Gemeindezentrum
Orgel von GEORG JANN, 1980

Charlottenburg
Friedens-Kirche

Charlottenburg, Friedens-Kirche

Hauptwerk (I) C–g³

Prinzipal	8′	Prospekt
Oktave	4′	
Koppelflöte	8′	
Sesquialtera 2fach	2²/₃′	
Waldflöte	2′	
Superoktave	2′	Vorabzug aus Mixtur
Mixtur 4fach	2′	
Gedacktflöte	4′	Transmission aus II

Positiv (II) C–g³

Gedacktflöte 4′
Sifflöte 1′
Flageolett 2′
Rohrflöte 8′
Salizional 8′
Oboe 8′
Tremulant

Pedal C–f¹

Offenbaß	8′	Prospekt
Subbaß	16′	
Piffaro 2fach	4′ 2′	
Baßflöte	2′	Vorabzug aus Piffaro
Fagott	16′	

Schleifladen (Doppellade für die Manuale), mechanische Traktur, Manualkoppel II-I, Pedalkoppeln I-P, II-P

In dem ehemaligen Atelier des Bildhauers WANDSCHNEIDER richtete der Architekt FANGMEYER 1926 eine Gottesdienststätte der westlichsten Tochtergemeinde von *Epiphanien* ein. Der Saal erhielt die erforderlichen Nebenräume und wurde 1932 noch um die angehängten Emporen- und Altarraumflächen erweitert, sowie mit der Errichtung des Turms auch in der äußerlichen Erscheinung zur Kirche gemacht. Das Putzsgraffito am Nordgiebel, ein mehrfarbiges Kruzifix, führte HAROLD BENGEN aus. Es bestimmt in seiner spätexpressionistischen Sprache zusammen mit der sachlich-traditionalistischen Architektur des Fangmeyer-Baus den Gesamteindruck: die frühen dreißiger Jahre haben diese Kirche hervorgebracht.

Die Kirche erhielt zunächst ein Werk von WILHELM SAUER, *Frankfurt/Oder*. Dieses im Kriege beschädigte Werk wurde in den 50er Jahren verändert und 1963 schließlich abgetragen. Im Jahre 1982 konnte die an die Firma FREIBURGER ORGELBAU in Auftrag gegebene Orgel ihrer Bestimmung übergeben werden. Die beiden Manualwerke stehen auf einer Doppellade - das Hauptwerk vorn, das Positiv hinten. Die Gedacktflöte 4′ steht an der Schnittstelle der beiden Werke und ist als Wechselschleife eingerichtet. Seitlich von den Manualwerken steht das Pedal in C- und Cs-Seite geteilt. Die Laden haben Ladenbälge und sind wie das Gehäuse aus Eichenholz gefertigt. Die Trakturen sind als hängende Trakturen angelegt.

UP

Charlottenburg, Friedens-Kirche
Orgel der Firma
FREIBURGER ORGELBAU, 1982

Biesdorf
Dorfkirche

Spieltisch der Orgel

Hauptwerk (I) C-g³

Prinzipal	8′	Prospekt
Rohrflöte	8′	
Oktave	4′	
Koppelflöte	4′	
Sesquialtera 2fach	2²/₃′	
[Nasat	2²/₃′]	
Waldflöte	2′	
Mixtur 4fach	1¹/₃′	
[Oktave	2′ + 1′]	C-H 1¹/₃′ + 1′
Tremulant		

Schwellwerk (II) C-g³

Spitzgambe	8′	C-H aus Holzgedackt, 13 stumme Pfeifen im Mittelfeld des Prospektes
Holzgedackt	8′	
Gemshorn	4′	
Prinzipal	2′	
Spitzquinte	1¹/₃′	
Terz	1³/₅′	
Zimbel 3fach	²/₃′	
Krummhorn	8′	
Tremulant		

Pedal C-f¹

Subbaß	16′
Prinzipalbaß	8′
Gedacktbaß	8′
Pommer	4′
Rauschpfeife 3fach	4′
[Choralbaß	4′]
Posaune	16′

Schleifladen, mechanische Traktur, Manualkoppel und zwei Pedalkoppeln als Züge und Tritte, schwarze Untertasten, weiße Obertasten. Registerauszüge in eckigen Klammern.

Ähnlich wie in *Weißensee* ist nur wenig von der mittelalterlichen Dorfkirche im heutigen Bau erhalten. Der rechteckige Kirchsaal mit ursprünglich flacher Holzdecke und angehängter Altarapsis glich in etwa der *Tempelhofer Dorfkirche*. Im 18. Jahrhundert abgebrannt und verändert wiederaufgebaut, überformte man sie 1896/97 äußerlich und im Inneren in historistischer Manier. Zierendes Sichtmauerwerk und glatte Putzspiegel, sowie ein vollständig erneuerter Turm aus dieser Zeit geben dem auch im Zweiten Weltkrieg erheblich beschädigten Bauwerk im wesentlichen bis heute das Erscheinungsbild einer neugotischen Kirche. Die heutige Orgel ist ein Neubau von 1985 der MITTELDEUTSCHEN ORGELBAUANSTALT A. VOIGT, Bad Liebenwerda. Besonders bemerkenswert ist das von den Gebrüdern VOIGT entworfene Gehäuse mit den einem Schmetterling gleichenden Flügeln und schwingenden Gesimsen. Das Hauptwerk ist kräftig intoniert, während Schwellwerk und Pedal sich eher zurückhaltend präsentieren. Die Mechanik ist mit Metallwellen und schwebenden Winkelbalken konstruiert.

UP

Biesdorf, Dorfkirche
Orgel der MITTELDEUTSCHEN
ORGELBAUANSTALT A. VOIGT,
1985

Wedding
Lazarus-Kranken- und Diakonissenhaus

Hauptwerk (I) C-g³

Principal	8′	Prospekt
Octave	4′	
Hohlflöte	8′	
Blockflöte	4′	
Flageolet	2′	
Mixtur 2-3fach	1′	

Oberwerk (II, schwellbar) C-g³

Dolce	8′	
Gedackt	8′	
Rohrflöte	4′	
Principal	2′	
Nasat	1⅓′	
Sesquialtera 1-2fach	2⅔′	
Cymbel 2fach	½′	vorgesehen
Tremulant		

Pedal C-f¹

Subbaß	16′
Gemshorn	8′

Schleifladen, mechanische Traktur, Manualkoppel II-I, Pedalkoppeln I-P, II-P, Cymbelstern

1. Fest-1988, S. 4, 11, 13, 14, 16.
2. Fest-1988, S. 6, 10, 15.

Das Stift wurde in den 60er Jahren des 19. Jahrhunderts durch Pastor BOEGE-HOLD gegründet, der hier, am Rande des Sprengels der *St. Elisabeth-Kirchengemeinde*, das unvorstellbare Elend der Bevölkerung durch eine der ersten diakonischen Einrichtungen Berlins zu lindern suchte. Das erste Haus bestand seinerzeit nur aus der erhaltenen Kapelle im Obergeschoß und dem darunter im Erdgeschoß gelegenen Krankensaal. Erst um die Jahrhundertwende wurde die Einrichtung wesentlich erweitert. Sie wurde bis vor wenigen Jahren - bis zur organisatorischen Angliederung an das städtische Krankenhaus Moabit - insgesamt vom Kaiserswerther Verband betrieben. Neubauten stellen die Erfüllung der weiterhin an diesem Ort wichtigen diakonischen Aufgabe sicher.

Die Kapelle ist im wesentlichen mit ihrem ursprünglichen, neugotischen Inventar erhalten.

Die Orgel wurde 1988 von DIETER NOESKE, *Rotenburg*, gebaut. Sie besticht durch ihr barock gestaltetes Gehäuse aus massivem Eichenholz mit breiten Profilen und zierlichen Ornamenten und Zimbelstern. Ein dreiteiliger Mittelteil - Rundturm und zwei Flachfelder - wird umrahmt von zwei herabgezogenen Seitentürmen, die wie Pedaltürme aussehen, deren Prospektpfeifen aber dem Hauptwerk angehören.[1]

Die historisierend anmutende Bauweise, die sich auch in der Gestaltung der Manubrien und Klaviaturbacken äußert, findet ihr Pendant im Inneren in Windladen aus Massivholz mit Terzteilung, jedoch in einem eher neuzeitlichen Design der technischen Anlage mit Messingwellen und Holzabstrakten. Der Wind kann sowohl mit einem elektrischen Gebläse als auch durch Handbetätigung der Balganlage erzeugt werden.[2]

UP

Wedding, Lazarus-Krankenhaus
Orgel von DIETER NOESKE,
1988

Spandau
Waldkrankenhaus

Hauptwerk (I) C-a³

Prinzipal	8′	
Spitzflöte	8′	
Prinzipal	4′	
Flûte octaviante	4′	
Prinzipal	2′	aus Mixtur
Piccolo	1′	
Mixtur 3-4fach	2′	

Schwellwerk (II) C-a³

Flûte harmonique	8′	
Gambe	8′	C-H aus Flûte harmonique
Rohrbourdon	4′	
Quinte	2⅔′	aus Plein jeu
Flöte	2′	
Terz	1⅗′	
Plein jeu 5fach	4′	
Englisch Horn	16′	
Trompete	8′	

Pedal C-g¹

Subbaß	16′	
Spitzflöte	8′	Transmission
Prinzipal	4′	Transmission
Flûte octaviante	4′	Transmission
Posaune	16′	

Schleifladen, mechanische Traktur, Manualkoppel II-I, Pedalkoppeln I-P, II-P

Die Orgel des *Evangelischen Waldkrankenhauses* im Stadtteil *Spandau* wurde 1990 von KARL LÖTZERICH, *Wolfhagen*, erbaut. Die Planung lag in den Händen von ROLAND MARIA STANGIER, Berlin. Das Instrument sollte vielfältigen Ansprüchen genügen, primär im Gottesdienst mit unterschiedlichen liturgischen Formen. Darüber hinaus sollte es als Konzertinstrument geeignet sein, zum Beispiel bei Rundfunkaufnahmen und Gottesdienstübertragungen, und nicht zuletzt mußte an Unterricht, Kurse und Studenten der Kirchenmusikschule gedacht werden.

Die Orgel besitzt einen gut ausgebauten Prinzipalaufbau, wobei die tiefere, stärkere Mixtur ihren Platz im zweiten Manual hat. Die Flöten wurden sehr großzügig disponiert, sowohl im Hauptwerk als auch im Schwellwerk. Das Pedalwerk besitzt nur zwei selbständige 16′-Register; die übrigen Stimmen sind aus dem Hauptwerk transmittiert.

Der Klangcharakter der Orgel ist an der französischen Tradition ausgerichtet, was sich auch in der Schreibweise der Register und in der Anordnung der Registerzüge im Halbkreis in Anlehnung an CAVAILLÉ-COLL ausdrückt. Rohrbourdon bildet als französisches Halbgedackt die 4′-Korrespondenz zur Flûte harmonique 8′. Die beiden Manualzungen wurden dem zweiten Manual zugeordnet. Das Englischhorn 16′ erklingt als Fundament im Ensemble oder als Solostimme bei geschlossenen Schwelltüren. Die Trompete 8′ kann durch ihre Stellung im Schwellwerk entsprechende Funktionen wahrnehmen. Die Posaune schließlich gibt dem Werk die erforderliche Wucht und Kraft. UP

Spandau, Waldkrankenhaus
Orgel von KARL LÖTZERICH,
1990

Historisches Inventar

Das hier vorgelegte Inventar ist das Ergebnis einer mehr als zweijährigen Forschungstätigkeit der Forschungsstelle für Orgeldokumentation der TU Berlin. Diese Übersicht dient in erster Linie der Orientierung und ist ein Auszug des verfügbaren Datenbestandes. Sie enthält Informationen über alle Orgeln, die nach dem heutigen Kenntnisstand in ev. Räumen stehen oder gestanden haben. An der Erstellung waren beteiligt: Stefan Behrens, Christhard Kirchner, Christoffer Köbke und Uwe Pape.

Obwohl alle den Autoren bis zum Redaktionsschluß zugänglichen Archive eingesehen wurden, ist nicht auszuschließen, daß wesentliche Fakten nicht erfaßt und Widersprüche in den Quellen nicht ausgeräumt wurden. Die Verfasser sind deshalb für Ergänzungen und Korrekturen dankbar, damit der Datenbestand, der weitergehenden Forschungen zugänglich ist, aktualisiert werden kann.

Kirchliche Räume wie Gemeindezentren und Gemeindesäle, in denen sich keine Orgel befindet, werden aus Platzgründen nicht aufgeführt.

Angaben in Klammern hinter Kirchennamen bezeichnen Baujahr und ggf. Baumeister. Werden keine Hinweise zur Registerzahl oder Traktur gegeben, so sind diese Angaben nicht bekannt oder es hat sich der Zustand gegenüber dem vorangehenden nicht geändert.

Bei Pfarrarchiven ist, falls nicht anders vermerkt, die Orgelakte die Quelle.

Statt der Firmenbezeichnungen KARL SCHUKE BERLINER ORGELBAUWERKSTATT GMBH, Berlin, und ORGELBAU-ANSTALT W. SAUER, Frankfurt/Oder, werden aus Platzgründen die Kurzbezeichnungen KARL SCHUKE, Berlin, und W. SAUER, Frankfurt/Oder, verwendet.

Spandau, St. Johannis-Kirche
Zeichnung von J. W.
GRÜNEBERG, Orgel heute in
Bärenklau

Zehlendorf, Dorfkirche,
Orgel von KARL SCHUKE,
Berlin, 1991
Gehäuse aus der zerstörten
Dreifaltigkeits-Kirche
(Hindenburg-Gedächtnis-
Orgel)

Deutsche Friedrichstadt-Kirche, Orgel von P. Migendt, vor 1882, nicht erhalten

Berlin-Mitte

Alte Domkirche: siehe *Dom*

Alte Garnisonkirche (Grünberg, 1701-1703)
vor 1706 Neubau (I 8, mech. Traktur) [Beck-1759, S. 159; Chro-1888, Verm.]
1713 Neubau durch Johann Michael Röder, Berlin (II+P 23, mech. Schleifladen) [Beck-1759, S. 159; Gerb-1790, S. 74]
12. 8. 1720 Explosion eines nahegelegenen Pulverturms. Beschädigung der Kirche. Orgel weitgehend unversehrt [Beck-1759, S. 159]
1720 Abbau. Abbruch der Kirche. Orgel 1724 nach *Potsdam, St. Nikolai*, versetzt [Davi-1949, S. 15; Kühn-1978, S. 371 f.]

Alte Garnisonkirche (Gerlach, 1721-1722)
1724-1726 Neubau durch Joachim Wagner, Berlin (III+P 50, mech. Schleifladen) [Walt-1726; Walt-1737; Adlu-1768, S. 199-201; Goen-1897, S. 35; Davi-1949, S. 16-17]
1806 Beschädigung [Frot-1950]
nach 1806 Reparatur [Davi-1949, S. 18]
nach 1820 Reparatur durch Carl August Buchholz, Berlin [Haup-1850]
1892 Abbau [Davi-1949, S. 18]
1892 Neubau durch W. Sauer, Frankfurt/Oder (III+P 70, pneum. Kegelladen). Gehäuse von 1724 wiederverwendet [ZfI, 1909-1910, S. 450 f.; Rupp-1929, S. 153; Davi-1949, S. 18]
1900-1901 Abbau, Wiederaufstellung und Dispositionsänderung durch W. Sauer, Frankfurt/Oder. Umbau der Kirche. (III+P 70) Die Orgel wird auf der vormals darunterliegenden Empore aufgestellt, die alte Empore wurde abgerissen [Ste-1967, S. 38 ff.]
13. 4. 1908 Zerstörung durch Brand der Kirche [MVB, 1908, S. 248; Davi-1949, S. 18]
1908-1909 Erneuerung der Kirche [Kühn-1978, S. 372]
1909 Neubau durch W. Sauer, Frankfurt/Oder (IV+P 80, pneum. Kegelladen). Gehäuse-Kopie nach dem Kupferstich von G. P. Busch, 1728 [Saue-1929; Davi-1949, S. 18]
11. 1943 Zerstörung. Kirche ausgebrannt, 1949 gesprengt [Gott-1985, S. 179]
1960-1961 Abbruch der Kirchenruine [Gott-1985, S. 179]

Altlutherische Kirche, Ev.-luth. (1855-1857)
1857 Neubau durch Gebr. Dinse, Berlin (II+P 23, mech. Schleifladen) [PfA-MiAl; Dins-1897; Stie-1935, S. 44]
1926 Neubau durch W. Sauer, Frankfurt/Oder (pneum. Taschenladen). Das Gehäuse und einige Register der *Dinse*-Orgel wurden wiederverwendet [PfA-MiAl]
1956 Dispositionsänderung durch Hermann Eule, Bautzen [PfA-MiAl]

Arbeitshaus-Kirche
vor 1839 Neubau (mech. Schleifladen) [EZA, 14/3213]
1839 Abbau durch Carl August Buchholz, Berlin [EZA, 14/3213]
1839 Neubau durch Carl August Buchholz, Berlin (mech. Schleifladen) [EZA, 14/3213]. Verbleib unbekannt

Bethlehems-Kirche, Böhmisch-luth. Brüder (Dietrichs, 1735-1737)
1753 Neubau durch Peter Migendt, Berlin (I 8, mech. Schleifladen). Brüstungsgehäuse, seitenspielig [EZA, 14/3969; Sach-1908]
um 1854 Abbau [Knak-1887, S. 103]
1854 Neubau, vermutlich durch Teschner, unter Verwendung des Gehäuses von 1753 (II+P/17) [Scu-ArcB; Knak-1887, S. 103]
1913 Neubau durch W. Sauer, Frankfurt/Oder, unter Verwendung des Gehäuses von 1753 (II+P 22) [ZfB, 1915, S. 27, Atlas Bl. 7; Saue-1929]. Nicht erhalten.

Charité (1800), Kapelle
1812 Neubau (mech. Traktur). Der erste Organist für die Kapelle wird angestellt. [PfA-KrJe]. Nicht erhalten.

Charité (1901), Kapelle
1900 Neubau durch W. Sauer, Frankfurt/Oder (II+P 12) [PfA-KrJe; Saue-1929; Mund-1920, 279, S. 316]

Deutsche Friedrichstadt-Kirche (Grünberg, 1688-1708)
1708 Positiv vorhanden (I, mech. Schleifladen) [Kirm-1908, S. 15 f.]
1713 Positiv käuflich erworben
1751-1752 Neubau durch Peter Migendt, Berlin (I+P 13, mech. Schleifladen) [PfA-KrJe; Samm-1757/2]
1806-1807 Beschädigung und Verlust von Pfeifen durch die Einquartierung französischer Soldaten [PfA-KrJe]
1806-1807 Reparatur durch Friedrich Marx, Berlin [PfA-KrJe]
29. 7. 1817 Beschädigung durch Löschwasser, verursacht durch Brand des benachbarten Schauspielhauses [PfA-KrJe]
zwischen 1817 und 23. 8. 1819 Reparaturen durch Friedrich Marx, Berlin [PfA-KrJe]
8.-12. 1829 und 1834 Reparaturen durch Ernst Marx (junior), Berlin [PfA-KrJe; Lisc-1857, S. 18]
4.-10. 1846 Abbau durch Carl August Buchholz, Berlin [PfA-KrJe]
30. 8. 1846 Aufstellung eines Leih-Positivs von Lang & Dinse für die Zeit der Erweiterungsarbeiten [PfA-KrJe]
1846-1847 Neubau durch Carl August Buchholz, Berlin, unter Verwendung des Gehäuses und einiger Register von 1752 (II+P 24, mech. Schleifladen) [Kirm-1908, S. 52]

Alte Garnisonkirche
vor 1943, zerstört

Bethlehems-Kirche
um 1939, zerstört

Dom, Orgel von W. Sauer

Dom, Orgel von J. S. Buchholz, vor 1893, nicht erhalten

Wesenberg, Orgel von J. M. Röder, vormals in der *Dorotheenstädtischen Kirche*

Dorotheenstädtische Kirche, vor 1943, zerstört

1882 Abbau. Teile nach *Ueckermünde* für die *Stadtkirche* verkauft. [PfA-KrJe; DBZ, 6. 1. 1883, S. 4]

Deutsche Friedrichstadt-Kirche (1881-1882)
1882 Neubau durch W. Sauer, Frankfurt/Oder (Opus 400) (III+P 37, Kegelladen, mech. Traktur). I. Manual mit pneumat. Maschine. [ZfB, 1883, Sp. 165; Saue-1929]
1907 Neubau durch W. Sauer, Frankfurt/Oder (IV+P 63, pneum. Kegelladen) [Kirm-1908, S. 139; Saue-1929]
1. 1945 Zerstörung [Gott-1985, S. 178]
seit 1982 Wiederaufbau der Kirche

Deutscher Dom: siehe *Deutsche Friedrichstadt-Kirche*

Dom
Erster Dom: siehe auch *Berlin-Mitte, Dominikaner-Klosterkirche* (1297 als Dominikaner-Klosterkirche erbaut, 1536 zum Dom geweiht, seit 1608 Oberpfarrkirche in *Cölln*, 1747 abgerissen)
Zweiter Dom: siehe *Dom* (1747-1750 erbaut, 1817 umgebaut, 1893 abgerissen)
Dritter Dom: siehe *Dom* (1894-1905 erbaut, 1944-1945 teilweise zerstört, das Äußere 1974-1984 in vereinfachten Formen restauriert

Dom (1297)
ab 1536 Orgel aus der Zeit des *Dominikaner-Klosters* (vor 1536) vorhanden [Kirc-1989, S. 45]
1557 Neubau durch Anthonius Mors, Antwerpen [Kirc-1989, S. 46]. Nach Beckmann stand die aus den Tagen Joachim II. stammende Orgel auf einer Empore ungefähr in der Mitte des nordwestlichen Seitenschiffs. [Beck-1759; Müll-1906, S. 21]
1717 oder 1718 Abbau [Müll-1737, S. 51; Kirc-1989, S. 46]
1720 Neubau durch Johann Michael Röder, Berlin (II+P 32, mech. Schleifladen). Pfeifenmaterial von vor 1720 wiederverwendet. [Burg-1925, S. 57; Stru-1930, S. 312]
1747 Abbau durch Peter Migendt, Berlin. Abbruch des alten Doms [Davi-1949, S. 23 ff.]

Dom (1747-1750)
1747-1750 Neubau des Doms gegenüber dem Lustgartenflügel des Schlosses [Kühn-1978, S. 362]
1753 Aufstellung der Röder-Orgel von 1720 und Umbau durch Peter Migendt, Berlin (II+P 32, mech. Schleifladen). Aufstellung der Orgel hinter dem Altar [Davi-1949, S. 25]
um 1817 Abbau [Davi-1949, S. 24 f.]
1817-1821 Umbau des Doms [Kühn-1978, S. 362]
1817 Neubau durch Johann Simon Buchholz, Berlin, nach Plänen des Musikdirektors Schockert (II+P 32, mech. Schleifladen) [Lede-1860, S. 79]
nach 1820 Erweiterung durch Johann Simon Buchholz, Berlin (II+P 38, mech. Schleifladen) [Haup-1850]
1893 Abbau. Sprengung der Kirche [Davi-1949, S. 25; Kühn-1978, S. 362]

Dom-Interimsgebäude (um 1892)
1892 Neubau durch W. Sauer, Frankfurt/Oder (II+P 20) [Ura, Jg. 52, 1895, S. 86]

Dom (Raschdorff, 1894-1905)
1904-1905 Neubau durch W. Sauer, Frankfurt/Oder (IV+P 113, pneum. Kegelladen) [Rupp-1929, S. 155; Saue-1929]
1932 Dispositionsänderung auf Veranlassung von Fritz Heitmann (IV+P 114, pneum. Kegelladen) [Hei-1963, S. 45 f.]
1944 Beschädigung von Kuppel und Orgel durch Bombenangriff [Fisc-1961, S. 452]
nach 1944 Verlust von 30% der Metallpfeifen [Fisc-1961, S. 452]
ab 1974 Restaurierung des Gebäudes (Substanz, Fassaden, Kuppeln) [Gott-1985, S. 183]
1988 Die Orgel ist in wesentlichen Teilen erhalten. Eine Restaurierung durch W. Sauer, Frankfurt/Oder, wird bis Ende 1992 abgeschlossen sein. [KoO-ZSOb]

Dom (1894-1905), Domgruft
1946 Neubau durch Alexander Schuke, Potsdam (II+P 16, mech. Schleifladen). Erster Orgelneubau nach dem Zweiten Weltkrieg in Berlin-Brandenburg [KoO-OK]
1972 Umsetzung durch Alexander Schuke, Potsdam. Aufstellung in der Taufkapelle [KoO-OK]

Dom (1894-1905), Tauf- und Traukapelle
1907 Neubau durch W. Sauer, Frankfurt/Oder (II+P 8, pneum. Kegelladen). Baujahr nach Mund-1920: 1904. [Saue-1929; Mund-1920, B 124, S. 499; Frot-1950]
1944 Zerstörung [Kirc-1930]
1972 Umsetzung der Orgel aus der Domgruft durch Alexander Schuke, Potsdam. Aufstellung zu ebener Erde [AAScP, Akte Domgruft, 17.5.1989]
1977 Abbau [AAScP, Akte Domgruft, 17.5.1989]
1980 Aufstellung auf der restaurierten Empore durch Alexander Schuke, Potsdam [AAScP, Akte Domgruft, 17.5.1989]
1990 Generalüberholung und Reinigung durch Firma A. Voigt, Bad Liebenwerda. Einbau neuer Prospektpfeifen aus Zinn (ehemals Zink) und neuer Zungenstimmen. Erneuerung der Spielmechanik [KoO-ZSOb]

Dominikaner-Klosterkirche (1297): siehe auch *Dom* (ab 1536)

Dominikaner-Klosterkirche (1297)
vor 1536 Neubau. Kleine Orgel [Kirc-1989, S. 45]. Verbleib unbekannt

Domkandidatenstift
1891 Neubau durch Gebr. Dinse, Berlin (II+P 13) [Mund-1920, D 12, S. 143]
1938 Neubau durch Alexander Schuke, Potsdam (Opus 173) (I 6, mech. Traktur) [AAScP]

Domstift: siehe *Schloß, Erasmus-Kapelle*

Dorotheenstädtische Kirche (1678-1687)
1717 Neubau durch Johann Michael Röder, Berlin (I+P 13, mech. Schleifladen). Nach Henc-1937 18 Register [Sach-1908, S. 313; Henc-1937, S. 18]
1717-1750 Reparaturen und Umbauten [Henc-1937]
1786 Reparatur durch Ernst Marx, Berlin. Neubau des Gehäuses (I+P 13, mech. Schleifladen) [Sach-1908, S. 313; Henc-1937, S. 19; Mund-1920, 432, C 82]
1806 Verlust von Pfeifen infolge Verwendung der Kirche als Pferdestall [Henc-1937, S. 19]
nach 1806 Die Orgel hat nur noch 6 klingende Stimmen. [Henc-1937, S. 19]
1832 Abbau durch Carl August Buchholz, Berlin, und Umsetzung nach *Wesenberg* in Mecklenburg (I+P 12, mech. Schleifladen) [Henc-1937; Schäf-1989, 22. 11. 1989]
1832-1833 Aufstellung und Erweiterung der ehemaligen Orgel der *französischen Friedrichswerderschen Kirche* (Ernst Marx, 1786) durch Carl August Buchholz, Berlin (II+P 26, mech. Schleifladen). Teile des Pfeifenmaterials von 1717 (Johann Michael Röder) blieben erhalten [Haup-1850; Stec-1887, S. 15 f.; Henc-1937, S. 19]
1861 Abbau [Neubau der Kirche]

Dorotheenstädtische Kirche (1861-1863)
1863 Aufstellung der Orgel aus der alten Kirche und Erweiterung durch August Ferdinand Dinse, Berlin (II+P 30, mech. Schleifladen) [Bär, Jg. 14, 1888, S. 134; Kirc-1898]
1901 Beschädigung durch Brand [Henc-1937, S. 60 f.]
1903 Abbau (Umbau der Kirche) [Henc-1937, S. 60 f.]
1903 Neubau durch W. Sauer, Frankfurt/Oder (Opus 889) (III+P 40, pneum. Kegelladen). Gehäuse von 1786 (Ernst Marx) wiederverwendet [Saue-1929; Mund-1920, C 82, S. 432]
11. 1943 Zerstörung [Gott-1985, S. 173]

1965 Abriß der Kirchenruine. Nach Kühn-1978: 1968 [Kühn-1978, S. 365; Gott-1985, S. 173]

Dreifaltigkeits-Kirche (1739)
um 1740 Die Gemeinde bekommt ein kleines Positiv geschenkt (mech. Schleifladen) [Lomm-1889, S. 42; Mund-1920, 288, S. 38 a]
1774-1775 Neubau durch Ernst Marx, Berlin (II+P 28 (32), mech. Schleifladen). Baujahr nach Mund-1920: 1776, nach Haup-1850: 1777 [Gesc-1839, S. 159; Haup-1850; Mund-1920, 288, S. 38 a; Bull-1969, II, S. 75]
1806 Beschädigung infolge Einquartierung des Isenburgischen Regiments [Gesc-1839, S. 28 f.]
1807-1811 Reparatur (II+P 28, mech. Schleifladen) [Gesc-1839, S. 28 f.]
um 1896 Abbau (II+P 29, mech. Schleifladen) [Orgelneubau]
1896 Neubau durch W. Sauer, Frankfurt/Oder (III+P 37, pneum. Kegelladen). Das Gehäuse von 1775 wurde wiederverwendet [KoO-ZSOb]
1935-1936 Erweiterung durch G. F. Steinmeyer & Co., Oettingen (IV+P 56, davon 4 Transmissionen, Kegelladen, elektrische Traktur) (siehe auch Hindenburg-Gedächtnis-Orgel) [Frot-1950]
11. 1943 Zerstörung [Gott-1985, S. 181]
1947 Abriß der Kirchenruine [Gott-1985, S. 181]

Dreifaltigkeits-Kirche (1739), Hindenburg-Gedächtnis-Orgel
1935 Neubau durch G. F. Steinmeyer & Co., Oettingen (Opus 1600) (II+P 17, davon 4 Transmissionen, Taschenladen, elektrische Traktur). Ein barockes Gehäuse aus der Instrumentensammlung im ehemaligen Kloster Nothgottes bei Rüdesheim wurde vor ein neues Fernwerk gestellt. Der Prospekt wurde mit dem Wappen der Familie Hindenburg geschmückt. Große Orgel und Hindenburg-Gedächtnis-Orgel waren von einem Spieltisch aus spielbar [AStOe; Abe, 15. 5. 1936]
1942 Abbau und Auslagerung durch G. F. Steinmeyer & Co., Oettingen [AStOe]
vor 11. 1943 Auslagerung des Gehäuses in das Gemeindehaus der *Dreifaltigkeits-Gemeinde* in *Berlin-Kreuzberg*. Dort blieb das Gehäuse erhalten und bis 1989 unentdeckt [Mitt. Bittcher]
8. 1989 Teile des Gehäuses werden in Räume der Firma Karl Schuke, Berlin, überführt [Mitt. Bittcher]

Dreifaltigkeits-Gemeinde, Gemeindehaus
1909 Neubau durch G. F. Steinmeyer & Co., Oettingen (Opus 1032) (II+P 12) Transmissionsorgel [AStOe]

Englische Kirche St. Georg
nach 1854 Neubau durch August Ferdinand Dinse, Berlin (II+P 11) [Ura, Jg. 53, 1896, S. 43]. Die englische Gemeinde in Berlin entstand zu Anfang der 1840er Jahre. 1854 erhielt sie durch Friedrich Wilhelm IV. den ehemaligen Theatersaal im Vorderflügel des Schlosses Monbijou [Bär, Jg. 12, 1886, S. 186]
um 1885 Abbau [Ura, Jg. 53, 1896, S. 43]

Englische Kirche St. Georg (1882-1885)
1885 Neubau durch W. Sauer, Frankfurt/Oder (II+P 14) [Saue-1929] »In kunstvoller Schmiedearbeit das Gerüst des im übrigen lediglich aus den Zinnpfeifen selbst zusammen gesetzten Orgel-Aufbaues, der in der Nische nach dem Chor zur Erscheinung tritt ...« [DBZ, 19, 1885, S. 559]
1963 Neubau durch E. F. Walcker & Cie., Ludwigsburg (II+P 14) [KoO-OK]

Franziskaner-Klosterkirche (Bernhard, 1471-1474)
vor 1571 Neubau. 1571 wird ein Organist erwähnt. [Sach-1908]
7. 5. 1574 Der Organist von St. Nikolai wurde verpflichtet, auch die Orgel der Klosterkirche zu spielen [Kirc-1989, S. 51]
1579 Neubau durch Friedrich Trebbow, Berlin [Bron-1933, S. 125]
1688-1689 Neubau durch Flöricke, Berlin (II+P, Springladen, mech. Traktur). Nach Beck-1750: 1680, nach Scub-1936: von Schnitger [Samm-1757/2, S. 117; Beck-1759, S. 143; Bron-1933, S. 125 f.; Scub-1936, S. 4]
1717 Reparatur durch Johann Michael Röder, Berlin [EZA, 14/3370 und 14/4078]
1778-1779 Reparatur durch Ernst Marx, Berlin [EZA, 14/3370 und 14/4078]
um 1842 Abbau
1842-1845 Umbau der Kirche [Kühn-1978, S. 355]
1844 Neubau durch Carl August Buchholz, Berlin (II+P 25, mech. Schleifladen). Pfeifenmaterial von 1689 wiederverwendet [Haup-1850]
1933 Abbau (Orgelneubau)
1935-36 Neubau durch W. Sauer, Frankfurt/Oder (Opus 1500) (II+P 29, Schleifladen, elektrische Traktur). Disposition in Frot-1939 [Frot-1939, S. 58; BHe, 3. 1958, S. 138]
4. 1945 Zerstörung [Frot-1939]

Französische Friedrichstadt-Kirche (1705), Franz.-ref.
1754-1755 Neubau durch Leopold Christian Schmaltz, Berlin (II+P, mech. Schleifladen) Standort: südliche Empore über einem Eingang [Samm-1757/2, S. 119]
1786 Reparatur und Dispositionsänderung durch Ernst Marx, Berlin [Kirc-1985]
1905-1906 Umbau der Kirche [Kühn-1978, S. 373]
1905-1906 Neubau durch Gebr. Dinse, Berlin (III+P 43, pneum. Kegelladen). Das Gehäuse von 1755 wurde wiederverwendet, aber seitlich durch je zwei Felder im Stil des alten Gehäuses erweitert [Kirc-1985]
1922 Umbau, Generalreinigung, Umintonation [Kirc-1985]
1935 Umbau und Erweiterung durch Alexander Schuke, Potsdam (Opus 150) (III+P 46, elektropneum. Kegelladen). Das Gehäuse von 1755 und 1905-1906 blieb erhalten [Scuk-1935; AAScP]
vor 5. 1944 Abbau und Auslagerung der Rokokoornamente. In einem Seitenraum des Turms blieb das Schnitzwerk erhalten [Kirc-1985]
5. 1944 Zerstörung [Kühn-1978, S. 373; Gott-1985, S. 177]
1951 Neubau durch Alexander Schuke, Potsdam (I+P 6, mech. Schleifladen). Aufstellung im Gemeindesaal (Erman-Saal) im Turm der Kirche [KoO-OK]
1983 Nach dem Wiederaufbau der Kirche Umsetzung auf die westliche Empore der Kirche durch Alexander Schuke, Potsdam (I+P 6, mech. Schleifladen) [KoO-OK]
1985 Verkauf nach *Selchow*, Kreis Königs Wusterhausen. Umsetzung durch VEB Schuke Orgelbau, Potsdam [KoO-OK]
1985 Neubau durch VEB Eule-Orgelbau-Bautzen, Bautzen (II+P 25, Koppelmanual, mech. Schleifladen) [KoO-OK]

Französische Hospital-Kapelle (1732-1733), Franz.-ref.
1842 Neubau durch Johann Christoph Schröter, Sonnewalde [Mure-1885, S. 93]
1926 Verkauf nach *Warthe*, Kreis Templin (I+P 8, mech. Schleifladen) [KoO-ZSOb]

Französische Kirche (1721-1726), Franz.-ref., Klosterstraße
1734 Neubau durch Joachim Wagner, Berlin (I+P 12, mech. Schleifladen) [Mure-1885, S. 170]
1794 Umbau und Erweiterung durch Ernst Marx, Berlin (I+P 13, mech. Schleifladen) [Mund-1920, B 70]
1901 Neubau durch Barnim Grüneberg, Stettin (II+P 13, pneum. Kegelladen). Das Gehäuse von 1734 bzw. 1794 wurde wiederverwendet. Disp. in Ura [Mund-1920, B 70; Ura, Jg. 59, 1902, S. 8]
1923 Verkauf der Kirche an die jüdische Gemeinde. Verbleib der Orgel unbekannt [ConsFr, 12. 6. 1922, II/28, S. 447]
1945 Zerstörung der Kirche [KoO-ZSOb]

Französischer Dom: siehe *Französische Friedrichstadt-Kirche*

Friedhof Friedrichswerder- und Franz.-ref. Gemeinde
1969 Neubau durch W. Sauer, Frankfurt/Oder (I 3, mech. Schleifladen) [KoO-OK]

Franziskaner-Klosterkirche, vor 1933, nicht erhalten

Franziskaner-Klosterkirche, 1935, zerstört

Französische Friedrichstadt-Kirche

Französische Kirche, um 1923, nicht erhalten

Friedrichswerdersche Kirche,
vor 1944, zerstört

Gnaden-Kirche, vor 1944,
nicht erhalten

Heilige-Geist-Kapelle,
vor 1906, nicht erhalten

Luisenstadt-Kirche, vor 1930,
zerstört

Friedrichs-Hospital-Kirche: siehe *Waisenhaus-Kirche*

Friedrichswerdersche Kirche (1699-1701), Deutsche Kirche
bis 1699 Kurfürstliches Reithaus, dann zu einer »Doppel-Kirche« umgebaut. Die Kirche bestand aus einem luth. und einem franz.-ref. Gebäudeteil. [Rave-1939, Bd. 1, S. 255; Kühn-1978, S. 368 f.]
1701 Orgel vorhanden [Sach-1908, S. 197]
1744 Neubau durch JOACHIM WAGNER, Berlin (II+P, mech. Schleifladen) [SAB, Rp. 22/404, V. I 1768-1801, Nr. 20, S. 22]
vor 1824 Abbau und Auslagerung. Das Pfeifenmaterial wurde von BUCHHOLZ beim Neubau der Orgel für die neue Friedrichswerdersche Kirche verwendet. [Haup-1850]
1824 Die Friedrichswerdersche Doppelkirche wird abgetragen. [Kühn-1978, S. 369]

Friedrichswerdersche Kirche (1699-1701), Franz.-reformiert, Französische Kirche
1786 Neubau durch ERNST MARX, Berlin (II+P 24, mech. Schleifladen). [Mure-1885, S. 112; Stec-1887, S. 15; Kühn-1978, S. 368 f.]
1820 Abbau (II+P 24, mech. Schleifladen). 12 Jahre in Kisten verpackt, dann der *Dorotheenstädtischen Kirche* überlassen [Stec-1887, S. 15 f.]
1824 Abtragung der Kirche [Kühn-1978, S. 369]

Friedrichswerdersche Kirche (Schinkel, 1827-1830)
1829-1830 Neubau durch CARL AUGUST BUCHHOLZ, Berlin (III+P 33, mech. Schleifladen). Pfeifenmaterial von 1744 (JOACHIM WAGNER) wurde wiederverwendet. Disposition in Haup-1850 [LAB, Plankammer, Orgelrisse Schinkels; Haup-1850]
1891 Neubau durch GEBR. DINSE, Berlin (III+P 43, pneum. Kegelladen). Prospekt und Pfeifenmaterial von 1829-1830 wurden wiederverwendet [Ura XLVIII, 1891, S. 69 f.; Mund-1920, 173, D 33]
um 1944 Zerstörung [Gott-1985, S. 176]
1990 Die Kirche ist im Dauernutzungsrecht der Stadt Berlin. Heute Schinkel-Museum. Keine Orgel vorhanden. [Befund 1990]

Friedrichswerdersche Schule
1941 Neubau durch ALEXANDER SCHUKE, Potsdam (Opus 194) (II+P 18, elektrische Traktur) [AAScP]

Friedrichswerder-Gemeindehaus
1976 Neubau durch RUDOLF BÖHM ORGELBAU, Gotha (I+AP 5, mech. Schleifladen) [KoO-OK]

Garnisonkirche: siehe *Alte Garnisonkirche*

Gnaden-Kirche (Spitta, 1891-1895)
1895 Neubau durch GEBR. DINSE, Berlin (III+P 44, pneum. Kegelladen). Manuale I und II mit Barker-Hebeln [KoO-OK; ZfI, 1895, S. 131 f.]. 1927 beseitigt.

Gnaden-Kirche (Spitta, 1891-1895)
1927 Neubau durch WILHELM RÜHLMANN, Zörbig (III+P 54, davon 4 Transmissionen, pneum. Taschenladen). 28 Register aus der DINSE-Orgel übernommen [ZfI, Jg. 48, 1927/28, S. 37]
um 1944 Beschädigung [KoO-OK]
8.1967 Beseitigung der Kirchenruine [KoO-OK]

Gnaden-Kirche, Kirchsaal
1954 Neubau durch ALEXANDER SCHUKE, Potsdam (II+P 10, mech. Schleifladen) [KoO-OK]

Heilige-Geist-Kapelle (13. Jahrhundert)
1834 Neubau durch CARL AUGUST BUCHHOLZ, Berlin (I+P 10, mech. Schleifladen) [Mund-1920; Bär, Jg. 1, 1875, S. 94]
1906 Abbau. Umbau der Kapelle zur Aula der Handelshochschule. Verbleib der Orgel unbekannt [Gott-1985, S. 169]

Hofkirche: siehe *Dominikaner-Klosterkirche*

Invalidenhaus (1748), Evangelische Kirche
vor 1850 Neubau durch C. A. BUCHHOLZ (I+P 9, mech. Schleifladen). Um 1850 war eine Orgel vorhanden [Kirc-1930; Kirc-1898]
um 1950 Abriß des Invalidenhauses [Kirc-1930]

Kirche vor dem Köpenicker Tor: siehe *Sebastians-Kirche* und *Luisenstadtkirche*

Klosterkirche: siehe *Franziskaner-Klosterkirche*

Luisenstadt-Kirche: siehe auch *Sebastians-Kirche*

Luisenstadt-Kirche (1751-1753)
1802 Zusammen mit der Luisenstadt erhält die Sebastians-Kirche den Namen der preußischen Königin [Kühn-1978, S. 366]. In der Kirche stand ein Werk von ERNST MARX, Berlin (1773-1774)
1841 Abbau und Auslagerung durch LANG & DINSE, Berlin
1841-1842 Instandsetzung der Kirche [Noe-1894, S. 48]
1844-1845 Neubau durch LANG & DINSE, Berlin (II+P 29, mech. Schleifladen). Disposition in Haup-1850 [Haup-1850; KoW-ZSOb]
vor 1902 Umbau durch GEBR. DINSE, Berlin (II+P 31, mech. Schleifladen) [Mund-1920, 317, C 9]
1930 Abbau [Walc-1940]
1930 Neubau durch E. F. WALCKER & CIE., Ludwigsburg (Opus 2278) (III+P 53, elektrische Traktur). Neubau auf der zur Lang & Dinse-Orgel gegenüberliegenden Empore [Walc-1930; Mund-1920, 317, C 9]
1940 Erweiterung durch E. F. WALCKER & CIE., Ludwigsburg (Opus 2677) (IV+P 64, elektrische Traktur). Neues Gehäuse von PESCHKE [Smet-1942, S. 122]
3. 2. 1945 Zerstörung (IV+P 63, elektrische Traktur)
1964 Abriß der Kirche [Gott-1985, S. 174]

Luisenstadt-Kirche, Friedhofskapelle
1915 Neubau durch W. SAUER, Frankfurt/Oder (10) [Saue-1929; Frot-1950]
1934 Neubau durch E. F. WALCKER & CIE., Ludwigsburg (16) [Frot-1950]

Marien-Kirche: siehe *St. Marien-Kirche*

Neue Domkirche: siehe *Dom* (1747-1750)
Neue Kirche: siehe *Deutsche Friedrichstadt-Kirche*

Nikolai-Kirche: siehe *St. Nikolai-Kirche*

Palais Unter den Linden
1764 Prinzessin Amalie erwirbt das Palais [Bär 1877, Nr. 7, S. 63; WAI, 1880, Nr. 24, S. 220]
um 1765 Aufstellung der durch ERNST MARX und PETER MIGENDT, Berlin, 1755 erbauten Orgel aus dem *Lustgartenflügel* des *Berliner Schlosses* (II+P 25, mech. Schleifladen) [Siev-1954, S. 126]
1788 Umsetzung der Orgel in die *Schloßkirche Buch*. Die figurale Bekrönung des Werkes wird wegen der geringen Höhe abgebaut. [BKD, Berlin II, S. 240]
Die häufig zu findende Behauptung, die Bucher Orgel stamme aus dem Schloß Oranienburg, ist falsch. Die Orgel des Oranienburger Schlosses wurde von Friedrich Wilhelm I. der kath. Gemeinde in Potsdam geschenkt. [Krix-1915, S. 74]

Parochial-Kirche (1695-1703)
1703 Aufstellung eines Positivs aus dem Berliner Schloß als Leihgabe [Naat-1903, S. 16]
1704 Neubau durch ANDREAS SEYDEL, Lissa/Polen (I 6, mech. Schleifladen) [PfA-MiPa]
um 1730 Verkauf der Orgel von 1704 an die *Waisenhaus-Kirche* (*Großes Friedrich-Hospital*) [Fest-1928, S. 39]
1731-1732 Neubau durch JOACHIM WAGNER, Berlin (II+P 32, mech. Schleifladen) [Silb-1960; Davi-1949, S. 19]
1776 Reparatur durch ERNST MARX, Berlin [Davi-1949, S. 19]

450 | Historisches Inventar

1799, 1808 Reparaturen durch Johann Friedrich Falckenhagen, Berlin
[Fest-1928, S. 35 ff.; Konz-1937]
1810, 1819 Reparaturen durch Johann Simon Buchholz, Berlin. Nach Fest-1928: Umbau 1810 bis 1819 [Fest-1928; Stev-1939, S. 339 ff.; Davi-1949, S. 19]
1842 Reparatur [Fest-1928, S. 55]
1851 Erweiterung durch Carl August Buchholz, Berlin (III+P 41, mech. Schleifladen). Nach Davi-1949 42 Register [Davi-1949, S. 19]
19. 5. 1884 Abbau durch F. Dinse, Berlin [Ziet-1885, S. 12]
1885 Aufstellung und Reparatur durch Gebr. Dinse, Berlin. Erneuerung des Prospekts und der Prospektpfeifen. Der Wiederaufbau der Orgel erfolgte auf einer neu geschaffenen Empore im Westflügel
[Haup-1850, III; Ziet-1885, S. 11-12]
1903 Neubau durch W. Sauer, Frankfurt/Oder (Opus 900) (III+P 45, pneum. Kegelladen). Disposition in Mund-1920, dort Baujahr 1904. Das Gehäuse und 6 Register von Wagner wurden übernommen
[Saue-1929; Davi-1949, S. 20; Mund-1920, 431, C 81]
1935 Erweiterung durch W. Sauer, Frankfurt/Oder (IV+P 55, Kegelladen, elektropn. Traktur). Angliederung einer Altarorgel [Davi-1949, S. 20]
1936-1937 Umbau und Erweiterung durch W. Sauer, Frankfurt/Oder (IV+P 60, elektropn. Kegelladen) [Davi-1949, S. 20; Ros-1960]
24. 5. 1944 Zerstörung [Davi-1949, S. 21; Kühn-1978, S. 370]

Parochial-Kirche (1695-1703), Gemeindesaal im Turm
1947 Neubau durch Alexander Schuke, Potsdam (Opus 212) (I+AP 5, mech. Schleifladen) [PfA-MiPa]

Petri-Kirche: siehe *St. Petri-Kirche*

St. Elisabeth-Kirche (Schinkel, 1830-1834)
1834 Neubau durch Carl August Buchholz, Berlin (II+P 18, mech. Schleifladen) [Haup-1850]
1888 Dispositionsänderung durch Gebr. Dinse, Berlin (II+P 18, mech. Schleifladen) [Mund-1920, 289, S. 385]
1930 Reparatur durch Heinrich Dinse, Berlin [KoO-OK]
1938 Abbau [Orgelneubau]
1938-1939 Neubau unter weitgehender Verwendung der Buchholz-Orgel (Prospekt und Pfeifenmaterial) durch Alexander Schuke, Potsdam (Opus 181) (II+P 21, mech. Schleifladen) [LAB, Unterhaltung, 20. 12. 1939; EZA, 14/3784]
3. 1945 Zerstörung [Gott-1985, S. 185]
1990 Die Kirche ist als Ruine erhalten, der Wiederaufbau ungewiß [KoO-OK]

St. Elisabeth-Kirche, Gemeindehaus
1906 Neubau durch Gebrüder Walter, Guhrau (II+P 7, pneum. Kegelladen) [KoO-OK]
1969 Abbau [KoO-OK]
1969 Neubau durch W. Sauer, Frankfurt/Oder (I+P 6, mech. Schleifladen) [KoO-OK]

St. Erasmus: siehe *Schloß, Erasmus-Kapelle*

St. Georg: siehe *Englische Kirche St. Georg*

St. Georgen-Kirche (mittelalterlich)
1690 Neubau eines Positivs, »Drehorgel« [Rahn-1857, S. 45]
1694 Ankauf und Aufstellung einer älteren Orgel
[Beck-1759, S. 481]
1696 kleines Positiv vorhanden [Wegn-1889, S. 30]
1696-1697 Reparatur durch Christoph Werner
[Wegn-1889, S. 30 f.]
1727 Abbau [Orgelneubau]

1727 Neubau durch Joachim Wagner, Berlin (II+AP, mech. Schleifladen) [Beck-1759, S. 481]
1779 Abbau durch Ernst Marx, Berlin (Nur eine Windlade für beide Klaviere, Principal 8' im Prospekt) [Samm-1757/2, S. 118; Rahn-1857, S. 80]
ab 8. 3. 1779 Die Kirche wird wegen Baufälligkeit abgebrochen [Kirc-1937, S. 48]

St. Georgen-Kirche (Naumann jun., 1780)
1781-1782 Neubau durch Ernst Marx, Berlin (II+P 27 (28), mech. Schleifladen). Aufstellung über dem Altar und der Kanzel auf der zweiten Empore [Rahn-1857, S. 121; Lede-1860, S. 353; Wegn-1889, S. 46 f.]
1847-1848 Abbau durch Carl August Buchholz, Berlin (II+P 28, mech. Schleifladen) [Rahn-1857, S. 117]
1848 Aufstellung einer vor 1848 erbauten Interimsorgel durch Carl August Buchholz, Berlin (mech. Schleifladen) [Rahn-1857, S. 123]

St. Georgen-Kirche (1780, Stüler, 1848)
1848 Neubau durch Carl August Buchholz, Berlin (III+P 42, mech. Schleifladen) [Haup-1850; Wegn-1889, S. 61]

St. Georgen-Kirche (Otzen, 1887-1889)
1897 Neubau durch Gebr. Dinse, Berlin (III+P 50, el. Traktur). Nach DBZ nur 45 Register [DBZ, 32, 1898, S. 534]
1920 Reparatur durch G. F. Steinmeyer & Co., Oettingen (III+P 48, el. Traktur). Behebung der in den Revolutionstagen entstandenen Schäden und Umintonation [AStOe]
1937 Erweiterung durch G. F. Steinmeyer & Co., Oettingen (Opus 1638) (III+P 61, el. Taschenladen) [AStOe]
1945 Zerstörung [Gott-1985, S. 169]
1950 Abriß der Kirche [Gott-1985, S. 169]

St. Georgen-Kirche, Gemeindesaal
1941 Neubau durch G. F. Steinmeyer & Co., Oettingen (Opus 1706) (II+P 25, elektropn. Traktur) [AStOe]

St. Georgen-Parochial-Gemeinde, Gemeindesaal
um 1965 Neubau durch W. Sauer, Frankfurt/Oder (I 3, mech. Schleifladen) [KoO-OK]

St. Gertrauden-Kirche (1405-1411, 1739)
vor 1737 Neubau durch Joachim Wagner, Berlin (II+P, mech. Schleifladen). Nach Kitschke nur einmanualig [Sach-1908; Mitt. A. Kitschke, Potsdam, 1989]
1847 Abbau (II+P, mech. Schleifladen) [KoO-OK]
1852 Verkauf nach *Blankenfelde*, Kreis Zossen. Werk 1910 durch Kienscherf beseitigt, Gehäuse 1978 verbrannt. [PfA-Bl; Mitt. Kitschke, 1989]

St. Gertrauden-Kirche (1405-1411, Schinkel, 1833)
1847 Neubau durch Carl August Buchholz, Berlin [Lisc-1857, S. 31]
1881 Abbau. Kirche 1881 wegen Baufälligkeit und städtebaulicher Planungen abgerissen [Kühn-1978, S. 360]

St. Golgatha-Kirche (Erbkam, 1870)
um 1870 Neubau [KoO-OK]

St. Golgatha-Kirche (Graef, Peters, 1900)
1900 Neubau durch W. Sauer, Frankfurt/Oder (II+P 27, pneum. Kegelladen) [BeA, Jg. 3, 1901, S. 355; Saue-1929; Mund-1920, 9, A 15]
1925 Neubau durch G. F. Steinmeyer & Co., Oettingen (Opus 1413) (III+P 38, elektropn. Kegelladen und Taschenladen). Pfeifenmaterial und Windladen von 1900 wurden wiederverwendet. III. Manual = Fernwerk mit Taschenladen auf der Südempore, Spieltisch 1925 [KoO-OK; Mitt. Lothar Graf, 1989]
um 1944 Beschädigung [KoO-OK]
1949 Beseitigung der Kriegsschäden [KoO-OK]
1965 Umbau durch Ludwig Glöckner, Berlin. Fernwerk still-

Parochial-Kirche, um 1939, zerstört

St. Georgen-Kirche, vor 1945, zerstört

Blankenfelde, Gehäuse von J. Wagner, vormals in der *St. Gertrauden-Kirche*

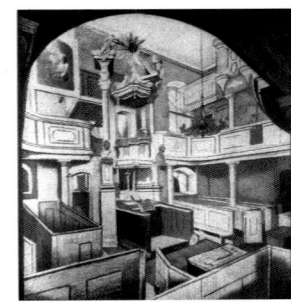

St. Gertrauden-Kirche, Zeichnung um 1850

gelegt, Disposition verändert, Spieltisch auf der Nordempore in Orgelnähe aufgestellt (III+P 38, elektropn. Kegel- und Taschenladen) [KoO-OK]

St. Golgatha-Kirche, Gemeindesaal
1981 Neubau durch Axel Stüber, Berlin (I+AP 4, mech. Schleifladen) [KoO-OK]

St. Johannes-Evangelist-Kapelle (1859)
vor 1897 Ungewiß, ob Orgel vorhanden
1897 Abbruch der Kapelle [Kühn-1978, S. 391]

St. Johannes-Evangelist-Kirche (1898-1900)
1900 Neubau durch W. Sauer, Frankfurt/Oder (II+P 26, pneum. Kegelladen) [KoO-OK; Ura, Jg. 58, 1901, S. 43]
um 1944 Beschädigung [KoO-OK]
nach 1945 Plünderung und Beseitigung der Orgel [KoO-OK]
1962 Neubau durch Hermann Eule, Bautzen (I 3, mech. Schleifladen) [KoO-OK]
1979 Verkauf an die *Sophien-Kirchen-Gemeinde* [KoO-OK]
ab 1979 Vermietung der Kirche als Bibliotheksmagazin an die *Humboldt-Universität* [KoO-OK]

St. Marien-Kirche (got. Backsteinbau)
vor 1469 Neubau (I+P 10, mech.) [KoO-ZSOb; Leh-1957, S. 28]
um 1557 Neubau vermutlich durch Anthonius Mors, Antwerpen (I+P 10, mech. Traktur) [Steh-1967, S. 38 ff.]
um 1580 Abbau [KoO-ZSOb]
1577-1578 Neubau durch Friedrich Trebbow, Berlin (II+P, mech. Schleifladen) [Kirc-1989, S. 47]
5. 4. 1612 Reparatur der Bälge, wahrscheinlich durch Martin Grabow [Kirc-1989, S. 53]
1616, 1625, 1634, 1638, 1639 Reparaturen durch Martin Grabow, Berlin/Fürstenwalde [Davi-1949, S. 7; Kirc-1989, S. 53]
nach 1639 Erweiterung (II+P, mech. Schleifladen) [Davi-1949, S. 7]
1670 Reparatur durch Christoph Werner, Berlin [Ura, 1908, Jg. LXV, S. 51; Sach-1908, S. 312; Davi-1949, S. 7; Leh-1957, S. 37; Kirn-1987, S. 30]
1691-1692 Reparatur durch Christoph Werner, Berlin (II+P, mech. Schleifladen) [Ura, 1908, Jg. LXV, S. 51]
1705 Reparatur [Stev-1939, S. 325 ff.]
1720 Abbau [Davi-1949, S. 7; Leh-1957, S. 37]
1719-1723 Neubau durch Joachim Wagner, Berlin (III+P 40, mech. Schleifladen) [Adlu-1768, S. 201; Sank-1946, S. 10; Leh-1957, S. 38]
1742 Reparatur durch Joachim Wagner, Berlin [Leh-1957, S. 38]
1768 Instandsetzung durch Ernst Marx, Berlin [Ura, Jg. 65, 1908, S. 51]
1800-1801 Umbau durch Johann Friedrich Falckenhagen, Berlin. Simplifizierung durch Abbé Vogler (III+P 26, mech. Schleifladen). Die »überflüssigen« Pfeifen kamen in die *Hedwigs-Kathedrale* [Marx-1806, S. 6 f.; Davi-1949, S. 10-12]
1829 Umbau und Dispositionsänderung durch Carl August Buchholz, Berlin. Beseitigung der Simplifikation. Nach Davi-1949 kam das Material aus der *Hedwigs-Kathedrale* zurück. [Dien-1879, S. 52; ZfI, 1902, Nr. 13-15; Davi-1949, S. 12]
1892-1894 Im Rahmen der Kirchenrenovierung werden die Emporen abgebrochen und eine Empore neu gebaut. Anschließend Umbau durch Schlag & Söhne, Schweidnitz, nach Plänen von Otto Dienel, Berlin (III+P 53, Schleif- und Kegelladen, mech. und pneum. Traktur). Von den alten Stimmen wurden 19 ganz und 14 zum Teil übernommen [Bär, Jg. 20, 1894, S. 504; Sank-1946, S. 13; Davi-1949, S. 12; Leh-1957, S. 39]
1908 Abbau. Der Spieltisch von Schlag & Söhne kommt in das *Musikhistorische Museum* von Wilhelm Heyer in *Köln* [Heye-1910, S. 324]
1908 Neubau durch W. Sauer, Frankfurt/Oder (III+P 57, pneum. Kegelladen). Das Gehäuse von 1723 (Joachim Wagner, Berlin) wurde wiederverwendet, ebenso 20 Register von Wagner. Disposition in Mund-1920 [Davi-1949, S. 13; Mund-1920, 481, C 106]

St. Marien-Kirche, Gehäuse von J. Wagner

St. Nikolai-Kirche, vor 1944, zerstört

3. 2. 1945 Schwere Beschädigung (III+P 57, pneum. Kegelladen) [Leh-1957, S. 39]
1947-1949 Elektrifizierung und Dispositionsänderung durch Alexander Schuke, Potsdam (III+P 57, elektropn. Kegelladen) [Davi-1949, S. 13-15; Leh-1957, S. 39]
1984 Einbau eines neuen fahrbaren Spieltisches [KoO-OK]
1986-1987 Dispositionsänderung durch VEB Potsdamer Schuke-Orgelbau, Potsdam [KoO-OK]

St. Nikolai-Kirche (got. Backsteinbau)
vor 1500 Neubau (mech. Traktur) [Beck-1759, S. 29]
1519 Neubau durch Meister Blasius, Berlin (I+P, mech. Traktur) [Davi-1949, S. 21; Kirc-1989, S. 43]
1579-1580 Umbau durch Hans Thomas, Braunschweig, unter Verwendung von Pfeifenmaterial der alten Marienorgel (I+P 12, mech. Traktur) [Kirc-1989, S. 48 f.]
1590, 1596, 1619, 1624, 1627-1628 Reparaturen durch Martin Grabow, Berlin/Fürstenwalde [Kirc-1989, S. 52]
um 1670 Erweiterung um ein Rückpositiv mit 14 Stimmen, vermutlich durch Christoph Werner (II+P 33, mech. Traktur) [Beck-1759, S. 29]
1679 Reparatur und Erweiterung durch Christoph Werner, Berlin (II+P 34, mech. Traktur) [Beck-1759; Ruba-1930, S. 114]
5. 9. 1699 Reinigung und Instandsetzung durch den Organisten Adrian Lutterodt [Fest-1928, S. 16]
1706 Reparatur durch Arp Schnitger, Hamburg [Haup-1850, III]
1706-1708 Neubau durch Arp Schnitger, Hamburg (III+P 40, mech. Schleifladen). Disposition in Adlu-1768. Nach ZEK durch Röder und Grüneberg ausgeführt [Adlu-1768, S. 201; ZEK, 8, 1930, S. 311; Davi-1949, S. 21-23; Fock-1974, S. 205-207]
1719 Reparatur durch Matthias Hartmann, Magdeburg. Disposition in Haup-1850 [Davi-1949, S. 23; Haup-1850, III]
vor 1767 Eine Reparatur durch Peter Migendt ist nicht belegbar. Hier irrt Ledebur [Lede-1860, S. 374].
1768 Reparatur und Reinigung durch Ernst Marx, Berlin [Fest-1928; Haup-1850, III]
1790-1791 Durchgreifender Umbau durch Ernst Marx, Berlin. Die Vermutung J. S. Buchholz ist falsch (III+P 40, mech. Schleifladen) [Haup-1850, III; Davi-1949, S. 23; PfA-Mi NM]
1796 Eine Reparatur durch Falckenhagen ist nicht nachweisbar. Hier irrt David [Haup-1850, III; Davi-1949, S. 23]
1. 3. 1846 Abbau durch Carl August Buchholz, Berlin, auf Veranlassung von Haupt. Beschreibung des Werks in der Urania [Ura, 1903, Jg. LX, S. 52; Davi-1949, S. 23]
1845-46 Neubau unter Verwendung alten Materials durch Carl August Buchholz, Berlin (III+P 50, mech. Schleifladen). Disposition in Haup-1850 [Haup-1850; Kirc-1898]
1902 Abbau [Orgelneubau]
1902 Neubau unter Verwendung des Gehäuses von 1846 und alten Materials durch W. Sauer, Frankfurt/Oder (III+P 61, pneum. Kegelladen) [Saue-1929; Davi-1949, S. 23]
6. 1944 Zerstörung [Gott-1985, S. 163]
1981-1987 Restaurierung der Kirche [Gott-1985, S. 163-164]
1990 Keine Orgel vorhanden [Befund 1990]

St. Petri-Kirche (Pfarrkirche Cölln, mittelalterlich)
vor 1500 Orgel vermutet [Kirc-1989, S. 43]
1533 Der Organist Leonhard Franck in der Stadt Kölln bezeugt [Kirc-1988, S. 43]
1540 Besoldung für Organist und Calcant [Sehl-1909, S. 194 f]
vor 1700 Neubau (II+P 33, mech. Traktur). Disposition bei Smet-1931 [Dre-1730, S. 7; Smet-1931, S. 7]
1717 Umbau der Orgelempore und »Renovierung« der Orgel [Müll-1752, S. 505 (§ 25); Rahn-1853, S. 25]
29. 5. 1730 Zerstörung durch Blitzschlag und Brand der Kirche [Rahn-1853, S. 33 f.; Kühn-1978, S. 350]

St. Petri-Kirche (1731-1733)
1747 Genehmigung von Disposition und Kostenanschlag Joachim Wagners (III+P 50) [Semi-1809, S. 39/40]

1748/49 Beginn des Neubaus durch PETER MIGENDT (I+P 11) [Kirc-1990, S. 297]
1751 Erweiterung um das Oberwerk (III. Manual) durch PETER MIGENDT. Prospekt mit Schnitzwerk und allen Prospektpfeifen vollendet [Kirc-1990, S. 297; Rahn-1853, S. 50]
1768 Erweiterung um das Unterwerk (I. Manual) durch ERNST MARX [Kirc-1990, S. 297; Rahn-1853, S. 50]
1782 Erweiterung der Balganlage um 2 Keilbälge durch ERNST MARX, Berlin (III+P 24 (50), mech. Schleifladen) [Kirc-1990, S. 297; Rahn-1853, S. 50]
1805 Umfangreiche Reparatur durch FRIEDRICH MARX, Berlin (III+P 50, mech. Schleifladen) [Rahn-1853, S. 50]
1809 Zerstörung der Kirche und Orgel durch Brand [Kühn-1978, S. 350]

St. Petri-Kirche (Strack, 1846-1853)
1853 Neubau durch CARL AUGUST BUCHHOLZ, Berlin (IV+P 53 (60), mech. Schleifladen). Disposition in Mund-1920 [Smet-1931, S. 127; Rahn-1853, S. 98 ff., 116 f.; Mund-1920, 429, C 79]
1866 Vollendung der Orgel (IV+P 60)
1905-1906 Neubau durch W. SAUER, Frankfurt/Oder (IV+P 61). Das Buchholz-Gehäuse beibehalten. Disposition in Mund-1920 [Mund-1920, 429, C 79]
1945 Zerstörung [Gott-1985, S. 165]
1960 Abriß der Kirchenruine [Gott-1985, S. 165]

St. Petri-Kirche, Friedhofskapelle
1911 Neubau durch W. SAUER, Frankfurt/Oder (8) [Saue-1929; Frot-1950]
1964 Neubau durch ALEXANDER SCHUKE, Potsdam (I+P 6, mech. Schleifladen) [KoO-OK]

St. Petri-Luisenstadt-Gemeinde, Kirchsaal
1957 Neubau durch ALEXANDER SCHUKE, Potsdam (II+P 15, mech. Schleifladen) [KoO-OK]

St. Philippus-Apostel-Kirche (1851-1852)
1852 Aufstellung und Umbau durch LANG & DINSE, Berlin (II+P 15, mech. Schleifladen) [KoO-OK]. Diese Orgel war kleiner als die von 1894 und schon über 100 Jahre alt. Sie war der Kirche bei ihrer Erbauung geschenkt worden. [ZfI, Jg. 15, 1894/95, S. 95; Mund-1920, 145, D 13]
1894 Neubau durch GEBR. DINSE, Berlin (II+P 15, mech. Schleifladen) [Ura, Jg. 52, 1895, S. 83; ZfI, Jg. 15, 1894/95, S. 95]
1927 Neubau durch ALEXANDER SCHUKE, Potsdam (Opus 115) (II+P 29, pneum. Traktur). Mund-1920: 26 Register. Orgelgehäuse, Balgteile u. Pfeifen wurden aus der älteren Orgel übernommen [LAB, Pr. Br. Rep. 42, 1873, 16. 12. 1939; AAScP; Mund-1920, 145, D 13]
1945 Zerstörung [KoO-OK]
nach 1962 Beseitigung der Kirchenruine [Kühn-1978, S. 386]

St. Philippus-Apostel-Kirche, Gemeindesaal
1973 Neubau durch LUDWIG GLÖCKNER, Berlin (I+AP 3, mech. Schleifladen) [KoO-ZSOb]

Schloß
1542 und 1545 Die Hofstaatslisten nennen als Organisten der Hofkapelle HANS KELLNER, LEONH. FRANCK und MATTHIAS SCHULZ [Kirc-1989, S. 45]
1582 Die Hoforganisten JACOB MORS und JOHANNES RETTEL erwähnen 6 Positive bzw. Regale im Schloß. [Sach-1910, S. 205 f.]

Schloß, Erasmus-Kapelle
vor 1500 Orgel vermutet [Kirc-1989, S. 43]
1515-1516 Neubau durch MEISTER BLASIUS, Berlin (mech. Traktur) [Kirc-1989, S. 44]
1582 Positiv vorhanden [Sach-1910, 205 f.]
1945 Schwere Beschädigung des Schlosses [Tros-1983, S. 86]
1950-1951 Abriß der Schloßruine [Tros-1983, S. 86]

Schloß, Gemächer ohne Ortsangabe
1582 Kleines Positiv zur Reparatur bei VALENTIN UCKEROW [Sach-1910, S. 205 f.]
1582 Kleines Positiv bei JOHANN RETTEL vorhanden [Sach-1910, S. 205 f.]
1582 Regal vorhanden [Sach-1910, S. 205 f.]
um 1623 Regal für den Kurfürsten. »650 MK. seindt Mauritio Wend Churf: Orgelbawern vor einen Tisch welchen von Ih. Chrf. Dhlt. mit allerlei Stimmwerk new verfertiget, und nacher Berlin gebracht mit Geld, Bier und Holtze nunmehr gentzlichen gezahlt.« [Renk-1984, S. 172]

Schloß, Kapelle Friedrichs I., Ev.-ref. (bis 1879 »Alte Kapelle«)
1703 Neubau durch JOHANN NETTE, Berlin (mech. Traktur) [Hohe-1897, Jg. 1, 1897, S. 162 f.]
14. 8. 1731 JOACHIM WAGNER erhält laut Vertrag vom 14. 8. 1731 mit Friedrich Wilhelm I. anläßlich des Orgelbaus der »Potsdamschen Guarnisonkirche dero in der Berlinischen Schloß Capelle befindliche Orgel, ohnentgeltlich überlassen.« [MVP, 1864, XVI, S. 8]
1740 Im Inventarverzeichnis des Schlosses nicht aufgeführt [DStB, Ms. boruss., act. 277, Bl. 35]

Schloß, Neue Kapelle (Stüler und Schadow, 1845-1853)
1853 Keine Orgel vorh. [ZfB, 1853, S. 502 ff.; Pesc-1982, S. 493 ff.]

Schloß, Raritätenkammer
28. 5. 1691 »Orgel in einem Kästchen neu angeschafft« [DStB, Ms. boruss., fol. 233, S. 17]
1710 »Eine Orgel, wenn sie aufgezogen wird, spielet vier Melodeyen.« [DStB, Ms. boruss., fol. 277, Bl. 35]

Schloß, Ritterstuben
1582 Großes Positiv vorhanden [Sach-1910, S. 205 f.]

Schloß, Lustgartenflügel, Balkonzimmer
1755 Neubau durch ERNST MARX und PETER MIGENDT, Berlin, für die Prinzessin Anna Amalie (II+P 22, mech. Schleifladen) [BKD, II, S. 240; Bull-1969, II, S. 67]
um 1765 Abbau (II+P 22, mech. Schleifladen). Umsetzung in das *Palais Unter den Linden 7* (siehe dort)

Sebastians-Kirche: siehe auch *Luisenstadt-Kirche*

Sebastians-Kirche (Grünberg, 1695)
2. 7. 1694 Die Gemeinde wird von *St. Petri*, Cölln, als »Kirche vor dem Köpenicker Tor« abgetrennt [Kühn-1978, S. 366]
1696 Aufstellung eines Positivs, das für 35 Th. gekauft wurde. [Noel-1894, S. 34]
1710 Verkauf nach Pankow [Frdl. Mitt. Chr. Kirchner]
1707-1708 Neubau durch ARP SCHNITGER, Hamburg (II+P 24, mech. Schleifladen) [Walt-1757, Bl. 22 f.; Samm-1757/2; Steh-1967]
um 1751 Abbau durch PETER MIGENDT, Berlin [Walt-1757]

Sebastians-Kirche (Naumann, 1751-1753)
1753 Aufstellung und Erweiterung der alten Orgel durch PETER MIGENDT, Berlin (II+P 24, mech. Schleifladen) [Walc-1940]
1773 Abbau. Die Orgel wurde in die *Alte Pfarrkirche* von *Pankow* (Kirche *Zu den vier Evangelisten*) versetzt. [Gott-1985, S. 174]
1773-1774 Neubau durch ERNST MARX, Berlin (II+P 24, mech. Schleifladen) [Bull-1969, Teil 2, S. 72; Somm-1757/2]
1802 Umbenennung der Kirche in *Luisenstadt-Kirche*. Fortsetzung siehe dort [Kühn-1978, S. 366]

Sophien-Kirche (1712-1713)
1714 Neubau eines Positivs durch FRANZ CASPAR SCHNITGER, Hamburg (mech. Traktur) [Samm-1757/2, S. 117]
1789-1790 Neubau durch ERNST MARX, Berlin (II+P 31, mech. Schleifladen) [KoO-ZSOb; ZfI, Jg. 13, 1892/93, S. 269; Witt-1912, S. 138]
1877 Erweiterung durch CARL AUGUST BUCHHOLZ, Berlin (II+P 34, mech. Schleifladen) [KoO-ZSOb]

Schloß, Lustgartenflügel
Hausorgel der Prinzessin Anna Amalie

Sophien-Kirche
Gehäuse von E. MARX

1892 Neubau durch GEBR. DINSE, Berlin (II+P 36, mech. Kegelladen). Gehäuse und Pfeifenmaterial von 1790 wurden wiederverwendet. Barker-Maschine im Hauptwerk. Mittelturm etwas vergrößert. [KoO-ZSOb; Dins-1897]
1961-1962 Abbau durch ALEXANDER SCHUKE, Potsdam. Das Gehäuse und altes Pfeifenmaterial blieben erhalten. Auslagerung der Orgel wegen Renovierung des Kirchen-Innenraumes [KoO-ZSOb]
1970 Neubau durch ALEXANDER SCHUKE, Potsdam, unter Verwendung des alten Gehäuses und alten Pfeifenmaterials (II+P 28, Schleifladen, mech. Spieltraktur, el. Registertraktur). [KoO-ZSOb]

Sophien-Kirche, Gemeindehaus
1979 Aufstellung durch HERMANN EULE, Bautzen, aus der *St. Johannes-Evangelist-Kirche* (Neubau 1962 durch VEB EULE, Bautzen, I 3, mech. Schleifladen) [KoO-OK]
1984 Verkauf an die *Friedens-Kirchen-Gemeinde, Eberswalde* [KoO-OK]
1986 Neubau durch RUDOLF BÖHM ORGELBAU, Gotha (I+AP 5, mech. Schleifladen) [KoO-OK]

Spittel-Kirche (vor 1600): siehe *St. Gertrauden-Kirche*

Stadtvogtei-Kirche
vor 1917 Neubau [EZA, 14/3376]
1925 Reparatur [EZA, 14/3376]. Verbleib unbekannt

Versöhnungs-Kirche (1892-1894)
1894 Neubau durch GEBR. DINSE, Berlin (II+P 26, Kegelladen) [Dins-1897]
1926 Erweiterung durch E. F. WALCKER & CIE., Ludwigsburg (Opus 2127) (III+P 44, Kegelladen, elektropn. Traktur) [Walc-1927]
1944-1945 Beschädigung [KoW-ZSOb; Kühn-1978, S. 290]
Kirche ab 1950 wieder benutzt [Kühn-1978, S. 290]
1954 Neubau durch ALEXANDER SCHUKE, Potsdam (II+P 12, mech. Schleifladen). Aufstellung vor der DINSE-Orgel [KoO-ZSOb, Akte Versöhnungs-Kirche]
1960 Versetzung der Orgel für das *Burkhardthaus, Berlin*, in die neue Winterkirche unter der Orgelempore [KoO-ZSOb, Akte Versöhnungs-Kirche]
1962 Verkauf nach *Lobetal* [KoO-ZSOb, Akte Versöhnungs-Kirche]
22. 1. 1985 Die Kirche wird gesprengt und abgetragen [KoW-ZSOb]
28. 1. 1985 Der Turm wird gesprengt und abgetragen [KoW-ZSOb]

Waisenhaus-Kirche (1716)
um 1730 Aufstellung eines Positivs, das für 35 Thaler von der *Parochial-Kirche* gekauft wurde. [Fest-1928, S. 39]
zwischen 1730 und 1749 Neubau durch JOACHIM WAGNER, Berlin (I, mech. Schleifladen) [Samm-1757/2, S. 119; Gott-1985, S. 179]
zwischen 1855 und 1865 Umsetzung nach *Berlin-Falkenberg* [EZA, 14/5011; GStA, Orgelerf.-Liste]
vor 1896 nicht mehr als Kirche genutzt [Kirc-1930]
1905 Abbruch der Kirche [Gott-1985, S. 179]

Zions-Kirche (Orth, 1872-1873)
1872-1873 Neubau durch W. SAUER, Frankfurt/Oder (II+P 30, mech. Kegelladen) [KoO-OK]
1905 Umbau durch W. SAUER, Frankfurt/Oder (II+P 30, pneum. Kegelladen) [KoO-OK]
um 1944 Beschädigung [KoO-OK]
1947 Plünderung, später Beseitigung [KoO-OK]
1956 Neubau durch ALEXANDER SCHUKE, Potsdam (I+P 6, mech. Schleifladen) [KoO-OK]

Zions-Kirche, Gemeindehaus
1962 Neubau durch ALEXANDER SCHUKE, Potsdam (I+P 6, mech. Schleifladen) [KoO-OK]

CHARLOTTENBURG

Alt Lietzow: siehe *Lietzow-Kirche*

Dorfkirche Lietzow: siehe *Lietzow-Kirche* (vor 1541) und *Luisen-Kirche* (ab 1712-1716)

Epiphanien-Kirche (Kröger, 1904-1906)
1906 Neubau durch GEBR. DINSE, Berlin (II+P 28 (30), davon 2 Transmissionen, pneum. Kegelladen) [AStOe, PfA-ChEp]
um 1922 Abbau
1922 Neubau durch G. F. STEINMEYER & CO., Oettingen (Opus 1344) (III+P 49, davon 1 Transmission, elektropn. Traktur). Gehäuse und Pfeifenmaterial von 1906 wiederverwendet. [AStOe: 48 Register; PfA-ChEp, 1922]
1929 Erweiterung durch G. F. STEINMEYER & CO., Oettingen (III+P 52, davon 1 Transmission, elektropn. Traktur) [AStOe]
1944 Zerstörung [PfA-ChEp]

Epiphanien-Kirche (1904-1906, Sage, 1957-1970)
1961 Neubau einer Chororgel durch E. F. WALCKER & CIE., Ludwigsburg (I+AP 5, mech. Schleifladen) [PfA-ChEp]
1974-1975 Neubau durch FRIEDRICH WEIGLE, Echterdingen (II(III)+P 15 (44), mech. Schleifladen). Entwurf von H. SCHULZE und K. TH. KÜHN [PfA-ChEp]

Epiphanien-Kirche, Gemeindesaal
1953 Neubau durch KARL SCHUKE, Berlin (Opus 4) (I+P 14, mech. Schleifladen). Entwurf von K. SCHULZE und K. TH. KÜHN. Ravalement mit Ladenteilung. Im Baß 13 Register [PfA-ChEp]
1968 Verkauf und Umsetzung nach *Tegel-Süd, St. Bernhard* (kath.). Dort erhalten [PfA-ChEp]

Ev. Kirche der Union (EKU), Weißer Saal
1962 Neubau durch ALEXANDER SCHUKE, Potsdam (I+P 8 (9), mech. Schleifladen) [KoW-ZSOb]

Friedens-Kirche (Fangmeyer, 1928-1932)
1932 Neubau durch W. SAUER, Frankfurt/Oder (III+P 37, elektropn. Traktur) [KoW-ZSOb]
1944 Beschädigung [Kühn-1978, S. 43]
1952-1953 Teilweise Aufstellung durch KARL SCHUKE, Berlin, unter Verwendung der Sauer-Orgel von 1932 (II+P 17 (22), elektropn. Traktur) [KoW-ZSOb]
vor 1963 Erweiterung (II+P 19) [KoW-ZSOb]
1963 Abbau [PfA-ChFr]
1964 Aufstellung der von KARL SCHUKE, Berlin, 1959 (Opus 74) für die *Kirche am Lietzensee* erbauten Orgel durch KARL SCHUKE, Berlin (I+P 6, mech. Schleifladen) [PfA-ChFr]
1981-1982 Neubau durch FREIBURGER ORGELBAU, Hugstetten (II+P 20, davon 4 Transmissionen, mech. Schleifladen) [PfA-ChFr]
1983 und 1984 Reparaturen durch FREIBURGER ORGELBAU, Hugstetten [KoW-ZSOb]

Friedens-Kirche, Gemeindehaus Ruhleben
1964 Neubau durch KARL SCHUKE, Berlin (I+P, mech. Schleifladen) [KoW-ZSOb]

Friedens-Gemeinde, Gemeindehaus Eichkamp
1935 Neubau durch E. F. WALCKER & CIE., Ludwigsburg (Opus 2481) (II+P 26, el. Traktur, Multiplex-Orgel) [PfA-ChFr]

Gemeindesaal Heerstraße
1960 Neubau durch KARL SCHUKE, Berlin (Opus 99) (I 4, mech. Schleifladen) [KoW-ZSOb]

Gemeindezentrum Plötzensee (Neumann, 1968-1970)
1970-1971 Neubau durch ROMAN ILISCH, Berlin (II+P 22, davon 2 Transmissionen, mech. Schleifladen) [KoW-ZSOb]
1987 Reparatur durch ROMAN ILISCH, Berlin [KoW-ZSOb]

Epiphanien-Kirche, um 1939, zerstört

Epiphanien-Kirche

Gemeindezentrum Plötzensee

Gemeindezentrum Roscherstraße
1968 Neubau durch Karl Schuke, Berlin (Opus 219)
(I+P 6, mech. Schleifladen) [KoW-ZSOb]
1972 Umsetzung in das *Jona-Gemeindezentrum* [AKScB]

Gustav-Adolf-Kirche (Bartning, 1932-1934)
1933-1934 Neubau durch W. Sauer, Frankfurt/Oder
(III+P 47, el. Traktur) [PfA-ChGA; Fest-1972; Gust-1938]
15. 2. 1944 Zerstörung [Fest-1972]
1954 Aufstellung einer Elektronen-Orgel [Fest-1972]
1961 Neubau durch E. F. Walcker & Cie., Ludwigsburg
(II+P 10, mech. Schleifladen) [PfA-ChGA]
1971 Abbau [Orgelneubau]
1971-1972 Neubau durch Detlef Kleuker, Brackwede (III+P 41, Schleifladen, mech. Spieltraktur, el. Registertraktur) [PfA-ChGA]

Jona-Gemeindezentrum (Lichtfuß, 1966-1967)
1972 Aufstellung der 1968 durch Karl Schuke, Berlin, (Opus 219) für das *Gemeindezentrum Roscherstraße* erbauten Orgel
(I+P 6, mech. Schleifladen) [KoW-ZSOb]

Jugendstrafanstalt Plötzensee, Kapelle
1967 Neubau durch Karl Schuke, Berlin (Opus 211)
(II+P 12, Schleifladen, mech. Spieltraktur) [AKScB]

Kaiser-Wilhelm-Gedächtnis-Kirche (Schwechten, 1891-1895)
1894-1895 Neubau durch W. Sauer, Frankfurt/Oder (Opus 660)
(IV+P 93, pneum. Kegelladen) [Rupp-1929, S. 154; Saue-1929: 94 Register]
1920 Erweiterung durch W. Sauer, Frankfurt/Oder (IV+P 103) [Saue-1930; Mirb-1897]
1937-1938 Reinigung und Instandsetzung durch W. Sauer, Frankfurt/Oder [EZA, 14/4237]
22. 11. 1943 Zerstörung [Kühn-1978, S. 34]

Kaiser-Wilhelm-Gedächtnis-Kirche (1891-1895), Tauf-Kapelle
1964 Neubau durch Karl Schuke, Berlin (Opus 153) (I+AP 5, mech. Schleifladen) [KoW-ZSOb]
1982 Reparatur durch Karl Schuke, Berlin [KoW-ZSOb]

Kaiser-Wilhelm-Gedächtnis-Kirche (Eiermann, 1960-1961)
1962 Neubau durch Karl Schuke, Berlin (Opus 119) (IV+P 63, Schleifladen, mech. Spieltraktur, el. Registertraktur). Disposition von Siegfried Reda [PfA-ChKW, Lagerbuch]
1968 Reinigung und Elektrifizierung der Koppeln durch Karl Schuke, Berlin [PfA-ChKw, Lagerbuch]
1978 Reparatur durch Karl Schuke, Berlin [PfA-ChKW]
1985 Dispositionsänderung durch Karl Schuke, Berlin (IV+P 64) [KoW-ZSOb]
1986 Reparatur durch Karl Schuke, Berlin. Erneuerung der Setzeranlage [PfA-ChKW]
1988 Aufarbeitung und Neuintonation der Spanischen Trompeten durch Karl Schuke, Berlin [PfA-ChKW]

Kaiser-Wilhelm-Gedächtnis-Kirche, Bach-Chor
1973 Neubau durch Karl Schuke, Berlin (Opus 295)
(I 4, mech. Schleifladen) [PfA-ChKW, Lagerbuch]

Kaiser-Wilhelm-Gedächtnis-Kirche, Gemeindesaal
1913 Neubau durch Alexander Schuke, Potsdam (Opus 81)
(II+P 18, pneum. Traktur) [AAScP]
1951-1955 Wiederaufbau und Dispositionsänderung durch Karl Schuke, Berlin (II+P 23) [AKScB; PfA-ChKW]
1962-1963 Abbau. Abgabe an die *Pädagogische Hochschule* [Mitt. Paul Hoffmann]

Kirche am Lietzensee (Blunck, 1919-1920)
1920 Neubau durch W. Sauer, Frankfurt/Oder
(III+P 40, pneum. Traktur) [Saue-1929]
1937 Elektrifizierung und Dispositionsänderung durch G. F.

Steinmeyer & Co., Oettingen (III+P 40, davon 3 Transmissionen, el. Traktur) [AStOe; KoW-ZSOb]
1944 Zerstörung [KoW-ZSOb]

Kirche am Lietzensee (Baumgarten, 1957-1959)
1959 Neubau durch Karl Schuke, Berlin (Opus 74)
(I+P 6, mech. Schleifladen) [KoW-ZSOb]
1964 Umsetzung des Positivs in die *Friedens-Kirche* [KoW-ZSOb]
1964 Neubau durch Karl Schuke, Berlin (Opus 143) (III+P 34, Schleifladen, mech. Spieltraktur, el. Registertraktur) [KoW-ZSOb]
1975 Reinigung durch Karl Schuke, Berlin [KoW-ZSOb]
1985 Reparatur durch Karl Schuke, Berlin [KoW-ZSOb]

Kirche Neu-Westend (Sage, Habecker, 1960)
1960 Aufstellung aus dem *Kirchsaal Neu-Westend* (Walcker, 1958, II+P 11, mech. Schleifladen) [PfA-ChNW]
1965 Verkauf an die Gemeinde *Mariä Himmelfahrt* [PfA-ChNW]
1965-1966 Neubau durch E. F. Walcker & Cie., Ludwigsburg
(II+P 25, Schleifladen, mech. Spieltraktur, el. Registertraktur) [PfA-ChNW]
1975 und 1986 Reparaturen durch E. F. Walcker & Cie., Ludwigsburg [PfA-ChNW]

Kirchsaal Neu-Westend (Schwarz, 1951)
1958 Neubau durch E. F. Walcker & Cie., Ludwigsburg
(II+P 11, mech. Schleifladen) [KoW-ZSOb]
1960 Umsetzung in die neue Kirche durch E. F. Walcker & Cie., Ludwigsburg [KoW-ZSOb]

Kirchliche Zentralstelle für Orgelbau
1962 Neubau durch Karl Schuke, Berlin (Opus 121)
(I+P 7, mech. Schleifladen) [AKScB]

Konsistorium, Weißer Saal: siehe *Ev. Kirche der Union*

Lietzow-Kirche (Stüler, 1848-1850)
1850 Neubau durch Carl August Buchholz, Berlin (mech. Schleifladen) [ZfB, Jg. 2, 1852, Sp. 7 ff.; Krat-1916, S. 129]
1909 Abbruch der Kirche [Vos, 30. 5. 1911, Nr. 261]

Lietzow-Kirche (Kröger, 1910-1911)
1911 Neubau durch W. Sauer, Frankfurt/Oder (II+P 21, elektropn. Traktur) [Saue-1929; Vos, 30. 5. 1911, Nr. 261]
1944 Zerstörung [KoW-ZSOb]

Lietzow-Kirche (Walthausen, 1960-1961)
1963-1964 Neubau durch E. F. Walcker & Cie., Ludwigsburg
(Opus 4428) (II+P 21, mech. Schleifladen) [PfA-ChLu, Lagerbuch]
1988 Reparatur durch E. F. Walcker & Cie., Ludwigsburg
(II+P 21) [KoW-ZSOb]

Luisen-Kirche (Böhme, 1712-1716)
1780 Neubau durch Johann Wilhelm Grüneberg, Brandenburg
[Gund-1905, Kap. 13; GStA, II Pr. Br. Rep 2 B II Reg. Pots. IV. 3. Sup. Cöln 2572]
1821 Reparatur durch Joh. Carl Wilh. Grüneberg, Brandenburg [Krat-1916, S. 59; GStA, II Pr. Br. Rep 2 B II Reg. Pots. IV. 3. Sup. Cöln 2572]
1826 Reparatur durch Joh. Carl Wilh. Grüneberg, Brandenburg, nach Umbau der Kirche [EZA, 14/4272, 22. 10. 1826; Krat-1916, S. 59]
um 1878 Abbau [PfA-ChLu]
1878 Neubau durch W. Sauer, Frankfurt/Oder (Opus 266)
(II+P 30, mech. Traktur) [Ura, 1879, S. 10 f.]
1893 Neubau einer Chororgel durch W. Sauer, Frankfurt/Oder
(I 3) [Saue-1929]
1904 Durchgreifender Umbau der Hauptorgel durch W. Sauer, Frankfurt/Oder. Neues klassizistisches Orgelgehäuse
(III+P 37, pneum. Traktur) [Saue-1929]

Gustav-Adolf-Kirche um 1939, zerstört

Gustav-Adolf-Kirche

Kaiser-Wilhelm-Gedächtnis-Kirche

Kirche am Litzensee

Lietzow-Kirche, vor 1909, nicht erhalten

1943 Zerstörung [PfA-ChLu]
1954 Aufstellung mit Dispositionsänderung einer vor 1945 durch W. SAUER, Frankfurt/Oder, erbauten Orgel durch JOHANNES GRAF, Berlin. Die Orgel stammt aus dem *Palladium-Kino* (vormals Schulorgel) (II+P 12, pneum. Kegelladen) [PfA-ChLu, Lagerbuch]
1956 Reparatur der 1954 aufgestellten Sauer-Orgel durch KARL SCHUKE, Berlin [KoW-ZSOb]
1967 Abbau durch MANFRED GANADY [KoW-ZSOb]
1967 Neubau durch E. F. WALCKER & CIE., Ludwigsburg (II+P 25, Schleifladen, mech. Spieltraktur, el. Registertraktur) [PfA-ChLu]
1988-1989 Umbau der Hauptorgel durch ALEXANDER SCHUKE, Potsdam (II+P 25, Schleifladen, mech. Spieltraktur, el. Registertraktur) [KoW-ZSOb]
nach 1967 Aufstellung der Orgel von ALEXANDER SCHUKE, Potsdam, (1948) aus der Friedhofskapelle am Fürstenbrunner Weg, ursprünglich für das *Burckhardthaus Dahlem* erbaut (II+P 7, mech. Schleifladen) [KoW-ZSOb]

Luisen-Kirche, Friedhofskapelle
1967 Aufstellung der Orgel von ALEXANDER SCHUKE, Potsdam, (1948) aus der Gemeinde *Giesensdorf*, ursprünglich für das *Burckhardthaus Dahlem* erbaut, durch ROMAN ILISCH, Berlin (II+P 7, mech. Schleifladen) [KoW-ZSOb]
1967 Reparatur durch ROMAN ILISCH, Berlin [KoW-ZSOb]
nach 1967 Umsetzung in die *Luisen-Kirche* [KoW-ZSOb]

Luisen-Kirche, Gemeindesaal
1933 Neubau durch GUSTAV HEINZE, Sorau (Opus 209) (II+P 16, davon 2 Transmissionen, elektropn. Kegelladen) [KoW-ZSOb; Hein-1933]
1967 Reparatur durch STEPHAN ORGELBAU, Berlin [PfA-ChLu]

Neu-Westend: siehe *Kirche Neu-Westend*

Oberkirchenrat, Jebensstraße
1952 Neubau durch KARL SCHUKE, Berlin (Opus 2) (II+P 10, mech. Schleifladen) [AKScB]
1955 Umsetzung nach *Berlin-Britz*, *Hephata-Gemeindezentrum*, durch KARL SCHUKE, Berlin [AKScB]

Schloß Charlottenburg, Eosander-Kapelle
1706 Neubau durch ARP SCHNITGER, Hamburg (II+P 26, mech. Schleifladen) [Davi-1949, S. 25-26; Fock-1974, S. 201; Wagn-1987]
1714 Reparatur durch ANDREAS SEYDEL [ASCh]
1760 Beschädigung der Orgel durch österreichisches Husaren-Regiment infolge der Besetzung Berlins [HzJ, 2. Jg., 1898, S. 135]
1856 Reparatur durch CARL AUGUST BUCHHOLZ, Berlin [ASCh, 12. 10. 1856]
1766 Reparatur durch ERNST MARX [PfA Teupitz]
1868 Reparatur durch CARL AUGUST BUCHHOLZ, Berlin [ASCh]
1888 Dispositionsänderung durch GEBR. DINSE, Berlin (II+P 26, mech. Schleifladen) [SGP-1976]
1931 und 1934 Restaurierung durch EMANUEL KEMPER & SOHN, Lübeck (II+P 26, mech. Schleifladen) [GrP 1931, Sept., Nr. 41; Aule-1929; Reim-1932; Heit-1937]
1942 Auslagerung der Orgelwerks in den Keller des *Berliner Schlosses*. Das Gehäuse blieb in der Eosander-Kapelle [SGP-1976]
1944 Zerstörung des Gehäuses und der Orgel [Kühn-1970, S. 47 f.]
1969 Neubau durch KARL SCHUKE, Berlin (Opus 230). Nachbau der Schnitger-Orgel von 1706 (II+P 26, mech. Schleifladen) [AKScB]

Sühne-Christi-Kirche (Pfarre, 1962-1964)
1967 Neubau durch KARL SCHUKE, Berlin (Opus 212) (III+P 38, Schleifladen, mech. Spieltraktur, el. Registertraktur) [KoW-ZSOb]
1988 Reparatur durch KARL SCHUKE, Berlin [KoW-ZSOb]

Trinitatis-Kirche (Vollmer, Jassoy, 1898)
1898 Neubau durch W. SAUER, Frankfurt/Oder (II+P 26, pneum. Kegelladen) [Saue-1929; BeA, Jg. 1, 1899, S. 350: 30 Register]
1961-1962 Neubau durch E. F. WALCKER & CIE., Ludwigsburg (Opus 4097) (III+P 39, Schleifladen, mech. Spieltraktur, el. Registertraktur) [PfA-ChTr]
1971 Reinigung durch E. F. WALCKER & CIE., Ludwigsburg [PfA-ChTr]
1976 und 1987 Reparaturen durch E. F. WALCKER & CIE., Ludwigsburg [PfA-ChTr]

Westend-Kapelle (vor 1908)
1908 Abbau der Kapelle und Aufstellung in *Siemensstadt* als *Kirche am Nonnendamm* [Kunt-1929, S. 278]. Keine Orgel nachweisbar

FRIEDRICHSHAIN

Auferstehungs-Kirche (1892-1895)
1895 Neubau durch W. SAUER, Frankfurt/Oder (III+P 35, mech. Kegelladen) [KoO-Ok]
um 1944 Zerstörung [KoO-Ok]
1965 Neubau durch HERMANN EULE, Bautzen (Opus 330) (III+P 35, Schleifladen, mech. Spieltraktur, pneum. Registertraktur) [PfA-FrAu]

Auferstehungsfriedhof, Kapelle
1974 Neubau durch VEB FRANKFURTER ORGELBAU SAUER, Frankfurt/Oder (I+AP 4, mech. Schleifladen) [KoO-Ok]

Dorfkirche Stralau (1464)
vor 1900 Neubau durch GEBR. DINSE, Berlin [KoO-Ok]
1910 Neubau durch W. SAUER, Frankfurt/Oder (II+P 10, pneum. Kegelladen) [KoO-Ok]
1937 Abbau [EZA, 14/3391]
1938 Neubau durch ALEXANDER SCHUKE, Potsdam (Opus 169) (II+P 19, davon 2 Transmissionen, elektropn. Taschenladen). Disposition in Scuk-1938 [AKScB; EZA, 14/3391; Scuk-1938]
um 1944 Beschädigung [KoO-Ok]
1952 Neubau durch ALEXANDER SCHUKE, Potsdam (Opus 237) (II+P 18, elektropn. Taschenladen). Pfeifenmaterial von 1938 wiederverwendet [KoO-Ok]

Friedhof St. Petri-Kirche
1911 Neubau durch W. SAUER, Frankfurt/Oder (II+P 8, pneum. Kegelladen) [Saue-1929]

Friedhof St. Petri-Luisenstadt-Gemeinde
1964 Neubau durch ALEXANDER SCHUKE, Potsdam (I+P 6, mech. Schleifladen) [KoO-Ok]

Friedrich-Wilhelm-Hospital-Kirche (um 1850)
vor 1932 Neubau. Krankenhaus und Altersheim wurden 1932 aufgelöst [PfA-LiLa, 1. 6. 1933; EZA, 14/3230]. Verbleib der Orgel unbekannt

Galiläa-Kirche (1909-1910)
1910 Neubau durch BARNIM GRÜNEBERG, Stettin (II+P 32, davon 8 Transmissionen, pneum. Kegelladen) (Opus 603). Disposition in ZfI [ZfI, 1909/10, S. 937; AAScP]

Lazarus-Kirche (1906-1907)
1907 Neubau durch W. SAUER, Frankfurt/Oder (III+P 38, pneum. Kegelladen) [Saue-1929; Frot-1950]
1944 Zerstörung [KoO-Ok]
1949 Abriß der Kirchenruine [KoO-Ok]

Luisenkirche, vor 1943, zerstört

Schloß Charlottenburg, Eosander-Kapelle

Dorfkirche Stralau, vor 1944

Lazarus-Kirche, Kirchsaal
1959 Neubau durch ALEXANDER SCHUKE, Potsdam (II+P 12, mech. Schleifladen) [AAScP]
1981 Reinigung und Instandsetzung durch ALEXANDER SCHUKE [AAScP]

Offenbarungs-Kirche (Bartning, 1949)
1949 Aufstellung einer von der *Erlöser-Gemeinde* übernommenen Multiplex-Orgel (II+P, elektropn. Traktur) [KoO-Ok]
1962 Umsetzung in den *Kirchsaal Biesdorf-Süd* durch LUDWIG GLÖCKNER, Berlin [KoO-Ok]
1962 Neubau durch ALEXANDER SCHUKE, Potsdam (II+P 15 (16), mech. Schleifladen) [KoO-Ok]

Pfingst-Kirche (1906-1908)
1908 Neubau durch W. SAUER, Frankfurt/Oder (III+P 43, pneum. Kegelladen) [Saue-1929]
um 1944 Zerstörung [KoO-Ok]
1953 Neubau durch W. SAUER, Frankfurt/Oder (I+P 7, pneum. Kegelladen) [KoO-Ok]

Pfingst-Kirche, Gemeindesaal (Empore)
1962 Neubau durch HERMANN EULE, Bautzen (II+P 11, mech. Schleifladen) [KoO-Ok]

Samariter-Kirche (1892-1894)
1894 Neubau durch W. SAUER, Frankfurt/Oder (II+P 27, pneum. Kegelladen). Disposition in Ura [Saue-1929; Ura, 1895, Jg. 52, S. 6]
1961 Aufstellung der 1953 von ALEXANDER SCHUKE, Potsdam, erbauten Orgel aus dem *Georgen-Gemeindesaal* durch ALEXANDER SCHUKE, Potsdam (II+P 26, mech. Schleifladen) [KoO-Ok]

Samariter-Kirche, Gemeindesaal, Samariterstr. 27
1980 Neubau durch VEB POTSDAMER SCHUKE-ORGELBAU, Potsdam (I+P 7, mech. Schleifladen) [KoO-Ok]

St. Andreas-Kirche (Strack, 1853-1856)
1856 Neubau durch CARL AUGUST BUCHHOLZ, Berlin (II+P 27, mech. Schleifladen). Pedalkoppel ergibt 6 zusätzliche Stimmen im Pedal, daher 34 Registerzüge. Disposition Ura [Mund-1920, B 56; Bitt-19, S. 10; Ura, 1857, Jg. 14, S. 150]
1889 Umbau durch GEBR. DINSE, Berlin (III+P 33, pneum. Traktur) [Mund-1920, B 56; Bitt-19, S. 22]
um 1925 Abbau [Orgelneubau]
1925 Neubau durch G. F. STEINMEYER & CO., Oettingen (Opus 1408) (III+P 46, pneum. Taschenladen). Prospekt von 1856 und Register von 1856 und 1889 wurden wiederverwendet [AStOe; PfA-WiKr, 6. 2. 1926]
1944 Zerstörung [Gott-1985, S. 187]
1949 Abriß der Kirchenruine [Gott-1985, S. 187]

St. Andreas-St. Markus-Gemeinde, Kirchsaal
1955 Neubau durch LUDWIG GLÖCKNER, Berlin (II+P 10, pneum. Taschenladen) [KoO-Ok]

St. Andreas-St. Markus-Friedhof, Kapelle
1935 Neubau durch E. F. WALCKER & CIE, Ludwigsburg (II+P 18, 3 Grundstimmen, el. Traktur) [Frot-1950; KoO-Ok]

St. Bartholomäus-Kirche (Stüler, 1845-1858)
1858 Neubau durch CARL AUGUST BUCHHOLZ, Berlin (II+P 17 (28), mech. Schleifladen) [Mund-1920, 334, B 26]
1899 Reparatur durch ALBERT LANG, Berlin [PfA-FrBa, Chronik]
um 1902 Abbau [Orgelneubau]
1902 Neubau durch GEBR. DINSE, Berlin, unter Verwendung alter Register (II+P 28, pneum. Kegelladen) [Mund-1920, 334, B 26]
1933 Reinigung und Reparatur durch ALEXANDER SCHUKE, Potsdam [KoO-Ok]
um 1938 Abbau [Orgelneubau]
1938 Neubau durch ALEXANDER SCHUKE, Potsdam (Opus 174) (III+P 41, davon 3 Transmissionen, elektropn. Kegelladen). Windladen von 1902 wiederverwendet [AAScP; KoO-Ok; LAB, Pr. Br. Rep. 42, 1873]
um 1944 Beschädigung [Mund-1920, 334, B 26]
1957 Wiedereinweihung der Kirche [Gott-1985, S. 187]
Kandidat 1964-1965 Neubau durch ALEXANDER SCHUKE, Potsdam (III+P 36, mech. Schleifladen) Prospekt: WERNER RICHTER, Berlin [KoO-Ok]
1983 Reparatur der Traktur durch VEB POTSDAMER SCHUKE-ORGELBAU, Potsdam [AAScP]

St. Bartholomäus-Gemeindehaus, Winterkirche
1958 Neubau durch ALEXANDER SCHUKE, Potsdam (I 5, mech. Schleifladen) [KoO-Ok]

St. Markus-Kapelle
um 1890 Aufstellung der ehemaligen Hausorgel des Rechnungsrates PETERS (8, mech. Schleifladen) [Ura, 1892, Jg. 51, S. 79]. Verbleib unbekannt

St. Markus-Kirche (Stüler, 1848-1855)
1855 Neubau durch CARL AUGUST BUCHHOLZ, Berlin (II+P 30, mech. Traktur). Disposition in Ura [Rahn-1857, S. 159, 177; Hent-1880, S. 22; Ura, Jg. 14, 1857, S. 150 f.]
1899-1900 Neubau durch W. SAUER, Frankfurt/Oder (II+P 34, pneum. Kegelladen] Disposition in Ura [Ura, Jg. 58, 1901, S. 43; Mund-1920, A 32; AAScP]
5. 1944 Zerstörung [Gott-1985, S. 186]
1957 Abriß der Kirchenruine [Gott-1985, S. 186]

Verheißungs-Kirche, Friedhofskapelle
1955 Neubau durch W. SAUER, Frankfurt/Oder (II+P 8, pneum. Kegelladen) [KoO-Ok]

Zwingli-Kirche (1905-1908)
1908 Neubau durch GEBR. DINSE, Berlin (II+P 33, pneum. Traktur) [Tros-1983, S. 464 f.]

HELLERSDORF

Dorfkirche Kaulsdorf (14. Jahrhundert, 1715, 1875)
1827 Neubau durch CARL AUGUST BUCHHOLZ, Berlin (I+P, mech. Schleifladen) [PfA-HeKa; KoO-Ok; GStA, Abt. II Pr. Br. Rep. 2 B, II Reg. Ptsd. 1 Gen. 3895, 3896; GStA, X Rep. 2 B, Abt. II, 4663, 4664; SAP, II Gen 1751]
1912 Neubau durch GEBR. DINSE, Berlin (II+P 13, pneum. Kegelladen). Gehäuse neobarock, vermutlich 1912. Nach Kirchner: von 1827 [Tros-1987, S. 254-256]
1958 Reparatur und Dispositionsänderung durch W. SAUER, Frankfurt/Oder (II+P 13, pneum. Kegelladen) [PfA-HeKa; KoO-Ok]

Dorfkirche Mahlsdorf (13. Jahrhundert, 1898)
vor 1848 Neubau (I mech. Schleifladen) [GStA, Abt. II Pr. Br. Rep. 2 B, II Reg. Ptsd. 1 Gen. 3896; GStA, X Rep. 2 B, Abt. II, 4664; SAP, II Gen 1751, 5560, 29. 10. 1851]
1871 Aufstellung der vor 1825 erbauten Orgel aus der *Dorfkirche Biesdorf* (I 8, mech. Schleifladen) [Voig-1937; GStA, X Rep. 2 B, Abt. II, 4663; EZA, 14/5186]
1933 Abbau [Voig-1937]
1933 Neubau durch ALEXANDER SCHUKE, Potsdam (Opus 139) (II+P 15, davon 1 Transmission, elektropn. Taschenladen). Prospektentwurf von Provinzialkonservator PESCHKE und Regierungsbaurat WOHLER. Disposition bei Lier-1989 [AAScP; Kunstdenkmale II, S. 264; Voig-1937; KoO-Ok; Lier-1989, S. 56]
1966-1967 Dispositionsänderung durch ALEXANDER SCHUKE, Potsdam [KoO-Ok]
um 1986 Abbau

St. Andreas-Kirche, um 1939, zerstört

St. Markus-Kirche, um 1939, zerstört

Dorfkirche Kaulsdorf

Dorfkirche Mahlsdorf, Orgel von 1933, nicht erhalten

1986-1987 Neubau durch VEB POTSDAMER SCHUKE-ORGELBAU, Potsdam (II+P 15, mech. Schleifladen). Gehäuseelemente der Vorgängerorgel wurden wiederverwendet [KoO-Ok]

Gemeindeheim Theodor Fliedner, Mahlsdorf-Süd (1937)
1937 Neubau durch E. F. WALCKER & CIE., Ludwigsburg (II+P 16, 2 Grundstimmen, el. Traktur) [KoO-Ok; Walc-1970]

Jesus-Kirche: siehe *Dorfkirche Kaulsdorf*

Kreuz-Kirche, Mahlsdorf (1935)
1935-1936 Neubau durch ALEXANDER SCHUKE, Potsdam (Opus 149) Disposition in Scuk-1936/2 (II+P 10, davon 1 Transmission, pneum. Taschenladen) [AAScP; Schu-1936/2]
1967 Instandsetzung und Dispositionsänderung durch ALEXANDER SCHUKE, Potsdam [KoO-Ok]

HOHENSCHÖNHAUSEN

Andreas-Markus-Kapelle, Gemeinderaum
1980 Neubau durch RUDOLF BÖHM ORGELBAU, Gotha (I 4, mech. Schleifladen) [KoO-Ok]

Dorfkirche Hohenschönhausen: siehe *Tabor-Kirche*

Dorfkirche Falkenberg (mittelalterlich)
vor 1848 Neubau (I, mech. Schleifladen) [EZA, 14/5011]
nach 1855 Aufstellung der WAGNER-Orgel aus der *Waisenhaus-Kirche*, verbunden mit einer Dispositionsänderung (I+P, mech. Schleifladen) [EZA, 14/5011; GStA, X Rep. 2 B, Abt. II, 4664]
1945 Zerstörung [Tros-1987, S. 162]

Dorfkirche Malchow
vor 1793 Neubau (mech. Schleifladen) [EZA, 14/4997; GStA, Abt. II Pr. Br. Rep. 2 B, II Reg. Ptsd. 1 Gen. 3895, 3896; GStA, X Rep. 2 B, Abt. II, 4663, 4664; SAP, II Gen 1751]
1794 Reparatur und Umbau durch LUDWIG SALOMON HENNEFUSS, Berlin [EZA, 14/4997]
1809-1810 Reparatur durch JOHANN SIMON BUCHHOLZ, Berlin [EZA, 14/4997]
um 1901 Abbau [Orgelneubau]
1901 Neubau durch W. SAUER, Frankfurt/Oder (I+P 7, pneum. Kegelladen) [KoO-Ok]
1945 Zerstörung [Tros-1987, S. 161]
1961 Neubau durch W. SAUER, Frankfurt/Oder (I+P 8, mech. Schleifladen) [KoO-Ok]

Dorfkirche Wartenberg (spätromanisch)
1884 Neubau durch F. DINSE, Berlin (I+P 8) [EZA, 14/5022]
1901 Neubau durch W. SAUER, Frankfurt/Oder (I P 7, pneum. Kegelladen) [KoO-Ok]
1935 Reparatur durch ALFRED LENK, Berlin [EZA, 14/5022]
1945 Zerstörung. Kirche seitdem Ruine [KoO-Ok]

Dorfkirche Wartenberg, Kirchsaal
1985 Umsetzung der 1969 von W. SAUER, Frankfurt/Oder, erbauten Orgel aus *Berlin-Hohenschönhausen* durch RAINER WOLTER, Dresden (I 6, mech. Schleifladen) [KoO-Ok]

Friedhof
1935 Neubau durch E. F. WALCKER & CIE., Ludwigsburg (II+P 17) [Walc-1970]

Philippus-Kapelle
1963 Neubau durch W. SAUER, Frankfurt/Oder (I 3, mech. Schleifladen) [PfA-HoTa, Orgelakte Philippus-Kapelle]
1966 Verkauf [PfA-HoTa, Orgelakte Philippus-Kapelle]

Tabor-Kirche (mittelalterlich)
vor 1834 Neubau (I, mech. Schleifladen) [GStA, Abt. II Pr. Br. Rep. 2 B, II Reg. Ptsd. 1 Gen. 3895, 3896]
1862 Neubau durch ALBERT LANG, Berlin (I+P 6, mech. Schleifladen) [PfA-KrJa; GStA, X Rep. 2 B, Abt. II, 4663, 4664; KoO-Ok; Frot-1950; Abb. in Tros-1987, S. 156]
1904 Auslagerung wegen Erweiterung der Kirche [KoO-Ok]
1905 Wiederaufstellung mit Dispositionsänderung durch GEBR. DINSE, Berlin [KoO-Ok]
nach 1905 Erweiterung (I+P 7, mech. Schleifladen) [KoO-Ok]
1985 Instandsetzung durch RAINER WOLTER, Dresden [KoO-Ok]
1969 Neubau einer Zweitorgel durch W. SAUER, Frankfurt/Oder (Opus 1878) (I+P 6, mech. Schleifladen) [KoO-Ok]
1985 Umsetzung der Zweitorgel in den Kirchsaal *Wartenberg* durch RAINER WOLTER, Dresden [KoO-Ok]

KÖPENICK

Alte Kirche Friedrichshagen (1800-1801)
vor 1865 Neubau (I, mech. Schleifladen) [GStA, X Rep. 2 B, Abt. II, 4663, 4664; SAP, II Gen 1751]
um 1881 Neubau durch F. DINSE, Berlin (I+P 8, mech. Traktur) [Dins-1897]
1903 Abbau durch GEBR. DINSE, Berlin. Abriß der Kirche, Neubau der *Christophorus-Kirche* [Kühn-1978, S. 428]

Christophorus-Kirche, Friedrichshagen (1901-1903)
1903 Aufstellung einer Orgel durch GEBR. DINSE, Berlin (I+P 8, mech. Kegelladen). Vermutlich alte Orgel oder Umbau der Orgel aus der alten Kirche
um 1907 Abbau (I+P 8, mech. Kegelladen) [Orgelneubau]
1907 Neubau durch GEBR. DINSE, Berlin (II+P 31, pneum. Kegelladen) [PfA-KöCh; Frot-1950]
1939 Neubau durch ALEXANDER SCHUKE, Potsdam (Opus 182) (III+P 40, elektropn. Kegelladen und Taschenladen) Kegelladen von DINSE, Rückpositiv mit Taschenladen [AAScP; LAB, Pr. Br. Rep. 42, 1873]

Christus-Kirche, Oberschöneweide (1907-1908)
1908 Neubau durch W. SAUER, Frankfurt/Oder (II+P 20, pneum. Kegelladen) [Saue-1929]
1937 Umbau und Erweiterung durch G. F. STEINMEYER & CO., Oettingen (Opus 1651) (II+P 27, elektropn. Kegelladen und Taschenladen) [AStOe]
1982 Instandsetzung durch AXEL STÜBER, Berlin [KoO-ZSOb]

Christus-Kirche, Oberschöneweide, Gemeindehaus
1988 Neubau durch W. SAUER, Frankfurt/Oder (I+P 8, mech. Schleifladen) [KoO-ZSOb]

Dorfkirche Friedrichshagen: siehe *Alte Kirche*

Dorfkirche Müggelheim (1803-1804)
1937 Harmonium vorhanden [LAB, Pr. Br. Rep. 42, 1873, 15.11.1937]
1964 Neubau durch ALEXANDER SCHUKE, Potsdam (II+P 8, mech. Schleifladen) [KoO-Ok]

Dorfkirche Rahnsdorf (1888)
1888 Neubau, vermutlich durch GEBR. DINSE, Berlin (I+P 8, mech. Schleifladen) [EZA; KoO-Ok]
1900 Neubau. Disposition bei Frot-1950 [Frot-1950]

Dorfkirche Schmöckwitz (1799)
1911 Neubau durch ALEXANDER SCHUKE, Potsdam (Opus 66) (II+P 8, pneum. Kegelladen). Spieltisch auf C-Seite. [AAScP; KoO-Ok]

Tabor-Kirche

Alte Kirche Friedrichshagen, vor 1903, nicht erhalten

vor 1937 Neubau durch G. F. Steinmeyer & Co., Oettingen [LAB, Pr. Br. Rep. 42, 1873]

Friedhofskapelle Friedrichshagen
1985 Neubau durch Ulrich Fahlberg, Eberswalde-Finow (II+P 7, mech. Schleifladen). Verwendung von Teilen einer Orgel aus *Barenthin* (Kr. Kyritz) [KoO-ZSOb, Akten Friedhofskapelle]

Königin-Elisabeth-Hospital, Oberschöneweide, Kapelle
1936 Neubau durch E. F. Walcker & Cie., Ludwigsburg (II+P 22, Multiplex-Orgel mit 3 Grundstimmen, el. Traktur) [KoO-Ok; PfA-TeMa, 6. 7. 1936; Walc-1970; Frot-1950]
nach 1945 Umsetzung nach *Berlin-Lichtenberg, Diakoniewerk Königin-Elisabeth* [KoO-Ok]

Kirchsaal Rudower Straße
1971 Neubau (I+P 4, mech. Schleifladen [KoO-Ok]

Martin-Luther-Kapelle
1955 Neubau durch W. Sauer, Frankfurt/Oder (I+P 5, pneum. Taschenladen) [KoO-Ok]

Nikolai-Kapelle
1967 Neubau durch Siegfried Schuster, Zittau (I+P 5, mech. Schleifladen) [KoO-Ok]

St. Laurentius-Kirche (13. Jahrhundert)
vor 1796 Neubau (I, mech. Schleifladen) [PfA-KöLa; Jast-1926]
1819 Neubau durch C. Babe, Berlin (I 6, mech. Schleifladen) [SAP, Rep 2A II, Gen. Nr. 1750]
1837-1840 Abbau und Verkauf [Jast-1926]

St. Laurentius-Kirche (1838-1841)
1841 Neubau durch Lang & Dinse, Berlin (II+P 20, mech. Schleifladen) [Dins-1897]
1887 Reparatur und Dispositionsänderung durch Gebr. Dinse, Berlin [PfA-KöLa]
1903 Neubau durch W. Sauer, Frankfurt/Oder (Opus 128) unter Verwendung des Gehäuses von 1841 (II+P 28, pneum. Kegelladen) [Saue-1929]
1930 Neubau durch Alexander Schuke, Potsdam, unter Verwendung des Gehäuses von 1841 und der Laden von 1903 (Opus 128) (III+P 34, elektropn. Kegelladen) [AAScP]
um 1944 Beschädigung [AAScP]
1963 Neubau durch Alexander Schuke, Potsdam (II+P 26, mech. Schleifladen) [KoO-Ok]

St. Laurentius-Gemeindehaus
1970 Neubau durch W. Sauer, Frankfurt/Oder (I+P 4, mech. Schleifladen) [KoO-Ok]

Schloß Köpenick, Kapelle (1678-1682), Ev.-ref.
vor 1806 Neubau (I, mech. Traktur)
1806-1807 Beschädigung durch französische Soldaten. Die Orgel wurde unbrauchbar.
1819 Neubau durch C. Babe, Berlin (I 6, mech. Traktur) [SAP, Rep 2A II, Gen. Nr. 1750]
1838 Reparatur
1839-1844 Erneuerung der Kirche
1846 Neubau durch Carl August Buchholz, Berlin (I+P, mech. Schleifladen). Spielschrank auf der Cis-Seite [Tros-1987, S. 283]
1871-1872 Reparatur [KoO-ZSOb]
1887 Reparatur [KoO-ZSOb]
1910 Neubau durch Alexander Schuke, Potsdam (Opus 52) (II+P 13, pneum. Kegelladen). Gehäuse und Pfeifenmaterial von 1846 wiederverwendet. Spieltisch auf der C-Seite [AAScP]
1929-1932 Reparatur durch Gebr. Dinse, Berlin)
um 1935 Disposition mitgeteilt durch den Organisten Rüffer, Berlin-Spandau, Johannesstift [Frot-1950]
1940 Reparatur durch W. Sauer, Frankfurt/Oder [LAB, Pr. Br. Rep. 42, 1873, 24. 9. 1939]

1962 Instandsetzung durch Karl Gerbig, Eberswalde (II+P 13, pneum. Kegelladen)
1987 Abbau [Orgelneubau]
1987 Neubau durch die Mitteldeutsche Orgelbauanstalt A. Voigt, Bad Liebenwerda (II+P 14, mech. Schleifladen). Gehäuse und Pfeifenmaterial von 1846 wiederverwendet 3 1/2 Register von Buchholz, Subbaß von Schuke. Spieltisch auf der C-Seite [KoO-ZSOb]

Tabor-Kirche, Wilhelmshagen (1910-1911)
1911-1912 Neubau durch Paul Voelkner, Bromberg (II+P 18, pneum. Kegelladen) [KoO-Ok]
1958 Instandsetzung und Dispositionsänderung durch W. Sauer, Frankfurt/Oder [KoO-Ok]

Wichern-Heim, Rahnsdorf
1938 Neubau durch W. Sauer, Frankfurt/Oder (II+P, Multiplex-Orgel mit 4 Grundstimmen, el. Traktur) [KoO-Ok]

Kreuzberg

Bethanien: siehe *Krankenhaus Bethanien*

Böhmische Brüdergemeine, Kirchensaal (1751)
1755 Neubau durch Peter Migendt, Berlin (I 5, Schleifladen, mechanische Traktur) [PfA-NkBg]
1780 Reparatur durch Ernst Marx, Berlin (I 5) [PfA-NkBg]
1796 Anstrich, Fassung und Vergoldung des Prospekts durch Guerin [PfA-NkBg]
vor 1832 Erweiterung (I+P 11, mech. Schleifladen) [PfA-NkBg]
1867 Aufstellung »einer kleinen Orgel« durch Ferdinand Dinse, Berlin (mech. Schleifladen) [PfA-NkBg]
1886 Neubau durch W. Sauer, Frankfurt/Oder (II+P 22, mech. Kegelladen) [PfA-NkBg; Saue-1929; Ura, 1858]
1905 Umbau und Dispositionsänderung durch W. Sauer, Frankfurt/Oder (II+P 21, pneum. Kegelladen) [PfA-NkBg; Saue-1929]
21. 6. 1944 Zerstörung [PfA-NkBg]

Böhmische Brüdergemeine, Kirchensaal (1857)
1857 Neubau durch Carl Böttcher, Magdeburg (II+P 21, mech. Schleifladen). Disposition in Urania [Ura, 1858, S. 68 f.]
2. 3. 1943 Zerstörung [PfA-NkBg]

Böhmische Brüdergemeine, Knabenschule
1857 Neubau durch Carl Böttcher, Magdeburg (mech. Schleifladen) [PfA-NkBg]
1898-1899 Auflösung der Schule, Neubau des Gebäudes [PfA-NkBg]

Christus-Kirche (Adler, 1863-1864)
1864 Neubau durch W. Sauer, Frankfurt/Oder (II+P 18, mech. Kegelladen). Disposition in Urania [Ura, XXII. Jg., 1865, S. 120 f.; ZfB, Jg. 16, 1866, Sp. 161; Saue-1929; Falk-1990, S. 102]
1910 Neubau durch W. Sauer, Frankfurt/Oder (II+P 23, pneum. Kegelladen) [Saue-1929]
um 1944 Zerstörung [Kühn-1978, S. 69]

Christus-Kirche (Ernst, 1963-1964)
1962 Neubau durch E. F. Walcker & Cie., Ludwigsburg (II+P 8, mech. Schleifladen) [PfA-KrCh]
1966 Neubau durch E. F. Walcker & Cie., Ludwigsburg (II+P 17, Schleifladen, mech. Spieltraktur, el. Registertraktur) [PfA-KrCh]
1987 Reinigung durch E. F. Walcker & Cie., Ludwigsburg [PfA-KrCh]

Dänische Kirche
1928 Neubau durch G. F. Steinmeyer & Co., Oettingen (Opus 1486) (II+P 11) [AStOe]. Verbleib unbekannt

St. Laurentius-Kirche, um 1939, nicht erhalten

Schloß Köpenick

Böhmische Brüdergemeine, Orgel von 1857, zerstört

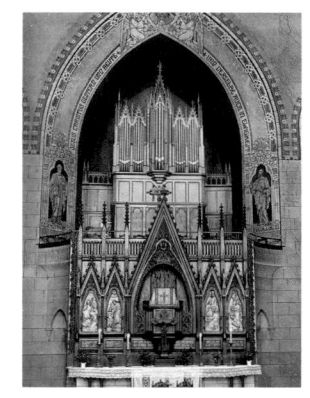

Christus-Kirche, vor 1944, zerstört

Emmaus-Kirche, 1939-1941, zerstört

Jerusalem-Kirche, Orgel von J. Wagner, vor 1878, nicht erhalten

Jesus-Kirche, um 1939, zerstört

Kirche zum Heiligen Kreuz, vor 1920, zerstört

Dreifaltigkeits-Gemeinde, Gemeindesaal
vor 1985 Neubau durch E. F. Walcker & Cie., Ludwigsburg (II+P 9, mech. Schleifladen) [PfA-KrDr]
1986 Reinigung durch E. F. Walcker & Cie., Ludwigsburg [PfA-KrDr]
1986 Umsetzung in die *St. Lukas-Kirche in Berlin-Kreuzberg* [PfA-KrDr]

Emmaus-Kirche (Orth, 1890-1893)
1893 Neubau durch Gebr. Dinse, Berlin (III+P 46, elektropn. Traktur). Orgelgehäuse ausgeführt von G. Richt [ZfI, 13. Jg., 1892/1893, S. 445; DBZ, 26. 8. 1893, S. 415; Dins-1897; Rich-1896, S. 158]
1939-1941 Umbau durch Alexander Schuke, Potsdam, nach einem Plan von Georg Kempff, Berlin (IV+P 69, davon 2 Transmissionen, el. Kegelladen). Prospektentwurf von Peschke, Berlin. Intonation durch Karl Schuke und Rudolf von Beckerath, Berlin [EZA, 14/4651]
3. 2. 1945 Zerstörung [Kühn-1978, S. 66]
1948 Abriß der Kirche [Kühn-1978, S. 66]

Emmaus-Kirche (v. Walthausen, 1957-1959)
1961 Neubau durch E. F. Walcker & Cie., Ludwigsburg (II+P 22, mech. Schleifladen) [KoW-ZSOb]
1963 Dispositionsänderung durch E. F. Walcker & Cie., Ludwigsburg (II+P 22, mech. Schleifladen) [PfA-KrEm]
1987 Reinigung durch E. F. Walcker & Cie. [PfA-KrEm]
1968 Neubau einer Kleinorgel durch E. F. Walcker & Cie., Ludwigsburg (I+AP 4, mech. Schleifladen) [PfA-KrEm]

Erziehungshaus am Urban (Möller, 1863-1865)
1866 Neubau [ZfB, Jg. 18, 1868, S. 154]. Verbleib der Orgel unbekannt

Evangelischer Jünglingsverein, Saal, Oranienstr. 106
1893 Neubau durch Schlag & Söhne, Schweidnitz (Opus 403) (II+P 16) [Ura, 1894, S. 50, 1395, S. 86]
Verbleib der Orgel unbekannt.

Französische Luisenstadt-Kirche (1727-1728, 1820), Franz.-ref.
1795 Neubau durch Ernst Marx, Berlin [Meng-1928; Mure-1885, S. 122; Borr-1893, S. 172]
1910 Abbau [Orgelneubau]
1910 Neubau durch Barnim Grüneberg, Stettin (II+P 14). Das Gehäuse von 1795 wurde wiederverwendet [ZfI, Jg. 1909-1910]
1936 Abbau [Orgelneubau]
1936 Neubau durch Alexander Schuke, Potsdam (Opus 155) (II+P 19, el. Traktur) [AAScP]
um 1944 Zerstörung [Gott-1985, S. 175]

Heilig-Kreuz-Kirche: siehe *Kirche Zum Heiligen Kreuz*

Herrnhuter Brüdergemeine: siehe *Böhmische Brüdergemeine*

Jerusalem-Kirche (Kapelle 1434, 1689)
1702 Positiv vorhanden [Sach-1908, Nr. 257, 261]
1725 Der König befiehlt den Abbruch der Kirche [Kurz-1967]

Jerusalem-Kirche (Gerlach, 1725-1728)
1728 Das Positiv der alten Kirche ist noch vorhanden, aber zerlegt [PfA-KrJe, Chronik]
1728 Aufstellung eines Leihpositivs (mech. Traktur) [PfA-KrJe, Chronik]
1732 Aufstellung der 1723 von Joachim Wagner erbauten Orgel aus der alten *Potsdamer Garnisonkirche* durch Joachim Wagner, Berlin (II+P 26, mech. Schleifladen) [Adlu-1768, I, S. 202; Stev-1939, S. 332 f.]
1751 Reparatur durch Peter Migendt, Berlin [Stev-1939, S. 332 f.]
1828-1829 Reparatur durch Ernst Marx (junior), Berlin [PfA-KrJe]

1836-1837 Abbau und Aufstellung durch Ernst Marx (junior), Berlin. Disposition in Haup-1850 (II+P 26, mech. Schleifladen) [PfA-KrJe; Haup-1850]
1850-1851 Aufstellung einer Interimsorgel durch Carl August Buchholz, Berlin [PfA-KrJe]
1850-1851 Erweiterung durch Carl August Buchholz, Berlin (II+P 36, mech. Schleifladen) [Kurz-1967]
um 1878 Abbau [Neubau der Kirche]

Jerusalem-Kirche (Knoblauch, 1878-1879)
1879 Neubau durch W. Sauer, Frankfurt/Oder (Opus 338) (III+P 36) [Saue-1929; Mund-1920, B 59: 37 Register; Kurz-1967]
1911 Neubau durch W. Sauer, Frankfurt/Oder (III+P 78, davon 9 Transmissionen) [Mund-1920, 616, C 180]
nach 1930 Erweiterung (IV+P 79) [KoW-ZSOb; Smet-1934]
1943 Die Kirche wird unter dem Druck der Regierung an die Rumänisch-Orthodoxe Kirche verkauft. [EZA, 14/4136]
3. 2. 1945 Zerstörung (IV+P 79) [Gott-1985, S. 173]
1961 Beseitigung der Kirchenruine [Gott-1985, S. 173]

Jerusalem-Kirche (Kressmann-Zschach, 1968)
1968 Neubau durch E. F. Walcker & Cie., Ludwigsburg (I+P 6, mech. Schleifladen) [PfA-KrJe]

Jesus-Kirche (1875-1876)
1876 Neubau durch Albert Lang, Berlin (II+P 15, mech. Schleifladen) [PfA-KrJs]
vor 1907 Neubau (II+P 16(21), pneum. Kegelladen) [AAScP, 1926; Brau-1907, S. 72]
3. 2. 1945 Zerstörung [Kühn-1978, S. 81]

Jesus-Kirche (Franke, 1960-1961)
1967 Neubau durch Karl Schuke, Berlin (Opus 216) (II+P 15, mech. Schleifladen) [PfA-KrJs]

Kirche am Südstern: siehe *Neue Garnisonkirche* und *Stadtmissions-Kirche*

Kirche Zum Heiligen Kreuz (Interimskirche von 1867, 1890 abgerissen)
ab 1869 Organist nachweisbar [PfA-KrHK]

Kirche Zum Heiligen Kreuz (Otzen, 1885-1888)
1888 Neubau durch Gebr. Dinse, Berlin (III+P 45, Kegelladen, elektropn. Traktur). Viertes Manual für die Pedalstimmen [ZfI, 8. Jg., 1887/1888; Bär, 15. Jg., 1889, S. 86; Fest-1988, S. 11; ZfI, 11. 10. 1887; ZBV 8, 1888, S. 468]
1909 Elektrifizierung durch Welte & Söhne, Freiburg [PfA-KrHK]
1911 Umbau durch P. Furtwängler & Hammer, Hannover (Opus 704). Neue pneum. Traktur (III+P 45, pneum. Kegelladen) [AHaH, Akte 704; EZA, 14/4508]
1937 Umbau und Dispositionsänderung durch G. F. Steinmeyer & Co. (Opus 704) (III+P 45, elektropn. Kegelladen). Elektrifizierung mit neuem Spieltisch [LAB, Pr. Br. Rep. 42, 1873; AStOe]
1943 und 1945 Zerstörung [Kühn-1978, S. 65; PfA-KrHK]
1958 Neubau durch E. F. Walcker & Cie., Ludwigsburg (Opus 3802) (II+P 36, Schleifladen, mech. Spieltraktur, el. Registertraktur) [KoW-ZSOb]
1965 Erweiterung durch E. F. Walcker & Cie., Ludwigsburg (III+P 45, Schleifladen) [PfA-KrHK]
1977 Aufstellung der 1956 von Gerhard Schmid, Kaufbeuren, erbauten Interimsorgel aus dem *Krankenhaus Bethanien* durch Karl Schuke, Berlin (II+P 10, mech. Schleifladen) [KoW-ZSOb]
1985 Reparatur der Hauptorgel durch E. F. Walcker & Cie., Ludwigsburg [PfA-KrHK]

Krankenhaus Bethanien, Kapelle
um 1850 Neubau durch Lang & Dinse, Berlin (II+P 13, mech. Schleifladen). Disposition in Scul-1897 [Scul-1897, S. 234]

1871 Erweiterung und Dispositionsänderung durch W. SAUER, Frankfurt/Oder (II+P 14, mech. Schleifladen). Zusatzschleife im Pedal [Scul-1897, S. 234]
1879 Erweiterung und Dispositionsänderung durch ALBERT LANG, Berlin (II+P 16). Nach AAScP: II+P 15 [Scul-1897, S. 234; AAScP, 28. 5. 1946]
nach 1945 Dispositionsänderung (II+P 16, mech. Schleifladen) [AKScB, 11. 4. 1961]
um 1963 Abbau [KoW-ZSOb]
1963 Aufstellung der 1956 von GERHARD SCHMID, Kaufbeuren, erbauten Interimsorgel aus der *Heilands-Kirche* (II+P 10, mech. Schleifladen) [KoW-ZSOb]
1977 Umsetzung in die *Kirche Zum Heiligen Kreuz* durch KARL SCHUKE, Berlin [KoW-ZSOb]

Martha-Kirche (1903-1904)
1904 Neubau durch E. F. WALCKER & CIE., Ludwigsburg (III+P 41, pneum. Traktur). Disposition bei Mund-1920 [Mund-1920, 410, B 60]
1919 Reinigung durch E. F. WALCKER & CIE., Ludwigsburg [PfA-KrMa]
1944 Beschädigung [PfA-KrMa]
1950 Reparatur durch KARL FUCHS, Berlin [PfA-KrMa]
1963 Neubau durch KARL SCHUKE, Berlin (Opus 135) (II+P 27, Schleifladen, mech. Spieltraktur, el. Registertraktur) [PfA-KrMa]
1972 Reinigung und Dispositionsänderung durch KARL SCHUKE, Berlin [PfA-KrMa]

Melanchthon-Gemeindezentrum
1950-1959 Neubau von Voss aus Pfeifen und Zubehör aus verschiedenen Quellen [MeB, 11.1988]
1988 Neubau durch DIETER NOESKE, Rotenburg/Fulda (II+P 15, mech. Schleifladen) [KoW-ZSOb]

Melanchthon-Kirche (Kröger, 1904-07)
um 1907 Neubau durch GEBR. DINSE, Berlin (III+P) [KoW-ZSOb]
1943 Zerstörung [Kühn-1978, S. 76]
1991 Neubau durch DIETER NOESKE, Rotenburg/Fulda, geplant [KoW-ZSOb]

Neue Garnisonkirche: siehe auch *Stadtmissions-Kirche*

Neue Garnisonkirche
1896-1897 Neubau durch W. SAUER, Frankfurt/Oder (Opus 710) (II+P 40, pneum. Kegelladen) [Bär, Jg. 23, 1897, S. 513; Falk-1990, S. 177 f.]
1944 Beschädigung [KoW-ZSOb]. Die zerstörte Stadtmission erhält die ehemalige Garnisonkirche als Kirchengebäude [CZB, 4. 1987, S. 3]
1951 Dispositionsänderung durch JOHANNES GRAF, Berlin (II+P 49, pneum. Kegelladen) [KoW-ZSOb]
seit 1985 Rekonstruktion des Originalzustands durch Gemeindeglieder [Befund 1990; KoW-ZSOb]

Palais der Prinzessin Anna Amalie, Orgelsaal, Wilhelmstraße
ab 1772 Sommerresidenz der Prinzessin Amalie (1723-1787) [Siev-1954, S. 126]
1776 Neubau durch ERNST MARX, Berlin (II+P 31, mech. Schleifladen). Disposition bei Bull-1966 [Bul-1966, S. 76 f.]
1788 Umsetzung durch ERNST MARX, Berlin, in die *Reformierte Kirche* (St. Nikolai, heute *Friedens-Kirche*) in Frankfurt/Oder und Umbau. Dort fiel die Orgel 1881 dem Kirchenumbau zum Opfer [KBF-1912, S.83; Tros-1980]

Passions-Kirche (Astfalk, 1905-1907)
1907 Neubau durch P. FURTWÄNGLER & HAMMER, Hannover (Opus 597) (III+P 42, davon 4 Transmissionen, pneum. Kegelladen (I) und Taschenladen (II+III)) [AHaH, Akte 597; PfA-KrPa]
1944 Beschädigung [Mund-1920, 337, B 29; KoW-ZSOb]

1947 Reparatur durch LEHMANN, Berlin-Frohnau [PfA-KrPa]
1957 Neubau durch KARL SCHUKE, Berlin (Opus 52) (II+P 26, mech. Schleifladen) [KoW-ZSOb]
1964 Erweiterung durch KARL SCHUKE, Berlin (II+P 27, mech. Schleifladen) [PfA-KrPa]
1964 Reinigung durch KARL SCHUKE, Berlin [PfA-KrPa]
1974 Reparatur durch KARL SCHUKE, Berlin (Wasserschaden) [PfA-KrPa]
1984 Reparatur durch KARL SCHUKE, Berlin [PfA-KrPa]

Prinz-Albrecht-Palais, Wilhelmstraße: siehe *Palais der Prinzessin Anna Amalie*

Ölberg-Kirche (Steinberg, 1922)
um 1922 Aufstellung einer Orgel des 19. Jahrhunderts (GESELL ?) aus einer *Potsdamer Kirche*. Ohren und Ornamente aus dem 18. Jahrhundert (II+P 7 mech. Schleifladen) [PfA-KrÖl]
1945 Starke Beschädigung [PfA-KrÖl]
1948 Orgelreste verbrannt [PfA-KrÖl]
1958 Neubau durch KARL SCHUKE, Berlin (Opus 66) (II+P 12, mech. Schleifladen) [PfA-KrÖl]
1973 Reinigung und Dispositionsänderung durch KARL SCHUKE, Berlin [AKScB; PfA-KrÖl]

St. Gertrauden-Hospital, Kapelle (1874)
1912 Neubau durch W. SAUER, Frankfurt/Oder (II+P 12) [Saue-1929]

St. Jacobi-Kirche (Stüler, 1844-1845)
1845-1847 Neubau durch JOHANN FRIEDRICH SCHULZE, Paulinzella, zusammen mit Lang & Dinse (II+P 32, mech. Schleifladen) [PfA-KrJa]
1862 Reparatur durch ALBERT LANG, Berlin [EZA, 14/489]
1882 Reparatur durch FERDINAND DINSE, Berlin [EZA, 14/489]
1889 Reparatur durch GEBR. DINSE, Berlin [EZA, 14/489]
1893 Reparatur und Dispositionsänderung durch ALBERT LANG, Berlin (II+P 32, mech. Schleifladen) [EZA, 14/489]
1894 Reparatur durch GEBR. DINSE, Berlin [EZA, 14/489]
1901 Reparatur durch GEBR. DINSE, Berlin [PfA-KrJa]
1930 Barockisierung durch EMANUEL KEMPER & SOHN, Lübeck [Kemp-1931]
1934-1936 Dispositionsänderung durch EMANUEL KEMPER & SOHN, Lübeck [Frot-1950]
3. 2. 1945 Zerstörung [Hoff-1986]
1959 Neubau durch E. F. WALCKER & CIE., Ludwigsburg (Opus 3771) (III+P 40, Schleifladen, mech. Spieltraktur, elektropn. Registertraktur)
1976 Beschädigung [PfA-KrJa]
1978 Umbau und Dispositionsänderung durch STEPHAN ORGELBAU, Berlin (III+P 40, Schleifladen, mech. Spieltraktur, elektropn. Registertraktur) [PfA-KrJa]
um 1983 Umbau durch STEPHAN ORGELBAU, Berlin (III+P 40, Schleifladen, mech. Spieltraktur, elektropn. Registertraktur) [KoW-ZSOb]

St. Lukas-Kirche (Stüler, Möller, 1859-1861)
1860 Neubau durch CARL AUGUST BUCHHOLZ, Berlin, nach einem Entwurf von A. HAUPT (II+P 28, mech. Schleifladen). Disposition in Urania [Ura, 1861, S. 173; Roch-1911, S. 36, 148 f.]
1912 Reparatur (II+P 27, mech. Schleifladen) [LAB, Unterhaltung, 18. 10. 1939]
1937 Reparatur und Umbau durch ALEXANDER SCHUKE, Potsdam (II+P 27, mech. Schleifladen) [LAB, Pr. Br. Rep. 42, 1873]
29. 4. 1945 Zerstörung [Hoff-1986]
1954 Neubau durch KARL SCHUKE, Berlin (Opus 14) (I+P 6, mech. Schleifladen) [PfA-KrDr]
1958 Reparatur durch KARL SCHUKE, Berlin [PfA-KrDr]
1986 Aufstellung der Orgel der *Dreifaltigkeits-Kirche* durch E. F. WALCKER & CIE., Ludwigsburg (II+P 9, mech. Schleifladen) [KoW-ZSOb]

Martha-Kirche

St. Jacobi-Kirche

Neue Garnisonkirche

St. Thomas-Kirche

St. Thomas-Kirche, um 1939, nicht erhalten

Tabor-Kirche

Diakoniewerk Königin Elisabeth

Dorfkirche Lichtenberg, um 1939, zerstört

St. Simeon-Kirche (1869), Notkirche
1869 Neubau durch FERDINAND DINSE, Berlin [PfA-KrSi]
1897 Abbau von Orgel und Notkirche [PfA-KrSi]

St. Simeon-Kirche (Schwechten, 1893-1897)
1897-1898 Neubau durch SCHLAG & SÖHNE, Schweidnitz (III+P 43, mech. und pneum. Kegelladen) [Gock-1968]
1918 Reparatur durch SCHLAG & SÖHNE, Schweidnitz [PfA-KrSi]
3. 2. 1945 Zerstörung [KoW-ZSOb]

St. Simeon-Kirche (Schwechten, Jorcke, Berndt, Rossa, 1893-1897, 1950-1961)
1961 Neubau durch KARL SCHUKE, Berlin (Opus 113) (I+P 6, mech. Schleifladen) [PfA-KrSi]
1971 Verkauf nach *Springe* [PfA-KrSi]
1965 Neubau durch KARL SCHUKE, Berlin (Opus 176) (II+P 22, mech. Schleifladen) [PfA-KrSi]
1986 Reinigung und Instandsetzung durch KARL SCHUKE, Berlin [PfA-KrSi]

St. Thomas-Kirche, Interimskirche (1865)
1865 Neubau durch FERDINAND DINSE, Berlin [Prei-1885; Hess-1969, S. 27]. Verbleib der Orgel unbekannt

St. Thomas-Kirche (Adler, 1864-1869)
1868-1869 Neubau durch W. SAUER, Frankfurt/Oder (Opus 95) (IV+P 52, mech. Kegelladen). Rückpositiv mit vier Registern [PfA-KrTh, Bericht; Falk-1990, S. 163 f.]
1899 Reparatur [PfA-KrTh, Lagerbuch]
1932 Umbau durch P. FURTWÄNGLER & HAMMER, Hannover (Opus 1124) (IV+P 58, davon 2 Transmissionen, elektropn. Kegelladen) [PfA-KrTh, Lagerbuch; AHaH, Akte 1124; Falk-1990, S. 163 f.]
1944 Beschädigung [PfA-KrTh]
nach 1944 Abbau [Orgelneubau]
1958 Aufstellung der Kleinorgel aus dem Gemeindehaus [PfA-KrTh]
1970 Neubau durch RUDOLF VON BECKERATH, Hamburg (II+P 25, Schleifladen, mech. Spieltraktur, el. Registertraktur) [PfA-KrTh]
1986 Beschädigung [PfA-KrTh]
1987 Umsetzung der Kleinorgel in das Gemeindehaus durch KARL SCHUKE, Berlin [PfA-KrTh]
1984 Kirche wegen Asbestschäden geschlossen [KoW-ZSOb]

St. Thomas-Kirche, Gemeindehaus
vor dem 6. 6. 1959 Aufstellung der 1957 durch E. F. WALCKER & CIE., Ludwigsburg, erbauten Interimsorgel der *St. Jacobi-Kirche* (I+P 8, mech. Schleifladen) [PfA-KrTh]
1957 Neubau durch KARL SCHUKE, Berlin (Opus 43) (I+P 6, mech. Schleifladen) [AKScB]
1958 Umsetzung in die *St. Thomas-Kirche* [PfA-KrTh]
1987 Rückführung der Kleinorgel aus der Kirche und Reparatur durch KARL SCHUKE, Berlin (I+P 6, mech. Schleifladen) [PfA-KrTh]

Stadtmissions-Kirche, Predigtsaal
1894 Neubau durch GEBR. DINSE, Berlin (II+P 31, mech. Kegelladen) [Dins-1897]
1911 Abbau durch G. F. STEINMEYER & CO., Oettingen [Scin-1911, S. 4 ff.]
1911 Neubau durch G. F. STEINMEYER & CO., Oettingen, nach einem Entwurf von KARL STRAUBE (Opus 1101) (III+P 60, pneum. Traktur) [AStOe; Rupp-1929, S. 376]
1944 Zerstörung [CZB, 4. 1987, S. 3]

Stadtmissionshaus, Saal
1886 Neubau durch W. SAUER, Frankfurt/Oder (II+P 16) [Saue-1929; Ura, LIII Jg., 1896, S. 43]
1944 Zerstörung [CZB, 4.1987, S. 3]

Tabor-Kirche (Schwartzkopff, 1905)
1904-1905 Neubau durch GEBR. DINSE, Berlin (III+P 40, pneum. Kegelladen) [KoW-ZSOb]
1921 Reinigung durch W. SAUER, Frankfurt/Oder [PfA-KrTa]
15. 10. 1948 Reparatur durch KARL FUCHS, Berlin (III+P 40, pneum. Kegelladen) [PfA-KrTa]
nach 1950 Laienhafte Dispositionsänderung [AKScB]
1958-1960 Umbau durch KARL SCHUKE, Berlin, unter Verwendung alter Pfeifen aus der SAUER-Orgel der *Hochschule der Künste* (III+P 40, pneum. Kegelladen) [AKScB]
1971 Reparatur durch KARL SCHUKE, Berlin [AKScB]
1987 Neubau des elektrischen Gebläses [AKScB]

Zweite Garnisonkirche: siehe *Neue Garnisonkirche*

LICHTENBERG

Alte Pfarrkirche: siehe *Dorfkirche Lichtenberg*

Diakoniewerk Königin Elisabeth
nach 1945 Umsetzung der 1936 von E. F. WALCKER & CIE., Ludwigsburg, erbauten Orgel aus dem *Königin-Elisabeth-Hospital, Berlin-Oberschöneweide* durch W. SAUER, Frankfurt/Oder (II+P, Multiplex-Orgel mit 3 Grundstimmen, el. Traktur) [KoO-Ok]
1969 Umsetzung der 1826 von JOHANN FRIEDRICH TURLEY, Treuenbrietzen, erbauten Orgel aus *Wölmsdorf* durch RAINER NASS, Berlin (I+P 9, mech. Schleifladen) [KoO-ZSOb; Lier-1989, S. 57]
um 1985 Abbau der Multiplex-Orgel [KoO-Ok]

Dorfkirche Lichtenberg (13. Jahrhundert, 1846)
1846 Neubau (I+P, mech. Traktur) [Kaeb-1935, S. 175; Bott-1955; GStA, Abt. II Pr. Br. Rep. 2 B, II Reg. Ptsd. 1 Gen. 3896; GStA, X Rep. 2 B, Abt. II, 4663, 4664; SAP, II Gen 1751]
1887 Neubau durch W. SAUER, Frankfurt/Oder (II+P 9, mech. Kegelladen) [KoO-ZSOb]
1912 Umbau und Erweiterung durch W. SAUER, Frankfurt/Oder (II+P 10, pneum. Kegelladen) [KoO-ZSOb]
um 1944 Zerstörung [KoO-ZSOb]
1952 Wiedereinweihung der Kirche [KoO-ZSOb]
1964 Neubau durch ALEXANDER SCHUKE, Potsdam (II+P 10, mech. Schleifladen) [AAScP, 19. 8. 1964; KoO-ZSOb; Tros-1987, S. 170]

Dorfkirche Friedrichsfelde (mittelalterlich, 1723)
vor 1834 Neubau (I+P 10, mech. Schleifladen) [GStA, Abt. II Pr. Br. Rep. 2 B, II Reg. Ptsd. 1 Gen. 3895, 3896; GStA, X Rep. 2 B, Abt. II, 4663, 4664; SAP, II Gen 1751; Bär, Jg. 16, 1890, S. 423]
1890 Umsetzung nach *Eggersdorf, Kreis Barnim* [KoO-ZSOb]

Dorfkirche Friedrichsfelde (1887-1890)
1890 Neubau durch GEBRÜDER POPPE, Roda (Stadtroda) (II+P 20, vermutlich mech. Kegelladen) [KoO-ZSOb, EZA, 14/4898; Bär, Jg. 16, 1890, S. 425; Ura, Jg. 52, 1895, S. 86]
1945 Zerstörung [KoO-ZSOb]
1956 Neubau durch ALEXANDER SCHUKE, Potsdam (II+P 19, mech. Schleifladen) [KoO-ZSOb]

Erlöser-Kirche, Rummelsburg (1890-1892)
1892 Neubau durch GEBR. DINSE, Berlin (II+P 25, mech. Kegelladen) [KoO-ZSOb]
1940 Abbau. Umbau der Kirche, Entfernung der zweiten Empore [KoO-ZSOb]
1940-1943 Neubau durch ALEXANDER SCHUKE, Potsdam, nach einem Dispositionsentwurf von GEORG KEMPFF (Opus 188) (III+P 41, elektropn. Kegelladen). Pfeifenmaterial von 1892 wiederverwendet [AAScP; EZA, 14/3518]

1990 Die Orgel ist nicht spielbar [Befund 1990]
vor 1990 Umsetzung des Positivs aus dem Gemeindesaal in die Kirche

Erlöser-Kirche, Rummelsburg, Gemeindesaal
1963 Neubau durch ALEXANDER SCHUKE, Potsdam
(I+AP 6, mech. Schleifladen) [AAScP, 20. 8. 1963; Fest-1970]
vor 1990 Umsetzung in die Kirche

Ev. Diakoniewerk Königin-Elisabeth (EDK): siehe *Diakoniewerk Königin-Elisabeth*

Gemeindehaus, Jacques-Duclos-Str.
1928 Neubau durch G. F. STEINMEYER & Co., Oettingen
(Opus 1479) (II+P 11, elektropn. Taschenladen) [AStOe]
nach 1945 Gebäude im Besitz der Sowjetischen Armee und des ehemaligen Ministeriums für Staatssicherheit. Verbleib der Orgel unbekannt

Gemeindehaus Karlshorst
1929 Neubau durch W. SAUER, Frankfurt/Oder
(II+P 14, el. Traktur) [Frot-1950]

Glaubens-Kirche (1903-1905)
1905 Neubau durch W. SAUER, Frankfurt/Oder (Opus 914)
(II+P 25, pneum. Kegelladen) [Saue-1929; Tros-1987, S. 192]
1954-1957 Dispositionsänderung durch ALEXANDER SCHUKE, Potsdam [AAScP, 14. 2. 1958; KoO-Ok]

Kirche Zur frohen Botschaft, Karlshorst (1909-1910)
1910 Neubau durch W. SAUER, Frankfurt/Oder (II+P 32, pneum. Kegelladen) [KoO-ZSOb; Saue-1929]
um 1960 Abbau [KoO-ZSOb]
1960 Aufstellung und Instandsetzung der 1755 durch ERNST MARX und PETER MIGENDT, Berlin, erbauten Orgel aus der *Schloßkirche* in *Berlin-Buch* durch ALEXANDER SCHUKE, Potsdam (II+P 22, mech. Schleifladen). Disposition und Winddruck verändert (originale Labiale beseitigt, Zungenstimmen eingefügt) [KoO-ZSOb; AAScP; Bull-1969, Bd. 2, S. 67]

Königin-Elisabeth-Hospital: siehe *Diakoniewerk Königin Elisabeth*

Saal der Stadtmission, Friedrichsfelde
1925 Neubau durch W. SAUER, Frankfurt/Oder (Opus 1694)
(II+P 6) [Mitt. Fa. W. Sauer]
nach 1945 Neubau durch W. SAUER, Frankfurt/Oder
(II+P 6, pneum. Kegelladen) [KoO-Ok]

MARZAHN

Dorfkirche Marzahn (Stüler, 1870-1871)
1885 Neubau durch GEBR. DINSE, Berlin (II+P 10, mech. Schleifladen) [GStA, X Rep. 2 B, Abt. II, 4663; SAP, II Gen 1751; LAB, Pr. Br. Rep. 42, 1873; 31. 12. 1939; Tros-1987, S. 248]
1912 Neubau oder Umbau durch GEBR. DINSE, Berlin (II+P 12, pneum. Kegelladen) [LAB, Pr. Br. Rep. 42, 1873; KoO-Ok; AAScP]
1942 Holzwurmbekämpfung durch KIENSCHERF NACHF. INH. KARL GERBIG, Eberswalde [LAB, Pr. Br. Rep. 42, 1873]

Dorfkirche Biesdorf (nach 1774)
vor 1825 Neubau (I 8, mech. Schleifladen) [KoO-ZSOb, Akte Biesdorf; Inventar 1825; GStA, Abt. II Pr. Br. Rep. 2 B, II Reg. Ptsd. 1 Gen. 3895, 3896; GStA, X Rep. 2 B, Abt. II, 4664]
1826 Reparatur durch CARL AUGUST BUCHHOLZ, Berlin [Fest-1985/2, S. 17]
1871 Abbau. Verkauf an den Kirchenvorsteher THIELE. Aufstellung in der *Dorfkirche Mahlsdorf* [Kaeb-1935, S. 181; Fest-1985/2, S. 18]
1871-1872 Neubau durch A. LANG, Berlin (II+P, mech. Schleifladen) [SAP, II Gen 1751; KoO-ZSOb; Voig-1937; Fest-1985/2]
1897 Einsturz des im Bau befindlichen Kirchturms [Fest-1985/2, S. 24; EZA, 14/4793]

Dorfkirche Biesdorf (1896-1897)
1898 Neubau durch GEBR. DINSE, Berlin (II+P 16, mech. Kegelladen) [KoO-ZSOb; EZA Bln., 14/4793; Fest-1985/2, S. 18]
1938 Neubau durch ALEXANDER SCHUKE, Potsdam (Opus 179) unter Verwendung der alten Laden und von Teilen des Pfeifenwerks (II+P 24, davon 4 Transmissionen, Kegelladen und Taschenladen, el. Traktur) [AAScP; KoO-ZSOb; Fest-1985/2, S. 19-20]
20. 1. 1944 Zerstörung [Tros-1987, S. 250]
1960 Neubau durch ALEXANDER SCHUKE, Potsdam (I+P 7, mech. Schleifladen) [KoO-ZSOb; Fest-1985/2, S. 21]
10. 1983 Umsetzung nach *Biesdorf-Süd* durch ALEXANDER ZWIRNER [KoO-ZSOb]
1985 Neubau durch die MITTELDEUTSCHE ORGELBAUANSTALT A. VOIGT, Bad Liebenwerda (II+P 24, davon 3 Vorabzüge, mech. Schleifladen) [Fest-1985/2, S. 13-14]

Gemeindezentrum Versöhnungs-Kirchengemeinde
11. 1989 Aufstellung einer um 1978 erbauten Kleinorgel aus der Schweiz, gestiftet von der *Gemeinde Heidelberg-Handschuhheim* (I+P 7, mech. Schleifladen) [KoO-ZSOb]

Gemeindezentrum Zur Barmherzigkeit, Biesdorf, Baracke (1956)
1965 Neubau durch ALEXANDER SCHUKE, Potsdam (I+P 6, mech. Schleifladen) [KoO-Ok]
1976 Umsetzung in das *Gemeindezentrum Biesdorf-Süd* durch RAINER NASS, Berlin. Abriß der Baracke [KoO-Ok]

Gemeindezentrum Zur Barmherzigkeit, Biesdorf (1976-1978)
1978 Rückführung der Orgel aus dem *Gemeindezentrum Biesdorf-Süd* durch ALEXANDER SCHUKE, Potsdam (I+P 6, mech. Schleifladen) [KoO-Ok]

Gemeindezentrum Biesdorf-Süd
1962 Aufstellung der um 1930 von W. SAUER, Frankfurt/Oder erbauten Multiplex-Orgel-Orgel aus der *Offenbarungs-Kirche, Berlin-Friedrichshain* durch LUDWIG GLÖCKNER, Berlin (I+P 6, el. Traktur) [KoO-Ok]
1976 Abbau [KoO-Ok]
1976 Umsetzung der 1965 von ALEXANDER SCHUKE, Potsdam, erbauten Orgel aus dem *Gemeindezentrum Zur Barmherzigkeit, Biesdorf* durch RAINER NASS, Berlin (I+P 6, mech. Schleifladen) [KoO-Ok]
1978 Rückführung nach *Biesdorf* [KoO-Ok]
1983-1984 Umsetzung der 1960 von ALEXANDER SCHUKE, Potsdam, erbauten Orgel aus der *Dorfkirche Biesdorf* durch ALEXANDER ZWIRNER (I+P 6, mech. Schleifladen). Reinigung und neue Farbfassung [KoO-ZSOb]

Gnaden-Kirche: siehe *Dorfkirche Biesdorf*

NEUKÖLLN

Altlutherische Kirche
1967 Neubau durch KARL SCHUKE, Berlin (Opus 218)
(II+P 10, mech. Schleifladen) [AKScB]

Ananias-Gemeindezentrum (Pingel, 1967-1968)
1936 Neubau durch W. SAUER, Frankfurt/Oder (II+P 18, 1 Transmission, el. Traktur) [KoW-ZSOb]
um 1971 Abbau [KoW-ZSOb]
1971 Ankauf der 1938-1939 für das *Luther-Haus, Berlin-Pankow*, von SAUER erbauten Orgel [KoW-ZSOb]
1972 Aufstellung und Erweiterung durch STEPHAN ORGELBAU, Berlin (II+P 20, el. Taschenladen) [KoW-ZSOb]

Erlöser-Kirche

Kirche zur frohen Botschaft

Dorfkirche Marzahn

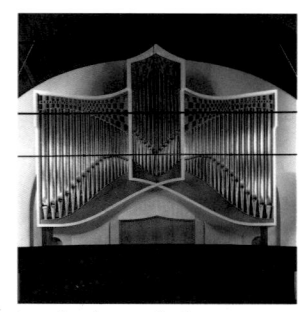

Dorfkirche Biesdorf

Bethlehems-Kirche, um 1939, nicht erhalten

Dorfkirche Britz

Dorfkirche Buckow, um 1939, nicht erhalten

Dorfkirche Rudow, um 1939, zerstört

Bethlehems-Gemeinde (1750-1751), Ev.-Ref., Betsaal
Böhmische Simultankirche für Lutheraner und Reformierte, bis die Lutheraner die Rixdorfer Dorfkirche kauften [PfA-NkBg]

Bethlehems-Kirche (18. Jahrhundert, 1885-1887), Böhmisch-luth.
1884 Die böhmisch-luth. Gemeinde übernimmt die alte *Rixdorfer Dorfkirche* mit der 1823 durch JOHANN SIMON BUCHHOLZ, Berlin, erbauten Orgel [PfA-NkBl]
1892 Neubau durch W. SAUER [II+P 8, mech. Kegelladen) (Opus 655) [PfA-NkMa, Lagerb. böhm.-luth. Gm., 1909, S. 38; AAScP, 19. 7. 1939]
1951 Erweiterung und Dispositionsänderung durch JOHANNES GRAF, Berlin [PfA-NkBl]
1958 Abbau (II+P 10, mech. Schleifladen) [PfA-NkBl]
1960 Neubau durch E. F. WALCKER & CIE., Ludwigsburg (II+P 10, mech. Schleifladen) [PfA-NkBl]
5. 1973 Reinigung durch E. F. WALCKER & CIE., Ludwigsburg (II+P 10, mech. Schleifladen) [PfA-NkBl]
1987 Instandsetzung und Reinigung durch E. F. WALCKER & CIE., Ludwigsburg (II+P 10, mech. Schleifladen) [PfA-NkBl]

Böhmisch-luth.: siehe *Bethlehems-Kirche Berlin-Mitte* und *Berlin-Neukölln*

Böhmische Brüdergemeine, Betsaal, (1751)
vor 1754 Aufstellung eines Positivs (mech. Schleifladen), Gebäude bis 1761 benutzt [Mus.-1987, S. 32]

Böhmische Brüdergemeine, Betsaal, (1761)
1761 Aufstellung eines Positivs aus *Niesky* (I, mech. Schleifladen) [PfA-NkBg]
1785 Neubau durch ERNST MARX, Berlin (I 6, mech. Schleifladen) [PfA-NkBg]
1809 Reparatur [PfA-NkBg]
1832 Reparatur durch ERNST MARX, Berlin [PfA-NkBg]
1857 Abbau [PfA-NkBg]
1856-1857 Neubau durch LANG & DINSE, Berlin (II+P 9, mech. Schleifladen) [Wüns-1857; Ura, Jg. LIII, 1896, S. 43]
1890 Abbau [PfA-NkBg]
1896 Die Orgel soll an die befreundete Gemeinde *Gnadenthal* in *Südafrika* verschenkt werden [Ura, Jg. LIII, 1896, S. 43]
1890 Neubau durch W. SAUER, Frankfurt (II+P 15) [Saue-1929]
1893 Reparatur durch W. SAUER, Frankfurt/Oder [PfA-NkBg]
2. 1. 1944 Zerstörung [PfA-NkBg]

Brüdergemeine, Betsaal (1961-1962)
1962 Neubau durch E. F. WALCKER & CIE., Ludwigsburg (II+P 15, mech. Schleifladen) [PfA-NkBg]
1976 Reparatur durch E. F. WALCKER & CIE., Ludwigsburg [PfA-NkBg]

Bundesgartenschau, Kapelle
1984 Neubau durch WERNER BOSCH, Sandershausen (II+P 7, mech. Schleifladen) [Hoff-1986, S. 243]
1985 Überführung in die *Alte Nazareth-Kirche*, *Berlin-Wedding* [Hoff-1986, S. 243]

Dorfkirche Britz (13. Jahrhundert)
1826 Neubau durch CARL AUGUST BUCHHOLZ, Berlin (I+P 9, mech. Schleifladen) [PfA-NkDB, Chronik]
1832 Dispositionsänderung durch CARL AUGUST BUCHHOLZ, Berlin (I+P 9, mech. Schleifladen) [PfA-NkDB, Chronik]
1888 Abbau durch GEBR. DINSE, Berlin [PfA-NkDB, Chronik]
1888 Neubau durch GEBR. DINSE, Berlin, unter Verwendung alten Pfeifenmaterials (II+P 10) [PfA-NkDB]
1925 Reparatur durch GEBR. DINSE, Berlin [PfA-NkDB]
1938 Neubau durch ALEXANDER SCHUKE, Potsdam (Opus 175) (II+P 22, davon 2 Transmissionen, el. Taschenladen) [AAScP; PfA-NkDB]
1951 Reparatur durch KARL SCHUKE, Berlin [PfA-NkDB]
1953 Reparatur durch KARL SCHUKE, Berlin [PfA-NkDB]

1959 Einbau einer neuen Prospektfront durch KARL SCHUKE, Berlin, unter Verwendung der alten Prinzipalpfeifen [AKScB; PfA-NkDB]
1983 Reparatur durch KARL SCHUKE, Berlin [PfA-NkDB]

Dorfkirche Buckow (13. Jahrhundert)
1842 Aufstellung einer Orgel von 1821. Herkunft unbekannt [Rud-1926, S. 34; NKH, 4.1962, S. 383; PfA-NkBu, Lagerbuch]
1872 Neubau durch GEBR. DINSE, Berlin (I+P 8, mech. Schleifladen) [Dinse-Katalog; StA Potsdam, II Gen 1751, Erhebung um 1873; PfA-NkBu]
1891 Neubau durch W. SAUER, Frankfurt (II+P 14) [Saue-1929]
1932-1933 Reparatur durch WENDT & HEISE, Berlin [PfA-NkBu]
Orgel nicht erhalten
1958 Neubau durch E. F. WALCKER & CIE., Ludwigsburg (II+P 8, mech. Schleifladen) [PfA-NkBu, Orgelakte]
1964 Umsetzung durch E. F. WALCKER & CIE., Ludwigsburg [PfA-NkBu]
1987 Reinigung durch E. F. WALCKER & CIE., Ludwigsburg [PfA-NkBu]

Dorfkirche Neukölln: siehe *Dorfkirche Rixdorf* und *Bethlehems-Kirche*

Dorfkirche Rixdorf: siehe auch *Bethlehems-Kirche*

Dorfkirche Rixdorf (18. Jahrhundert)
1823 Neubau durch JOHANN SIMON BUCHHOLZ, Berlin (I+P 13, mech. Schleifladen) [Brod-1899, S. 119; Ura LIII, 1896, S. 43; GStA, Abt.II Pr. Br. Rep 2 B, II Reg. Ptsd. 1 Gen. 3895, 3896; GStA, X Rep. 2 B, Abt. II, 4663, 4664; StA Potsdam, II Gen 1751; GStA, X Rep. 2 B, Abt. II, 4663]
1884 Die Kirche wird an die böhmisch-luth. Gemeinde verkauft und trägt seitdem den Namen *Bethlehems-Kirche* (Fortsetzung siehe dort) [PfA-NkBg]

Dorfkirche Rudow (13. Jahrhundert)
vor 1834 Neubau (I, mech. Schleifladen) [GStA, Abt.II Pr. Br. Rep 2B, II Reg. Ptsd. 1 Gen. 3895]
1844-1845 Neubau durch BABE & SOHN, Berlin (I, mech. Schleifladen) [Hoff-1986, S. 64]
1908-1910 Neubau durch GEBR. DINSE, Berlin. Nach Hoff-1986 Neubau 1896 [LAB, Pr. Br. Rep. 42, 1873, 6. 12. 1939]
1945 Zerstörung [Hoff-1986, S. 63 f.]
1957-1958 Neubau durch KARL SCHUKE, Berlin (Opus 54) (II+P 19, mech. Schleifladen). Disposition von GOTTFRIED GROTE. Ravalement [PfA-NkDR]
1975 Reinigung durch KARL SCHUKE, Berlin [PfA-NkDR]
1988-1989 Reparatur und Rekonstruktion des Gehäuses durch KARL SCHUKE, Berlin [PfA-NkDR]

Dreieinigkeits-Kirche, Gropiusstadt (Barwich, 1970-1971)
1971 Neubau durch G. F. STEINMEYER & CO., Oettingen (Opus 2246) (II+P 24, Schleifladen, mech. Spieltraktur, el. Registertraktur) [AStOe; KoW-ZSOb]

Friedhofskapelle Rudow
1962 Neubau durch DETLEF KLEUKER, Brackwede (I+P 7, mech. Schleifladen) [KoW-ZSOb]

Fürbitt-Gemeindezentrum Britz (Pingel, 1964-1965)
um 1964 Aufstellung einer Kleinorgel von PAUL OTT, Göttingen (mech. Traktur) [Mitt. Kirchengemeinde]
1969 Verkauf der Orgel an Privat [Mitt. Kirchengemeinde]
1969 Neubau durch PAUL OTT, Göttingen (II+P 22, Schleifladen, mech. Spieltraktur, el. Registertraktur) [KoW-ZSOb]

Gemeindezentrum Neu-Buckow (1963-1964)
1966 Neubau durch KARL SCHUKE, Berlin (Opus 192) (II+P 12, mech. Schleifladen) [AKScB]
1986 Reinigung durch KARL SCHUKE, Berlin [PfA-NkGB]
1987 Neubau einer Truhen-Orgel durch KARL LÖTZERICH, Ippinghausen (I 3, mech. Schleifladen) [PfA-NkGB]

Gemeindezentrum Rudow-West (Emmerich, 1972)
1972 Aufstellung der 1960 durch E. F. Walcker & Cie., Ludwigsburg, erbauten Orgel aus der *Johann-Christoph-Blumhardt-Kirchengemeinde* (I+P 6, mech. Schleifladen) [KoW-ZSOb]
1986 Reinigung durch E. F. Walcker & Cie., Ludwigsburg [KoW-ZSOb]

Genezareth-Kirche (Schwechten, 1905)
1905 Neubau durch W. Sauer, Frankfurt/Oder (II+P 23, pneum. Kegelladen) [KoW-ZSOb: 17 Register; Saue-1929; AAScP]
29. 1. 1945 Beschädigung (II+P 23) [Kühn-1978, S. 99]
nach 1945 Abbau und Einlagerung im Keller des Gemeindehauses [AAScP; KoW-ZSOb]
1960-1961 Neubau durch Karl Schuke, Berlin (Opus 105) (II(III)+P 26 (31), Schleifladen, mech. Spieltraktur) [PfA-NkGe]
1964 Reinigung durch Karl Schuke, Berlin [PfA-NkGe]
1974 Erweiterung durch Karl Schuke, Berlin (III+P 29 (31), mech. Schleifladen) [PfA-NkGe]
1975 Erweiterung durch Karl Schuke, Berlin (III+P 30 (31), mech. Schleifladen) [PfA-NkGe]
1986 Reparatur durch Karl Schuke, Berlin [PfA-NkGe]
1988 Reinigung durch Karl Schuke, Berlin [PfA-NkGe]

Hephata-Gemeindezentrum, Britz (Streckebach, 1955)
1955 Aufstellung einer Orgel von Karl Schuke, Berlin, (1952) aus der *Zentralstelle für Orgelbau* (II+P 10, mech. Schleifladen) [AKScB]
1958 Aufstellung einer Interimsorgel von Karl Schuke, Berlin, aus der *Kirche Zum Heilsbronnen* (II+P 10, mech. Schleifladen) [PfA-NkHe]
1971 Neubau durch Karl Schuke, Berlin (Opus 270) (II+P 15, mech. Schleifladen) [PfA-NkHe]
1973 Abbau der Interimsorgel [PfA-NkHe]

Johann-Christoph-Blumhardt-Kirche, Britz, Gemeindehaus
1960 Neubau durch E. F. Walcker & Cie., Ludwigsburg (I+P 6, mech. Schleifladen) [KoW-ZSOb; PfA-NkJB]
um 1967 Verkauf an das *Gemeindezentrum Rudow-West* [KoW-ZSOb]

Johann-Christoph-Blumhardt-Kirche, Britz (Behrmann, 1958-1964)
1967 Neubau durch E. F. Walcker & Cie., Ludwigsburg (II+P 15, mech. Schleifladen) [PfA-NkJB]
1985 Reinigung durch E. F. Walcker & Cie., [PfA-NkJB]

Magdalenen-Kirche (Bohl, 1879)
1879 Neubau durch Gebr. Dinse, Berlin (II+P 20, pneum. Kegelladen) [Dins-1897; Jahr-1929, S. 16 f. ; PfA-NkMa]
1909 Neubau durch W. Sauer, Frankfurt/Oder (Nr. 49210) (II+P 30, davon 1 Transmission, pneum. Kegelladen). Gehäuse und Pfeifenmaterial von 1879 wiederverwendet [Saue-1929; Falk-1990, S. 212]
1944-1945 Beschädigung [PfA-NkMa]
1953 Instandsetzung und Elektrifizierung durch E. F. Walcker & Cie., Ludwigsburg (II+P 30, davon 2 Transmissionen, elektropn. Kegelladen) [PfA-NkMa]
1955 Instandsetzung und Dispositionsänderung durch E. F. Walcker & Cie., Ludwigsburg [PfA-NkMa]
1965 Neubau eines Chorpositivs durch Karl Schuke, Berlin (Opus 171) (I+AP 5, mech. Schleifladen) [PfA-NkMa]
1975 Reinigung durch Stephan Orgelbau, Berlin (II+P 30) [PfA-NkMa]
1987 Reparatur durch Stephan Orgelbau, Berlin (II+P 30) [PfA-NkMa]

Martin-Luther-Kapelle, Buckow-Ost
1958 Neubau durch E. F. Walcker & Cie., Ludwigsburg (II+P 7, mech. Schleifladen) [KoW-ZSOb]
um 1965 Umsetzung in die *Philipp-Melanchthon-Kapelle, Buckow-Ost* [KoW-ZSOb]

Martin-Luther-King-Kirche, Gropiusstadt (Otto, 1966-1968)
1970 Neubau durch Friedrich Weissenborn, Braunschweig (II+P 23, el. Schleifladen) [PfA-NkMK]
1982 Umbau durch Brüder Kaminski, Warschau (II+P 22, Schleifladen, mech. Spieltraktur, el. Registertraktur) [PfA-NkMK]
1986 Reparatur und Dispositionsänderung durch Brüder Kaminski, Warschau [PfA-NkMK]

Martin-Luther-Kirche (Gottlob, 1908-1909)
1909 Neubau durch Friedrich Weigle, Echterdingen (III+P 13, pneum. Traktur). Parabrahm-Orgel: 3. Manual mit Schiedmeyer-Harmonium (16 Harmonium-Stimmen) und 2 Glockenspielen [Weig-1910; Vos-1910; KoW-ZSOb]
9. 1927 Umbau und Erweiterung durch Friedrich Weigle, Echterdingen (III+P 34, pneum. Traktur) [Weig-1927]
29. 1. 1944 Zerstörung [Kühn-1978, S. 96]
1959 Neubau durch E. F. Walcker & Cie., Ludwigsburg (II(III)+P 26, Schleifladen, mech. Spieltraktur, elektropn. Registertraktur). 1. Bauabschnitt [PfA-NkML]
1962 Erweiterung um ein Rückpositiv durch E. F. Walcker & Cie., Ludwigsburg (III+P 35, Schleifladen, mech. Spieltraktur, elektropn. Registertraktur). 2. Bauabschnitt [KoW-ZSOb]
1970-1972 Abbau und Aufstellung wegen Kirchenumbau [PfA-NkML]
1983 Reinigung durch Roman Ilisch, Berlin [PfA-NkML]
1988 Reparatur durch Roman Ilisch, Berlin [PfA-NkML]

Nikodemus-Kirche (Gottlob, 1912-1913)
1913 Neubau durch W. Sauer, Frankfurt/Oder (II+P 15) [Saue-1929; PfA-NkNi]
26. 2. 1945 Zerstörung [Kühn-1978, S. 98]
1956-1957 Neubau durch Karl Schuke, Berlin (Opus 36) (II+P 19, mech. Schleifladen) [PfA-NkNi; AKScB]
1989 Umsetzung der Orgel von der Empore in das Kirchenschiff durch Karl Schuke, Berlin [AKScB; PfA-NkNi]

Pfarrkirche Rixdorf: siehe *Magdalenen-Kirche Neukölln*

Philipp-Melanchthon-Kapelle, Buckow-Ost
um 1965 Aufstellung der 1958 durch E. F. Walcker & Cie., Ludwigsburg, für die *Martin-Luther-Kapelle* erbauten Orgel (II+P 7, mech. Schleifladen) [KoW-ZSOb]
1985 Verkauf an das *Gemeindezentrum Rollberge, Berlin-Reinickendorf*. Anschaffung eines Elektroneninstruments [KoW-ZSOb]

Philipp-Melanchthon-Kirche (Gottlob, 1914-1916)
1915 Neubau durch W. Sauer, Frankfurt/Oder (II+P 16, pneum. Traktur) [Saue-1929; KoW-ZSOb: 17 Register; PfA-NkMe]
4. 1945 Beschädigung [Kühn-1978, S. 99]
1953 und 1955 Umbau durch Karl Schuke, Berlin [PfA-NkMe]
vor 1963 Abbau [KoW-ZSOb]
1963-1964 Neubau durch Karl Schuke, Berlin (III+P 38, Schleifladen, mechanische Spieltraktur) [KoW-ZSOb PfA-NkMe]
1973, 1984 Reinigung durch Karl Schuke, Berlin [PfA-NkMe]

Philipp-Melanchthon-Kirche (Gottlob, 1914-1916), Brautkapelle
1966 Neubau durch Karl Schuke, Berlin (Opus 189) (I 4, mech. Schleifladen) [PfA-NkMe]

Philipp-Melanchthon-Kirche, Ladenkirche
10. 2. 1970 Neubau-Kostenanschlag von Karl Schuke, Berlin (I 4, mech. Schleifladen) [PfA-NkMe]

Stadtmission
1937 Neubau durch Alexander Schuke, Potsdam (Opus 164) (I+P 8, elektrische Traktur) [AKScB]. Verbleib der Orgel unbekannt
1944 Zerstörung [KoW-ZSOb]

Magdalenen-Kirche

Martin-Luther-King-Kirche

Tabea-Gemeindezentrum (Streckebach, 1965)
1965 Neubau durch KARL SCHUKE, Berlin (Opus 177) (II+P 7, mech. Schleifladen) [KoW-ZSOb]
1984 Reinigung durch KARL SCHUKE, Berlin [KoW-ZSOb]

PANKOW

Alte Pfarrkirche Pankow (13./15. Jahrhundert)
1710 Anschaffung einer ersten Orgel, ein Positiv aus der *Sebastians-Kirche Berlin* [Frdl. Mitt. Chr. Kirchner]. (Die Angaben in Stad-1937, S. 40 + 44, sind falsch.)
1817 Von der Gemeinde und Berliner Freunden wird eine Orgel angeschafft [PfA-PaVE, Kirchenrechnungsbuch 1732-1836]
um 1821 Abbau [Stad-1937, S. 44]
1821 Aufstellung einer kleinen Orgel (mech. Schleifladen) [GStA, Abt. II Pr. Br. Rep. 2 B, II Reg. Ptsd. 1 Gen. 3895, 3896; Stad-1937]
1857 Umsetzung nach *Heinersdorf* bei Berlin [PfA-PaVE, Lagerbuch; Quei-; Stad-1937, S. 40, 44; Beie-1922, S. 152]
Fortsetzung siehe: *Kirche Zu den vier Evangelisten*

Altersheim Pankow
1930 Neubau durch P. FURTWÄNGLER & HAMMER, Hannover (Opus 1092) (II+P 10). Disposition in Elis-1930 [AHaH, Akte 1092; Elis-1930, II. Bd., S. 7]

Dorfkirche Blankenfelde (14. Jahrhundert, 1939-1941)
1847 Aufstellung eines gebrauchten Positivs aus dem Besitz des Musiklehrers GOLMITZ, Berlin (I 6, mech. Schleifladen) [PfA-PaBf, Ar24; GStA, X Rep. 2 B, Abt. II, 4663, 4664]
1902 Aufstellung der 1858 erbauten Orgel aus der *Dorfkirche Rosenthal* durch GEBR. DINSE, Berlin (II+P 11, mech. Schleifladen) [EZA, 14/5507; PfA-PaBf, 2533]
1916 Reparatur und Reinigung [OChP, Schulchronik]
1930 Reparatur [SupA-Pa, 701]
um 1938 Abbau [Kirchenumbau]
1941 Neubau durch ALEXANDER SCHUKE, Potsdam (Opus 195) (I+P 7, mech. Schleifladen). Die Orgel steht unter einem Bogen auf einer Seitenempore. Spieltisch an der Orgelrückseite [PfA-PaBf, 2533; AAScP; Bads-1987, S. 212; Befund 1990]
1943 Beschädigung [PfA-PaBf, 2533]
1948 Instandsetzung durch JOHANNES KARIN, Berlin-Buchholz [PfA-PaBf, 2533]

Dorfkirche Buchholz (13. Jahrhundert, 1852, 1886)
vor 1715 Neubau eines Positivs (I, mech. Schleifladen) [PfA-PaBh, Matrikel vom 25. 10. 1715]
um 1750 Neubau (I+AP, mech. Schleifladen) [PfA-PaBh; GStA, Abt. II Pr. Br. Rep 2 B, II Reg. Ptsd. 1 Gen. 3895, 3896; GStA, X Rep. 2 B, Abt. II, 4663, 4664; SAP, II Gen 1751]
um 1852 Reparatur [PfA-PaBh]
um 1888 Abbau [Orgelneubau]
1888 Neubau durch W. REMLER & SOHN, Berlin (II+P 10, mech. Schleifladen). Disposition bei Frot-1950 [KoO-ZSOb; Frot-1950]
1925 Instandsetzung [SupA-Pa, 701]
1938 Die Orgel hat 12 Register [AAScP, 3. 3. 1938]
1945 Zerstörung [KoO-ZSOb]
1971-1972 Neubau durch ALEXANDER SCHUKE, Potsdam (II+P 13, mech. Schleifladen) [KoO-ZSOb]

Dorfkirche Niederschönhausen: siehe *Friedens-Kirche*

Dorfkirche Pankow: siehe *Kirche Zu den vier Evangelisten*

Dorfkirche Rosenthal (13. Jahrhundert, 1880, 1903)
1705 Neubau eines Positivs (I, mech. Schleifladen) [OChP, Schulchronik; GStA, Abt. II Pr. Br. Rep. 2 B, II Reg. Ptsd. 1 Gen. 3895, 3896; EZA, 14/5507]
1858 Neubau durch C. A. BUCHHOLZ, Berlin (I+P 9, mech. Schleifladen) [OChP, Schulchronik; GStA, X Rep. 2 B, Abt. II, 4663, 4664; SAP, II Gen 1751]
um 1880 Erweiterung durch W. REMLER & SOHN, Berlin (II+P 11, mech. Schleifladen) [OChP, Schulchronik; PfA-PaBf, Ar24; Bads-1987, S. 215]
1902 Umsetzung in die *Dorfkirche Blankenfelde* [OChP, Schulchronik; EZA, 14/5507]
1902 Neubau durch GEBR. DINSE, Berlin (II+P 19, pneum. Kegelladen) [EZA, 14/5507]
um 1930 Reparaturen [SupA-Pa, 701]
1990 Die Orgel ist unverändert erhalten [Befund 1990]

Friedens-Kirche, Niederschönhausen (mittelalterlich)
1814 Anschaffung der ersten Orgel. Stiftung des Bankiers Jüterbog, Berlin (I, mech. Schleifladen) [GStA, Abt. II Pr. Br. Rep 2 B, II Reg. Ptsd. 1 Gen. 3895, 3896; GStA, X Rep. 2 B, Abt. II, 4664; PfA-PaNi, Kirchenrechnungsbuch 1747-1852]

Friedens-Kirche, Niederschönhausen (1869-1871)
um 1871 Neubau durch C. BABE (I 6, mech. Schleifladen) (II+P 11, mech. Schleifladen) [Tros-1987, S. 63 f.; GStA, X Rep. 2 B, Abt. II, 4663; SAP, Rep 2A II, Gen. Nr. 1750; SAP, II Gen 1751; ZfI, 1904/05, S. 461]
1894 Reparatur durch W. REMLER & SOHN, Berlin [EZA, 14/5754]
1904 Reparatur durch SCHLAG & SÖHNE, Schweidnitz [EZA, 14/5754]
1904 Neubau durch GEBRÜDER WALTER, Guhrau, (II+P 17, pneum. Kegelladen). Altes Gehäuse und Teile des alten Pfeifenwerks wurden wiederverwendet [ZfI, 1904/05, S. 461]. Prospektskizze in AAScP [AAScP]
1926 Neubau durch GUSTAV HEINZE, Sorau (Op. 146) (II+P 37, davon 4 Transmissionen, pneum. Kegelladen) [SupA-Pa, 701; Hein-1929; KoO-ZSOb; LAB, Unterhaltung Kirchenorgel, 10. 11. 1937; PfA-PaNi, Programm der Orgeleinweihung, 19. 12. 1926]
1940 Generalreinigung durch GUSTAV HEINZE, Sorau [LAB, Pr. Br. Rep. 42, 1873]
1965 Generalüberholung und Dispositionsänderung durch LUDWIG GLÖCKNER, Berlin (II+P 36, davon 4 Transmissionen, pneum. Kegelladen) [KoO-ZSOb]
1983 Instandsetzung durch AXEL STÜBER, Berlin [PfA-PaNi]
1985 Neubau eines Chorpositivs durch AXEL STÜBER, Berlin (I+AP 4, mech. Schleifladen) [PfA-PaNi; KoO-ZSOb]

Friedhof Gethsemane und Zion, Nordend, Zentralkapelle
1980 Neubau durch VEB POTSDAMER SCHUKE-ORGELBAU, Potsdam (I+P 7, mech. Schleifladen) [KoO-Ok]

Gemeindehaus Nordend, Kirchsaal (1909)
1909-1910 Neubau durch GEBR. DINSE, Berlin (II+P 10 (12), pneum. Kegelladen) [PfA-PaBf, 2533; KoO-ZSOb]
vor 1990 Erweiterung um zwei Register (II+P 12, pneum. Kegelladen). Die Orgel ist spielbar, wird aber nicht benutzt [Befund 1990]
1980 Neubau durch RUDOLF BÖHM, Gotha (I+AP 5, mech. Schleifladen) [KoO-ZSOb; Befund 1990]

Hoffnungs-Kirche (1912-1913)
1913 Neubau durch W. SAUER, Frankfurt/Oder (Opus 1158) (II+P 29, pneum. Taschenladen) [SupA-Pa, 5223; Saue-1929; KoO-ZSOb; Tros-1987, S. 49]
1932 Reinigung [SupA-Pa, 701]
1945 Wasserschaden [SupA-Pa, 5223]
um 1950 Instandsetzung durch KARL RENNER, Berlin [SupA-Pa, 5223]
1956-1957 Erweiterung durch GERHARD KIRCHNER, Weimar (II+P 39, pneum. Taschenladen) [SupA-Pa, 5223]
1964-1965 Umbau und Erweiterung um ein III. Manual durch W. SAUER, Frankfurt/Oder. Elektrifizierung, neuer Spieltisch, klangliche Umgestaltung (III+P 45, davon 2 Transmissionen, elektropn. Taschenladen) [SupA-Pa, 5223; KoO-ZSOb]

Dorfkirche Blankenfelde, vor 1950

Dorfkirche Buchholz, um 1939, zerstört

Dorfkirche Rosenthal

1987 Auftragserteilung für einen Neubau an W. Sauer, Frankfurt/Oder (II+P 33, mech. Schleifladen) [Saue-1929; KoO-ZSOb]

Hoffnungs-Kirche (1912-1913), Winterkirche
1964 Neubau durch W. Sauer, Frankfurt/Oder (I 3, mech. Schleifladen) [KoO-ZSOb]

Kirche Zu den vier Evangelisten, Pankow (13./15. Jahrhundert, 1858), siehe auch *Alte Pfarrkirche Pankow*
1859 Neubau durch Carl August Buchholz, Berlin (II+P 14, mech. Schleifladen) [PfA-PaVE, Lagerbuch; GStA, X Rep. 2 B, Abt. II, 4663, 4664; SAP, II Gen 1751; Stad-1937, S. 44]
1893 Reparatur [PfA-PaVE, Lagerbuch 1897]
1911 Neubau durch W. Sauer, Frankfurt/Oder, unter Wiederverwendung des alten Gehäuses (II+P 21, pneum. Kegelladen) [Saue-1929; PfA-PaVE]
1929 Erweiterung durch W. Sauer, Frankfurt/Oder (III+P 48, davon 4 Transmissionen, elektropn. Kegel- und Taschenladen). Das Gehäuse von 1859 wurde seitlich erweitert [SupA-Pa, 701; Saue-1929; PfA-PaVE; LAB, Pr. Br. Rep. 42, 1873]
1962 Reparatur durch Eugen Daum, Berlin. Die Orgel hat 1962 nur 41 Stimmen [PfA-PaVE; SupA-Pa, 5223]
1971 Abbau und Verkauf an August Wiench in *Berlin-Wilhelmshagen* [PfA-PaVE]
1972 Aufstellung einer 1960 von Gebr. Jehmlich, Dresden, erbauten Orgel aus der *Auferstehungs-Kirche* in *Brandenburg-Gördеn* durch VEB Jehmlich Orgelbau Dresden, Dresden (II+P 19, mech. Schleifladen) [PfA-PaVE; Befund 1990]
1973, 1979 Reparaturen durch VEB Jehmlich Orgelbau Dresden, Dresden [PfA-PaVE]
1980 Neubau einer Chororgel durch Rudolf Böhm, Gotha (I 4, mech. Schleiflade) [KoO-ZSOb; Befund 1990]

Luther-Haus: siehe *Martin-Luther-Gemeinde*

Luther-Kirche, Wilhelmsruh (1905-1906)
1906 Neubau durch Gebr. Dinse, Berlin (II+P 12, pneum. Kegelladen) [PfA-PaWi; KoO-ZSOb]
1964 Dispositionsänderung (II+P 12, pneum. Kegelladen) [PfA-PaWi; KoO-ZSOb; Befund 1990]

Martin-Luther-Gemeinde, Gemeindesaal (1929-1930)
1929-1930 Neubau durch W. Sauer, Frankfurt/Oder (II+P 20, elektropneum. Taschenladen) [KoO-ZSOb; Saue-1929; Stad-1937, S. 233; Frot-1950]
um 1944 Beschädigung
1951 Neubau durch Hans Hammer, Berlin (II+P 24, davon 5 Transmissionen) [KoW-ZSOb]
1972 Umsetzung in das *Ananias-Gemeindezentrum, Berlin-Neukölln* [KoW-ZSOb]
1973 Neubau durch W. Sauer, Frankfurt/Oder (Opus 1991) (I+P 8, mech. Schleifladen) [KoO-ZSOb; Befund 1990]

Neues Gemeindehaus: siehe *Martin-Luther-Gemeinde*

Schloßkirche Buch (1731-1736)
1788-1789 Aufstellung der 1755 von Ernst Marx, Berlin, erbauten Hausorgel der Prinzessin Amalie, Schwester Friedrichs des Großen (II+P 22, mech. Schleifladen). Umsetzung aus ihrem *Palais Unter den Linden*, als Geschenk Prinz Ludwigs von Ansbach-Bayreuth [GStA, Abt. II Pr. Br. Rep. 2 B, II Reg. Ptsd. 1 Gen. 3895, 3896; GStA, X Rep. 2 B, Abt. II, 4663, 4664; AAScP; Münch; Pfan-1927, S. 105]
1924 Reinigung und Neuintonation durch Kaufmann, Berlin-Tempelhof [KoO-ZSOb; AAScP; Pfan-1927, S. 186]
1926 Reparatur durch Kaufmann, Berlin-Tempelhof [KoO-ZSOb; AAScP; Pfan-1927, S. 186]
1939 Verkauf an die *St. Marien-Kirche, Berlin-Mitte*, Gehäuse aufgestellt, Werk in Potsdam. 1960 in der *Kirche Zur Frohen Botschaft, Berlin-Karlshorst* restauriert und aufgestellt [KoO-ZSOb; AAScP]
1941 Neubau durch Alexander Schuke Orgelbau, Potsdam (Opus 191) (II+P 19, mech. Schleifladen). Gehäuse von 1744 von J. M. Röder 1939 aus dem *Prenzlauer Heimatmuseum* (ehemalige Heilig-Geist-Hospital-Kapelle) übernommen. Das Werk gelangte in Buch nicht mehr zur Aufstellung und wurde bei Schuke in Potsdam und im *Diakonissenhaus* zu *Karow* gelagert [AAScP; KoO-ZSOb; GStA, Pr. Br. Rep. 2, Prenzlau]
1943 Zerstörung der Kirche
1962 Neubau durch Alexander Schuke, Potsdam, unter Verwendung des Gehäuses von 1744 (II+P 20, mech. Schleifladen) [AAScP; KoO-ZSOb]

Prenzlauer Berg

Advents-Kapelle
1895 Neubau durch Schlag & Söhne, Schweidnitz (9) [Ura, Jg. 53, 1896, S. 58]

Advents-Kirche (1910-1911, 1949-1950)
1910-1911 Neubau durch W. Sauer, Frankfurt/Oder (II+P 31, davon 1 Transmission, pneum. Kegelladen). Disposition in Ura [Ura, Jg. 68, 1911, S. 35]
um 1944 Beschädigung
1952 Neubau durch W. Sauer, Frankfurt/Oder (II+P 35, elektropn. Taschenladen) [KoO-Ok]

Advents-Kirche, Gemeindesaal
1965 Neubau durch W. Sauer, Frankfurt/Oder (I 3, mech. Schleifladen) [KoO-Ok]

Elias-Kirche (1908-1910)
1910 Neubau durch Barnim Grüneberg, Stettin (III+P 45, pneum. Kegelladen) [KoO-Ok; ZfI, 1909-1910]
1944-1947 Beschädigung [AAScP; KoO-Ok]
1953 Neubau durch Ludwig Glöckner, Berlin (II+P 29, pneum. Kegel- und Taschenladen). Kegelladen von 1910 [KoO-Ok]

Elias-Kirche, Gemeindesaal
1967 Neubau durch Alexander Schuke, Potsdam (I+P 6, mech. Schleifladen) [KoO-Ok]

Elisabeth-Stift
Um 1860 Neubau durch Albert Lang oder Ferdinand Dinse (I+P, mech. Schleifladen) [AAScP]
1893 Neubau durch W. Sauer, Frankfurt/Oder, oder Gebr. Dinse, Berlin, unter Verwendung von Windladen und Pfeifen der alten Orgel (I+P 7, mech. Schleifladen) [AAScB; KoO-ZSOb]

Gethsemane-Kirche (A. Orth, 1891-1893)
1893 Neubau durch W. Sauer, Frankfurt/Oder (II+P 30, mech. Kegelladen). Nach Urania pneumatisch [Saue-1929; Ura, Jg. 52, 1895, S. 86]
1927 Aufstellung einer Interimsorgel durch Alexander Schuke, Potsdam (I 3, pneum. Traktur) [AAScP]
1928 Neubau durch Alexander Schuke, Potsdam (Opus 119) (III+P 60, davon 4 Transmissionen, elektropn. Kegelladen). Pfeifenmaterial von 1893 wiederverwendet [AAScP; Scuk-1928; Frot-1950]
1959-1960 Dispositionsänderung durch Ludwig Glöckner, Berlin [KoO-Ok]
1973 Neubau durch VEB Jehmlich Orgelbau Dresden, Dresden (II+P 25, Schleifladen, mechanische Spieltraktur) [Befund 1990]

Gethsemane-Kirche, Winterkirche
1972 Neubau durch VEB Jehmlich Orgelbau Dresden, Dresden (I 3, mech. Schleifladen) [KoO-Ok]

Immanuel-Kirche (Kühn, 1891-1893)
1893 Neubau durch W. Sauer, Frankfurt/Oder (II+P 26, pneum. Kegelladen) [Saue-1929; Ura, Jg. 52, 1895, S. 86]

Elisabeth-Stift

Schloßkirche Buch

Gethsemane-Kirche

Immanuel-Kirche

1914 Umbau und Erweiterung durch G. F. STEINMEYER & CO., Oettingen (II+P 30, davon 1 Transmission, pneum. Kegelladen, Taschenladen) [AStOe]
1930 Instandsetzung [PfA-PBIm]
1969 Imprägnierung durch LUDWIG GLÖCKNER, Berlin (II+P 30, davon 1 Transmission, pneum. Kegelladen) [PfA-PBIm]
1981 Reinigung und Reparatur durch AXEL STÜBER, Berlin [PfA-PBIm]

Paul-Gerhardt-Kirche (1908-1910)
1910 Neubau durch SCHLAG & SÖHNE, Schweidnitz (III+P 35, pneum. Traktur). Disposition in der Urania [Tros-1983, S. 399; Ura, Jg. 66, 1909, S. 92]
um 1930 Umbau durch ALEXANDER SCHUKE, Potsdam (II+P 28, pneum. Traktur) [AAScP]
1948 oder 1949 Reparatur durch ALEXANDER SCHUKE, Potsdam [AAScP]
1960 Neubau durch ALEXANDER SCHUKE, Potsdam. Prospektentwurf von WERNER RICHTER, Berlin (II+P 24, mech. Schleifladen) [Adel-1955, S. 190]

Segens-Kirche (1905-1908)
1907-1908 Neubau durch W. SAUER, Frankfurt/Oder (II+P 34, pneum. Kegelladen) [Saue-1929; Frot-1950]
um 1950 Dispositionsänderung durch ALEXANDER SCHUKE, Potsdam [KoO-Ok]

Segens-Kirche, Gemeindesaal
1980 Neubau durch GERHARD KÜHN, Merseburg (I+AP 4, mech. Schleifladen) [KoO-Ok]

Zachäus-Gemeinde, Kirchsaal
1967-1968 Neubau durch W. SAUER, Frankfurt/Oder (I 3, mech. Schleifladen) [KoO-ZSOb]
1988 Verkauf an die *Ev. Kirchengemeinde Berlin-Hohenschönhausen-Nord* [KoO-ZSOb]
1987 Neubau durch GERHARD KÜHN, Merseburg (I+AP 4, mech. Schleifladen) [KoO-ZSOb]

Zions-Kapelle (1855)
1856 Neubau durch BÖTTCHER, Magdeburg (10) [Vos, 22. 10. 1856, Nr. 248; Ura, Jg. 15, 1858, S. 69; SpZ, 26. 10. 1856, 252]
1928 Die Zions-Kapelle ist jetzt das Gemeindehaus der *Gethsemane-Kirche*

Dorfkirche Heiligensee, um 1939, nicht erhalten

REINICKENDORF

Adolf-Stoecker-Heim, Wittenau, siehe *Apostel-Andreas-Kirche*

Albert-Schweitzer-Kirche (Poelzig, 1966-1968)
1969 Aufstellung der 1554 durch KARL SCHUKE, Berlin, erbauten Orgel aus *Berlin-Zehlendorf, Kirche Zur Heimat*, durch ROMAN ILISCH, Berlin (I+P 10, mech. Schleifladen) [AKScB, KoW-ZSOb]
1977 Generalüberholung durch KARL SCHUKE, Berlin (I+P 10, mech. Schleifladen) [KoW-ZSOb]

Apostel-Andreas-Kirche, Wittenau (1936-1937)
1961 Neubau durch E. F. WALCKER & CIE., Ludwigsburg (II+P 7, mech. Schleifladen) [KoW-ZSOb]

Apostel-Johannes-Kirche, Märkisches Viertel (1971)
1974 Neubau durch ROMAN ILISCH, Berlin (II+P 19, mech. Schleifladen) [KoW-ZSOb]

Dorfkirche Hermsdorf, um 1939, nicht erhalten

Apostel-Paulus-Kirche, Hermsdorf (1935)
1935 Neubau durch W. SAUER, Frankfurt/Oder (Opus 1516) (II(III)+P ca. 20 (35), davon 5 Transmissionen, elektropn. Taschenladen) [PfA-ReHe; Fest-1985/1]
1936-1937 Erweiterung durch W. SAUER, Frankfurt/Oder (III+P 35, davon 5 Transmissionen, elektropn. Taschenladen). Einbau eines Schwellkastens [PfA-ReHe]
1975-1976 Reparatur und Neuintonation durch STEPHAN ORGELBAU, Berlin [PfA-ReHe]

Apostel-Petrus-Gemeindezentrum, Märkisches Viertel (1961-1963)
1967 Neubau durch E. F. WALCKER & CIE., Ludwigsburg (II+P 8, mech. Schleifladen) [KoW-ZSOb]

Bodensiek-Haus, Wittenau
1963 Neubau durch DETLEF KLEUKER, Brackwede (I 4, mech. Schleifladen) [KoW-ZSOb]

Dorfkirche Dalldorf: siehe *Dorfkirche Wittenau*

Dorfkirche Heiligensee (14. Jahrhundert, 18. Jahrhundert)
vor 1833 Keine Orgel nachweisbar
um 1834 Aufstellung einer von den Kunsthändlern GEBRÜDER GROPIUS, Berlin, angebotenen Orgel (I 8, mech. Schleifladen). Die Orgel wird als die »Mendsche« bezeichnet [PfA-ReDH; GStA, Abt.II Pr. Br. Rep 2 B, II Reg. Ptsd. 1 Gen. 3896; GStA, X Rep. 2 B, Abt. II, 4664]
vor 1873 Erweiterung oder Neubau (II+P, mech. Schleifladen) [GStA, X Rep. 2 B, Abt. II, 4663; StA Potsdam, II Gen 1751]
1881 Reparatur durch CARL EDUARD GESELL, Potsdam [PfA-ReDH]
1920 Abbau [Orgelneubau]
1920 Neubau durch W. SAUER, Frankfurt/Oder (Opus 1208) (II+P 8, pneum. Taschenladen) [PfA-ReDH; AAScP, 16. 3. 1939]
1924 Reparatur durch W. SAUER, Frankfurt/Oder [PfA-ReDH]
1936, 1937 Reparaturen durch W. SAUER, Frankfurt/Oder [PfA-ReDH; LAB, Pr. Br. Rep. 42, 1873]
1939 Reparatur durch W. SAUER, Frankfurt/Oder [PfA-ReDH]
1953, 1956 Reparaturen durch HERBERT HAMMER, Berlin [PfA-ReDH]
1960 Dispositionsänderung durch E. F. WALCKER & CIE., Ludwigsburg [PfA-ReDH]
1965 Abbau [Orgelneubau]
1965 Neubau durch DETLEF KLEUKER, Brackwede (II+P 13, Schleifladen, mech. Spieltraktur, el. Registertraktur) [PfA-ReDH]
1982, 1984 Reparaturen durch STEPHAN ORGELBAU, Berlin [PfA-ReDH]

Dorfkirche Hermsdorf
vor 1816 Keine Orgel nachweisbar [PfA-ReHe, Inventarverz. f. 1816]
1816 Ankauf eines gebrauchten Positivs [PfA-ReHe, Inventarverz.]
um 1886 Abbau [Orgelneubau]
1886 Neubau durch W. REMLER & SOHN, Berlin (I+P 6, mech. Traktur). Disposition in Tess-1956 [Tess-1956, S. 20]
1909 Umbau und Erweiterung durch ALBERT KIENSCHERF, Eberswalde (I+P 9, pneum. Traktur) [PfA-ReHe]
1924 Erweiterung durch W. SAUER, Frankfurt/Oder (II+P 8, pneum. Traktur) [PfA-ReHe]
1948 Abbau durch W. SAUER, Frankfurt/Oder [PfA-ReHe]
1948-1949 Neubau durch W. SAUER, Frankfurt/Oder, unter Mitwirkung von TRAUGOTT FEDTKE (II+P 19, davon 1 Transmission, el. Schleifladen und Kegelladen) [KoW-ZSOb; PfA-ReHe; MuK, 1951, S. 212]
1953-1954 Reparatur durch HERBERT HAMMER, Berlin [PfA-ReHe]
1976 Reparatur durch STEPHAN ORGELBAU, Berlin [PfA-ReHe]
1978 Erweiterung und Neuintonation durch STEPHAN ORGELBAU, Berlin (II+P 20, el. Schleifladen und Kegelladen) [PfA-ReHe]

Dorfkirche Lübars (1793)
1889 Neubau durch W. REMLER & SOHN, Berlin (mech. Schleifladen) [LA Berlin, Pr. Br. Rep. 42, 1873]
1945 Beschädigung [KoW-ZSOb]
nach 1945 Abbau
1958 Neubau durch KARL SCHUKE, Berlin (Opus 62) (I+P 6, mech. Schleifladen) [AKScB]

Dorfkirche Reinickendorf
1891 Neubau durch GEBR. DINSE, Berlin [SupI-ReEp, Lagerb. I, S. 36 Pos. 53]
1920 Neubau durch ALEXANDER SCHUKE, Potsdam, unter Verwendung des alten Gehäuses (II+P 11, pneum. Kegelladen) [AKScB; Hoff-1986, S. 117]
1970 Abbau [Orgelneubau]
1970 Neubau durch KARL SCHUKE, Berlin, unter Verwendung des Gehäuses von 1891 (Opus 272) (II+P 12, mech. Schleifladen) [KoW-ZSOb]

Dorfkirche Tegel (1756)
vor 1865 Harmonium vorhanden [SAP, 4663 f.]
um 1872 Neubau durch FERDINAND DINSE, Berlin (I+P 10, mech. Schleifladen) [Wiet-1922, S. 315]
1911 Abriß der Kirche [Kühn-1978, S. 121]

Dorfkirche Tegel (1911-1912)
1912 Neubau durch ALEXANDER SCHUKE, Potsdam (Opus 72) (II+P 21, pneum. Traktur) [AKScB; Beie-1936, S. 59]
1943-1944 Beschädigung [Chro-1987]
1946 Reparatur [Chro-1987]
1960 Abbau [Orgelneubau]
1960 Neubau durch DETLEF KLEUKER, Brackwede (III+P 29, el. Schleifladen) [Chro-1987]
1977 Renovierung durch D. KLEUKER, Brackwede [Chro-1987]
1986 Renovierung durch STEPHAN ORGELBAU, Berlin [KoW-ZSOb]
1987 Reparatur durch STEPHAN ORGELBAU, Berlin [PfA-ReDT]

Dorfkirche Wittenau
vor 1873 nur Pedalharmonium vorhanden [Pr. Br. Rep. 42, 1873, 10. 9. 1937]
1873 Neubau durch FERDINAND DINSE, Berlin (I+P 8, mech. Schleifladen) [Dins-1897; GStA, X Rep. 2 B, Abt. II, 4663; SAP, II Gen 1751]
um 1920 Reparatur [PfA-ReDW]
1958 Neubau durch KARL SCHUKE, Berlin (Opus 58) (II+P 12, mech. Schleifladen) [AKScB]

Evangeliums-Kirche
1956 Neubau durch KARL SCHUKE, Berlin (Opus 38) (I+AP 4, mech. Schleifladen) [KoW-ZSOb]
um 1959 Verkauf an die Ref. Gemeinde in Hannover [KoW-ZSOb]
1959-1960 Neubau durch KARL SCHUKE, Berlin (Opus 87) (II+P 16, mech. Schleifladen) [KoW-ZSOb]
1973 Einbau eines Schwellers durch KARL SCHUKE [KoW-ZSOb]
1987 Reinigung und Überholung durch KARL SCHUKE, Berlin [KoW-ZSOb]

Gemeindezentrum Alt-Reinickendorf
1968 Aufstellung der ursprünglich für die *Versöhnungs-Gemeinde, Berlin-Wedding*, durch EMANUEL KEMPER & SOHN, Lübeck, gebauten Orgel durch STEPHAN ORGELBAU, Berlin (I 3, mech. Schleifladen) [KoW-ZSOb]
1972 Reparatur durch STEPHAN ORGELBAU, Berlin [KoW-ZSOb]
1976 Reparatur durch STEPHAN ORGELBAU, Berlin [KoW-ZSOb]

Gemeindezentrum Rollberge, Waidmannslust (Bergner, 1972-1974)
1985 Aufstellung der 1958 durch E. F. WALCKER & CIE., Ludwigsburg, erbauten Orgel aus der *Philipp-Melanchthon-Kapelle, Berlin-Buckow-Ost*, ursprünglich in der *Martin-Luther-Kapelle* (II+P 7, mech. Schleifladen) [KoW-ZSOb]

Gemeindezentrum Tegelort
1964 Neubau durch KARL SCHUKE, Berlin (Opus 165) (I+AP 5, mech. Schleifladen) [AKScB]

Gemeindezentrum Winterthurstraße
1966 Neubau durch E. F. WALCKER & CIE., Ludwigsburg (II+P 11, mech. Schleifladen) [KoW-ZSOb]

Gnade-Christi-Kirche, Borsigwalde (Notkirche, 1925)
vor 1933 Aufstellung (6, pneum. Traktur). Ehemalige Kino-Orgel, Multiplex-System (Neubau vor 1933 durch W. SAUER, Frankfurt/Oder) [PfA-ReGC]
1933 Erweiterung (9, pneum. Traktur) [PfA-ReGC]

Gnade-Christi-Kirche, Borsigwalde (1970)
1974 Neubau durch DIETER NOESKE, Rotenburg/Fulda (II+P 19 (23), Schleifladen, mech. Spieltraktur, el. Registertraktur) [KoW-ZSOb]
1974 Erweiterung durch DIETER NOESKE, Rotenburg/Fulda (II+P 23, Schleifladen, mech. Spieltraktur, el. Registertraktur) [PfA-ReGC]

Golgatha-Gnaden-Friedhof
1970 Neubau durch KARL SCHUKE, Berlin (Opus 254) (I 5, mech. Schleifladen) [AKScB]

Haupt-Kirche, siehe *Segens-Kirche*

Hermann-Ehlers-Haus, Wittenau
1964 Neubau durch GEBR. EULER, Hofgeismar (II+P 16, Schleifladen, mech. Spieltraktur, el. Registertraktur) nach Plänen von K. SCHULZE und TH. KÜHN [Kow-ZSOb]
vor 1987 Abbau [Kow-ZSOb]

Hindenburg-Gedächtnis-Kirche: siehe *Apostel-Paulus-Kirche*

Hoffnungs-Kirche, Tegel
1960-1962 Neubau durch DETLEF KLEUKER, Brackwede (II+P 16, mech. Schleifladen) [PfA-ReHo]
1973 Reparatur durch DETLEF KLEUKER, Brackwede [PfA-ReHo]

Humboldt-Krankenhaus, Kapelle
1986 Neubau durch KARL SCHUKE, Berlin (Opus 406) (I 4, mech. Schleifladen) [AKScB; KoW-ZSOb]

Jesus-Christus-Kirche, Konradshöhe (1937-1939)
1940 Neubau durch W. SAUER, Frankfurt/Oder (II+P 14, davon 2 Transmissionen) (Opus 1637) [PfA-ReJC; AAScP, 21. 11. 1947; Kühn-1978, S. 134]
1949 Reparatur durch HANS HAMMER, Berlin [PfA-ReJC]
1964 Abbau durch KARL SCHUKE, Berlin [AKScB]
1964 Neubau durch KARL SCHUKE, Berlin (Opus 164) (I 5, mech. Schleifladen) [PfA-ReJC; AKScB]
1970 Erweiterung durch KARL SCHUKE, Berlin (I 6, mech. Schleifladen) [KoW-ZSOb]
1970 Neubau durch PAUL OTT, Göttingen (II+P 17, Schleifladen, mech. Spieltraktur, el. Registertraktur) [PfA-ReJC]
1990 Reparatur und Erneuerung der elektrischen Registeranlage durch KARL LÖTZERICH, Ippinghausen [KoW-ZSOb]

Johannes-Kirche, Frohnau (Alte Kirche)
1925 Neubau durch W. SAUER, Frankfurt/Oder (II+P 17) (Ehemalige Turnhalle) [Saue-1929]
1. 1. 1937 Kirche an die kath. Gemeinde ST. HILDEGARD abgetreten [Kühn-1978, S. 130]

Johannes-Kirche, Frohnau (1935-1936)
1936 Neubau durch ALEXANDER SCHUKE, Potsdam (Opus 156) (III+P 41, elektropn. Taschenladen) [AAScP: 40 Register; Scuk-1936/I]
1948 oder 1949 Reparatur durch ALEXANDER SCHUKE, Potsdam (III+P 45, elektropn. Taschenladen) [AAScP]

Dorfkirche Lübars, um 1939, nicht erhalten

Dorfkirche Reinickendorf, um 1939, nicht erhalten

Dorfkirche Tegel, um 1939, nicht erhalten

Johannes-Kirche

Justizvollzugsanstalt Tegel, Kapelle (Simultankirche)
1910 Neubau durch GEBR. DINSE, Berlin (II+P 12, pneum. Traktur) [KoW-ZSOb]
1990 Orgel im Originalzustand erhalten [KoW-ZSOb]

Karl-Bonhoeffer-Nervenklinik, Wittenau
1982 Neubau durch KARL LÖTZERICH, Ippinghausen (I+P 6 (7), mech. Schleifladen) [Kow-ZSOb]
1988 Erweiterung durch KARL LÖTZERICH, Ippinghausen (I+P 7, mech. Schleifladen) [Kow-ZSOb]

Kirche am Seggeluchbecken, Märkisches Viertel (1969-1972)
1988 Leihpositiv von KARL SCHUKE, in Benutzung [KoW-ZSOb]
1990 Neubau durch KARL SCHUKE, Berlin (Opus 453) (II+P 17, davon 2 Transm., mech. Schleifladen) [[PfA-ReSe; KoW-ZSOb]

Kirche Borsigwalde (1909-1921)
1928 Keine Orgel vorhanden [SupI-ReEp, Lagerbuch I]

Königin-Luise-Kirche, Waidmannslust (1912-1913)
1966 Neubau durch EBERHARD TOLLE, Preetz (II+P 26, Schleifladen, mech. Spieltraktur, el. Registertraktur) [Kow-ZSOb]
1986 Umbau der Traktur durch KARL LÖTZERICH, Ippinghausen [Kow-ZSOb]

Luther-Kirche (1962/66)
1973-1974 Neubau durch JOHANNES ROHLF, Ruit (II+P 25, mech. Schleifladen) [KoW-ZSOb; Kühn-1978, S. 143]

Luther-Kirchhof
1966 *Neubau durch* DETLEF KLEUKER, Brackwede (I+P 7, mech. Schleifladen) [KoW-ZSOb]

Martin-Luther-Kapelle, Tegel
1954 Neubau durch KARL SCHUKE, Berlin (Opus 11) (I+AP 3, mech. Schleifladen) [AKScB; KoW-ZSOb]

Martin-Luther-Friedhofskapelle, Reinickendorf
1966 Neubau durch DETLEF KLEUKER, Brackwede (Opus 11) (I+P 7, mech. Schleifladen) [KoW-ZSOb]

Martinus-Kirche, Tegel (1962-1963)
1963-1964 Neubau durch DETLEF KLEUKER, Brackwede (II+P 21, Schleifladen, mech. Spieltraktur, el. Registertraktur) [PfA-ReMa]
1978 Reparatur durch STEPHAN ORGELBAU, Berlin [PfA-ReMa]
1984 Generalüberholung durch STEPHAN ORGELBAU, Berlin [PfA-ReMa]

Matthias-Claudius-Gemeindehaus, Heiligensee.
1963 Neubau durch E. F. WALCKER & CIE., Ludwigsburg (II+P 11, mech. Schleifladen) [Kow-ZSOb]

Philippus-Kirche, Tegel (1956-1957)
1959 Neubau durch E. F. WALCKER & CIE., Ludwigsburg (II+P 11, mech. Schleifladen) [Kow-ZSOb]

Segens-Kirche (1891-1892)
1892 Neubau durch SCHLAG & SÖHNE, Schweidnitz (Opus 374) (II+P 21, mech. Schleifladen) [ZfI, 13. Jg., 1892/93, S. 195]
1920 Neubau durch ALEXANDER SCHUKE, Potsdam (Opus 99) (II+P 11, pneum. Traktur) [AAScP]
15. 2. 1944 Zerstörung [Kühn-1978, S. 126]
1960 Neubau durch KARL SCHUKE, Berlin (Opus 95) (II+P 22, mech. Schleifladen) [KoW-ZSOb]
1971 Generalreinigung durch KARL SCHUKE, Berlin (Opus 95) [PfA-ReSe]

Senfkorn-Gemeindezentrum
1980 Aufstellung (II+P 11) eines Leihinstruments (HOEFT) [KoW-ZSOb]

Wald-Kirche, Heiligensee (1954-1955)
1957 Neubau durch KARL SCHUKE, Berlin (II+P 7 (13), mech. Schleifladen) [PfA-ReWa]
1959 Erweiterung durch KARL SCHUKE, Berlin (II+P 13, mech. Schleifladen) [PfA-ReWa]
1959 Reinigung und Überarbeitung durch KARL SCHUKE, Berlin [PfA-ReWa]
1967 Reinigung und Reparatur durch KARL SCHUKE, Berlin [AKScB]
1984 Reinigung und Reparatur durch KARL SCHUKE, Berlin [AKScB]

SCHÖNEBERG

Amerikanische Kirche, Motzstraße
1903 Neubau durch W. SAUER, Frankfurt/Oder (II+P 21) [Saue-1929]
1943-1944 Zerstörung [KoW-ZSOb]

Apostel-Paulus-Kirche (Schwechten, 1892-1894)
1894 Neubau durch W. SAUER, Frankfurt/Oder (III+P 60, Kegelladen, mech./pneum. Spieltraktur, pneum. Registertraktur). Das Instrument mit schmiedeeisernem Gehäuse (FERDINAND PAUL KRÜGER, Berlin) wurde 1890 auf der *Gewerbe-Ausstellung in Frankfurt/Main* gezeigt [Saue-1929;. Kühn-1978, S. 166; GStA, 591, 2; Brau-19, S. 12; Falk-1990, S. 222]
1944 Beschädigung [AAScP; Kühn-1978, S. 167]
1952 Teilweise Instandsetzung durch KARL SCHUKE, Berlin (I+P 14, Kegelladen, mech./pneum. Spieltraktur, pneum. Registertraktur) [PfA-ScAP; AAScP]
1960 Abbau [PfA-ScAP]
1964 Neubau durch E. F. WALCKER & CIE., Ludwigsburg (III+P 38, Schleifladen, mech. Spieltraktur, el. Registertraktur) [AKScB; PfA-ScAP]
1977 Reparatur durch E. F. WALCKER & CIE., Ludwigsburg [PfA-ScAP]
1981 Reparatur durch E. F. WALCKER & CIE., Ludwigsburg [PfA-ScAP]

Dorfkirche Schöneberg (1764-1766)
1821 Neubau durch JOHANN SIMON BUCHHOLZ, Berlin (I+P, mech. Schleifladen) [PfA-ScDS; Feig-1937, S. 111; GStA, Abt.II Pr. Br. Rep. 2 B, II Reg. Ptsd. 1 Gen. 3896; GStA, X Rep. 2 B, Abt. II, 4663, 4664; SAP, II Gen 1751]
1937 Reinigung und Nachintonation durch EMIL HAMMER, Hannover [LAB, Pr. Br. Rep. 42, 1873, 18. 9. 1937]
1942 Holzwurmbekämpfung durch EMIL HAMMER, Hannover (I+P 11, mech. Schleifladen) [LAB, Pr. Br. Rep. 42, 1873, 24. 3. 1942]
1945 Zerstörung [Hoff-1986]
1955 Neubau durch KARL SCHUKE, Berlin (Opus 27) (II+P 5 (15), mech. Schleifladen) [AKScB]
1958 Erweiterung durch KARL SCHUKE, Berlin (II+P 15, mech. Schleifladen) [Hoff-1986, S. 176]

Kirche Zum Guten Hirten, Friedenau (Doflein, 1891-1893)
1893 Neubau durch W. SAUER, Frankfurt/Oder (II+P 27, pneum. Kegelladen) [Saue-1929; Mora-1968, S. 12; Kühn-1978, S. 162; Möll-1930, S. 32]
um 1920 Versetzung des Spieltischs auf die untere Empore, Einbau von Oktavkoppeln [PfA-ScZG, 6. 5. 1964]
1948 Instandsetzung durch KARL FUCHS, Berlin [PfA-ScZG]
1968 Abbau [Mora-1968, S. 12]
1968-1972 Neubau durch KARL SCHUKE, Berlin (Opus 229) (III+P 42, Schleifladen, mech. Spieltraktur, el. Registertraktur) [AKScB; PfA-ScZG]

Luther-Kirche

Apostel-Paulus-Kirche

Dorfkirche Schöneberg, um 1939, zerstört

Kirche Zum Guten Hirten, Friedenau, Gemeindesaal
vor 1920   Harmonium vorhanden [AKScB]
1920   Neubau durch W. Sauer, Frankfurt/Oder (II+P 8, pneum. Taschenladen) [AKScB ; Möll-1930, S. 99]
1984-1985   Instandsetzung durch Hans Vogelrieder [PfA-ScZG]

Kirche Zum Guten Hirten, Friedenau, Kapelle
um 1985   Neubau eines Portativs [PfA-ScZG]

Kirche Zum Heilsbronnen (Deneke, 1912)
1912   Neubau durch P. Furtwängler & Hammer, Hannover (Opus 738) (II+P 43, davon 3 Transmissionen, pneum. Taschenladen) [AHaH, Akte 738]
1945   Zerstörung [Kow-ZSOb]
1955   Neubau durch Karl Schuke, Berlin (Opus 18), Interimsorgel (II+P 15, mech. Schleifladen) (nicht erhalten) [PfA-ScZH]
vor 1958   Umsetzung nach *Essen, St. Elisabeth* [AKScB]
nach 1958   Umsetzung in die *Dorfkirche Tempelhof* [AKScB]
1957-1958   Neubau durch Karl Schuke, Berlin (III+P 38 (40), Schleifladen, mech. Spieltraktur, el. Registertraktur) [PfA-ScZH]
1961   Erweiterung durch Karl Schuke, Berlin (III+P 40, mech. Schleifladen) [PfA-ScZH]
1967   Reparatur und Reinigung durch Karl Schuke, Berlin [PfA-ScZH]
1981   Erweiterung durch Karl Schuke, Berlin (III+P 43, mech. Schleifladen) [AKScB; PfA-ScZH]

Kirche Zum Heilsbronnen, Ladenkirche
1967   Neubau durch Paul Ott, Göttingen (I 6, mech. Schleifladen) [PfA-ScZH]

Königin-Luise-Gedächtnis-Kirche (Berger, 1910-1912)
1912   Neubau durch P. Furtwängler & Hammer, Hannover (Opus 712) (II+P 22 (27), pneum. Taschenladen) [AHaH, Akte 712]
6. 11. 1946   Instandsetzung durch Karl Fuchs, Berlin (II+P 27, pneum. Taschenladen) [PfA-ScKL]
1962   Entfernung des neobarocken Prospekts [Kühn-1978, S. 170]
1966-1967   Neubau durch Detlef Kleuker, Brackwede (III+P 39, Schleifladen, mech. Spieltraktur, el. Registertraktur) [Fest-1987, S. 31]

Luther-Kirche (Otzen, 1891-1894)
1894   Neubau durch Gebr. Dinse, Berlin (III+P 40, pneum. Kegelladen) [Wiel-1939, S. 21; Dins-1897, S. 31; Kühn-1978, S. 164; ZfI, 15. Jg., 1894/1895, S. 19]
1914   Neubau einer Chororgel durch Gebr. Jehmlich, Dresden (II+P 13) [Kirc, 31. Jg., 1920, S. 23]
1919   Erweiterung der Chororgel durch Gebr. Jehmlich, Dresden (II+P 20) [Kirc, 31. Jg., 1920, S. 23]
1964   Neubau durch Detlef Kleuker, Brackwede (III+P 39, Schleifladen, mech. Spieltraktur, el. Registertraktur) [PfA-ScLu]

Michaels-Kirche (Seeger, Kohlhaus, 1955-1956)
1959   Neubau durch E. F. Walcker & Cie., Ludwigsburg (II+P 11, mech. Schleifladen) [KoW-ZSOb; Kühn-1978, S. 173]

Nathanael-Kirche, Friedenau (Kröger, 1902-1903)
1903   Neubau durch W. Sauer, Frankfurt/Oder (II+P 31) [Saue-1929; Kühn-1978, S. 168; Frot-1950]
1955   Neubau durch Karl Schuke, Berlin (Opus 26) (Leihpositiv) (I+AP 4, mech. Schleifladen) [PfA-ScNa]
1957-1959   Neubau durch Karl Schuke, Berlin (Opus 68) (III+P 31, Schleifladen, mech. Spieltraktur, el. Registertraktur) [PfA-ScNa]
1989   Erweiterung durch Karl Schuke, Berlin (III+P 32, Schleifladen, mech. Spieltraktur, el. Registertraktur) [PfA-ScNa]

Nathanael-Kirche, Friedenau, Gemeindesaal
1939   Umbau und Aufstellung einer Orgel von W. Sauer, Frankfurt/Oder (1917, 8 Register) aus der *Großen Landesloge* durch W. Sauer, Frankfurt (II+P 9, pneum. Kegelladen) [PfA-ScNa]
1944   Beschädigung [PfA-ScNa]

1946   Bergung der Orgelteile, Aufbewahrung im Gemeindehaus [PfA-ScNa]
1953   Aufstellung und Erweiterung durch Karl Schuke, Berlin (II+P 23, pneum. Kegel- und Taschenladen) [PfA-ScNa]

Paul-Gerhardt-Kirche (Schulze, 1908-1910)
1910   Neubau durch P. Furtwängler & Hammer, Hannover (Nr. 672) (III+P 66, davon 5 Transmissionen, elektropn. Taschenladen) [AHaH, Akte 672; ZfI, 1912/13, S. 624 ff.]
1944   Zerstörung [PfA-ScDS]

Paul-Gerhardt-Kirche (Fehling, Gogel, 1961-1962)
1965-1966   Neubau durch D. A. Flentrop, Zaandam, Niederlande (III+P 37, Schleifladen, mech. Spieltraktur, el. Registertraktur) [Fest-1966]

Philippus-Kirche, Friedenau (Plarre, 1959-1962)
1964   Neubau durch Karl Schuke, Berlin (II+P 18, mech. Schleifladen) [PfA-ScPh; Kühn-1978, S. 174]

Philippus-Kirche, Friedenau, Gemeindesaal
1968   Neubau durch Roman Ilisch, Berlin (I+AP 4, mech. Schleifladen) [PfA-ScPh]

Silas-Gemeindezentrum (Franke, 1961)
1964   Neubau durch Dieter Noeske, Rotenburg/Fulda (II+P 13 (14), mech. Schleifladen) [KoW-ZSOb; Kühn-1978, S. 176; Pfei-1964]
1965   Erweiterung durch Dieter Noeske, Rotenburg/Fulda (II+P 14, mech. Schleifladen) [KoW-ZSOb]
1985   Reinigung durch Dieter Noeske, Rotenburg/Fulda [KoW-ZSOb]

Zwölf-Apostel-Kirche (Stüler, Blankenstein, Emmerich, 1871-1874)
1874   Neubau durch Gebr. Dinse, Berlin (III+P 37, mech. Schleifladen) [Dins-1897, S. 32; Bütt-1913, S. 34; Kühn-1978, S. 160]
1897   Reparatur [Otto-1963, S. 34]
1908   Umbau durch P. Furtwängler & Hammer, Hannover (III+P 37, pneum. Traktur) [KoW-ZSOb]
1945   Beschädigung [AKScB]
1968   Abbau [AKScB]
1968   Neubau durch Karl Schuke, Berlin (Opus 227) (III+P 39, Schleifladen, mech. Spieltraktur, el. Registertraktur) [AKScB]

Zwölf-Apostel-Kirche, Friedhofskapelle
1966   Neubau durch Roman Ilisch, Berlin (I 4, mech. Schleifladen) [PfA-ScZA]

Zwölf-Apostel-Kirche, Gemeindesaal
1970   Neubau durch Roman Ilisch, Berlin (I 4, mech. Schleifladen) [PfA-ScZA]

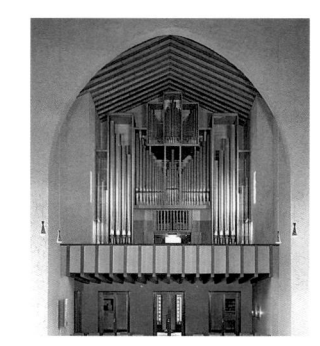

Spandau

Altersheim Kladow, Andachtsraum
1963   Neubau durch Dieter Noeske, Rotenburg/Fulda (I 4, mech. Schleifladen) [KoW-ZSOb]

August-Hermann-Francke-Heim
1960   Neubau durch Friedrich Weissenborn, Braunschweig (I+AP 7 (8), mech. Schleifladen). Disposition und Planung von H. Schulze und K. Th. Kühn [KoW-ZSOb]
1971   Reinigung und Intonation durch Friedrich Weissenborn, Braunschweig [KoW-ZSOb]
1972   Reinigung und Intonation durch Roman Ilisch, Berlin [KoW-ZSOb]
1976   Die Orgel steht zum Verkauf, da die Predigtstelle aufgelöst wurde [KoW-ZSOb]

Kirche Zum Heilsbronnen

Luther-Kirche

Paul-Gerhardt-Kirche

Dorfkirche Gatow, um 1939, nicht erhalten

Dorfkirche Staaken, um 1920, vermutlich verloren

Johannesstift, Kirche, vor 1917, nicht erhalten

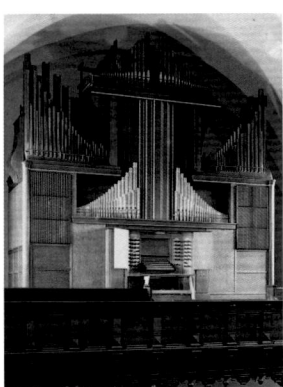

Johannesstift, Kirche, vor 1964, Material erhalten

Central-Diakonissenhaus Bethanien, Kapelle
vor 1987   Neubau (I 5, mech. Schleifladen) [KoW-ZSOb]

Dorfkirche Gatow (14. Jahrhundert)
vor 1877   Keine Orgel vorhanden [PfA-SpKl]
1877   Neubau durch CARL EDUARD GESELL, Potsdam [PfA-SpKl]
1953   Abbau [Orgelneubau]
1953   Neubau durch KARL SCHUKE, Berlin (Opus 5) (II+P 15, mech. Schleifladen) [AKScB]
1988   Erweiterung und Dispositionsänderung durch KARL SCHUKE, Berlin (II+P 16, mech. Schleifladen) [KoW-ZSOb; AKScB]

Dorfkirche Kladow (13./14. Jahrhundert, 1818)
vor 1865   Keine Orgel vorhanden [PfA-SpKl]
1865   Neubau durch CARL LUDWIG GESELL, Potsdam (I+P 8, mech. Schleifladen) [PfA-SpKl]
1953   Reparatur durch JOHANNES GRAF, Berlin [PfA-SpKl]
1953   Reparatur durch KARL SCHUKE, Berlin [Hof-1987]
1962   Instandsetzung durch DIETER NOESKE, Rotenburg/Fulda [PfA-SpKl]
1976   Instandsetzung durch KARL SCHUKE, Berlin [PfA-SpKl]

Dorfkirche Staaken
1813   Neubau [PfA Staaken]
1861   Abbau [Orgelneubau]
1861   Neubau durch FRIEDRICH HERMANN LÜTKEMÜLLER, Wittstock (I+P 7, mech. Schleifladen) [PfA Marwitz, 1861]
1924   Reinigung und Reparatur durch W. SAUER, Frankfurt/Oder [PfA SpNi, 16. 8. 1926]
22. 1. 1962   Abbau durch ALEXANDER SCHUKE, Potsdam [PfA Staaken]

Dreieinigkeits-Kapelle (Fangmeyer, 1954)
1955   Neubau durch KARL SCHUKE, Berlin (Opus 21) (I+AP 3, mech. Schleifladen) [AKScB]
1965   Reparatur durch KARL SCHUKE, Berlin [KoW-ZSOb]

Falkenhagener Feld: siehe *Gemeindezentrum Falkenhagener Feld*

Friedhofskapelle Staaken
1943   Neubau durch G. F. STEINMEYER & Co., Oettingen (Opus 1726) (II+P 12) [AStOe]

Garnisonkirche Spandau
um 1890   Neubau durch SCHLAG & SÖHNE, Schweidnitz (II+P 24). Disposition in Urania Ura, XLVII. Jg., 1890, S. 6]
1911   Neubau durch W. SAUER, Frankfurt (II+P 24) [Saue-1929]
1942-1945   Zerstörung [KoW-ZSOb]

Gartenstadt Staaken: siehe *Kirche Gartenstadt Staaken*
Gatow: siehe *Dorfkirche Gatow*

Gemeindehaus Haselhorst, siehe: Weihnachtskirche (1934-1966)
1934   Neubau durch E. F. WALCKER & CIE., Ludwigsburg (II+P 17, davon 14 Transmissionen, Multiplexorgel) [Frot-1939]

Gemeindehaus Klosterfelde (Richter, 1935)
1939   Aufstellung der von der *Melanchthon-Kirche* erworbenen Orgel von SCHLAG & SÖHNE, Schweidnitz (1894) (II+P 10, pneum. Traktur) [PfA-SpKf]
1959, 1965   Reparaturen durch KARL SCHUKE, Berlin [PfA-SpKf]
1972   Neubau durch KARL SCHUKE, Berlin (Opus 286) (II+P 12, mech. Schleifladen) [PfA-SpKf]
1981   Erweiterung durch KARL SCHUKE, Berlin (II+P 13, mech. Schleifladen) [PfA-SpKf]
1988   Reinigung durch KARL SCHUKE, Berlin [PfA-SpKf]

Gemeindezentrum Falkenhagener Feld (Fleischer, 1963-1964)
1966   Neubau durch E. F. WALCKER & CIE., Ludwigsburg (II+P 16, Schleifladen, mech. Spieltraktur, el. Registertraktur) [KoW-ZSOb]

Gemeindezentrum Heerstraße-Nord (Grohmann, 1971)
vor 1971   Notkirche vorhanden
1960   Neubau durch KARL SCHUKE, Berlin (Opus 99) (I 4, mech. Schleifladen) [AKScB]
1979   Anschaffung eines Elektroneninstrumentes [KoW-ZSOb]

Gnaden-Kirche, Pichelsdorf (Brodführer, 1957)
1958   Neubau durch E. F. WALCKER & CIE., Ludwigsburg (II+P 8, mech. Schleifladen) [KoW-ZSOb]

Haselhorst: siehe *Gemeindehaus Haselhorst* bzw. *Weihnachts-Kirche*

Johannesstift, Festsaal
vor 1935   Neubau durch ERNST RÖVER, Hausneindorf (II+P 16, pneum. Traktur) [AHaH, Akte 1177; Frot-1950]
1943   Umbau durch EMIL HAMMER, Hannover [AHaH, Akte 1177]
nach 1945   Abbau [AKmB]

Johannesstift, Kirche (Kuhlmann, 1907-1910)
1910   Neubau durch W. SAUER, Frankfurt/Oder (II+P 27) [AKmB; Saue-1929]
1933   Aufstellung eines Positivs als Interimsorgel durch EMANUEL KEMPER & SOHN, Lübeck [AKmB]
um 1935   Abbau der großen Orgel [Orgelneubau]
1935-1939   Neubau durch EMANUEL KEMPER, Lübeck (IV+P 57, mech. Schleifladen). Planung durch H. SCHULZE und G. GROTE. Beratung durch G. SCHWARZ, C. ELIS, CHR. MAHRENHOLZ, E. THIENHAUS, K. TH. KÜHN und INSTITUT FÜR SCHWINGUNGSFORSCHUNG der TU Berlin [AKmB; Hame-1939/2; Fest-1968/3]
1964   Neubau durch E. F. WALCKER & CIE., Ludwigsburg (Opus 4641) (II+P 11). Altes Material, Interimsorgel während des Umbaus der Kirche [AKmB]
1967   Abbau [AKmB]
1968   Neubau durch E. F. WALCKER & CIE., Ludwigsburg, unter Verwendung von Pfeifenmaterial von 1938 (III+P 43, Schleifladen, el. Traktur) [AKmB]

Johannesstift, Kirchenmusikschule, Übungsorgeln
1936   Neubau durch P. FURTWÄNGLER & HAMMER, Hannover (Opus 1177) (II+P 12, davon 3 Transmissionen, mech. Schleifladen) [AHaH, Akte 1177]
1961   Neubau durch E. F. WALCKER & CIE., Ludwigsburg (Opus 4066) (II+P 8, mech. Schleifladen). Orgelname: »RO« [AKmB; Scul-1979]
1964   Neubau durch E. F. WALCKER & CIE., Ludwigsburg (Opus 4691) (II+P 5). Abbau vor 1980 [AKmB]
1965   Neubau durch E. F. WALCKER & CIE., Ludwigsburg (Opus 4720) (II+P 8, mech. Schleifladen). Orgelname: »BO«. Stand einige Jahre im Chorsaal [AKmB]
1967   Aufstellung der 1964 durch E. F. WALCKER & CIE., Ludwigsburg, erbauten Orgel (Opus 4641) Orgelname: »AK« [AKmB]
vor 1970   Neubau durch E. F. WALCKER & CIE., Ludwigsburg (II+P 8, mech. Schleifladen). Orgelname: »NO« [AKmB]
1970   Aufstellung der als Hausorgel von E. F. WALCKER & CIE., Ludwigsburg, erbauten Orgel durch STEPHAN ORGELBAU, Berlin [AKmB]
1976   Abbau der Orgel von 1936 (P. FURTWÄNGLER & HAMMER)
1976   Neubau durch KARL SCHUKE, Berlin (II+P 9, mech. Schleifladen, Duplex-System) [KoW-ZSOb]
1982   Neubau durch KARL SCHUKE, Berlin, Reise-Positiv (I 3, mech. Schleifladen)
1982   Neubau durch E. F. WALCKER & CIE., Ludwigsburg (II+P 8, mech. Schleifladen)
1982   Neubau durch E. F. WALCKER & CIE., Ludwigsburg (Opus 4066) (II+P 8, mech. Schleifladen)
1986   Aufstellung der 1962/63 erbauten ehemaligen Hausorgel von H. SCHULZE durch ROMAN ILISCH, Berlin (III+P 1, Multiplex) [AKmB]
1982   Aufstellung des 1939 von E. F. WALCKER & CIE.,

Ludwigsburg als Hausorgel für den Architekten Ochs, Heidelberg, erbauten Instruments (II+P 11, elektropn. Traktur)

Kirche Gartenstadt Staaken (Steinberg, 1922)
um 1922 Aufstellung der Orgel aus dem *Spandauer Lehrerseminar* (II+P 15, pneum. Traktur). Die Orgel, ein Neubau von 1916 durch W. Sauer, Frankfurt/Oder, stand zuvor im *Berlin-Köpenicker Lehrerseminar* [SpV, 18. 11. 1972]
1955 Reparatur durch Johannes Graf, Berlin (II+P 7, pneum. Traktur) [PfA-SpSG]
1959 Neubau durch Friedrich Weissenborn, Braunschweig (I+P 9, mech. Schleifladen). Ravalement. Disposition, Werkanordnung, Mensuration und Gehäusegestaltung von H. Schulze und K. Th. Kühn [PfA-SpSG]
1983 Instandsetzung durch Roman Ilisch, Berlin [PfA-SpSG]

Kirche Siemensstadt (1908)
1909 Ankauf der *Charlottenburger Westend-Kapelle* von 1908 [Kunt-1929, S. 278]
1932 Verkauf der Kapelle an die *Wichern-Gemeinde in Berlin-Spandau* [Kühn-1978, S. 193]. Orgel nicht nachweisbar

Kirche Siemensstadt (Hertlein, 1929-1931)
1931 Neubau durch E. F. Walcker & Cie., Ludwigsburg (II+P 30, davon 3 Transmissionen, el. Taschenladen) [PfA-SpSi]
1954 Umbau des Spieltisches (II+P 30, davon 3 Transmissionen, el. Taschenladen) [Fest-1956, S. 29]
1956 Höherstimmung durch H. Hammer, Berlin [PfA-SpSi]
1960 Dispositionsänderung durch E. F. Walcker & Cie., Ludwigsburg [PfA-SpSi]
1966 Reparatur durch E. F. Walcker & Cie., Ludwigsburg [PfA-SpSi]
1967 Erweiterung durch E. F. Walcker & Cie., Ludwigsburg (II+P 32, davon 3 Transmissionen, el. Taschenladen) [PfA-SpSi]

Kladow: siehe *Dorfkirche Kladow, Gemeindezentrum Kladow* und *Schilfdachkapelle*

Klosterfelde: siehe *Gemeindehaus Klosterfelde*

Landesnervenklinik, Kapelle
1960 Neubau durch E. F. Walcker & Cie., Ludwigsburg (I+P 6, mech. Schleifladen) [KoW-ZSOb]
1973 Reinigung durch E. F. Walcker & Cie., Ludwigsburg [KoW-ZSOb]

Laurentius-Gemeindezentrum (Lehrecke, 1956-1958)
1964 Neubau durch E. F. Walcker & Cie., Ludwigsburg (II+P 12) [KoW-ZSOb]
1977 Instandsetzung durch Stephan Orgelbau, Berlin [KoW-ZSOb]

Luther-Kirche (Fritsch, 1895-1896)
1896 Aufstellung und Erweiterung der für die *Treptower Gewerbeausstellung* durch Gebr. Dinse, Berlin, im gleichen Jahre erbauten Orgel (II+P 36, ursprünglich II+P 25, pneum. Kegelladen) [ZfI, 1914, Nr. 27, S. 1089]
1914 Umbau und Erweiterung durch Schlag & Söhne, Schweidnitz (III+P 45, pneum. Kegel- und Membranladen) [ZfI, 1914, Nr. 27, S. 1089]
1929 Umbau und Erweiterung um ein Rückpositiv durch P. Furtwängler & Hammer, Hannover (Opus 1074) (III+P 53, davon 10 Transmissionen, pneum. Taschenladen) [AHaH, Akte 1074]
1978-1979 Beschädigung durch Wassereinbruch (III+P 47, davon 5 Transmissionen, el. Traktur) [PfA-SpLu]
nach 1982 Verkauf von Registern an die *Berlin-Charlottenburger Epiphanien-Kirche*, die dort nicht eingebaut wurden. Die Orgel ist als unspielbarer Torso erhalten [PfA-SpLu]
1986 Erweiterung des Positivs im *Paul-Schneider-Haus* und Aufstellung in der *Luther-Kirche* durch Roman Ilisch, Berlin (I+AP 5, mech. Schleifladen) [PfA-SpLu]

Luther-Kirche, Gemeindehaus: siehe *Paul-Schneider-Haus*

Martin-Albertz-Haus: siehe *Weihnachts-Kirche*, Gemeindestützpunkt

Melanchthon-Gemeindehaus
1969 Neubau durch E. F. Walcker & Cie., Ludwigsburg (I+P 6, mech. Schleifladen) [KoW-ZSOb]

Melanchthon-Kirche (v. Lancizolle, 1891-1893)
1894 Neubau durch Schlag & Söhne, Schweidnitz (Opus 454) (II+P 10, pneum. Traktur) [Urania LIV, S. 46; Fest-1968/2, S. 57; PfA-SpKf]
1932 Reparatur [Fest-1968/2, S. 57]
1938-1939 Umsetzung in das *Gemeindehaus Klosterfelde* [PfASpKf]
1938 Neubau durch G. F. Steinmeyer & Co., Oettingen (Opus 1666) (II+P 28, davon 3 Transmissionen, el. Taschenladen) [AStOe]
1954 Reinigung durch Johannes Graf, Berlin [PfA-SpMe]
1986 Reparatur durch E. F. Walcker & Cie., Ludwigsburg [PfA-SpMe]

Melanchthon-Kirche, Gemeindesaal
1965 Neubau durch E. F. Walcker & Cie., Ludwigsburg (I+P 15) [PfA-SpMe]

Nathan-Söderblom-Gemeinde, Skandiaheim
1964 Neubau durch E. F. Walcker & Cie., Ludwigsburg (I+AP 5, mech. Schleifladen) [KoW-ZSOb]
1968 Abbau und Umsetzung in das neue *Gemeindezentrum* [KoW-ZSOb]

Nathan-Söderblom-Gemeindezentrum (Bischof, 1968)
1968 Aufstellung des Positivs von 1964 aus dem *Skandiaheim* [KoW-ZSOb]
1985 Reinigung durch E. F. Walcker & Cie., Ludwigsburg [KoW-ZSOb]

Paul-Gerhardt-Gemeindezentrum
1963 Neubau durch Karl Schuke, Berlin (Opus 133) (I 4, mech. Schleifladen) [AKScB]

Paul-Gerhardt-Gemeindezentrum (Hoffmann, 1973)
1976 Neubau durch Karl Lötzerich, Ippinghausen (I+P 6, mech. Schleifladen) [KoW-ZSOb]

Paul-Gerhardt-Kapelle (1934, 1973 abgebrannt)
1937 Aufstellung der Walcker-Orgel von 1934 aus dem *Gemeindehaus Haselhorst* (heute *Weihnachts-Kirche*)
1973 Zerstörung durch Brand [Mitt. Wolf]

Paul-Schneider-Haus (Lichtfuß, 1959-1961)
um 1970 Neubau durch Roman Ilisch, Berlin (I 4, mech. Schleifladen) [PfA-SpLu]
1986 Erweiterung und Aufstellung in der *Luther-Kirche* durch Roman Ilisch, Berlin (I+AP 5, mech. Schleifladen) [PfA-SpLu]

Petrus-Kirche (Lichtfuß, 1963-1965)
1984 Neubau durch Karl Lötzerich, Ippinghausen (II+P 12, davon 2 Transmissionen, mech. Schleifladen) [KoW-ZSOb]

Radeland Gemeindezentrum, Kirchsaal (1965)
1964 Neubau durch E. F. Walcker & Cie., Ludwigsburg (I+P 6, mech. Schleifladen) [KoW-ZSOb]

Radeland-Gemeindezentrum (1970)
um 1971 Aufstellung der Orgel von 1964 aus dem Kirchsaal (I+P 6, mech. Schleifladen) [KoW-ZSOb: Neubau 1968]

Gartenstadt Staaken

Luther-Kirche

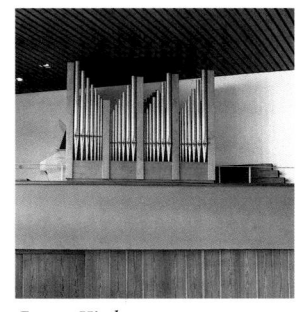

Petrus-Kirche

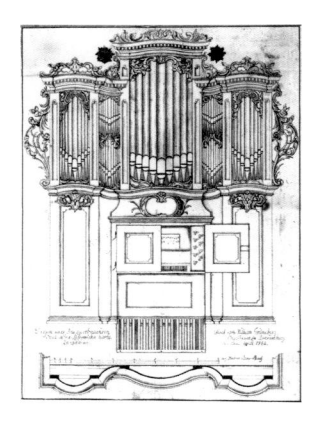

St. Johannis-Kirche, Zeichnung von J. W. Grüneberg, Orgel heute in *Bärenklau*

St. Nikolai-Kirche, vor 1880, nicht erhalten

St. Nikolai-Kirche, vor 1903, nicht erhalten

St. Nikolai-Kirche

1979 Reparatur und Reinigung durch E. F. Walcker & Cie., Ludwigsburg [KoW-ZSOb]

St. Johannis-Kirche (1670)
1783 Neubau durch Johann Wilhelm Grüneberg, Brandenburg (I+P 13, mech. Traktur). Disposition im AKScB [AKScB]
1903 Umsetzung durch Alexander Schuke, Potsdam, nach *Bärenklau/Mark*. Dort leicht verändert erhalten. Abbruch der Kirche [PfA-SpNi, Akte St. Johannis]

St. Nikolai-Kirche
vor 1463 Neubau (mech. Traktur) [Scul-1913, S. 360 ff.]
1535, 1536 Reparaturen [Weic-1982, S. 32; Kirc-1989, S. 49]
1558-1560 Neubau durch Hans Thomas, Braunschweig (I+P 12, mech. Traktur) [ASMS; Scul-1913, S. 85 ff.; Kirc-1989, S. 49]
1564 Reparatur [Scul-1913, S. 85 ff.]
1565 Reparatur durch Hans Thomas [Kirc-1989, S. 50]
1576 Beschädigung (Kirchturmbrand) [Kirc-1989, S. 50 f.]
1620 Reparatur und vermutlich Dispositionsänderung durch Martin Grabow, Berlin/Fürstenwalde [Kirc-1989, S. 53]
1643 Reparatur und Erweiterung durch Andreas Werner, Berlin (I+P, mech. Traktur) [Kirc-1989, S. 55]
1670 Reparatur durch Johann Nette, Berlin [Scul-1913, S. 85 ff.]
1693-1695 Reparatur durch den Organisten Johann Katter [Scul-1913, S. 360 ff.]
17. 8. 1733 Abbau durch Joachim Wagner, Berlin [ASMS, Bauakte St. Nikolai]
1732-1734 Neubau durch Joachim Wagner, Berlin (II+P 30, mech. Schleifladen) [ASMS, Bauakte St. Nikolai]
1740 Beschädigung (Kirchturmbrand) [Scul-1913, S. 85 ff.]
1747-1748 Instandsetzung durch Peter Migendt, Berlin (II+P 30, mech. Schleifladen) [ASMS, Akte 74]
1768-1769 Reparatur durch den Organisten Wilhelm Friedrich Schmidt [Scul-1913, S. 360 f.]
1769 Reparatur durch den Organisten Georg Friedrich Neumann [Scul-1913, S. 360ff]
1770 Balgreparatur [Scul-1913, S. 360ff]
1774 Reparatur durch H. Steibeld [Scul-1913, S. 360 ff.]
1801 Reparatur durch Friedrich Marx, Berlin [BKD-1971, S. 100]
1832 Reparatur durch Ernst Marx d. J., Berlin (II+P 30, mech. Schleifladen) [PfA-SpNi, 14. 9. 1842]
1839 Reparatur und Dispositionsänderung durch Ernst Marx d. J., Berlin, im Zuge der Kirchenrestaurierung (III+P 30, mech. Schleifladen) [BKD-1971, S. 100; ASMS]
1851 Reparatur und Dispositionsänderung durch Carl August Buchholz, Berlin (III+P 30, mech. Schleifladen) [PfA-SpNi, 26. 2. 1858; ASMS, 10. 1864]
vor 1877 Dispositionsänderung durch Friedrich Hermann Lütkemüller
1880 Abbau [PfA-SpNi, 10. 1880]
1878-1880 Neubau durch Friedrich Ladegast, Weißenfels, unter Verwendung von Pfeifenmaterial von vor 1878 (III+P 45, mech. Schleifladen) [PfA-SpNi, um 1880]
1903 Umbau der Kirche. Umsetzung der Orgel auf eine neue Empore [Weic-1982, S. 34]
1911 Neubau durch W. Sauer, Frankfurt/Oder unter Verwendung des Gehäuses von 1880 (III+P 58) [Hoff-1986; Saue-1929; Frot-1950]
6. 10. 1944 Zerstörung [Weic-1982, S. 34]
1954 Neubau durch Emanuel Kemper & Sohn, Lübeck (II+P 14 (31), Schleifladen, mech. Spieltraktur) [BKD-1971, S. 100]
1959 Neubau eines Chorpositivs durch E. F. Walcker & Cie., Ludwigsburg (I 4, mech. Schleifladen) [PfA-SpNi]
1969-1970 Umbau durch Emanuel Kemper & Sohn, Lübeck (III+P 43, Schleifladen, mech. Spieltraktur) [PfA-SpNi]

Schilfdachkapelle Zum Guten Hirten, Kladow (Weigel, 1953)
1953 Neubau durch Karl Schuke, Berlin (Opus 6) (I+P 6, mech. Schleifladen) [AKScB]
1966 Reparatur durch Roman Ilisch, Berlin [KoW-ZSOb]
1980 Reinigung durch Roman Ilisch, Berlin [KoW-ZSOb]

1989 Erweiterung durch Karl Schuke, Berlin (I 7, mech. Schleifladen) [KoW-ZSOb]

Siemensstadt: siehe *Kirche Siemensstadt*

Waldkrankenhaus, Kapelle
1978 Neubau durch E. F. Walcker & Cie., Ludwigsburg (I+P 5, mech. Schleifladen) [KoW-ZSOb]
1990 Neubau durch Karl Lötzerich, Ippinghausen (II+P 21, davon 3 Transmissionen, mech. Schleifladen)

Weihnachts-Kirche, Haselhorst (Bohne, 1934-1935)
(30. 1. 1913) Auftrag Herzog Georg II. von Sachsen-Meiningen an Max Reger, die Bestellung einer Orgel für den neuen *Meininger Schützenhaus-Saalbau* einzuleiten [PfA-SpWe]
(1913) Neubau durch G. F. Steinmeyer & Co., Oettingen, für das *Schützenhaus Meiningen* nach einem Dispositionsentwurf von Max Reger und Johannes Steinmeyer. Einweihung durch Karl Straube (III+P 45, elektropn. Traktur) [PfA-SpWe]
1934 Neubau durch E. F. Walcker & Cie., Ludwigsburg (II+P 17, drei Grundstimmen, Multiplexorgel) [Frot-1939]
1937 Überführung in die *Paul-Gerhardt-Kapelle, Berlin-Spandau* [Mitt. Wolf]
1937 Umbau und Aufstellung der Orgel aus Meiningen (1913) durch G. F. Steinmeyer & Co., Oettingen. Die Orgel erhielt ihren Platz im Bühnenraum des Gemeindehauses. Erneuerung des Spieltischs (III+P 48, davon 3 Transmissionen, elektropn. Taschenladen) [AStOe; Busc-; PfA-SpWe]
1952 Reparatur durch Johannes Graf, Berlin (III+P 45, elektropn. Traktur) [PfA-SpWe, 21. 9. 1951]
1954 Reparatur durch Johannes Graf, Berlin [PfA-SpWe]
1962 Reparatur durch Karl Schuke, Berlin (III+P 45, elektropn. Traktur) [PfA-SpWe]
1965-1966 Umbau der Kirche [Kühn-1978, S. 196]
um 1966 Umstellung des Spieltisches durch Karl Schuke, Berlin (III+P 48, davon 3 Transmissionen, Taschenladen) [PfA-SpWe]

Weihnachts-Kirche, Gemeindestützpunkt (1966)
1966 Neubau durch E. F. Walcker & Cie., Ludwigsburg (I+P 5, mech. Schleifladen) [PfA-SpWe]

Wichern-Kirche (1896-1897, Kühne, 1932)
1962-1963 Neubau durch E. F. Walcker & Cie., Ludwigsburg, nach Plänen von H. Schulze und K. Th. Kühn (II+P 12, mech. Schleifladen) [KoW-ZSOb]
1973 Erweiterung durch E. F. Walcker & Cie., Ludwigsburg (II+P 14, mech. Schleifladen) [KoW-ZSOb]

Zuflucht-Kirche (Fleischer, 1965-1967
1965 Neubau durch E. F. Walcker & Cie., Ludwigsburg (I+P 6, mech. Schleifladen) [KoW-ZSOb]

Zuversichts-Kirche (Vogt, 1966)
1967 Neubau durch Friedrich Weissenborn, Braunschweig (II+P 23, Schleifladen, mech. Spieltraktur, el. Registertraktur) [PfA-SpZu]
1985 Reparatur und Reinigung durch Roman Ilisch, Berlin [PfA-SpZu]

Steglitz

Dietrich-Bonhoeffer-Gemeindezentrum, Lankwitz (Lehrecke, 1971)
1973 Neubau durch Gebr. Oberlinger, Windesheim (II+P 19 (21), mech. Schleifladen) [PfA-StDB]
1990 Reinigung durch Karl Schuke, Berlin

Dorfkirche Giesensdorf, Lichterfelde (14. Jahrhundert)
1836 Neubau (I, mech. Schleifladen) [GStA, Abt. II Pr. Br.

Rep. 2 B, II Reg. Ptsd. 1 Gen. 3896; 4663; 4664; SAP, II Gen 1751; Muhs-2, S. 133]
1927 Neubau durch G. F. STEINMEYER & CO., Oettingen (Opus 1456) (II+P 9) [AStOe]
um 1944 Zerstörung [Kühn-1978, S. 218]
1956 Neubau durch KARL SCHUKE, Berlin (Opus 31) (I+AP 4, mech. Schleifladen) [PfA-StDG]
1987 Reinigung durch KARL SCHUKE, Berlin [PfA-StDG]

Dorfkirche Giesensdorf, Lichterfelde, Gemeindesaal
vor 1960 Aufstellung der 1946-1947 durch ALEXANDER SCHUKE, Potsdam, erbauten Orgel aus dem *Burckhardthaus, Berlin-Dahlem* [PfA-StDG]
1967 Neubau durch E. F. WALCKER & CIE., Ludwigsburg (II+P 15, Schleifladen, mech. Spieltraktur, el. Registertraktur) [PfA-StDG]
1988 Reinigung durch E. F. WALCKER & CIE., Ludwigsburg [PfA-StDG]
1988 Reinigung durch KARL SCHUKE, Berlin

Dorfkirche Lankwitz (13. Jahrhundert)
1880 Neubau [Hill-1989, S. 94]
1927 Neubau durch W. SAUER, Frankfurt/Oder (II+P 9, pneum. Traktur). Disposition bei Frot-1950 [Frot-1950]
1956-1957 Neubau durch KARL SCHUKE, Berlin (Opus 40) (I+P 6, mech. Schleifladen) [PfA-StDL]
1967 Reinigung durch KARL SCHUKE, Berlin [KoW-ZSOb]
1989 Reinigung durch KARL SCHUKE, Berlin [PfA-StDL]

Dorfkirche Lichterfelde (mittelalterlich)
1817 Neubau (I+P, mech. Schleifladen) [GStA, Abt. II Pr. Br. Rep. 2 B, II Reg. Ptsd. 1 Gen. 3895; 3896; GStA, X Rep. 2 B, Abt. II, 4663; 4664; Muhs-2, S. 133]
1941 Neubau durch ALEXANDER SCHUKE, Potsdam (Opus 193) (II+P 11, mech. Schleifladen) [AAScP]
1973 Reparatur durch KARL SCHUKE, Berlin [PfA-StLi]
1984 Instandsetzung und Reinigung durch KARL SCHUKE, Berlin [PfA-StLi]

Dorfkirche Steglitz (12. Jahrhundert)
vor 1834 Neubau (I 5, mech. Schleifladen) [GStA, Abt. II Pr. Br. Rep. 2 B, II Reg. Ptsd. 1 Gen. 3895; 3896, 7. 12. 1843, 4. 8. 1848; X Rep. 2 B, Abt. II, 4663, 4664; SAP, II Gen 1751; Görg-1930, S. 44; PfA-StMa, Inv.verz. Dorfk. Stegl., 1870]
1881 Abriß der Kirche. Verbleib der Orgel unbekannt. Neubau der Matthäus-Kirche [Kühn-1978, S. 220]

Dreieinigkeits-Kirche, Franz.-reformiert
1928 Neubau durch H. MICHAEL, Crimmitschau (III+P 27, pneum. Traktur). Disposition im Informationsblatt vom 16. 4. 1979 [Orge-1979]
1979 Neubau durch STEPHAN ORGELBAU, Berlin (II+P 13 (17), Schleifladen, el. Traktur) [Orge-1979]
um 1987 Erweiterung durch STEPHAN ORGELBAU, Berlin (II+P 17, Schleifladen, el. Traktur) [Mitt. des Organisten]

Dreifaltigkeits-Kirche, Lankwitz (v. Tiedemann, 1906)
1906 Neubau durch W. SAUER, Frankfurt/Oder (II+P 33, Kegelladen) [AKScB; Sauer-Kat.; Kühn-1978, S. 225; Helm-1911, S. 74]
1943 Zerstörung [PfA-StDr]
1948 Abbau. Lagerung der Orgelteile im Gemeindehaus [PfA-StDr]
1961 Neubau durch E. F. WALCKER & CIE., Ludwigsburg (II+P 9, mech. Schleifladen) [PfA-StDr]
1965-1966 Neubau durch E. F. WALCKER & CIE., Ludwigsburg (Opus 4531) (III+P 32, Schleifladen, mech. Spieltraktur, elektropn. Registertraktur) [PfA-StDr]
1987 Instandsetzung und Dispositionsänderung durch ROMAN ILISCH, Berlin [PfA-StDr]

Dreifaltigkeits-Kirche, Lankwitz, Gemeindehaus, Luthersaal
um 1935 Neubau durch W. SAUER, Frankfurt/Oder [KoW-ZSOb]

nach 1945 Instandsetzung und Dispositionsänderung (II+P 17, davon 3 Transmissionen, el. Traktur) [PfA-StDr]
1955 Reparatur durch JOHANNES GRAF, Berlin [PfA-StDr]
um 1984 Abbau

Johann-Sebastian-Bach-Gemeindezentrum, Lichterfelde (Ruhtz, 1967)
1981 Aufstellung der 1958 von KARL SCHUKE, Berlin, erbauten Orgel aus dem Gemeindesaal durch E. F. WALCKER & CIE., Ludwigsburg (II+P 10, mech. Schleifladen) [KoW-ZSOb; Kühn-1978, S. 238]

Johann-Sebastian-Bach-Gemeindezentrum, Lichterfelde (Ruhtz, 1967), Gemeindesaal
1971 Aufstellung der 1958 von KARL SCHUKE, Berlin, erbauten Orgel aus der *Hephata-Gemeinde* in *Berlin-Britz* (zuvor Interimsorgel der *Kirche Zum Heilsbronnen*) (II+P 10, mech. Schleifladen) [KoW-ZSOb]
1981 Abbau durch E. F. WALCKER & CIE., Ludwigsburg. Aufstellung in der neuen Kirche [KoW-ZSOb]

Johannes-Kirche, Lichterfelde (Kuhlmann, 1914)
1914 Neubau durch GEBR. DINSE, Berlin (Opus 168) (II+P 25, pneum. Kegelladen) [AKScB; Kühn-1978, S. 231]
1964-1965 Neubau durch KARL SCHUKE, Berlin (Opus 168) (II+P 23, Schleifladen, mech. Spieltraktur, el. Registertraktur) [PfA-StJo]
1987 Reinigung durch KARL SCHUKE, Berlin [PfA-StJo]

Kapelle Sedes Sapientiae, Kongregation der Christkönigsschwestern, Alt-Lankwitz 43
1966-1969 Neubau durch KARL SCHUKE, Berlin (I+P 6)

Kirche am Fichtenberg: siehe *Matthäus-Kirche* (um 1925 umbenannt)

Kirche Zur Wiederkunft Christi, Südende (C. Steinberg, 1913)
1913 Neubau durch BARNIM GRÜNEBERG, Stettin (II+P 19, davon 1 Transmission, pneum. Traktur) [PfA-StWC; Kühn-1978, S. 229]
1932 Reparatur durch WENDT & HEISE, Berlin [PfA-TeDM]
24. 3. 1944 Zerstörung [Kühn-1978, S. 229]
1962 Neubau durch E. F. WALCKER & CIE., Ludwigsburg (II+P 19, Schleifladen, mech. Spieltraktur, el. Registertraktur) [PfA-StWC]

Lukas-Kirche (Kern, 1914-1919)
1919 Neubau durch P. FURTWÄNGLER & HAMMER, Hannover (III+P 37, davon 2 Transmissionen, pneum. Taschenladen) [AHaH]
1948-1949 Reparatur durch KARL FUCHS, Berlin [PfA-StLu]
1965 Neubau durch DIETER NOESKE, Rotenburg/Fulda, unter Verwendung von Teilen der alten Orgel (III+P 40, elektropn. Taschenladen) [PfA-StLu]
1987 Erweiterung durch DIETER NOESKE, Rotenburg/Fulda (III+P 42, elektropn. Taschenladen) [PfA-StLu]

Markus-Kirche (Jürgensen, 1912)
1912 Neubau durch W. SAUER, Frankfurt/Oder (III+P 43, pneum. Spieltraktur) [Saue-1929; Wend-1937, S. 20]
1926 Reinigung durch W. SAUER, Frankfurt/Oder [PfA-StMr]
1929-1931 Umbau durch W. SAUER, Frankfurt/Oder (III+P 43, el. Traktur) [Wend-1937, S. 20; Frot-1950]
1943 Zerstörung [Kow-ZSOb]
1963-1965 Neubau durch FRIEDRICH WEIGLE, Echterdingen (III+P 41, Schleifladen, mech. Spieltraktur, el. Registertraktur). Disposition von H. SCHULZE und K. TH. KÜHN, Prospektentwurf von WALTER SUPPER, Esslingen [PfA-StMr]
1972 Neubau einer Kleinorgel durch DIETER NOESKE, Rotenburg/Fulda (I 8, mech. Schleifladen) [KoW-ZSOb]
1975 Umbau durch FRIEDRICH WEIGLE, Echterdingen (III+P 42, Schleifladen, mech. Spieltraktur, el. Registertraktur) [PfA-StMr]
seitdem 42 Register
1982 Reparatur und Reinigung durch FRIEDRICH WEIGLE, Echterdingen [PfA-StMr]

Dorfkirche Lichterfelde

Lukas-Kirche

Markus-Kirche

Markus-Kirche, Gemeindesaal
1930 Neubau durch P. FURTWÄNGLER & HAMMER, Hannover (Opus 1089) (II+P 21, davon 3 Transmissionen, Taschenladen, elektropn. Traktur) [AHaH, Akte 1089; AKScB; PfA-StMr] ausgebaut, nicht spielbar

Martin-Luther-Kirche, Lichterfelde (Kremmer, 1930-1936)
1936 Neubau durch W. SAUER, Frankfurt/Oder (III+P 36, elektropn. Traktur) [PfA-StML; KoW-ZSOb; Kühn-1978, S. 234]
1944 Zerstörung [KoW-ZSOb]
1951 Instandsetzung durch KARL SCHUKE, Berlin (I(III)+P)
1961 Neubau durch KARL SCHUKE, Berlin (Opus 91) (II+P 23, mech. Schleifladen). Disposition von E. K. RÖSSLER [PfA-StML]
1976 Generalüberholung
1990 Generalreinigung vorgesehen

Martin-Luther-Kirche, Lichterfelde, Kapelle
1957 Neubau durch KARL SCHUKE, Berlin (Opus 44) (I+AP 4, mech. Schleifladen) [KoW-ZSOb]

Matthäus-Kirche (Gette, 1876-1880)
1880-81 Neubau durch GEBR. DINSE, Berlin (II+P 25, Kegelladen) [Consist. 6275, 28. 2. 1911; Kühn-1978, S. 220; Dins-1897, S. 3]
1911 Neubau durch P. FURTWÄNGLER & HAMMER, Hannover, unter Verwendung von Gehäuse und Pfeifenmaterial von 1880 (Opus 703) (III+P 42, davon 1 Transmission, pneum. Taschenladen) [AHaH, Akte 703; Görg-19]
vor 1958 Abbau durch EMANUEL KEMPER & SOHN, Lübeck. Umbau und Aufstellung bei der Christian Science. [Kow-ZSOb]
1957-1958 Neubau durch E. F. WALCKER & CIE., Ludwigsburg, nach Plänen von H. SCHULZE und K. TH. KÜHN (II+P 41 (42), Schleifladen, mech. Spieltraktur, elektropn. Registertraktur) [KoW-ZSOb; Scul-1979, S. 46 ff.]
nach 1962 Erweiterung durch E. F. WALCKER & CIE., Ludwigsburg (II+P 42, Schleifladen, mech. Spieltraktur, elektropn. Registertraktur) [KoW-ZSOb]
1981 Reparatur durch E. F. WALCKER & CIE., Ludwigsburg [KoW-ZSOb]
1984/89/90 Umbau und Neuintonation durch KARL LÖTZERICH, Ippinghausen (II+P 42, Koppelmanual, Schleifladen, mech. Spieltraktur, el. Registertraktur). Neuer Spieltisch, Schweller vom SW: versetzt, vom Ped+HW: beseitigt.

Matthäus-Kirche, Gemeindesaal
1878 Neubau durch CARL EDUARD GESELL, Potsdam (II+P 6, mech. Schleifladen) [AHaH, Akte 1094]
1930 Neubau durch P. FURTWÄNGLER & HAMMER, Hannover (Opus 1094) (II+P 22, davon 3 Transmissionen, pneum. Taschenladen) [AHaH, Akte 1094], nicht spielbar

Neue Kirche: siehe *Matthäus-Kirche* (1880) oder *Markus-Kirche* (1930)

Patmos-Kirche
1967 Neubau durch EULER, Hofgeismar (II+P 21, Schleifladen, mech. Spieltraktur, el. Registertraktur). Disposition von H. SCHULZE und TH. KÜHN [KoW-ZSOb; Scul-1979, S. 70 ff.]
1984 Instandsetzung durch K. LÖTZERICH, Ippinghausen (II+P 21, Schleifladen, mech. Spieltraktur, el. Reg.traktur) [KoW-ZSOb]

Paul-Schneider-Gemeindezentrum, Lankwitz (Wolff-Grohmann, 1958)
1960 Neubau durch E. F. WALCKER & CIE., Ludwigsburg (II+P 10, mech. Schleifladen) [KoW-ZSOb; Kühn-1978, S. 236]

Paulus-Kirche, Lichterfelde (Gottlob, 1898-1900)
1900 Neubau durch GEBR. DINSE, Berlin (II+P 36) [ZfI, 1900/1901, S. 557; Kühn-1978, S 225; Bär, 26. Jg., 1900, S. 367]
1944 Zerstörung [Kow-ZSOb]
1960 Neubau durch KARL SCHUKE, Berlin (Opus 94) (II(III)+P 17 (30)) [PfA-StPa]

1964 Erweiterung durch KARL SCHUKE, Berlin (III+P 30, mech. Schleifladen) [PfA-StPa]
1988 Erweiterung durch KARL SCHUKE, Berlin (III+P 36, mech. Schleifladen) [Kow-ZSOb]

Paulus-Kirche, Lichterfelde, Gemeindesaal
1930 Neubau durch G. F. STEINMEYER & CO., Oettingen (Opus 1532) (II+P 22, davon 3 Transmissionen, el. Taschenladen) [AStOe; AAScP]
um 1945 Beschädigung [KoW-ZSOb]
nach 1946 Abbau [KoW-ZSOb; AAScP]

Petrus-Kirche, Lichterfelde (Goldbach, 1897-1898)
1898 Neubau durch GEBR. DINSE, Berlin (II+P 15, pneum. Kegelladen) [AKScB; Kühn-1978, S. 222]
1941 Zerstörung [AKScB; Kühn-1978, S. 222]
1967 Neubau durch E. F. WALCKER & CIE., Ludwigsburg (III+P 35, el. Schleifladen) [PfA-StPe; Mitt. Walcker]
1983 Instandsetzung durch STEPHAN ORGELBAU, Berlin [PfA-StPe]
1986 Reinigung durch STEPHAN ORGELBAU, Berlin [PfA-StPe]

Petrus-Kirche, Lichterfelde, Gemeindesaal
1930 Neubau durch G. F. STEINMEYER & CO., Oettingen (Opus 1528) (II+P 14) [AStOe; Fest-1986/1]
1966 Abbau durch STEPHAN ORGELBAU, Berlin. Aufstellung in der *Reformations-Kirche*, Berlin-Tiergarten [KoW-ZSOb]

Rufus-Gemeindezentrum, Lankwitz (1967-1968), Kirchsaal
1968 Neubau durch E. F. WALCKER & CIE., Ludwigsburg (II+P 11, mech. Schleifladen) [KoW-ZSOb]
1983 Reinigung durch ROMAN ILISCH, Berlin

TEMPELHOF

Christus-Kirchhof, Mariendorf
um 1960 Neubau durch E. F. WALCKER & CIE., Ludwigsburg (I+P 7, mech. Schleifladen) [KoW-ZSOb]

Dietrich-Bonhoeffer-Kirche, Lichtenrade
1969 Aufstellung der 1953 von E. F. WALCKER & CIE., Ludwigsburg, erbauten Orgel der *Dorfkirche Lichtenrade* durch STEPHAN ORGELBAU, Berlin (II+P 10) [KoW-ZSOb]
1974 Reparatur durch STEPHAN ORGELBAU, Berlin [KoW-ZSOb]

Dorfkirche Lichtenrade (13.-14. Jahrhundert)
1925 Neubau durch ALEXANDER SCHUKE, Potsdam (Opus 106) (II+P 13, pneum. Traktur) [AAScP]
1953 Abbau [Orgelneubau]
1953 Neubau durch E. F. WALCKER & CIE., Ludwigsburg (II+P 11, mech. Schleifladen) [KoW-ZSOb]
1968-1969 Verkauf an die *Dietrich-Bonhoeffer-Kirche* und Umsetzung durch STEPHAN ORGELBAU, Berlin [KoW-ZSOb]
1968 Neubau durch KARL SCHUKE, Berlin (Opus 225) (II+P 18, Schleifladen, mech. Spieltraktur, el. Registertraktur) [PfA-TeDL]

Dorfkirche Mariendorf (13. Jahrhundert)
1846 Neubau durch GOTTLIEB HEISE, Potsdam (I, mech. Schleifladen) [PfA-TeMa, Ausgabenbuch; GStA, Abt. II Pr. Br. Rep. 2 B, II Reg. Ptsd. 1 Gen. 3896; GStA, X Rep. 2 B, Abt. II, 4663, 4664]
1892 Neubau durch GEBR. DINSE, Berlin (II+P 9) [PfA-TeMa]
1909 Umbau und Erweiterung durch BARNIM GRÜNEBERG, Stettin (Opus 584) (II+P 17, pneum. Traktur) [PfA-TeMa]
1957 Abbau [Orgelneubau]
1957 Neubau durch KARL SCHUKE, Berlin (Opus 49) (II+P 18, mech. Schleifladen) [PfA-TeMa]
1968 Umbau und Dispositionsänderung durch KARL SCHUKE, Berlin (II+P 18, mech. Schleifladen) [PfA-TeMa]

Matthäus-Kirche

Dorfkirche Lichtenrade, um 1939, nicht erhalten

Dorfkirche Mariendorf, um 1939, nicht erhalten

1971 Reparatur durch KARL SCHUKE, Berlin [PfA-TeMa]
1985 Instandsetzung und Reinigung durch KARL SCHUKE, Berlin [PfA-TeMa]

Dorfkirche Marienfelde
um 1780 Neubau (I 5, mech. Schleifladen) [PfA-TeMf; GStA, Abt. II Pr. Br. Rep. 2 B, II Reg. Ptsd. 1 Gen. 3895, 3896]
1804-1805 Reparaturen durch FRIEDRICH MARX [PfA-TeMf]
1846 Abbau [Orgelneubau]
1846 Neubau (oder durchgreifender Umbau) durch BABE & SOHN, Berlin (I+P 7, mech. Schleifladen) [PfA-TeMf; SAP, II Gen 1751, Erhebung um 1870; PfA-TeMf; GStA, Abt. II Pr. Br. Rep. 2 B, II Reg. Ptsd. 1 Gen. 3896; GStA, X Rep. 2 B, Abt. II, 4663, 4664]
1907 Reparatur durch W. SAUER, Frankfurt/Oder [PfA-TeMf]
1920 Abbau [Orgelneubau]
1920-1921 Neubau durch HEINRICH DINSE, Berlin (II+P 17, pneum. Kegelladen) [KoW-ZSOb]
1926 Reparatur durch HANS HAMMER, Berlin [PfA-TeMf]
1957 Reparatur durch HERBERT HAMMER, Berlin [PfA-TeMf; Mitt. P. M. Seifried]
1953 Neubau durch KARL SCHUKE, Berlin (I 4, mech. Schleifladen) [AKScB; Mitt. P. M. Seifried]
1959 Abbau der Dinse-Orgel [Orgelneubau]
1958-1959 Neubau durch E. F. WALCKER & CIE., Ludwigsburg (II+P 11, mech. Schleifladen) [Mitt. P. M. Seifried]
1969 Dispositionsänderung und Reinigung durch STEPHAN ORGELBAU, Berlin [Mitt. P. M. Seifried]

Dorfkirche Tempelhof (mittelalterlich, 1848)
1848 Neubau durch LANG & DINSE, Berlin (II+P 11, mech. Schleifladen) [PfA-TeDo; VGB, 1878, S. 142; GStA, Abt. II Pr. Br. Rep. 2 B, II Reg. Ptsd. 1 Gen. 3896; GStA, X Rep. 2 B, Abt. II, 4664; Dins-1897; SAP, II Gen 1751, Erh. um 1873]
nach 1873 Erweiterung (II+P 13, mech. Schleifladen) [PfA-TeDT]
1904 Abbau [Orgelneubau]
1904 Neubau durch W. SAUER, Frankfurt/Oder (Nr. 67201) (II+P 20). Prospekt und 10 Register von 1848 wiederverwendet [Saue-1929; PfA-TeDT]
1926 Reinigung durch W. SAUER, Frankfurt/Oder [PfA-TeDT]
1943-1944 Zerstörung [Konz-1975]
nach 1958 Aufstellung und Erweiterung einer 1955 von KARL SCHUKE, Berlin, erbauten Orgel (II+P 17, mech. Schleifladen). Ursprünglich für die *Kirche Zum Heilsbronnen, Berlin-Schöneberg*, erbaut, 1958 nach *Essen, St. Elisabeth* verkauft [AKScB]
1970 Instandsetzung durch ROMAN ILISCH, Berlin (II+P 17, mech. Schleifladen) [PfA-TeDT]
1971 Dispositionsänderung durch ROMAN ILISCH, Berlin (II+P 17, mech. Schleifladen) [KoW-ZSOb]

Christus-Kirche, Friedhofskapelle
1966 Neubau durch E. F. WALCKER & CIE., Ludwigsburg (I+P 6, mech. Schleifladen) [PfA-KrCh]

Dreifaltigkeits-Gemeinde, Friedhofskapelle
1965 Neubau durch E. F. WALCKER & CIE., Ludwigsburg (I+P 6, mech. Schleifladen) [PfA-KrDr]

Friedhofskapelle Alt-Mariendorf
1939 Neubau durch E. F. WALCKER & CIE. (II+P 16) [PfA-TeMa]
1972 Neubau durch STEPHAN ORGELBAU, Berlin (I+P 7) [KoW-ZSOb]

Friedhofskapelle Lichtenrade
1964 Neubau durch E. F. WALCKER & CIE., Ludwigsburg (I+P 6, mech. Schleifladen) [KoW-ZSOb]

Gemeindezentrum Mariendorf-Ost (1964-1966), Gemeindesaal
1969 Neubau durch DIETER NOESKE, Rotenburg/Fulda (I+AP 5, mech. Schleifladen) [PfA-TeGM]
1977 Abbau. Noeske nimmt die Orgel für den Neubau in Zahlung. [PfA-TeGM]
1977 Neubau durch DIETER NOESKE, Rotenburg/Fulda (II+P 11 (15), Schleifladen, mech. Spieltraktur, el. Registertraktur) [PfA-TeGM]
1985 Erweiterung durch DIETER NOESKE, Rotenburg/Fulda (II+P 15, el. Schleifladen) [PfA-TeGM]

Gemeindezentrum Mariendorf-Ost, Kapelle Zu den Vier Aposteln
1958 Neubau durch E. F. WALCKER & CIE., Ludwigsburg (II+P 10, mech. Schleifladen) [KoW-ZSOb]
1983 Reparatur durch E. F. WALCKER & CIE., Ludwigsburg [KoW-ZSOb]

Gemeindezentrum Marienfelde (Hoffmann, 1975)
1975 Neubau durch KARL SCHUKE, Berlin (I 4, mech. Schleifladen) [PfA-TeMf; AKScB]
1987 Ankauf und Aufstellung der Orgel aus dem *Ivar-Rhedin-Haus* (KARL SCHUKE, Berlin, 1962, Opus 120) (I+P 6, mech. Schleifladen) [KoW-ZSOb]

Gemeindezentrum Zinzendorf (1956)
1960 Neubau durch E. F. WALCKER & CIE., Ludwigsburg (II+P 14, mech. Schleifladen) [KoW-ZSOb]
1976 Umgestaltung der Kirche. Aufstellung der Orgel im ehemaligen Chorraum [Kühn-1978, S. 256]
1984 Reparatur durch E. F. WALCKER & CIE., Ludwigsburg (II+P 14, mech. Schleifladen) [KoW-ZSOb]

Glaubens-Kirche (1915)
1915 Neubau durch W. SAUER, Frankfurt/Oder (Opus 1180) (III+P 55, el. Traktur) [Saue-1929; PfA-TeGl]
1929 Instandsetzung durch W. SAUER, Frankfurt/Oder [PfA-TeGl]
1946 Reparatur durch JULIUS BUCHS [PfA-TeGl]
1948 Reparatur der Traktur durch Ing. Leinung [PfA-TeGl]
1950 Reparatur durch JOHANNES GRAF, Berlin [PfA-TeGl]
1959-1960 Instandsetzung und Dispositionsänderung durch E. F. WALCKER & CIE., Ludwigsburg (III+P 55, el. Traktur) [PfA-TeGl]
1962 Neubau eines Positivs durch KARL SCHUKE, Berlin (Opus 123) (I 4, mech. Schleifladen) [AKScB]
1975 Reparatur der Hauptorgel durch STEPHAN ORGELBAU, Berlin [PfA-TeGl]

Ivar-Rhedin-Haus, Marienfelde (1960-1961)
1962 Neubau durch KARL SCHUKE, Berlin (Opus 120) (I+P 6, mech. Schleifladen) [AKScB]
1987 Das Haus wird geschlossen. Aufstellung der Orgel im *Gemeindezentrum Marienfelde* [KoW-ZSOb]

Kirche auf dem Tempelhofer Feld (Bräuning, 1927-28)
1927-1928 Neubau durch W. SAUER, Frankfurt/Oder (III+P 55, davon 3 Transmissionen, elektropn. Taschenladen) [Kirc-1928; KoW-ZSOb]
1944-1945 Beschädigung [PfA-TeTF; Fest-1978, S. 17]
1950 Aufstellung einer Multiplex-Orgel, erbaut 1950 durch E. F. WALCKER & CIE., Ludwigsburg, erworben 1950 von Frau DAHM, Berlin [PfA-TeTF]
1957 Abbau [Orgelneubau]
1957 Neubau durch KARL SCHUKE, Berlin (Opus 51) (II+P 24 (30), mech. Schleifladen) [PfA-TeTF]
1959 Erweiterung durch KARL SCHUKE, Berlin (III+P 30, mech. Schleifladen) [AKScB; PfA-TeTF]
vor 1971 Neubau einer Chororgel durch KARL SCHUKE, Berlin (I 4, mech. Schleifladen) [PfA-TeTF]

Kirche Tempelhof-Ost
1966 Neubau durch E. F. WALCKER & CIE., Ludwigsburg (II+P 11, mech. Schleifladen) [KoW-ZSOb]

Martin-Luther-Gedächtnis-Kirche, Mariendorf (Steinberg, 1935)
1934-1935 Neubau durch E. F. WALCKER & CIE., Ludwigsburg (III+P 50, davon 6 Transmissionen, elektropn. Traktur) [KoW-ZSOb; Kühn-1978, S. 253; Walc-1935]

Dorfkirche Tempelhof, um 1939, zerstört

Glaubens-Kirche

Martin-Luther-Gedächtnis-Kirche

8.-9. 1935 Die Orgel wird zunächst in der *Nürnberger Kongreßhalle* für den Reichsparteitag der NSDAP aufgestellt. Sie hat dort 60 Register [LuZ, 31. 8. 1936; Tsp, 7. 9. 1985]
1947 Reparatur durch HANS HAMMER, Berlin (III+P 48) [KoW-ZSOb]
1967-1968 Umbau durch STEPHAN ORGELBAU, Berlin. Erweiterung um eine neue Chororgel (IV+P 54, elektropn. und el. Traktur) [KoW-ZSOb]
1983 Restaurierung der Rohrwerke durch GEORG JANN, Allkofen [KoW-ZSOb]
1985 Restaurierung durch GEORG JANN, Allkofen (IV+P 62, el. Traktur) [KoW-ZSOb]

Nathan-Söderblom-Haus, Gemeindezentrum Mariendorf (Kohlhaus 1959)
1963 Neubau durch E. F. WALCKER & CIE., Ludwigsburg (II+P 8, mech. Schleifladen) [KoW-ZSOb]
1987 Instandsetzung und Reinigung durch E. F. WALCKER & CIE., Ludwigsburg [KoW-ZSOb]

Tempelhofer Feld: siehe *Kirche Auf dem Tempelhofer Feld*

Wohnstift Otto Dibelius, Mariendorf, Hauskapelle
1973 Neubau durch ROMAN ILISCH, Berlin (I+P 9, mech. Schleifladen) [KoW-ZSOb]
1989 Erweiterung und Umsetzung durch ROMAN ILISCH, Berlin, in den großen Saal [KoW-ZSOb]

Zinzendorf-Gemeindezentrum: siehe *Gemeindezentrum Zinzendorf*

TIERGARTEN

Elisabeth-Diakonissen- und Krankenhaus
1906 Neubau durch W. SAUER, Frankfurt/Oder (II+P 14) [Saue-1929; KoW-ZSOb]
1952 Abbau [KoW-ZSOb]
1952 Neubau durch KARL SCHUKE, Berlin (Opus 1) (II+P 10, mech. Schleifladen) [KoW-ZSOb]

Elisabeth-Krankenhaus, Kinderklinik
1906 Neubau durch W. SAUER, Frankfurt/Oder (6) [Saue-1929]. Verbleib der Orgel unbekannt

Erlöser-Kirche, Moabit (Dinklage u. a., 1911)
1911 Neubau durch ALEXANDER SCHUKE, Potsdam (Opus 59) (II+P 28, davon 2 Transmissionen, pneum. Traktur). Disposition bei Mund-1920 [Mund-1920, 594, B 173; AAScP; Scmi-1925, S. 37]
1944 Zerstörung [KoW-ZSOb]
1963 Neubau durch KARL SCHUKE, Berlin (Opus 136) (II(III)+P 23, Schleifladen, mech. Spieltraktur, el. Registertraktur) [KoW-ZSOb]

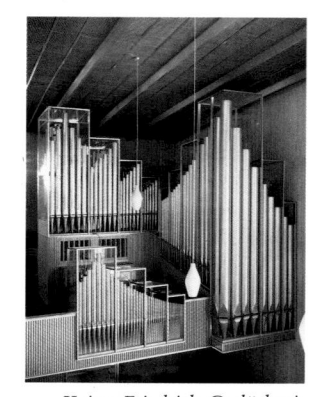

Heilands-Kirche, Moabit (Schulze, 1892-1894)
1894 Neubau durch E. F. WALCKER & CIE., Ludwigsburg (II+P 35, pneum. Kegelladen). Bei Mund-1920: 34 Register, bei Schuke 46 Register [AAScP, o. D.; Mund-1920; Scmi-1925, S. 22 f.; Ura, LII. Jg., 1895, S. 5 f.; ZfI, 1893-1894, S. 685]
um 1929 Abbau [Orgelneubau]
1929 Neubau durch ALEXANDER SCHUKE, Potsdam (Opus 123) (III+P 59 (61), davon 5 Transmissionen, elektropn. Taschenladen). 23 Register von 1894 wiederverwendet [AAScP; ZfI, 50. Jg., 1929/30, S. 175 f; ZfI, 50. Jg., 1929/30, S. 175 f.]
1962 Neubau durch GERHARD SCHMID, Kaufbeuren (III+P 46, Schleifladen, mech. Spieltraktur, el. Registertraktur) [PfA-TiHe]
1968 Neubau einer Chororgel durch GERHARD SCHMID, Kaufbeuren (I+P 6, mech. Schleifladen) [KoW-ZSOb]
1972 Reparatur der Chororgel durch GERHARD SCHMID, Kaufbeuren (I+P 6, mech. Schleifladen) [PfA-TiHe]

Heilands-Kirche, Moabit, Kirchsaal
1956 Neubau durch GERHARD SCHMID, Kaufbeuren (II+P 10, mech. Schleifladen) [PfA-TiHe]
1963 Umsetzung in die Kapelle des *Krankenhauses Bethanien* [KoW-ZSOb]

Heilige-Geist-Kirche, Moabit (Dinklage u. a., 1906)
1906 Neubau durch E. F. WALCKER & CIE., Ludwigsburg (III+P 41, davon 2 Transmissionen, pneum. Kegelladen). Disposition bei Mund-1920 [Mund-1920, 498, B 123; PfA-TiHG, 8. 8. 1912]
1935 Reparatur und Dispositionsänderung durch E. F. WALCKER & CIE., Ludwigsburg (III+P 41, davon 2 Transmissionen, pneum. Kegelladen) [PfA-TiHG, 3. 1. 1936]
1957 Reinigung durch KARL SCHUKE, Berlin [AKScB]
1962-1963 Restaurierung und Elektrifizierung durch KARL SCHUKE, Berlin (III+P 43, davon 2 Transmissionen, elektropn. Kegelladen). Neuer Spieltisch [Kow-ZSOb; AKScB]
1963 Reparatur durch KARL SCHUKE, Berlin [PfA-TiHG]
1980 Reinigung durch KARL SCHUKE, Berlin [PfA-TiHG, 12. 11. 1980; AKScB]
1985 Reinigung durch KARL SCHUKE, Berlin [AKScB]

Kaiser-Friedrich-Gedächtnis-Kirche, Hansaviertel (1892-1895)
1895 Neubau durch ERNST RÖVER, Hausneindorf (III+P 51, pneum. Kastenladen). Nach Schuke 50 Register; nach Mönch 53 Register. Gehäuse von Gustav Kuntzsch, Wernigerode. [AAScP; Mund-1920; ZfI, 1898/1899, S. 108 f.; Mitt. Arthur Mönch (Organist Kaiser-Friedr.) 1944; Bär, Jg. 21, 1895, S. 594; Rich-1896, S. 168 f.]
1929 Neubau durch E. F. WALCKER & CIE., Ludwigsburg (Opus 2237) (III+P 40, davon 4 Transmissionen, el. Taschenladen) [Mund-1920; Elis-1930, II, S. 51; Walc-1930/1]
22. 11. 1943 Zerstörung [Kühn-1978, S. 272; PfA-TiKF]

Kaiser-Friedrich-Gedächtnis-Kirche, Hansaviertel (Lemmer, 1956-1957)
1957 Neubau durch KARL SCHUKE, Berlin (Opus 45) (III+P 40 (41), Schleifladen, mech. Spieltraktur, el. Registertraktur) [PfA-TiKF]
1959 Erweiterung durch KARL SCHUKE, Berlin (III+P 44, Schleifladen, mech. Spieltraktur, el. Registertraktur) [PfA-TiKF]
1964 Dispositionsänderung und Reinigung durch KARL SCHUKE, Berlin [PfA-TiKF]
1973 Reparatur durch KARL SCHUKE, Berlin [PfA-TiKF]
1985 Instandsetzung und Reinigung durch KARL SCHUKE, Berlin [PfA-TiKF]

Reformations-Kirche, Moabit (Schwartzkopff, 1907)
1907 Neubau durch E. F. WALCKER & CIE., Ludwigsburg (Opus 1321) (III+P 42, davon 2 Transmissionen, pneum. Traktur). Disposition bei Mund-1920. Nach Walc-1970: 1906 [Mund-1920, 502, B 127; Walc-1970]
1943 Beschädigung [Mund-1920, 502, B 127]
1949 Reparatur durch JOHANNES GRAF, Berlin (III+P, pneum. Traktur). I. Manual wieder spielbar [Fest-1986/1]
1952-1953 Reparatur durch JOHANNES GRAF, Berlin. Zwei Manuale und Pedal spielbar [PfA-TiRe]
1953-1954 Dispositionsänderung durch JOHANNES GRAF, Berlin. Drei Manuale und Pedal spielbar [Fest-1986/1]
1956-1957 Reparatur durch KARL SCHUKE, Berlin [PfA-TiRe]
1958 Reparatur durch E. F. WALCKER & CIE., Ludwigsburg [PfA-TiRe]
1966 Aufstellung der vor 1940 von G. F. STEINMEYER & CO., Oettingen, erbauten Orgel aus dem *Petrus-Gemeindesaal, Berlin-Lichterfelde*, als Chororgel durch STEPHAN ORGELBAU, Berlin (II+P 18, Taschenladen, elektropn. Traktur) [PfA-TiRe; KoW-ZSOb]
1968 Neubau durch DETLEF KLEUKER, Brackwede, nach einem Entwurf von TRAUGOTT FEDTKE (III+P 36, Schleifladen, mech. Spieltraktur, el. Registertraktur) [PfA-TiRe]

Heilige-Geist-Kirche

Kaiser-Friedrich-Gedächtnis-Kirche

Heilands-Kirche

1975 Reinigung durch STEPHAN ORGELBAU, Berlin [PfA-TiRe]
1986 Reparatur durch STEPHAN ORGELBAU, Berlin [Kow-ZSOb]
1990 Instandsetzung und Verbindung mit der Chororgel durch KARL LÖTZERICH, Ippinghausen [PfA-TiRe]

St. Elisabeth-Stift (1893), Hauskapelle
1893 Aufstellung einer älteren SAUER-Orgel [Jahr-1956, S. 12]
1924 Neubau durch G. F. STEINMEYER & CO., Oettingen (Opus 1379) (II+P 8) [KoW-ZSOb]

St. Johannis-Kirche, Moabit (Schinkel, 1832-1834)
1834 Neubau durch CARL AUGUST BUCHHOLZ, Berlin (II+P 11, mech. Schleifladen). Gehäuse-Entwurf von SCHINKEL [Werb-1945]
1896 Neubau durch E. F. WALCKER & CIE., Ludwigsburg, unter Verwendung von Pfeifenmaterial von 1834 (II+P 34, mech. Kegelladen) [Mund-1920; Scul-1985, S. 12; Fedt-1959]
1923 Erweiterung durch E. F. WALCKER & CIE., Ludwigsburg (II+P 36, elektropn. Kegelladen) [Fedt-1959]
23. 11. 1943 Zerstörung [Fedt-1959]
1959 Aufstellung eines Positivs von etwa 1650 (I 5, mech. Schleifladen), ursprünglich aus *Klein Schwabhausen*. Leihgabe von TRAUGOTT FEDTKE [PfA-TiSJ, 13. 2. 1959]
1959 Neubau durch KARL SCHUKE, Berlin (Opus 82) unter Mitwirkung von TRAUGOTT FEDTKE und OTTO BARTNING (III+P 36, Schleifladen, mech. Spieltraktur, el. Registertraktur) [PfA-TiSJ, 21. 11. 1959, 26. 4. 1958, 6. 6. 1958, 24. 9. 1958]
1966 Elektrifizierung und Dispositionsänderung durch KARL SCHUKE, Berlin (III(IV)+P 37, el. Schleifladen) [PfA-TiSJ]

St. Johannis-Kirche, Moabit, Friedhofskapelle Seestraße
1959 Neubau durch DETLEF KLEUKER, Brackwede (I+P 5, mech. Schleifladen) [PfA-TiSJ]

St. Johannis-Kirche, Moabit, Friedhofskapelle Plötzensee
1965 Neubau durch DETLEF KLEUKER, Brackwede (I+AP 6, mech. Schleifladen) [PfA-TiSJ]
1978 Reparatur und Reinigung durch STEPHAN ORGELBAU, Berlin [PfA-TiSJ]

St. Johannis-Kirche, Moabit, Predigtstätte Perleberger Straße
1965 Neubau durch W. SAUER, Frankfurt/Oder (I 3, mech. Schleifladen) [PfA-TiSJ]
nach 1970 Predigtstelle aufgelöst [PfA-TiSJ]

St. Matthäus-Kirche (Stüler, 1844-1846)
1845 Neubau durch JOHANN FRIEDRICH SCHULZE, Paulinzella (II+P 26, mech. Schleifladen) [Werkverz. Schulze; Hege-18, S. 23]
1892 LANG führt in seinem Kostenanschlag nur 24 Register an [PfA-TiSM]
2. 2. 1899 Bericht von ALBERT LANG, Berlin (II+P 26, mech. Schleifladen) [PfA-TiSM]
um 1900 Abbau [Orgelneubau]
1900 Neubau durch GEBR. DINSE, Berlin (III+P 42, pneum. Traktur). Das Werk ist in 2 Gehäusen links und rechts der Rosette untergebracht [Mund-1920; ZfI, 1900/1901]
4. 1945 Zerstörung [Kühn-1978, S. 269]
1957 Neubau durch E. F. WALCKER & CIE., Ludwigsburg [Hoff-1986, S. 267 f.]
1966 Abbau [Hoff-1986, S. 267 f.]
1966 Neubau durch E. F. WALCKER & CIE., Ludwigsburg (II+P 26, Schleifladen, mech. Spieltraktur, el. Registertraktur) [KoW-ZSOb; PfA-TiSM]
um 1980 Aufstellung eines pedallosen Prinzipalinstruments, neapolitanisch, 17. Jahrhundert, Leihorgel von KLAUS EICHHORN [Mitt. G. Müller]
1983 Neubau einer Truhenorgel durch WALKER, Großbritannien [Mitt. G. Müller]
1986 Instandsetzung und Dispositionsänderung der Hauptorgel von 1966 durch ALEXANDER SCHUKE, Potsdam [PfA-TiSM]

St. Matthäus-Kirche, Gemeindehaus
1976 Neubau durch VEB W. SAUER, Frankfurt/Oder (Opus 2042) (I+AP 4, mech. Schleifladen) [KoW-ZSOb]

St. Matthäus-Kirche, Friedhofskapelle
vor 1987 Neubau (9) [KoW-ZSOb]
1987 Instandsetzung und Reinigung durch E. F. WALCKER & CIE., Ludwigsburg [KoW-ZSOb]

TREPTOW

Bekenntnis-Kirche (1930-1932)
1931 Neubau durch W. SAUER, Frankfurt/Oder (II+P 23, elektropn. Taschenladen) [KoO-Ok; Frot-1950]

Bekenntnis-Kirche, Gemeindesaal
um 1976 Erwerb der 1827 durch JOHANN CHRISTOPH SCHRÖTER, Sonnewalde, erbauten Orgel aus der *Dorfkirche Lieske* (Cottbus/Spremberg) durch LUDWIG GLÖCKNER, Berlin (I+P 6, mech. Schleifladen) [KoO-ZSOb]
1955 Reparatur und Dispositionsänderung durch H. EULE, Bautzen [AEuBa]
1978-1980 Aufstellung und Instandsetzung durch AXEL STÜBER, Berlin [Tros-1987, S. 378]
1990 Eine Restaurierung ist erforderlich

Dorfkirche Altglienicke (1894-1895)
1895 Neubau durch W. SAUER, Frankfurt/Oder (II+P 20, mech. Kegelladen) [Saue-1929; Tros-1987, S. 423]
nach 1900 Dispositionsänderung [KoO-Ok]

Dorfkirche Altglienicke (1894-1895), Winterkirche
1972 Neubau durch W. SAUER, Frankfurt/Oder (I+AP 4, mech. Schleifladen) [KoO-Ok]

Dorfkirche Bohnsdorf (1755-1757)
um 1757 Neubau (mech. Schleifladen). Baujahr unsicher [Tros-1987, S. 427]
1938 Abbau wegen Wurmfraß [LAB, Pr. Br. Rep. 42, 1873, 11.11.1938]
1939 Neubau durch W. SAUER, Frankfurt/Oder (Opus 1615) (II+P 16, pneum. Taschenladen) [KoO-Ok; LAB, Pr. Br. Rep. 42, 1873]
1969 Reparatur und Dispositionsänderung durch PETER WISTUBA, Berlin (II+P 16)

Friedens-Kirche, Grünau (1906)
1906 Neubau durch KUHL UND KLATT, Berlin (II+P 23, pneum. Kegelladen) [AAScP]
1923 Instandsetzung durch W. SAUER [AAScP]
1950 Instandsetzung und Dispositionsänderung durch W. SAUER, Frankfurt/Oder (II+P 25) [KoO-Ok]

Friedens-Kirche, Niederschöneweide (1928-1930)
1930 Neubau durch G. F. STEINMEYER & CO., Oettingen (Opus 1517) (II+P 33, elektropn. Kegelladen). In AAScP 34 Register und 2 Transmissionen (1939) [AStOe; AAScP]
1957 Instandsetzung und Dispositionsänderung durch W. SAUER, Frankfurt/Oder [KoO-Ok]

Gemeindeheim Ernst-Moritz-Arndt (1937)
1963 Neubau durch ALEXANDER SCHUKE, Potsdam (II+P 8, mech. Schleifladen) [PfA-TrAG; KoO-Ok]

Gemeindeheim Paul-Gerhardt, Bohnsdorf (1936-1937)
1951 Neubau durch W. SAUER, Frankfurt/Oder (II+P 12, pneum. Taschenladen) [KoO-Ok]

Gemeinderaum Bohnsdorf, Buntzelstraße
1969 Neubau durch W. SAUER, Frankfurt/Oder (I 3, mech. Schleifladen) [KoO-Ok]

St. Johannis-Kirche Positiv aus Klein Schwabhausen

St. Matthäus-Kirche, vor 1900, nicht erhalten

Bekenntnis-Kirche

Dorfkirche Bohnsdorf

Kapernaum-Kirche, um 1939, zerstört

Kapernaum-Kirche

Kornelius-Gemeindezentrum

Lazarus-Kranken- und Diakonissenhaus

Gewerbeausstellung Treptower Park
1896 Neubau durch GEBR. DINSE, Berlin (II+P 24, pneum. Traktur). Disposition in ZfI [ZfI, 1914, Nr. 27, S. 1089]
1896 Abbau. Verkauf nach *Spandau, Luther-Kirche*. Dort Erweiterung um 12 Register [ZfI, 1914, Nr. 27, S. 1089]. Die Orgel ist stark verändert und in einem schlechten Zustand erhalten

Kirche Zum Vaterhaus (1910-1911)
1911 Neubau durch GEBR. DINSE, Berlin (II+P 32, pneum. Kegelladen) [KoO-Ok]
um 1944 Beschädigung [Frot-1950]
1949 Dispositionsänderung durch KARL FUCHS, Berlin [KoO-Ok]
1989 Die Orgel ist weitgehend spielbar [Befund 1989]

Kirche Zum Vaterhaus (1910-1911), Chororgel
1972 Neubau durch W. SAUER, Frankfurt/Oder (Opus 1970) (I+P 6, mech. Schleifladen) [KoO-Ok]

Kirchsaal Johannisthal
1921 Neubau durch GUSTAV HEINZE, Sorau (II+P 9, pneum. Kegelladen) [AAScP, 22. 9. 1949; KoO-Ok; Hein-1929, S. 25]
1962 Versetzung und Dispositionsänderung durch W. SAUER, Frankfurt/Oder (II+P 13, pneum. Kegelladen) [KoO-Ok]

Verklärungs-Kirche, Adlershof (1899-1900)
1900 Neubau durch FRIEDRICH BECKER, Hannover (II+P, pneum. Kegelladen). Abb. in Tros-1937 [Tros-1987, S. 405]
1934 Umbau durch E. F. WALCKER & CIE., Ludwigsburg (II+P 26, davon 1 Transmission, elektropn. Kegelladen). Nach Walc-1970 Neubau mit 30 Registern [PfA-TrVK, A 189/76]
1956 Umbau durch W. SAUER, Frankfurt/Oder (II+P 27, davon 1 Transmission) [PfA-TrVK, A 189/76, 17. 11. 1976]
1989 Die Orgel ist in schlechtem Zustand erhalten [Befund 1989]

WEDDING

Altlutherische Kapelle
1894 Neubau durch W. SAUER, Frankfurt/Oder (II+P 9) [Ura, LII. Jg., 1895, S. 86; Saue-1929]

Dankes-Kirche (Orth, 1882-1884)
1883-1884 Neubau durch W. SAUER, Frankfurt/Oder (II+P 30) [Saue-1929; DBZ, 16, 1882, S. 171; Falk-1990, S. 114]
18. 3. 1944 Zerstörung [Kühn-1978, S. 285]. Sprengung der Kirchenruine am 27. /28. 6. 1949 [PfA-WeDa]

Dankes-Kirche (Bornemann, 1972)
1972 Neubau durch DETLEF KLEUKER, Brackwede (II+P 18, Schleifladen, mech. Spieltraktur, el. Registertraktur) [PfA-WeDa]

Dankes-Kirche, Notkapelle
1960 Neubau durch DETLEF KLEUKER, Brackwede (I+P 7, mech. Schleifladen) [PfA-WeDa]

Domfriedhof, Müllerstr. 72/73
1973 Neubau durch KARL SCHUKE, Berlin (Opus 298) (I+P 6, mech. Schleifladen) [KoW-ZSOb]

Friedens-Kirche (Orth, 1888-1891)
1890 Neubau durch GEBR. DINSE, Berlin (II+P 22, pneum. Traktur) [PfA-WeFr]
1936 Neubau durch G. F. STEINMEYER & CO., Oettingen (Opus 1611) (III+P 36 (40), elektropn. Taschenladen) [PfA-WeFr, 12. 9. 1979; Fest-1916]
6. 6. 1936 Beschädigung durch Brand in der Kirche [PfA-WeFr]
1948 Instandsetzung durch ERNST TEICHERT, Berlin (III+P 39 (43), elektropn. Taschenladen) [PfA-WeFr]
1959 Neubau einer Kleinorgel durch KARL SCHUKE, Berlin (Opus 86) (I+P 6, mech. Schleifladen)
1963 Reparatur durch KARL SCHUKE, Berlin [PfA-WeFr]
1983 Die Kirche wird geschlossen und nicht mehr für den Gottesdienst genutzt [PfA-WeFr]

Himmelfahrt-Kirche (Orth, 1890-1893)
1893 Neubau durch GEBR. DINSE, Berlin (II+P 28) [Mund-1920; Kühn-1978, S. 288; Dins-1897, S. 24]
1937 Umbau und Erweiterung durch G. F. STEINMEYER & CO., Oettingen (Opus 1652) (II+P 30) [AStOe]
1943 Zerstörung
1949 Die im Krieg zerstörte Kirche wird abgetragen. [Kühn-1978, S. 288]

Himmelfahrt-Kirche (Bartning, 1954-1956)
1956 Neubau durch KARL SCHUKE, Berlin (Opus 37) (I+P 5, mech. Schleifladen) [AKScB]
1960 Abbau. Verkauf nach *Wolfsburg* [AKScB]
1960 Neubau durch KARL SCHUKE, Berlin (Opus 88) (II+P 18, mech. Schleifladen) [KoW-ZSOb]
1974 Reinigung durch KARL SCHUKE, Berlin [KoW-ZSOb]

Kapernaum-Kirche (Siebold, 1897-1902)
1902 Neubau durch W. SAUER, Frankfurt/Oder (Opus 877) (II+P 33, pneum. Traktur). Mund-1920: 34 Register [Saue-1929; Kühn-1978, S. 292; ZfI, 1901/02, S. 891]. 1944 zerstört
1959-1961 Neubau durch KARL SCHUKE, Berlin (Opus 83) (III+P 39), Schleifladen, mech. Spieltraktur, el. Registertraktur) [AKScB; PfA-WeKa]
1970 Reparatur durch KARL SCHUKE, Berlin [PfA-WeKa]

Kapernaum-Kirche, Kirchsaal
1955 Neubau durch KARL SCHUKE, Berlin (Opus 17) (I+P 6, mech. Schleifladen) [AKScB; PfA-WeKa]

Kornelius-Gemeindezentrum (Müller, 1957/1975), Kirchsaal
1958 Neubau durch KARL SCHUKE, Berlin (Opus 53) (I+P 5, mech. Schleifladen) [AKScB; KoW-ZSOb]
um 1980 Abbau [Orgelneubau]
1980 Neubau durch GEORG JANN, Allkofen (II+P 15, mech. Schleifladen) [KoW-ZSOb]

Lazarus-Kranken- und Diakonissenhaus, Kapelle
1891 Neubau durch W. SAUER, Frankfurt/Oder (8) [Saue-1929]
um 1988 Abbau [Orgelneubau]
1988 Neubau durch DIETER NOESKE, Rotenburg/Fulda (II+P 14 (15), mech. Schleifladen) [Fest-1988/1]

Martin-Luther-Kirche (1962-1963)
1966 Neubau durch E. F. WALCKER & CIE., Ludwigsburg (I+P 6, mech. Schleifladen) [PfA-WeML]

Nazareth-Kirche (Alte Kirche) (Schinkel, 1833-1834)
1834 Neubau durch CARL AUGUST BUCHHOLZ, Berlin [PfA-WeNa]
1872 Reparatur durch CARL BUCHHOLZ & SOHN, Berlin [PfA-WeNa, Ausg.- Man., 1872]
1906 Abbau. Verkauf an die *Altlutherische Gemeinde* in der *Usedomstraße, Berlin-Wedding*. Seit Errichtung der benachbarten Neuen Nazareth-Kirche (1893) diente sie nicht mehr allein gottesdienstlichen Zwecken [Neub-1926]
1985 Aufstellung einer 1984 durch WERNER BOSCH, Sandershausen, für die *Kapelle der Bundesgartenschau, Berlin-Neukölln*, erbauten Orgel (II+P 7, mech. Schleifladen) [PfA-WeNa]

Nazareth-Kirche (Neue Kirche) (Spitta, 1891-1893)
1893 Neubau durch GEBR. DINSE, Berlin (II+P 32, mech. Kegelladen) [PfA-WeNa, 23. 5. 1957; Kühn-1978, S. 283; Dins-1897, S. 27]
1944 Beschädigung [PfA-WeNa]

1963 Neubau durch E. F. WALCKER & CIE., Ludwigsburg (III+P 35 (41), Schleifladen, mech. Spieltraktur, el. Registertraktur) [PfA-WeNa]

Oster-Kirche (Dinklage, Paulus, Lilloe, 1911)
1911 Neubau durch BARNIM GRÜNEBERG, Stettin (II+P 28, pneum. Traktur) [PfA-WeOs; Kühn-1978, S. 295]
1943 Beschädigung [Kühn-1978, S. 296]
1949 Reparatur und Dispositionsänderung durch HANS HAMMER, Berlin (II+P 28, pneum. Traktur) [PfA-WeOs]
1966 Abbau [Orgelneubau]
1966 Neubau durch E. F. WALCKER & CIE., Ludwigsburg (II+P 23, Schleifladen, mech. Spieltraktur, el. Registertraktur) [PfA-WeOs]
1975, 1986 Reinigung durch E. F. WALCKER & CIE., Ludwigsburg [PfA-WeOs]

Paul-Gerhardt-Stift, Diakonissenmutterhaus (1888), Kapelle
um 1888 Neubau durch GEBR. DINSE, Berlin (II+P 11, mech. Schleifladen) [KoW-ZSOb; Lüt-1926, S. 191]
nach 1900 Umbau und Dispositionsänderung durch ALEXANDER SCHUKE, Potsdam (II+P 11, Schleifladen) [KoW-ZSOb]
1990 Orgel unverändert erhalten [KoW-ZSOb]

St. Pauls-Kirche (Schinkel, 1832-1834)
1834 Neubau durch CARL AUGUST BUCHHOLZ, Berlin (II+P 11, mech. Schleifladen) [Haup-1850; Kühn-1978, S. 280; Gesc-1935, S. 98 f.]
1869 Umbau (II+P 11, mech. Schleifladen). Der Spieltisch wird versetzt. [Gesc-1935, S. 99]
1891 Erweiterung durch GEBR. DINSE, Berlin (II+P 12, mech. Schleifladen) [Mund-1920; Gesc-1935, S. 99]
1906 Abbau. Verkauf an den Gastwirt BALLSCHMIEDER, der sie im großen Konzertsaal seiner Gastwirtschaft aufstellt [Gesc-1935, S. 99]
1906 Neubau durch E. F. WALCKER & CIE., Ludwigsburg, unter Wiederverwendung des Gehäuses von 1834 (Opus 1320) (II+P 21, davon 1 Transmission, pneum. Traktur). Disposition bei Mund-1920 [Mund-1920, 503, C 128]
1927-1931 Umbau und Erweiterung [Gesc-1935, S. 99]
1945 Zerstörung [Hoff-1986, S. 248]
1965 Neubau durch RUDOLF VON BECKERATH, Hamburg, unter Mitwirkung von TRAUGOTT FEDTKE (III+P 34, Schleifladen, mech. Spieltraktur, el. Registertraktur) [PfA-WeSP, 21. 12. 1965]

St. Pauls-Kirche, Friedhofskapelle
1959 Neubau durch DETLEF KLEUKER, Brackwede (I+P 5) [PfA-WeSP]

St. Pauls-Kirche, Gemeindesaal
1958 Neubau durch KARL SCHUKE, Berlin (Opus 61) (I+P 6, mech. Schleifladen) [AKScB]

Schiffer-Kirche, Westhafen
1971 Aufstellung eines 1962 durch KARL SCHUKE, Berlin, erbauten Positivs (Opus 124) (I 4) [AKScB]

Schillerhöhe-Gemeindezentrum (Redlich, 1976)
um 1976 Aufstellung der 1963 für die Ladenkirche durch RUDOLF VON BECKERATH, Hamburg, erbauten Orgel [PfA-WeKa; Kühn-1978, S. 300]
1989 Erweiterung um einen Subbaß durch RUDOLF VON BECKERATH, Hamburg (I+P 6, mech. Schleifladen) [PfA-WeKa]

Schillerhöhe-Gemeindezentrum, Ladenkirche Petrisaal
1963 Neubau durch RUDOLF VON BECKERATH, Hamburg (I 5, mech. Schleifladen) [PfA-WeKa]
um 1976 Aufstellung im neuen Gemeindezentrum [PfA-WeKa]

Stephanus-Kirche (Bürkner, 1904)
1904 Neubau durch SCHLAG & SÖHNE, Schweidnitz (Opus 681) (III+P 41, davon 2 Transmissionen, pneum. Membranladen).

Die Orgel wurde zunächst ausgestellt auf der *Ausstellung für Handwerk und Kunstgewerbe* in Breslau [KoW-ZSOb; Kühn-1978, S. 294; Lued-1982, S. 37; Ura, Jg. 62, 1905, S. 22, 101]
1953 Reparatur und Reinigung durch KARL SCHUKE, Berlin [PfA-WeSt]
1970-1971 Elektrifizierung mit neuem Spieltisch durch KARL SCHUKE, Berlin. Der alte Spieltisch von SCHLAG & SÖHNE wird an der Seite der Orgelempore aufgestellt [PfA-WeSt]
1989 Reparatur der Zungen durch KARL SCHUKE, Berlin [AKScB]

Versöhnungs-Gemeindezentrum
1964 Neubau durch DETLEF KLEUKER, Brackwede (I 3, mech. Schleifladen) [PfA-WeVe]
1968 Aufstellung der 1958 von E. F. WALCKER & CIE., Ludwigsburg, für die *Grunewald-Kirche* erbauten Orgel durch KARL SCHUKE, Berlin (II+P 11, mech. Schleifladen) [PfA-WeVe]

WEISSENSEE

Bethanien-Kirche (1900-1902)
1902 Neubau durch E. F. WALCKER & CIE., Ludwigsburg (Opus 1027) (II+P 26, pneum. Traktur) [Mund-1920, 337, B 37]
um 1944 Zerstörung (II+P 26, pneum. Traktur) [Tros-1987, S. 121]

Bethanien-Gemeindehaus
1955 Neubau durch HERMANN EULE, Bautzen (II+P 7, mech. Schleifladen) [KoO-Ok]

Dorfkirche Blankenburg (mittelalterlich)
vor 1715 Neubau (5, mech. Schleifladen) [PfA-PaBh, Matrikel vom 25. 10. 1715]
1706 Erstmalig wird ein Organist und Kantor bezeugt: JOHANN CHRISTOPH KREUTZIGER [Sach-1908, S. 198]
1792 Abbau [PfA-PaBb, B 4-1 u. B 4-2; KoO-ZSOb]
1793 Neubau durch LUDWIG SALOMON HENNEFUSS, Berlin (I 8, mech. Schleifladen) [PfA-PaBb, B 4-1, B 4-2; KoO-ZSOb; GStA, Abt. II Pr. Br. Rep. 2 B, II Reg. Ptsd. 1 Gen. 3895, 3896; GStA, X Rep. 2 B, Abt. II, 4663, 4664]
um 1884 Abbau [Orgelneubau]
1884-1885 Neubau durch GEBR. DINSE, Berlin (I+P 8, mech. Schleifladen). Spieltisch auf C-Seite [PfA-PaBb; KoO-ZSOb]
vor 1965 Dispositionsänderung (GLÖCKNER) [AAScP, 16. 12. 1964]
1974 Umsetzung durch LUDWIG GLÖCKNER, Berlin. Verkauf der Orgel an Frau RUTH ZECHLIN, Berlin [KoO-ZSOb]
1989 Übernahme der Orgel durch Herrn DAGOBERT LIERS, Berlin [KoO-ZSOb]
1974 Neubau durch VEB JEHMLICH ORGELBAU DRESDEN, Dresden (I+P 8, mech. Schleifladen). Brüstungsprospekt, Spieltisch hinterständig - zwischen Manual- und Pedalwerk [PfA-PaBb, B 4-1, B 4-2; KoO-ZSOb]

Dorfkirche Heinersdorf (mittelalterlich, 1893)
um 1857 Ankauf der vor 1821 erbauten Orgel aus *Pankow, Kirche zu den vier Evangelisten* (I, mech. Schleifladen) [GStA, X Rep. 2 B, Abt. II, 4663, 4664; SAP, II Gen 1751; Beie-1922, S. 152]
1893 Neubau durch GEBR. DINSE, Berlin (II+P 11, mech. Kegelladen) [Dins-1897; Mitt. Kirchner, 1989]
um 1920 Neubau (II+P 7, pneum. Traktur) [Frot-1950]
1934-1935 Neubau durch ALEXANDER SCHUKE, Potsdam (Opus 145) (II+P 20, davon 3 Transmissionen, elektropn. Taschenladen) [AAScP; Mund-1920, A 32, 766; Scuk-1935/2]
1948 oder 1949 Reparatur durch ALEXANDER SCHUKE, Potsdam [AAScP]
1989 Neubau-Auftrag an VEB POTSDAMER SCHUKE-ORGELBAU, Potsdam (II+P 15, mech. Schleifladen) [KoO-Ok]

Dorfkirche Karow (Mitte 13. Jahrhundert)
1856 Neubau durch MORITZ BAUMGARTEN, Zahna (I, mech.

St. Pauls-Kirche

Stephanus-Kirche

Dorfkirche Heinersdorf

Schleifladen). Brüstungsprospekt in spätbarocken Formen
[KoO-ZSOb; SAP, II Gen 1751; GStA, X Rep. 2 B, Abt. II, 4664;
Pfan-1927, S. 175]
1912 Neubau durch GEBR. DINSE, Berlin, unter Beibehaltung
des alten Gehäuses (I+P 12, pneum. Kegelladen) [AAScP, 1937;
KoO-ZSOb; Pfan-1927, S. 175]
1963 Umbau durch A. KIENSCHERF NACHF., Eberswalde
[SupA-Pa, 5223]
1981 Abbau (Das Gehäuse blieb bis 1986 stehen). Aufstellung der
1890 durch FRIEDRICH HERMANN LÜTKEMÜLLER, Wittstock,
erbauten Orgel aus der Ev. Kirche in *Danewitz*, Kreis Bernau (I+P
10, mech. Schleifladen). Spieltisch auf der C-Seite [KoO-ZSOb]
1986 Reparatur durch ULRICH FAHLBERG, Eberswalde-Finow
[KoO-ZSOb]

Dorfkirche Weißensee: siehe *Pfarrkirche Weißensee*

Friedhof St. Georgen-Parochial-Gemeinde, Weißensee, Kapelle
1964 Neubau durch W. SAUER, Frankfurt/Oder (I+AP 4, mech.
Schleifladen) [KoO-Ok]

Kreuz-Kapelle (Friedhofskapelle)
1968 Neubau durch W. SAUER, Frankfurt/Oder (I 3, mech. Schleifladen) [KoO-Ok]

Pfarrkirche Weißensee (15. Jahrhundert, 1899)
ab 20. 5. 1819 Aufstellung eines gebrauchten Positivs von vor 1819
als Geschenk des Schäfers PETER SCHOEPS (I, mech. Schleifladen)
[KoO-Ok; GStA, Abt. II Pr. Br. Rep. 2 B, II Reg. Ptsd. 1 Gen. 3895,
3896; Gier-, S. 200]
1863 Abbau anläßlich des Kirchenumbaus. Die Orgel zerbrach
beim Auseinandernehmen, so daß eine neue beschafft werden
mußte [Gier-, S. 200]
1863 Neubau durch ALBERT LANG, Berlin (I, mech. Schleifladen)
[KoO-Ok; EZA, 14/5106; GStA, X Rep. 2 B, Abt. II, 4663; SAP, II
Gen 1751]
1910 Neubau durch ALEXANDER SCHUKE, Potsdam, (Opus 55)
unter Verwendung alter Register (II+P 15, davon 1 Transmission,
pneum. Kegelladen). Nach Mund Umbau, op. 54. [AAScP; Mund-
1920, 510, B 135; EZA, 14/5106]
1943-1944 Zerstörung [KoO-Ok]
1952 Neubau durch HERMANN EULE, Bautzen (II+P 10, pneum.
Taschenladen) [KoO-Ok]
1978 Neubau durch W. SAUER, Frankfurt/Oder (II+P 15, mech.
Schleifladen). Aufstellung im südl. Querschiff zusätzlich zu der
Orgel von 1952, die als Übungsorgel benutzbar bleibt [KoO-Ok]

Seminar für kirchlichen Dienst, Andachtsraum, Parkstr. 21
1953 Neubau durch HERMANN EULE, Bautzen (II+P 7, mech.
Schleifladen) [KoO-Ok]

Stephanus-Stiftung, Friedens-Kirche, Andachtsraum
1952 Neubau durch A. SCHUSTER & SOHN, Zittau (III+P 26,
pneum. Kegelladen) [KoO-Ok]

Dorfkirche Karow

Pfarrkirche Weißensee, um 1939, zerstört

WILMERSDORF

Auen-Kirche (Spitta, 1895-1897)
1897 Neubau durch P. FURTWÄNGLER & HAMMER, Hannover
(Opus 359) (II+P 40, pneum. Kegelladen) [AHaH, Akte 359]
vor 1920 Erweiterung durch P. FURTWÄNGLER & HAMMER,
Hannover (II+P 42) [AHaH, Akte 359]
1921 Abbau [Orgelneubau]
1921-1922 Neubau durch P. FURTWÄNGLER & HAMMER,
Hannover, unter Verwendung des alten Prospektes und alter
Register (Opus 890) (III+P 61, davon 3 Transmissionen, pneum.
Taschenladen) [AHaH, Akte 890; Frot-1950; Meim-1924; ZfI,
1. 6. 1929]

Auen-Kirche

1924 Umbau und Erweiterung durch P. FURTWÄNGLER &
HAMMER, Hannover (III+P 62, davon 3 Transmissionen, pneum.
Taschenladen) [ZfI, 1. 6. 1929; Frot-1950; Meim-1924]
1928 Dispositionsänderung durch P. FURTWÄNGLER & HAMMER,
Hannover (III+P 62, davon 3 Transmissionen, pneum. Taschenladen) [ZfI, 1. 6. 1929; Frot-1950; PfA-WiAu]
1935 Reparatur durch GEBR. STEHLE, Bittelbronn [PfA-WiAu]
1949 Reparatur durch KARL FUCHS, Berlin [PfA-WiAu]
1960 Reparatur durch DIETER NOESKE, Rotenburg/Fulda
[PfA-WiAu]
1961 Erweiterung um ein Positivwerk mit 11 Registern und Elektrifizierung durch DIETER NOESKE, Rotenburg/Fulda (IV+P 73,
davon 3 Transmissionen, elektropn. Taschenladen) [PfA-WiAu]
1984-1986 Instandsetzung durch DIETER NOESKE, Rotenburg/
Fulda [PfA-WiAu]
1990-1991 Erweiterung und abschließende Rekonstruktionsarbeiten durch DIETER NOESKE, Rotenburg/Fulda (IV+P 78, davon
3 Transmissionen, elektropn. Taschenladen) [PfA-WiAu]

Auen-Kirche, Gemeindehaus
1913 Neubau durch W. SAUER, Frankfurt/Oder (II+P 6)
[PfA-WiAu; Saue-1929]
1924 Abbau [PfA-WiAu; Saue-1929]
1924 Neubau durch G. F. STEINMEYER & CO., Oettingen
(Opus 1382) (II+P 16, davon 1 Transmission, pneum. Traktur)
[AStOe; PfA-WiAu]
1927 Reparatur durch G. F. STEINMEYER & CO., Oettingen
[PfA-WiAu]
1963 Neubau durch DIETER NOESKE, Rotenburg/Fulda
(II+P 16, Schleifladen, mech. Spieltraktur, el. Registertraktur)
[Noes-1963]

Daniel-Gemeindezentrum (Fleischer, 1966-1967)
1967 Neubau durch E. F. WALCKER & CIE., Ludwigsburg
(I 7, mech. Schleifladen) [KoW-ZSOb; Kühn-1978, S. 315]

Dorfkirche Schmargendorf (14., 19., 20. Jahrhundert)
1873 Physharmonica vorhanden [GStA, X Rep. 2 B, Abt. II, 4663]
1937 Neubau durch ALEXANDER SCHUKE, Potsdam (Opus 168)
(I+AP 5, mech. Schleifladen) [AAScP; ZBV, 62, 1942, S. 52]
1952 Erweiterung durch KARL SCHUKE, Berlin (I+P 6, mech.
Schleifladen) [PfA-WiDS]
um 1970 Abbau. Aufstellung im Gemeindesaal [PfA-WiDS]
1971 Neubau durch DIETER NOESKE, Rotenburg/Fulda (II+P 14,
Schleifladen, mech. Spieltraktur, el. Registertraktur) [PfA-WiDS]
1983 Reinigung durch DIETER NOESKE, Rotenburg/Fulda
[PfA-WiDS]

Dorfkirche Schmargendorf, Gemeindesaal
um 1970 Aufstellung der 1937 für die Dorfkirche durch
ALEXANDER SCHUKE, Potsdam, erbauten Orgel (I+P 6, mech.
Schleifladen) [PfA-WiDS; KoW-ZSOb]

Dorfkirche Wilmersdorf (1772)
1846 Neubau durch CARL AUGUST BUCHHOLZ, Berlin (I+P, mech.
Schleifladen) [PfA-WiAu; GStA, Abt. II Pr. Br. Rep. 2 B, II Reg.
Ptsd. 1 Gen. 3896; GStA, Pr. Br. Rep. 2 B, Abt. II 835; GStA, Abt. II
Pr. Br. Rep. 2 B, II Reg. Ptsd. 1 Gen. 3896; GStA, X Rep. 2 B,
Abt. II, 4663, 4664; SAP, II Gen 1751]
1891 Reparatur durch GEBR. DINSE, Berlin (I+P, mech. Schleifladen) [PfA-WiAu]
1898 Abbau und Verkauf (I+P, mech. Schleifladen). Abbruch der
Kirche nach dem Neubau der Auen-Kirche [PfA-WiAu]

Gemeindehaus Halensee
1930 Neubau durch G. F. STEINMEYER & CO., Oettingen
(Opus 1524) (II+P 9) [AStOe]

Gemeindehaus Wilmersdorf
1913 Neubau durch G. F. STEINMEYER & CO., Oettingen
(Opus 1167) (II+P 7) [AStOe]

Grunewald-Kirche (Nitze, 1902-1904)
1904 Neubau durch W. Sauer, Frankfurt/Oder (II+P 27)
[Saue-1929; Kühn-1978, S. 305]
um 1930 Abbau [Orgelneubau]
1930 Neubau durch W. Sauer, Frankfurt/Oder (III+P 62, el. Traktur). Zwei Rückpositive, vom II. Manual aus spielbar
[Frot-1950]
um 1944 Zerstörung [KoW-ZSOb]
1967-1968 Neubau durch Karl Schuke, Berlin (Opus 223)
(III+P 52, Schleifladen, mech. Spieltraktur, elektropn. Traktur)
[PfA-WiGr]
1989 Instandsetzung und Reinigung durch Karl Schuke, Berlin
(III+P 52, Schleifladen, mech. Spieltraktur, el. Registertraktur)
[PfA-WiGr]

Grunewald-Kirche (Nitze, 1902-1904), Kapelle
1958 Neubau durch E. F. Walcker & Cie., Ludwigsburg
(II+P 11, mech. Schleifladen) [PfA-WiGr]
um 1967 Verkauf an das *Versöhnungs-Gemeindezentrum, Berlin-Wedding* [PfA-WiGr; PfA-WeVe]

Grunewald-Kirche (Nitze, 1902-1904), Saalorgel
1947 Neubau durch Alexander Schuke, Potsdam (II+P 11, mech. Schleifladen) [PfA-WiGr]
1987 Verkauf an eine fränkische Gemeinde [PfA-WiGr]

Gymnasium Zum grauen Kloster
1963 Neubau durch Karl Schuke, Berlin (Opus 132) (II+P 18, Schleifladen, mech. Spieltraktur) [AKScB]
1973 Reinigung durch Karl Schuke, Berlin
[KoW-ZSOb]

Hochmeister-Kirche (Schmoock, 1908-1910)
1910 Neubau durch G. F. Steinmeyer & Co., Oettingen
(Opus 1050) (II+P 33, davon 2 Transmissionen, pneum. Traktur)
[AStOe; Kühn-1978, S. 306]
1941 Umbau und Erweiterung durch G. F. Steinmeyer & Co., Oettingen (III+P 45) [AStOe]
1943 und 1945 Zerstörung [PfA-WiHo]
1959 Neubau durch Karl Schuke, Berlin (Opus 79) (II+P 22, mech. Schleifladen) [PfA-WiHo]
1970 Reinigung durch Karl Schuke, Berlin (II+P 22, mech. Schleifladen) [PfA-WiHo]
1989 Umbau und Reinigung durch Karl Schuke, Berlin
(II+P 22, mech. Schleifladen) [PfA-WiHo]

Hochmeister-Kirche, Gemeindesaal (Jessen, 1928)
vor 1958 Neubau [PfA-WiHo; Kühn-1978, S. 307]
1958 Reparatur durch Karl Schuke, Berlin [PfA-WiHo; Kühn-1978, S. 307]
um 1963 Abbau [Orgelneubau]
1963-1964 Neubau durch Karl Schuke, Berlin (Opus 145)
(II+P 10) Opus 143 ? [PfA-WiHo; Kühn-1978, S. 307]

Kirche am Hohenzollernplatz (Höger, 1930-1933)
1932 Neubau durch P. Furtwängler & Hammer, Hannover
(Opus 1120) (III+P 52, davon 6 Transmissionen, el. Taschenladen)
[AHaH, Akte 1120]
1932-1933 Erweiterung um ein Rückpositiv durch P. Furtwängler & Hammer, Hannover (IV+P 62, davon 6 Transmissionen, Taschenladen, el. Traktur). Nach ZfI, 1933, Jg. LIII, S. 258 ff.: 60 Register [PfA-WiKH]
17. 9. 1935 Reparatur durch Gebr. Stehle, Bittelbronn, im Auftrag von P. Furtwängler & Hammer [PfA-WiAu, 17. 9. 1935]
21./22. 11. 1943 Zerstörung [PfA-WiKH]
1965-1966 Neubau durch Emanuel Kemper & Sohn, Lübeck
(II(IV)+P 43 (55), elektropn. Pitman-Laden). Stimmung nach Kirnberger III [PfA-WiKH; PfA-WiAu, 1952]
um 1968 Erweiterung durch Emanuel Kemper & Sohn, Lübeck (III(IV)+P 49 (55), elektropn. Pitman-Laden)
[PfA-WiKH]

1976 Erweiterung um ein Rückpositiv durch Emanuel Kemper & Sohn, Lübeck (III+P 66, elektropn. Pitman-Laden, mech. Schleifladen) [PfA-WiKH]
1979 Erweiterung durch E. Kemper Lübecker Orgelbau, Lübeck (III+P 67, elektropn. Pitman-Laden, mech. Schleifladen)
[PfA-WiKH]

Kirche am Hohenzollernplatz, Gemeindesaal
1934 Neubau durch W. Sauer, Frankfurt/Oder (Opus 1489)
(II+P 10, pneum. Taschenladen) [PfA-WiKH]
nach 1945 Erweiterung (II+P 12, pneum. Taschenladen)
[PfA-WiKH, Schreiben H. Kelletat, um 1980]
1983 Elektrifizierung durch Orgelbau Lübeck
(II+P 12, el. Taschenladen) [PfA-WiKH]

Kirche Zum Heiligen Kreuz, Selbständige ev.-luth. Kirche (SELK)
1908 Neubau durch Gebr. Dinse, Berlin (Opus 167) (II+P, pneum. Traktur) [Mitt. Franke]
1937 Erweiterung durch Alexander Schuke, Potsdam (III+P 38, elektropn. Traktur) [AAScP]

Kreuz-Kirche, Schmargendorf (Paulus, 1929)
1929 Neubau durch G. F. Steinmeyer & Co., Oettingen
(Opus 1509) (III+P 41, davon 3 Transmissionen, elektropn. Traktur)
[PfA-WiKr; Kühn-1978, S. 308]
9. 1943-4. 1944 Beschädigung [PfA-WiKr]
1950 Neubau einer Interimsorgel durch Karl Schuke, Berlin
(I+P 6, mech. Schleifladen) [PfA-WiKr]
1956 Verkauf der Zinkpfeifen als Altmetall [KoW-ZSOb]
1957 Eigentumsübertragung der Holzteile der Steinmeyer-Orgel an die *Hoffnungs-Kirchengemeinde* in *Berlin-Pankow* [KoW-ZSOb]
1957 Neubau durch Karl Schuke, Berlin (Opus 50) (II+P 17, Schleifladen, mech. Spieltraktur) [PfA-WiKr]
1985 Neubau durch Dieter Noeske, Rotenburg/Fulda
(I 4, mech. Schleifladen) [PfA-WiKr]

Linden-Kirche (Brodführer, 1936)
1936 Neubau durch G. F. Steinmeyer & Co., Oettingen (Opus 1617) (III+P 53, Kegelladen, el. Traktur). Die überlieferte Disposition hat 50 Register [PfA-WiLi; AStOe; Kühn-1978, S. 313]
1943 Auslagerung nach Zerstörung des Daches. Nach 1945 entwendet [PfA-WiLi]
1961 Aufstellung der Orgel aus dem Gemeindesaal der *Vaterunser-Gemeinde* und Dispositionsänderung durch Emanuel Kemper & Sohn, Lübeck [KoW-ZSOb]
um 1965 Abbau [Orgelneubau]
1965 Neubau durch Werner Bosch, Sandershausen (III+P 37, Schleifladen, mech. Spieltraktur, el. Registertraktur) [PfA-WiLi]
1983 Neubau einer Truhenorgel durch Werner Bosch, Sandershausen (I 6, mech. Schleifladen) [PfA-Wili]
1984 Umbau und Erweiterung durch Werner Bosch, Sandershausen (III+P 44, Schleifladen, mech. Spieltraktur, el. Registertraktur) [PfA-WiLi]
1988 Umbau durch Werner Bosch, Sandershausen (IV+P 65, davon 5 Transmissionen, Schleifladen, mech. Spieltraktur, el. Registertraktur). Registerzahl einschließlich Chororgel
(8+2 Transmissionen) [PfA-WiLi]

Linden-Kirche, Gemeindesaal
1936 Neubau durch Pflug, Wittenberg (II+P 17) [PfA-WiLi]
1944 Zerstörung [PfA-WiLi]

Martin-Luther-Krankenhaus, Kapelle
1964 Neubau durch Karl Schuke, Berlin (Opus 158)
(I+AP 6, mech. Schleifladen) [AKScB; KoW-ZSOb]
1979 Reinigung durch Karl Schuke, Berlin [KoW-ZSOb]

Schwedische Gemeinde
vor 1939 Neubau [KoW-ZSOb]
1961 Neubau durch Karl Schuke, Berlin (Opus 104)
(II+P 11, mech. Schleifladen) [AKScB]

Grunewald-Kirche

Hochmeister-Kirche, um 1940, zerstört

Kirche am Hohenzollernplatz

Kreuz-Kirche, um 1939, nicht erhalten

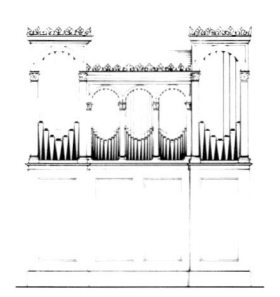

Vaterunser-Kirche (March, 1961)
vor 1961 Orgel vorhanden (siehe auch LINDEN-KIRCHE)
1961 Neubau durch E. F. WALCKER & CIE., Ludwigsburg
(II+P 16, Schleifladen, mech. Spieltraktur, el. Registertraktur)
[PfA-WiVa; Kühn-1978, S. 315]
1970 Reinigung durch E. F. WALCKER & CIE., Ludwigsburg
[PfA-WiVa]
1985 Instandsetzung und Reparatur durch E. F. WALCKER & CIE.,
Ludwigsburg [PfA-WiVa]

ZEHLENDORF

Alte Dorfkirche, siehe *Dorfkirche Zehlendorf*

Burckhardthaus, Dahlem
1948 Neubau durch ALEXANDER SCHUKE, Potsdam (Opus 215)
(II+P 7, mech. Schleifladen) [KoW-ZSOb]
nach 1948 Verkauf an die Kirchengemeinde *Berlin-Giesensdorf*
[KoW-ZSOb]

Dorfkirche Dahlem: siehe *St. Annen*

Dorfkirche Stolpe, Wannsee (Stüler, Gärtner, 1858-1859)
1861 Neubau durch GESELL & SCHULTZE, Potsdam (I+P 7, mech.
Schleifladen) [PfA-ZeWa; Kühn-1978, S. 324]
1907 Umbau durch GEBR. DINSE, Berlin (II+P 12, pneum. Kegelladen) [PfA-ZeWa]
5.-6. 1929 Reinigung und Neuintonation durch GEBR. DINSE,
Berlin [PfA-ZeWa]
1929 Reparatur durch GEBR. DINSE, Berlin [PfA-ZeWa]
1936 Reparatur durch HEINRICH DINSE, Berlin [PfA-ZeWa]
1940 Reparatur durch W. SAUER, Frankfurt/Oder [PfA-ZeWa]
1952 Umbau und Dispositionsänderung durch KARL SCHUKE,
Berlin (II+P 11, pneum. Kegelladen) [PfA-ZeWa]
1968 Umbau durch STEPHAN ORGELBAU, Berlin (II+P 13, Kegelladen, elektropn. Traktur) [PfA-ZeWa]

Dorfkirche Zehlendorf (1768)
vor 1864 Keine Orgel vorhanden [Krüg-1964, S. 56; GStA, X Rep.
2 B, Abt. II, 4663, 4664]
1864-1865 Neubau durch CARL SCHULTZE, Potsdam (I+P 7, mech.
Schleifladen) [LAB; Quittung vom 11. 2. 1865]
1888 Reparatur durch ALBERT LANG, Berlin
[EZA, 6231, 1888-1889]
1912 Umgestaltung der Kirche zu einem Gemeindehaus
[EZA, 6231, K-L, k, 31, 15. 1. 1913]
um 1913 Abbau und Umsetzung der Orgel nach *Riegersdorf* bei
Schönborn, Kreis Züllichau (I+P 7, mech. Schleifladen)
[Mitt. Bittcher]
nach 1945 Neueinrichtung als Kirche [EZA, 6231, Kölln-L., k, 31.]
1954 Neubau durch E. F. WALCKER & CIE., Ludwigsburg
(Opus 3125) (I+P 6, mech. Schleifladen) [Befund 1987]
1991 Neubau durch KARL SCHUKE, Berlin unter Verwendung des
Gehäuses der ehemaligen Hindenburg-Gedächtnis-Orgel aus der
Dreifaltigkeits-Kirche, Berlin-Mitte [AKScB]

Ernst-Moritz-Arndt-Kirche (Brandi, 1934-1935)
1935 Neubau durch ALEXANDER SCHUKE, Potsdam, unter
Mitwirkung von WOLFGANG AULER [PfA-ZePa] (Opus 146)
(II+P 25, Schleifladen, mech. Spieltraktur, el. Registertraktur)
[PfA-ZeEM]
1948-1949 Nachintonation durch ALEXANDER SCHUKE, Potsdam
[Mitt. Bittcher]
1986 Reinigung durch KARL SCHUKE, Berlin (II+P 25, Schleifladen,
mech. Spieltraktur, el. Registertraktur) [Kow-ZSOb]

Dorfkirche Zehlendorf, 1865,
Rekonstruktion nach Teilen
des Gehäuses in *Riegersdorf*

Ernst-Moritz-Arndt-Kirche

Jesus-Christus-Kirche

Kirche am Stölpchensee

Evangelischer Diakonieverein
1912 Neubau durch E. F. WALCKER & CIE. (5) [Walc-1970]
1928 Neubau durch E. F. WALCKER & CIE., Ludwigsburg (II+P 17)
[Walc-1970; Walc-1928]

Gemeindezentrum am Buschgraben (Bubner, 1965)
1965 Neubau durch E. F. WALCKER & CIE., Ludwigsburg (Opus
4750) (II+P 10, mech. Schleifladen) nach KoW-ZSOb 11 Register
[PfA-ZeZH; Kühn-1978, S. 340]
1978 Reinigung durch E. F. WALCKER & CIE., Ludwigsburg
[PfA-ZeZH]

Jesus-Christus-Kirche, Dahlem (Bachmann, 1930-1931)
1931 Neubau durch W. SAUER, Frankfurt/Oder (Opus 1448)
(III+P 53, el. Taschenladen). Teile der Orgel aus dem *Gemeindesaal St. Annen* (II+P 32) wurden in den Neubau integriert.
[AKScB; Kühn-1978, S. 332]
1951 Reparatur durch KARL SCHUKE, Berlin [PfA-ZeJC]
1970 Neubau durch EMIL HAMMER, Hannover (III+P 45, Schleifladen, mech. Spieltraktur, el. Registertraktur) [PfA-ZeJC]
1989 Reparatur durch EMIL HAMMER, Hannover [PfA-ZeJC]

Johannes-Kirche, Schlachtensee (Büttner, 1912)
1912 Neubau durch GEBR. DINSE, Berlin (II+P 15, pneum. Kegelladen) [PfA-ZeJo, 22. 8. u. 22. 9. 1912; Kühn-1978, S. 330]
um 1928 Verkauf nach *Ummendorf* bei Haldensleben [Hark-]
1928 Neubau durch E. F. WALCKER & CIE., Ludwigsburg
(II+P 21, elektropn. Traktur). Nach Walc-1970 25 Register
[PfA-ZeJo; Walc-1970]
um 1966 Abbau durch KARL SCHUKE, Berlin
1950 Neubau durch KARL SCHUKE, Berlin (I+P 6)
[PfA-ZeJo; AKScB]
1966 Neubau durch KARL SCHUKE, Berlin (Opus 191) (II+P 21 (23),
Schleifladen, mech. Spieltraktur, el. Registertraktur) [PfA-ZeJo]
1968 Erweiterung durch KARL SCHUKE, Berlin (II+P 23, Schleifladen, mech. Spieltraktur, el. Registertraktur) [PfA-ZeJo]

Kirche Nikolassee (Blunck, Bartschat, 1909-1910)
1909-10 Neubau durch E. F. WALCKER & CIE., Ludwigsburg
(II+P 10, davon 2 Transmissionen, pneum. Traktur)
[PfA-ZeNi; Wiese, Nik., S. 18; AKScB]
1911 Erweiterung durch E. F. WALCKER & CIE., Ludwigsburg
(II+P 24, davon 6 Transmissionen, pneum. Kegelladen) [Walc-1970]
1955 Instandsetzung durch EMANUEL KEMPER & SOHN, Lübeck
[PfA-ZeNi]
1961 Reparatur durch EMANUEL KEMPER & SOHN, Lübeck.
Höherstimmung [PfA-ZeNi]
vor 1970 Abbau [Orgelneubau]
1970 Neubau durch G. F. STEINMEYER & CO., Oettingen (Opus
2231) (III+P 30, Schleifladen, mech. Spieltraktur, el. Registertraktur)
[PfA-ZeNi; AStOe]
1977, 1984 Instandsetzungen durch G. F. STEINMEYER & CO.,
Oettingen [PfA-ZeNi]

Kirche Schönow (Otto, Bubner, 1960-1961)
1965 Neubau durch E. F. WALCKER & CIE., Ludwigsburg (II+P 15,
mech. Schleifladen) [PfA-ZeSc; Kühn-1978, S. 337]
1982 Instandsetzung und Reinigung durch E. F. WALCKER & CIE.,
Ludwigsburg [PfA-ZeSc]

Kirche Zur Heimat, Kirchsaal
1954 Neubau durch KARL SCHUKE, Berlin (Opus 7) (I+P 5
(II+P 10), mech. Schleifladen) [KoW-ZSOb]
1957 Abbau. Aufstellung in der neuen Kirche [KoW-ZSOb]

Kirche Zur Heimat (Lehrecke, 1955-1957)
1957 Aufstellung der 1954 von KARL SCHUKE, Berlin, für den
Kirchsaal erbauten Orgel (I+P 5 (II+P 10), mech. Schleifladen)
[KoW-ZSOb; Kühn-1978, S. 335]

1958 Erweiterung durch Karl Schuke, Berlin (II+P 10, mech. Schleifladen) [KoW-ZSOb]
1969 Umsetzung in die *Albert-Schweitzer-Kirche, Berlin-Reinickendorf* [KoW-ZSOb]
1968 Neubau durch Willi Peter, Köln-Mühlheim, unter Mitwirkung von E. K. Rössler (II+P 25, Schleifladen, mech. Spieltraktur, el. Registertraktur) [KoW-ZSOb]
1989 Reinigung und Dispositionsänderung durch Willi Peter, Köln-Mühlheim [KoW-ZSOb]

Krankenhaus Schönow, Kapelle
1984 Aufstellung einer 1963 von Karl Schuke erbauten Orgel durch Karl Schuke, Berlin (I 4) [KoW-ZSOb]

Marien-Kirche, Selbständige ev.-luth. Kirche (SELK)
1964 Neubau durch Detlef Kleuker, Brackwede (I+AP 4, mech. Schleifladen) [KoW-ZSOb]
um 1986 Verkauf nach *Wuppertal* [KoW-ZSOb]
1986 Neubau durch Karl Schuke, Berlin (II+P 12, mech. Schleifladen) [KoW-ZSOb]

Neue Kirche Wannsee: siehe *St. Andreas*

Paulus-Kirche (Stier, 1903-1905)
1905 Neubau durch W. Sauer, Frankfurt/Oder, auf der Seitenempore (Opus 935) (III+P 40, pneum. Kegelladen). Prospektentwurf Hubert Stier, Hannover. Ausführung Firma Th. Massler, Hannover [PfA-ZePa; Kühn-1978, S. 327]
1926 Umbau und Erweiterung durch G. F. Steinmeyer & Co., Oettingen (III+P 43, pneum. Kegel- und Membranladen). Umstellung auf die Empore über dem Eingang [AStÖe; PfA-ZePa]
1933 Reparatur durch W. Sauer, Frankfurt/Oder [LAB, Pr. Br. Rep. 42, 1873]
1934 Abbau [Mitt. Bittcher]
1933-1934 Neubau durch W. Sauer, Frankfurt/Oder unter Mitwirkung von Günter Ramien, Leipzig (III+P 46, el. Schleifladen) [PfA-ZePa; Acta 18]
1960 Umbau und Neuintonation durch E. F. Walcker & Cie., Ludwigsburg [PfA-ZePa]
um 1969 Abbau [Orgelneubau]
1969-1970 Neubau durch E. F. Walcker & Cie., Ludwigsburg (III+P 48, Schleifladen, mech. Spieltraktur, el. Registertraktur) [PfA-ZePa]

Paulus-Gemeindehaus (Steinberg, 1929-1930)
1930 Neubau durch G. F. Steinmeyer & Co., Oettingen (3). Fassade incl. Prospektladen und Stöcke. Kein Werk, kein Spieltisch. Die Pfeifen stammten aus der dreimanualigen Orgel von Prof. Sagerer in München [PfA-ZePa]

St. Andreas, Wannsee (Stahn, 1896)
vor 1903 Harmonium vorhanden [PfA-ZeWa]
1903 Neubau durch Gebr. Dinse, Berlin (II+P 16, pneum. Kegelladen) [PfA-ZeWa; Kühn-1978, S. 326]
6.1919 Dispositionsänderung durch Gebr. Dinse, Berlin [PfA-ZeWa]
1936 Reparatur durch Heinrich Dinse, Berlin (II+P 16, pneum. Kegelladen) [PfA-ZeWa]
1940 Reparatur durch W. Sauer, Frankfurt/Oder [PfA-ZeWa]
1971 Reparatur durch Stephan Orgelbau, Berlin [PfA-ZeWa]
1980 Abbau durch Bruno Christensen & Sønner, Tinglev [Orgelneubau]
1980 Neubau durch Bruno Christensen & Sønner, Tinglev (II+P 23, davon 3 Transmissionen, mech. Schleifladen) [PfA-ZeWa]

St. Annen, Dahlem (14. Jahrhundert)
1873 Physharmonica vorhanden [GStA, X Rep. 2 B, Abt. II, 4663; SAP, II Gen 1751]
1906 Neubau durch Gebr. Dinse, Berlin (II+P 8, pneum. Kegelladen) [PfA-ZeAn]
1911 Neubau durch P. Furtwängler & Hammer, Hannover, unter Verwendung des Pfeifenmaterials von 1906 (Opus 696) (II+P 16, davon 2 Transmissionen, pneum. Taschenladen). Gehäuse: Regierungsbaurat Blaue [AHaH, Akte 696; PfA-ZeAn]
1912 Reparatur durch P. Furtwängler & Hammer, Hannover [AHaH, Akte 696; PfA-ZeAn]
1937 Neubau durch Alexander Schuke, Potsdam (Opus 146). Gehäuse von 1911 wiederverwendet (II+P 25, elektropn. Taschenladen) [AAScP; Scuk-1937]
1951 Reparatur durch Karl Schuke, Berlin [PfA-ZeAn]
1962 Reparatur durch Emanuel Kemper & Sohn, Lübeck. Neuer Spieltisch [PfA-ZeAn]
1964 Umbau durch Emanuel Kemper & Sohn, Lübeck (II+P 25, elektropn. Taschenladen) [PfA-ZeAn]
1974 Neubau durch Emil Hammer, Hannover, unter Verwendung des Gehäuses von 1911 (II+P 18, Schleifladen, mech. Spieltraktur, el. Registertraktur) [PfA-ZeAn]
1989-1990 Renovierung durch Emil Hammer, Hannover [PfA-ZeAn]

St. Annen, Dahlem, Gemeindesaal
1927 Neubau durch W. Sauer, Frankfurt/Oder (Opus 1351) (III+P 42 (44), elektropn. Taschenladen) [PfA-ZeAn; Saue-1928]
1929 Erweiterung durch W. Sauer (III+P 44) [PfA-ZeAn]
1931 Umbau durch W. Sauer, Frankfurt/Oder (II+P 13, el. Traktur). Teile der Orgel kamen in die *Jesus-Christus-Kirche* in *Berlin-Dahlem* [PfA-ZeAn; KoW-ZSOb]
1944-1945 Beschädigung [PfA-ZeAn]

St. Peter und Paul auf Nikolskoe, Wannsee (Stüler, Schadow, 1834-1837)
1837 Neubau durch Johann Friedrich Turley, Treuenbrietzen (I+P 8, mech. Schleifladen) [Kühn-1978, S. 322; Scmi-1987, S. 114]
1937 Umbau durch Alexander Schuke, Potsdam (Opus 166) (II+P 19, Schleifladen, mech. Spieltraktur, elektropn. Registertraktur) [AAScP; Scmi-1987, S. 140]
1945 Beschädigung. Reparatur durch Alexander Schuke, Potsdam [Scmi-1987, S. 142]
1949-1950 Reparatur und Dispositionsänderung durch Alexander Schuke, Potsdam (II+P 19, Schleifladen, mech. Spieltraktur, elektropn. Registertraktur) [Scmi-1987, S. 143 u. 243]
1956, 1966 Reinigung und Instandsetzung durch Karl Schuke, Berlin [Scmi-1987; KoW-ZSOb]
1977 Reparatur durch Roman Ilisch, Berlin [Scmi-1987, S. 143]
1985 Umbau durch Karl Schuke, Berlin (II+P 19, mech. Schleifladen). Neuer Spieltisch [Mitt. Bittcher; Scmi-1987, S. 143]
1986 Umbau durch Karl Schuke, Berlin (II+P 19, mech. Schleifladen). Einbau einer 32fachen Setzeranlage [Scmi-1987, S. 143 f.]
1987 Erneuerung des Prospektprinzipals durch Karl Schuke, Berlin [Scmi-1987, S. 146]

Stephanus-Gemeinde, Baracke (1955)
1955 Neubau durch Karl Schuke, Berlin (Opus 20) (I+P 6, mech. Schleifladen) [KoW-ZSOb]
1961 Abbau (I+P 6, mech. Schleifladen). Aufstellung in der neu errichteten Kirche [KoW-ZSOb]

Stephanus-Kirche (Geber, Risse, 1961)
1961 Aufstellung der 1955 von Karl Schuke, Berlin, erbauten Orgel (I+P 6, mech. Schleifladen) [KoW-ZSOb; Kühn-1978, S. 338]
um 1964 Verkauf nach *Völklingen* (I+P 6, mech. Schleifladen) [Mitt. Bittcher]
1964 Neubau durch Karl Schuke, Berlin (Opus 146) (II+P 17, mech. Schleifladen) [KoW-ZSOb]
1986 Instandsetzung und Reinigung durch Karl Schuke, Berlin [KoW-ZSOb]

Waldfriedhof Nikolassee
1969 Neubau durch Paul Ott, Göttingen (I 6, mech. Schleifladen) [KoW-ZSOb]

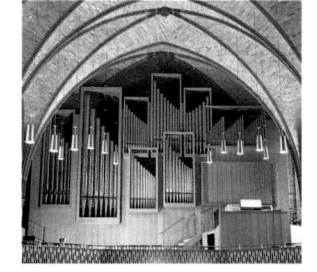

Paulus-Kirche

St. Annen, 1937, verändert erhalten

St. Andreas

St. Peter und Paul

Werkverzeichnisse

Die folgenden Werkverzeichnisse enthalten vorwiegend Neubauten. Diese sind nicht ausdrücklich als Neubauten bezeichnet. Nur andere Arbeiten wie Reparaturen oder die Erstellung von Kostenanschlägen werden als solche ausgewiesen.

Werden bei Ortsnamen keine Angaben über die Kirche gemacht, handelt es sich um die Ev. Dorfkirche.

Joachim Wagner

1719-1723 *Berlin, St. Marien* (III+P 40).
    Opus 1, Meisterstück, 1800 simplifiziert, 1909 Neubau durch W. Sauer, Gehäuse und Pfeifenmaterial wiederverwendet, 20 Register erhalten [AKlB, Kopie der Orgelakten der Marienkirche; Orgelbauzeitung, Jg. 1, 1879, Nr. 6/7]

1722-1725 *Brandenburg, Dom* (II+P 33).
    Im 19. u. 20. Jh. verändert, 1951 Wiederherstellung und Restaurierung durch A. Schuke [DAB, Rep. BDK, 4161/2102, Bl. 29]

1723-1725 *Potsdam, Alte Garnisonkirche* (II+P 25).
    1730 nach *Berlin, Jerusalem-Kirche*, versetzt, 1878 Neubau durch W. Sauer [Stev-1939, S. 332 f.; Gott-1985, S. 173; PfA-KrJe]

Brandenburg, St. Gotthardt
Engel des Gehäuses
von Joachim Wagner (1736)

1725-1726 *Berlin, Alte Garnisonkirche* (III+P 50).
    1892 Neubau durch Sauer, Gehäuse wiederverwendet, 1908 verbrannt [Walt-1726, S. 27 f]

1725-1726 *Brandenburg, St. Katharinen* (III+P 35).
    Gehäuse erhalten [Schulz, S. und K. Boelke: Beiträge der St. Katharinen-Kirche und Gemeinde zu Brandenburg, S. 94 f]

1726 *Blumberg* (I 6).
    1857 erweitert durch Remler auf II+P, nicht erhalten [EZA, 14/4318; AAScP]

1727 *Berlin, St. Georgen* (II+P 10).
    1779 Abbau durch Marx, vermutlich Umsetzung in die kath. St. Hedwigs-Kirche, Berlin [Beck-1759, S. 481]

1728 *Bad Freienwalde, St. Nikolai* (II+P 18+6).
    1899 und 1967 Neubauten durch W. Sauer, Gehäuse erhalten [SAP, Rep. 8, Freienwalde, Nr. 334; SAP, Rep. 2 A II O, Nr. 705; PfA Bad Freienwalde]

1729 *Wriezen, St. Marien* (III+P 31+3).
    1877 Umbau durch C. A. Buchholz, 1945 zerstört [Stär-1729; PfA Wriezen, Manuskript: Die Orgel der St. Marien-Stadtkirche zu Wriezen, anläßlich ihres 200jährigen Bestehens, von Oberpfarrer Turne, Wriezen]

1730 *Templin, St. Maria-Magdalenen* (II+P 30).
    1734 durch Brand zerstört [PfA Templin, Akte 4/17; Stev-1939, S. 323]

1730 *Potsdam, Heilig Geist-Kirche* (II+P 18+4).
    1860 Neubau durch Gesell und Schultze [Wagn-1864; Albr-1939]

um 1730 *Potsdam, Militär-Waisenhaus* (I+P 9).
    Um 1789 nach *Pritzerbe* versetzt und erweitert, 1863 Umbau durch Remler, 1937 Restaurierung durch K. Schuke [PfA Pritzerbe; DAB, Pri 160; SAP, Rep. 2 A II W H 880]

nach 1730 *Berlin, Waisenhaus-Kirche* (I+P 15 ?).
    Zwischen 1855 und 1865 Umsetzung nach *Berlin-Falkenberg*, 1945 zerstört [EZA, 14/5011]

1731 *Stargard, St. Johannes* (II+P ?).
    1933 Neubau durch Barnim Grüneberg [EZA, 7/5828; Scmi-1878, S. 9]

1732 *Potsdam, Neue Garnisonkirche* (III+P 42).
    1897 Neubau durch W. Sauer, Gehäuse und Pfeifenmaterial wiederverwendet, 1945 zerstört [MVP, 1864, S. 8; Kits-1983, S. 30 f.; Stev-1940, S. 35 f]

1732 *Berlin, Parochial-Kirche* (II+P 32).
    Im 19. u. 20. Jh. Umbauten, 1944 zerstört [PfA-MiPa; AKlB]

1734 *Spandau, St. Nikolai* (II+P 31).
    1880 Neubau durch Friedrich Ladegast [ASMS, Nicolai-Kirche, Akte 57 u. 74]

1734 *Berlin, Französische Kirche/Klosterstraße* (I+P 12).
    1794 Umbau durch Ernst Marx, 1901 Neubau durch Barnim Grüneberg, Stettin [Mure-1885, S. 170; Ura, Jg. 59 (1902), S. 8]

1735 *Altwriezen* (I).
    1766 Neubau, angeblich durch E. Marx, 1869 Neubau durch Landow, Berlin [Scmi-1926]

1735 *Königsberg/Neumark, St. Marien* (III+P 45).
    1796 Erweiterung (durch GEORG FRIEDRICH GRÜNEBERG, Stettin ?) 1863 Umbau durch W. SAUER, 1945 zerstört. [Büto-1936; Smet-1936, S. 64, Nr. CXXXV; Mund-1920, 124]

1736 *Gramzow* (I+P 9).
    1857 durch GESELL UND SCHULTZE nach *Sternhagen* versetzt, erhalten [SAP, Rep. 2 A II A, Nr. 662 u. 704; SAP, Rep. 2 A II P, Nr. 1304 u. 1307; Rep. 7, Nr. 1243; PfA Lützlow, Orgelakte Gramzow]

1736 *Brandenburg, St. Gotthardt* (II+P 31).
    1905 Neubau durch W. SAUER, Gehäuse wiederverwendet, 1972 durch Brand zerstört [Stev-1939, S. 346 f]

um 1737 *Berlin, St. Gertrauden* (I).
    1847 Neubau durch C. A. BUCHHOLZ, 1852 nach *Blankenfelde* bei Zossen versetzt, 1910 neues Werk durch KIENSCHERF, 1978 durch Brand zerstört [Samm-1757/2, S. 119; Sach-1908, Anhang; PfA Blankenfelde]

1737 *Jüterbog, Liebfrauenkirche* (I+P 14).
    Im 19. Jh. Veränderungen, 1938 Instandsetzung, 1974 Restaurierung durch A. SCHUKE, erhalten [PfA Zinna, handschriftliche Chronik, Teil I, S. 545, Jüterbog, Liebfrauen-Kirche]

1737 *Jüterbog, Mönchenkirche*
    Angeblich Reparatur (und Umbau) der 1698 errichteten Orgel, Abriß 1970, (Gehäuse in der Kirche zu *Friedersdorf/Niederlausitz* ?) [PfA Zinna, handschriftliche Chronik, Teil I, S. 545, Jüterbog, Mönchen-Kirche]

1738 *Rühstädt* bei Bad Wilsnack (I 8).
    Im 19. Jh. Veränderungen, (Umbauten durch TURLEY und LÜTKEMÜLLER), erhalten [PfA Rühstädt, Acta Spezialia, III, Nr. 2a; Inschrift auf Tafel an der Empore der Kirche in Rühstädt]

1739 *Schönwalde* bei Nauen (I+P 12).
    Im 19. Jahrhundert Veränderungen, bis 1971 Restaurierung durch A. SCHUKE [Schönewalde; Orgelinschrift; AAScP]

1740 *Magdeburg, Heilig Geist-Kirche* (III+P 46).
    1873 Neubau durch BÖTTCHER, Magdeburg, Gehäuse wiederverwendet. Einlagerung im Keller [Palm-1909; Fock-1974, S. 192 f.; Stev-1939, S. 349]

1740 *Treuenbrietzen, St. Marien* (II+P 30).
    Im 19. Jahrhundert Veränderungen. Bis 1977 Restaurierung durch A. SCHUKE [SAP, Rep. 8, Treuenbrietzen, Nr. 2873; SAP, Rep. 8, Treuenbrietzen, Nr. 1737, Bl. 93 u. 96; SAP, Rep. 8, Treuenbrietzen, Nr. 3124]

1740 *Jüterbog, St. Nikolai* (II+P 32).
    Gehäuse erhalten [EphA Jüterbog, Acta A. 4. 7.; PfA Nicolai, Jüterbog, Acta II A, Nr. 6 u. 11; GStA, Rep. Jüterbog]

1741 *Trondheim (Norwegen), Dom* (II+P 30).
    Aufstellung durch PETER MIGENDT. 1930 Neubau durch G. F. STEINMEYER & CO. Gehäuse wiederverwendet. Einlagerung des Werkes im Keller des Domes. Restaurierung und Wiederaufbau durch J. AHREND, Leer, geplant [Org, 1931-1932, Vol. XI, S. 89 f.; Freundl. Mitt. des Domorganisten, P. F. Bonsaksen, Trondheim]

1742 *Treuenbrietzen, St. Nikolai* (I+P 18).
    1912 Neubau. Pfeifenmaterial wiederverwendet. 297 Pfeifen in *Treuenbrietzen, St. Marien*, erhalten [SAP, Rep. 8, Treuenbrietzen, Nr. 3124; AAScP]

1742 *Wusterhausen (Dosse), Dom* (II+P 30).
    Im 19. Jahrhundert Veränderungen. 1972-1978 Restaurierung durch A. SCHUKE [PfA Wusterhausen; Iskr-1875]

1743 *Bötzow* bei Oranienburg (I+P 10).
    Verändert erhalten [SAP, Rep. 2 A II OH, Nr. 196 u. 214; PfA Bötzow; Aufschrift Orgelgehäuse]

1742-1744 *Angermünde, St. Marien* (II+P 30).
    Veränderungen im 19. und 20. Jahrhundert [PfA Angermünde; Löse-1845, S. 337 ff]

1744 *Berlin, Friedrichswerdersche Deutsche Kirche* (II+P).
    Vor 1824 Abbau und Auslagerung durch BUCHHOLZ, Pfeifenmaterial v. BUCHHOLZ 1829-1830 zum Bau der Orgel der *Friedrichswerderschen Kirche* wiederverwendet [EZA, 14/3180; Mure-1885, S. 112; Stec-1887, S. 15]

1744-1745 *Flemsdorf* bei Angermünde (I 6).
    1898 Umbau durch BÜTOW, Königsberg, erhalten [PfA Criewen, Akte Flemsdorf, Orgel 51, 513]

um 1745 *Felchow* bei Angermünde (I 9).
    Erhalten [PfA Felchow; AAScP]

1745 *Gransee, St. Marien* (II+P 22).
    1849 Umbau durch LÜTKEMÜLLER. 1868 Umbau durch SCHULTZE. 1968 Neubau durch A. SCHUKE. Gehäuse und Pfeifenmaterial wiederverwendet [PfA Gransee; DAB, Gra. 339/89; DAB, Gra. 365/84; DAB, Gra. 367/75; DAB, Gra. 364/222; DAB, Gra. 231/291; Voß-1937, S. 1-4]

1746 *Ragow* bei Mittenwalde (I ?).
    1906 Neubau durch W. SAUER. Akanthuswangen und Schleierbretter wiederverwendet [SAP, Rep. 2 A II T, Nr. 1435; PfA Mittenwalde, Kirchenrechnungen Ragow 1678-1841]

um 1747 *Barnewitz* (I ?) [PfA Barnewitz]

1747 *Werben, St. Johannis* (II+P 27).
    Umbau 1851 durch LÜTKEMÜLLER. 1916 Neubau durch KOHL, Stendal. Gehäuse und Pfeifenmaterial wiederverwendet [PfA Werben; Stev-1939, S. 356]

1748 *Berlin, St. Petri* (III+P 50).
    Genehmigung des Wagnerschen Kostenanschlages, in mehreren Bauabschnitten von P. MIGENDT, E. MARX und F. MARX ausgeführt [Beck-1759, S. 274 f.; Rahn-1853, S. 50; Silb-1960, 4 Q 6]

1748-50 *Salzwedel, St. Marien* (III+P 33+6).
    Baubeginn durch WAGNER, von SCHOLTZE vollendet. 1913 Neubau durch P. FURTWÄNGLER & HAMMER. Gehäuse wiederverwendet [EZA, 7/5829; PfA Salzwedel, St. Marien, Kirchenrechnungen 1749; Stev-1939, S. 356 ff]

.... *Neuruppin, Pfarrkirche* (?)
    Durch Stadtbrand zerstört [Neuruppin, St. Marien: Orgel von Wagner vermutet, die 1787 beim Stadtbrand zerstört wurde. Quelle: Bernhard Feldmann: Handschr. Chronik in DStB]

.... *Neuruppin, Klosterkirche* (?)
    Durch Stadtbrand zerstört [Neuruppin, Klosterkirche: Orgel von Wagner vermutet, die 1787 beim Stadtbrand zerstört wurde. Quelle: Bernhard Feldmann: Handschr. Chronik in DStB]

.... *Storkow* (I+P 13).
    Zerstört [Storkow; AAScP]

Geplante Orgelbauten

.... *Stettin, St. Marien* [Die Anwesenheit Wagners in Stettin ist in den 40er Jahren des 18. Jahrhunderts mehrfach belegt. In den Baltischen Studien, Jg. 1918, wird vermutet, daß Wagner 1746 an einem Orgelwerk in Stettin gearbeitet hat. Nach Mitteilung des Stettiner Stadtarchivs soll ein Kostenanschlag Wagners aus dem Jahre 1746 existieren, der aber noch nicht eingesehen wurde]

.... *Schwedt, Kirche* (unsicher) [Vgl. Anm. Schwedt, Schloßkapelle]

um 1730 *Potsdam, Neue Garnisonkirche* (III+P 53).
    Entwurf [Eine Wiedergabe des Entwurfs für eine größere Variante der Orgel der *Potsdamer Garnisonkirche* von 1732 befindet sich in Hall-1764, Bd. 3, S. 322-334]

1732 *Berlin, St. Petri-Kirche* (VI+P 110).
    Entwurf (nicht ausgeführt) [Entwurf, Struktur und Disposition des Entwurfs für die Orgel der St. Petri-Kirche zu Berlin werden von J. A. SILBERMANN 1741 anläßlich eines Besuchs bei Joachim Wagner mitgeteilt. Die Aufzeichnungen befinden sich heute in der Nationalbibliothek zu Paris]

1735 *Schwedt, Schloßkapelle*.
    [1735 ist ein Entwurf Wagners zu einem Orgelneubau für die Schloßkapelle in Schwedt nachgewiesen. Der Kostenanschlag war dem Markgrafen von Schwedt zu teuer. Eine Fotografie im Schwedter Stadtmuseum zeigt aber eine Ansicht einer heute zerstörten Orgel, die der zu *Bötzow* ähnlich ist. Quelle: Stadtmuseum Schwedt, Staatsarchiv Greifswald, Rep. 9, 483, Vol. 245 ff. Eine Tätigkeit Wagners in Schwedt im Jahre 1747 ist nachgewiesen; Baltische Studien, 1918]

1742 *Schönebeck (Elbe)* [Ein Kostenanschlag zu einem Orgelbau für die Ev. Kirche zu Schönebeck/Elbe aus dem Jahre 1742: Staatsarchiv Magdeburg, Rep. 12 Spec., Schönebeck, Nr. 84]

1744 *Eberswalde* (II+P 25) [Eine Kopie des Wagnerschen Kostenanschlages aus dem Jahre 1744 zum Bau einer Orgel für die Kirche zu *Eberswalde Neustadt* befindet sich im Archiv des Rates des Kreises Eberswalde-Finow. Siehe hierzu auch in Kirc-1985/2, S. 190 f]

um 1745 *Groß-Schönebeck*.
Bewerbung. Den Auftrag erhielt RÖDER [PfA Groß Schönebeck]

um 1748 *Hamburg, St. Michaelis* [Fock berichtet, daß die St. Michaelis-Gemeinde in Hamburg mit Wagner um 1750 über einen Umbau der dortigen Orgel verhandelte. Fock-1974, S. 74]

ERNST MARX

Liste der Orgelbauten, Umbauten und wichtigsten Reparaturen einschließlich der gemeinsamen Arbeiten mit PETER MIGENDT

1755 *Berlin, Schloß*, Neubau der Orgel für die Prinzessin ANNA AMALIE (II+P 22), gemeinsam mit MIGENDT.
Heute in der *Kirche Zur Frohen Botschaft, Berlin-Karlshorst* [StAM, Dep. Nachlaß Roetzel, Nr. 349]

1757 *Roskow/Brandenburg* (I+P 11).
1934 Neubau von W. RÜHLMANN (II+P 11), Marx-Prospekt wiederverwendet, Prospekt bis heute erhalten [PfA Roskow; DAB, Akte Päwesin, Pä Nr. 69 und 91; Zachow-Gutenpaaren, Nr. 2.15]

1759 *Brandenburg, Dom*, Reparatur der WAGNER-Orgel, gemeinsam mit MIGENDT [DAB, Rep. BDK 2777/3582, Kirchenrechnung 1759]

1760-1761 *Plötzin, Dorfkirche* (I+P 11).
Werk erhalten [DAB, Rechnungsbuch Pl 7 und PL ü 452]

1762-1764 *Stettin, St. Nicolai* (II+P 26), gemeinsam mit MIGENDT [Frey-1936, S. 70; Fred-1921, S. 241]

1765 *Brandenburg, Dom*, Pflege und Stimmung [DAB, Rep. BDK 2783/3588, Kirchenrechnung 1765]

1766 *Berlin-Charlottenburg, Schloß*, Reparatur der Schnitger-Orgel [PfA Teupitz, B II a 15]

1766 *Altwriezen/Oderbruch* (I+P 19), Umbau der WAGNER-Orgel [StAM, Dep. Nachlaß Roetzel, Nr. 349]

1768 *Belgard/Hinterpommern, Stadtkirche* (II+P 31) [StAM, Dep. Nachlaß Roetzel, Nr. 349]

1768 *Berlin, St. Nikolai*, Reparatur der Schnitger-Orgel [Ura-1908, S. 51]

1768 *Berlin, St. Petri*, Erweiterung der WAGNER/MIGENDT-Orgel [Rahn-1853, S. 49 f.; Valentin Heinrich Schmidt, Geschichte der St.-Petri-Kirche, Berlin, S. 39 f]

1769 *Berlin, St. Marien*, Reparatur [Ura, 1908, S. 51; Fock-1974, S. 207]

1769 *Grüneberg* bei Gransee (I+P 10).
Bis 1977 erhalten, ersetzt durch die Orgel von SCHLAG & SÖHNE, die ursprünglich für *Groß Lübbenau* erbaut wurde [AAScP; AKlB]

1769/1770 *Boitzenburg/Uckermark, St. Marien* (I+P 12)
Heute in *Falkenwalde* bei Prenzlau [PfA Boitzenburg; PfA Falkenwalde]

1770 *Altlandsberg, Ref. Schloßkapelle* (I+P), bis etwa 1948 erhalten [Kirc-1990/1, S. 41]

1772 *Brandenburg, Dom*, Reparatur nach Blitzschaden [DAB, Rep. BDK, 2790/3595, Kirchenrechnung 1772]

um 1772 *Berlin*, Neubau für den Tuchfabrikanten Ermeler (II+P).
Um 1797 nach *Altenkirchen* auf Rügen versetzt, Gehäuse erhalten [EZA, 7. Gen. XVIII, 21/2]

1773 *Blumberg* bei Angermünde (I).
Gehäuse erhalten [PfA Blumberg]

1773 *Berlin, Sebastians-Kirche* (II+P 24).
1841 von LANG & DINSE abgebaut) [StAM, Dep. Nachlaß Roetzel, Nr. 349]

1773-1774 *Strausberg/Berlin, Stadtkirche* (II+P 27).
Prospekt erhalten, B. u. K.D., Frankfurt [StAM, Dep. Nachlaß Roetzel, Nr. 349]

1775 *Berlin, Dreifaltigkeits-Kirche* (II+P 28).
1896 Neubau durch SAUER, Gehäuse von 1775 wiederverwendet, 1943 zerstört. [StAM, Dep. Nachlaß Roetzel, Nr. 349]
MARX erwirbt das alte Werk der *Dreifaltigkeits-Kirche* für 50 Thaler [SAP]

1776 *Lindow*, Neubau-Kostenanschlag.
Nicht ausgeführt, StA Potsdam II, R 1742, 3. 5. 1776 [SAP, 2 A II, R 1742]

1776 *Berlin, Parochial-Kirche*, Reparatur der WAGNER-Orgel [Davi-1949, S. 19; PfA Parochial-Kirche]

1776 *Berlin, Palais der Prinzessin* ANNA AMALIE *in der Wilhelmstraße* (II+P 28).
1789 Umsetzung in die *Reformierte Kirche, Frankfurt (Oder)* und Dispositionsänderung durch ERNST MARX, 1881 Abbau durch W. SAUER [StAM, Dep. Nachlaß Roetzel, Nr. 349; ASaF]

1777-1778 *Stralsund, Marien-Kirche*, Umbau der STELLWAGEN-Orgel (III+P 47) [Pros-1966, Teil 1, S. 234-249, Teil 2, S. 272-273]

1778-1779 *Berlin, Franziskaner-Klosterkirche*, Reparatur [EZA, 14/3370 und 14/4078]

1779 *Berlin, St. Georgen-Kirche*, Abbau der WAGNER-Orgel [Samm-1757/2, S. 118; Rahn-1857, S. 80]

um 1779 *Berlin, kath. St. Hedwigs-Kirche*, Aufstellung der WAGNER-Orgel von *St. Georgen* aus dem Jahre 1727 [Vermutung]

1780 *Berlin, St. Petri*, Kostenanschlag zur Komplettierung der Orgel. Nicht ausgeführt [Rahn-1853, S. 49 f.; V. H. Schmidt, Geschichte der St.-Petri-Kirche, Berlin, S. 39 f; Kirc-1990/1, S. 42]

1780 *Lindow, Reformierte Kirche*, Neubau-Kostenanschlag [SAP, Rep. 2 A II R, Nr. 1742]

1780 *Berlin, St. Petri*, Einbau von Keilbälgen [Kirc-1990/1, S. 42]

1781-1782 *Berlin, St. Georgen-Kirche* (II+P 27).
1848 Umbau und Erweiterung durch C. A. BUCHHOLZ [Rahn-1857, S. 121; Lede-1860, S. 353]

1782-1783 *Eberswalde, Neustadt, Maria Magdalena* (II+P 27).
Windladen, Mechanik und Teile des Pfeifenwerks erhalten. Seit 1876 neugotisches Gehäuse [StAM, Dep. Nachlaß Roetzel, Nr. 349; PfA Eberswalde, Maria Magdalena]

1784 *Lindow, Reformierte Kirche*, Neubau-Kostenanschlag
Nicht ausgeführt [SAP, 2 A II, R 1742]

1784 *Berlin, St. Nikolai*, Umbau-Kostenanschlag für die SCHNITGER-Orgel [Haup-1850, III]

1785 *Berlin-Neukölln, Rixdorf, Herrnhuter Brüdergemeine* (I 6) [PfA-NkBg]

1786 *Berlin, Dorotheenstädtische Kirche*, Reparatur der RÖDER-Orgel [Sach-1908, S. 313; Henc-1937, S. 19; Mund-1920, C 82, 432]

1786 *Berlin, Französische Friedrichswerdersche Kirche* (II+P 24) [Mure-1885, S. 112; Stec-1887, S. 15]

1786 *Berlin, Französische Friedrichstadt-Kirche*, Reparatur und Dispositionsänderung [Kirc-1990/1, S. 42; Orge-1985]

1787 *Potsdam, Französisch-Reformierte Kirche* (I, 9).
1867/1868 durch ein Werk von SCHULTZE, Potsdam, ersetzt [AHP]

1788 *Bernau, St. Marien*, Begutachtung der SCHERER/SCHNITGER-Orgel und Kostenanschlag (nicht ausgeführt) [Kirc-1990/1, S. 42; GStA, Rep. 2 B, Abt. II, 1534]

1788 *Vielitz* (I+6).
Erhalten [PfA Lindow; SAP, Rep. 2 A II, R, Nr. 2716]

1788-1789 Umsetzung der ersten Orgel der Prinzessin ANNA AMALIE aus dem *Palais Unter den Linden* in die *Schloßkirche Buch* [ASaF, Orgelakte der Reformierten Kirche Frankfurt (Oder)]

1789 Umsetzung der zweiten Prinzessin-Amalie-Orgel aus der Wilhelmstraße nach *Frankfurt (Oder), Ref. Kirche*, und Dispositionsänderung.
1881 Abbau durch W. SAUER [ASaF, Orgelakte der Reformierten Kirche Frankfurt (Oder)]

um 1789 *Frankfurt (Oder), Reformierte Kirche*, Umsetzung der alten Orgel in die *Georgen-Kirche, Frankfurt (Oder)* [ASaF]

1789-1790 *Berlin, Sophien-Kirche* (II+P 31), Gehäuse erhalten [KoO-ZSOb; ZfI, 1892/93, Jg. 13, S. 269]

1789-1790 *Königs Wusterhausen*, vermutlich Aufstellung und Umbau der SCHNITGER-Orgel aus der *Sophien-Kirche Berlin* [ASaF, Orgelakte der Reformierten Kirche Frankfurt (Oder)]

1790-1791 *Berlin, St. Nikolai,* Umbau der SCHNITGER-Orgel [Haup-1850, II; Davi-1949, S. 23]

1791-1793 *Rostock, St. Marien,* durchgreifender Umbau der SCHMIDT-Orgel (III+P 56) [ASaF, Orgelakte der Reformierten Kirche Frankfurt (Oder)]

1794 *Berlin, Französische Kirche* in der Klosterstraße, Umbau und Erweiterung der WAGNER-Orgel (I+P 12) [Mund-1920, B 70]

1795 *Berlin, Französische Luisenstadt-Kirche* (I+P) [Mure-1885, S. 122; Borr-1893, S. 172]

1795 *Havelberg, Dom,* Erweiterung der SCHOLTZE-Orgel (II+P 33) [SAP, Rep. 2 A II WP 785]

1796 *Brune* (I+8).
1865 Erweiterung und Umdisponierung durch LÜTKEMÜLLER (I+P 8), erhalten [SAP, Rep. 2 A II, OH, Nr. 346-349; DAB, Brune, Nr. 80/14 und 77/46]

1797 *Cottbus, Oberkirche* (II+P 31) (gemeinsam mit seinem Sohn FRIEDRICH MARX) [PfA Cottbus, St. Nikolai (Oberkirche)]

1799-1800 *Groß Kreutz* (I+P 11). Vollendet nach ERNST MARX' Tod durch FRIEDRICH MARX.
1907 Umbau durch A. SCHUKE (II+P 11), Gehäuse und Teile des Pfeifenwerks erhalten [EphA Lehnin, Gen. Abt. B o, Nr. 2, Bd. 1]

Vermutlich von ERNST MARX gebaute Orgeln

um 1782 *Lehnin, Stiftskirche* (I+5).
1828 Umsetzung durch HEISE nach *Rädel,* nach 1900 Neubau durch A. SCHUKE (II+p 6), Prospekt von 1782 wiederverwendet, bis heute in *Rädel* erhalten [DAB, L 236/145; SAP, Rep. 2 A II z, Nr. 1379

JOHANN FRIEDRICH WILHELM GRÜNEBERG

1772 *Müllrose, Ev. Stadtkirche,* Mitarbeit bei GOTTLIEB SCHOLTZE [Inschrift in der Orgel]

1773 *Gohlitz* bei Nauen (I 6).
GRÜNEBERG zugeschrieben. Gehäuse, Laden, Spiel- und Registertraktur, Teile der Pfeifen erhalten [SAP, Rep. 2 A II, WH, Nr. 387 und 388]

1776 *Werder, Pfarrkirche Heilig Geist* (I+P 12).
1858 Kirchenneubau mit neuer Orgel von GESELL, Potsdam [SAP, Rep. 2 A II, Z, Nr. 2604]

1780 *Brandenburg, Dom,* Reparatur der WAGNER-Orgel [DAB, Rep. BDK, 4161/2102, Bl. 50]

1780 *Berlin-Charlottenburg, Luisenkirche.*
1878 durch Orgel von W. SAUER ersetzt [Kraa-1916, S. 58]

1783 *Spandau, Ref. St. Johannis-Kirche* (I+P 13).
Geringfügig verändert in *Bärenklau* erhalten [PfA-SpNi, Akte St. Johannis]

1787 *Mittenwalde* bei Zossen, *St. Mauricius* (II+P).
Gehäuse erhalten, Werk 1959 von H. EULE (II+P 23) [PfA Mittenwalde]

1788 *Brandenburg, Dom,* Reparatur der WAGNER-Orgel [DAB, Rep. BDK, 4161/2102, Bl. 55]

1788 *Treuenbrietzen, St. Marien* und *St. Nikolai,* Reparatur der WAGNER-Orgeln [SAP, Prov. Brandenburg, Rep. 8, Treuenbrietzen, Nr. 2914, Bl. 90]

1791 *Klein Glien* bei Belzig (I+6)
1886 Umbau durch F. W. LOBBES [Sup. Belzig, Lagerbuch; Inschrift am Wellenbrett, D-Seite]

1793 *Brandenburg, Ref. St. Johannis-Kirche* (I+P 15)
Heute in Plaue [PfA Plaue; Orgelakte St. Johannis, Brandenburg; GStA, Rep. B 2, Abt. II, 1321]

1793 *Brandenburg, Brüdergemeine* (I 5)
1903 abgebaut durch A. SCHUKE [Mund-1920, 395, C 45]

1796-1798 *Magdeburg, St. Katharinen* (II+P 29)
1879-1880 durch einen Neubau von EMIL REUBKE ersetzt [AMZ, 1800, No. 36, S. 638]

1803 *Selbelang,* Neubau-Kostenanschlag (nicht ausgeführt) [DAB, Re 194 u. 195, Selbelang]

JOHANN SIMON BUCHHOLZ

1788 *Prenzlau, St. Nikolai.*
1898 durch ein Werk von SAUER ersetzt [Buchholz (Pfr.), Versuch einer Chronik (Prenzlau St. Nikolai), Prenzlau, o.J., S.38 und 44]

1788-1789 *Bernau, St. Marien,* Reparatur und Umbau der SCHERER/SCHNITGER-Orgel.
1864 abgebaut und durch ein Werk von W. SAUER ersetzt [GStA, X Rep. 2B Abt.II, 1534, Bernau]

1791 *Seelow,* Neubau-Kostenanschlag (I+P 11).
(nicht ausgeführt) [GStA, X Rep. 2B Abt.II, 3391, Seelow]

1795 *Bötzow,* Reparatur der WAGNER-Orgel [SAP, Rep. 2 A II OH, Nr. 196 u. 214]

1804 *Neuruppin, St. Marien,* Neubau nach Plänen von A. VOGLER. (III+P, 23 Register, 72 Registerzüge.
1840 Umbau, der einem Neubau gleichkam, durch C. A. BUCHHOLZ, teilweise erhalten [Merseburg R.g KK 1b Fasz. 4, 22 ff; AMZ-1811, S. 217 ff]

1807 *Anklam, St. Nikolai.*
Werk vor 1912 abgebaut, Gehäuse um 1945 zerstört [Pros-1988, S. 154 ff]

1808-1809 *Lebus* (II+P 24).
1848 Reparatur durch LANG & DINSE, Kirche und Orgel 1945 zerstört [GStA , X Rep. 2B Abt II, 3299, Lebus; SAP, Rep.7 Landesherrliche Ämter, Frankfurt/Oder Nr.33]

1810 *Tilsit (Ostpreußen), Domkirche,* Umbau, Orgel mit Posaune 32 Fuß, durchschlagend [Renkewitz, Werner, Geschichte der Orgelbaukunst in Ost und Westpreußen, Tilsit, 1984]

1812 *Altentreptow, St. Petri* (II 23)
1865 erweitert durch BARNIM GRÜNEBERG, Windladen und Pfeifenwerk von J. S. BUCHHOLZ erhalten [Pros-1988, S. 154 ff]

JOHANN SIMON BUCHHOLZ UND CARL AUGUST BUCHHOLZ

1817 *Demmin, St. Bartholomäus,* Neubau zusammen mit seinem Sohn CARL AUGUST (II+P 40).
Im 19. Jahrhundert erweitert durch BARNIM GRÜNEBERG, erhalten [Pros-1988, S. 154 ff]

1817 *Berlin, Dom,* Neubau zusammen mit seinem Sohn CARL AUGUST (II+P 32).
1886 Erweiterung durch GEBR. DINSE, 1893 abgebaut [Lede-1861, Artikel Buchholz; Haupt-1850]

1817 *Neu Hardenberg (Oderbruch),* Neubau zusammen mit seinem Sohn CARL AUGUST (II+P 21).
1924 Neubau durch W. SAUER (Opus 1284) in dem von SCHINKEL entworfenen Orgelgehäuse, Gehäuse von 1817 erhalten [SAP, Rep 37 Neuhardenberg Nr. 741; GStA, Depositum, Rep. 92 Hardenberg Beleg 114; Siehe auch Franz G. Bullmann: Hardenberg, Zelter und Orgelbauer Buchholz]

1817 *Prenzlau, Sabinen-Kirche.* Erster eigenständiger Orgelbau von CARL AUGUST BUCHHOLZ in der Werkstatt des Vaters, zerstört [Schwartz Emil, Geschichte der St. Marienkirche zu Prenzlau, Celle 1957, S. 185 ff]

um 1825 *Britz* bei Eberswalde (I+P 7)
Reparaturen: 1911, 1915 A. KIENSCHERF, Eberswalde; 1941 K. GERBIG, Eberswalde, erhalten [PfA-Britz; Bleistiftnotizen auf der Rückseite des Manualvorsatzbrettes]

1820 *Gristow* (I 13)
Im 19. Jahrhundert von BARNIM GRÜNEBERG erweitert, erhalten [Pros-1988, S. 154 ff]

1821 *Barth, St. Marien* (II 36)
Im 19. Jahrhundert von BARNIM GRÜNEBERG erweitert, erhalten [Pros-1988, S. 154 ff]

1821 *Berlin-Schöneberg,* Neubau zusammen mit seinem Sohn CARL AUGUST (I+P 11)
1945 zerstört [SAP, Rep. 2AII Gen. 1750; Landesarchiv Berlin, Pr. Br. Rep. 42, 1873]

1821 *Greifswald, St. Jakobi* (II+P 28) [Pros-1988, S. 154 ff]

1822 *Berlin, Institut für Kirchenmusik* (II+P 13)
   1888 Abbau [Haupt-1850, Dispositionssammlung; Ura-1894, S.81]

1822 *Freyenstein, Ev. Kirche*, Neubau-Kostenanschlag (nicht ausgeführt) [GStA, Rep. 2B. Abt.II, 2010]

1822 *Wachow* bei Neuruppin (I+P 14).
   1854 Reparatur durch C. L. Gesell; 1911 Reparatur und Umdisponierung durch A. Schuke, Originalsubstanz weitgehend erhalten [SAP, Rep. 2A II WH Nr. 1215-1217; DAB, WA 89/88 und 92/87]

um 1822 *Blankenberg* (I+P 10 bzw. 15) [Frdl. Mitteilung E. von Garnier]

1823 *Teltow, St. Andreas-Kirche* (I+P 17, davon 5 Transmissionen)
   Zerstört [AKScB; SAP, Rep 2A Abt. II 1771, Bau der Kirche zu Teltow]

1823 *Seelübbe*.
   In der zweiten Hälfte des 19. Jahrhunderts durch ein Werk von A. Kienscherf, Eberswalde, ersetzt [SAP, Rep. 2A IIA 904, Mitteilung in Akte Joachimsthal, PfA-Seelübbe]

1823 *Berlin-Neukölln, Dorfkirche Rixdorf* (I+P 13).
   1892 durch einen Neubau ersetzt, die Buchholz-Orgel wurde an eine Dorfgemeinde in Mecklenburg verkauft [Brode, Geschichte Rixdorfs, S.119; Urania-1896, S.43; Pfa-NkMa, Lagerbuch Böhm Luth. Gemeine]

1823 *Joachimsthal, Stadtkirche,* Neubau-Kostenanschlag zusammen mit seinem Sohn Carl August (nicht ausgeführt [SAP, Rep. 2A IIA 904, Joachimsthal]

1824 *Stargard, Marien-Kirche* (III+P 32) [Flade Orgelbauerverzeichnis, Lede-1861, Artikel Buchholz]

Carl August Buchholz

1826 *Berlin-Britz, Dorfkirche* (I+P 9).
   1888 durch Neubau der Gebr. Dinse ersetzt [PfA Dorfkirche Britz]

1826 *Roloffshagen* bei Grimmen (I 7)
   Im 19. Jahrhundert von Mehmel erweitert [Pros-1988, S. 154 ff]

1827 *Berlin-Kaulsdorf, Dorfkirche* (I+P).
   1912 durch Neubau der Gebr. Dinse ersetzt [PfA Kaulsdorf]

1829 *Pütte* bei Stralsund (I+P 14) [Pros-1988, S. 154 ff]

1829 *Stralsund, Heiliggeist-Kirche* (II+P 17) [Pros-1988, S. 154 ff]

1829 *Berlin, St. Marien,* Umbau und Dispositionsänderung der durch Vogler simplifizierten Wagner-Orgel [Davi-1949, S.12]

1829-1830 *Berlin, Friedrichswerdersche Kirche* (III+P 33).
   1891 durch Neubau der Gebr. Dinse ersetzt, Prospekt von 1829/1830 wiederverwendet, 1944 zerstört [Haup-1850; Urania 1891, S. 69f.; Gott-1986, S. 176]

1829-1832 *Greifswald, St. Nikolai (Dom)* (III+P 44).
   Reparaturen von Jean Ratzmann und B. Grüneberg, 1937 Umdisponierung durch Kemper & Sohn, 1960 Reparatur durch W. Sauer, seit 1985-1990 Neubau durch VEB Jehmlich Orgelbau, Dresden [PfA-KöLa; KoO-ZSOb; Pros-1988, S. 154 ff]

um 1830 *Garz auf Rügen* [ZfI]

1830 *Grimmen, St. Marien* (II+P 26) [Pros-1988, S. 154 ff]

1831 *Gützkow, St. Nikolai* (II+P 14).
   Erweitert durch W. Sauer [Pros-1988, S. 154 ff]

1831 *Tribsees, St. Thomas* (II+P 24) [Pros-1988, S. 154 ff]

1832 *Lassan, St. Johannes,* Neubau unter Verwendung eines älteren Instrumentes (II+P 17).
   Erhalten [Pros-1988, S. 154 ff]

1834 *Frankfurt (Oder), St. Marien* (III+P 54).
   Zerstört [Haup-1850]

1834 *Berlin, St. Johannis* (II+P 11).
   1896 durch Walcker-Neubau ersetzt [Werb-1945; Mund-1920; Scul-1985, S. 12; Fedt-1959]

1834 *Berlin, Nazareth-Kirche*
   1872 Reparatur durch C. A. Buchholz, 1906 Abbau und Verkauf an die *Altlutherische Gemeinde* in der Usedomerstraße, zerstört [PfA-WeNa; Dins-1897, S. 27; Neub-1926]

1834 *Berlin, St. Pauls-Kirche* (II+P 11).
   1891 Erweiterung durch Gebr. Dinse, 1906 Neubau durch E. F. Walcker & Cie. [Haup-1850; Gesc-1935, S. 98 f.; Mund-1920, 503, C 128]

1834 *Berlin, Heilig-Geist-Kapelle* (I+P 10).
   1906 Abbau, Umwandlung der Kapelle zur Aula der *Handelshochschule* [Bär, Jg. 1, 1875, S. 94; Mund-1920; Gott-1985, S. 169]

1834 *Berlin, St. Elisabeth* (II+P 18).
   1888 Dispositionsänderung durch Gebr. Dinse, 1938-1939 Neubau unter Verwendung der Buchholz-Orgel durch A. Schuke, 1945 zerstört [Haup-1850; Mund-1920, 289, S. 385; Gott-1985, S. 185]

1835 *Liebenwalde, Ev. Kirche* (II+P 20), 1898 durch Neubau von Hollenbach ersetzt [DStB, Nachlaß Flade]

1836 *Elsey, Ev. Stiftskirche* (Westfalen) [Reut-1965, S. 49]

1838 *Wotenick* bei Demmin (I+P 8) [Pros-1988, S. 154 ff]

1839 *Hanshagen* bei Greifswald (I+P 8) [Pros-1988, S. 154 ff]

1839 *Kronstadt (Siebenbürgen), Schwarze Kirche* (IV+P 63).
   Erhalten [Haup-1850]

1839 *Stoltenhagen* bei Grimmen (I+P 7) [Pros-1988, S. 154 ff]

1839-1840 *Berlin, Arbeitshaus-Kirche*.
   Zerstört [EZA, 14/3213]

1840 *Neuruppin, Pfarrkirche St. Marien* (III+P 40[45]).
   Neubau unter Verwendung der Orgel von J. S. Buchholz [DStB, Nachlaß Flade; Ura, 1896; Schilling, Lexikon der Musik, Stichwort Frontpfeifen]

1840 *Altreetz* bei Bad Freienwalde (II+P 18).
   Erhalten [PfA Altreetz]

1841 *Schlemmin* bei Richtenberg (I+P 8) [Pros-1988, S. 154 ff]

1841 *Stralsund, St. Nikolai* (III+P 55[57]) [Haup-1850; Pros-1988, S. 154 ff]

1842 *Bobbin* auf Rügen (I 4) [Pros-1988, S. 154 ff]

1842 *Velgast* bei Stralsund (I+P 8) [Pros-1988, S. 154 ff]

1842 *Wusterhusen* bei Wolgast (II+P 15) [Pros-1988, S. 154 ff]

1844 *Berlin, Franziskaner-Klosterkirche,* Neubau unter Verwendung des Vorgängerinstruments (II+P 25).
   1933 durch ein Werk von Sauer ersetzt [Haup-1850]

1844 *Kapellen* bei Stolzenfels (Rheinland) [Lede-1861, S. 78; DZAM, Oberbaudep.-Rep. 93 D, Reg.-Bez. Koblenz, Nr. 3]

1845 *Tribohm* bei Richtenberg (I+P 7) [Pros-1988, S. 154 ff]

1845 *Prenzlau, St. Marien* (II+P 33).
   Zerstört [Ura, 1856, S. 145 f.; Ura, 1849, S. 82]

1845 *Altmädewitz* (I+P 11).
   Erhalten [PfA Altmädewitz]

1845-1846 *Pelplin (Westpreußen)* (III+P 55) [Lede-1861, S. 78]

1846 *Voigdehagen* bei Stralsund, Kirche (II+P 15) [Pros-1988, S. 154 ff]

1846 *Berlin, St. Nikolai* (III+P 50).
   1902 durch Neubau von Sauer ersetzt [Haup-1847, S. 85 ff.; Davi-1949, S. 23]

1846 *Berlin-Köpenick, Schloßkirche* (I+P).
   1910 Neubau von A. Schuke unter Verwendung von 5 Buchholz-Registern und des Buchholz-Prospekts, 1987 Neubau durch A. Voigt, Bad Liebenwerda. Gehäuse und 31/2 Register erhalten [PfA-KöLa; KoO-ZSOb; AAScP]

1846 *Berlin-Wilmersdorf, Dorfkirche* (I+P).
   1898 abgebaut [PfA-WiAu]

1846 *Bönen, Ev. Kirche* (Westfalen) [Reut-1965, S. 104]

um 1846 *Rheda, Schloßkapelle* (Westfalen), Neubau-Kostenanschlag (nicht ausgeführt) [Reut-1965, S. 227]

1847 *Berlin, St. Gertrauden*.
   1881 Abbau, Abriß der Kirche [Lisc-1857, S. 31.; Kühn-1978, S. 360]

1847 *Berlin, Deutsche Friedrichstadt-Kirche,* Neubau unter Verwendung der Migendt-Orgel (II+P 24).
   1882 durch Orgel von Sauer ersetzt, die Bucholz-Orgel wurde nach *Ueckermünde, St. Marien,* verkauft [PfA-KrJe; wie Anm. 131]

1847 *Schmölln* (I+P 10) unter Verwendung der abgebauten Röder-Orgel in *Prenzlau, St. Marien.*
   1897 Umsetzung nach Schenkenberg (Kreis Prenzlau) [SAP, Rep. 2 A II P, Nr. 1210]

um 1848 *Berlin, private Synagoge* (II+P 9, davon 1 Transmission).
1851 von der *Katholisch-apostolischen Gemeinde* Berlin erworben, Anfang des 20. Jahrhunderts Umbau durch A. Schuke, 1978 Abbau, erhalten [PfA Katholisch-Apostolische Kirche Berlin; freundliche Mitt. von Hirschberg, London]
vor 2.1848 *Oranienburg, Seminar* [SAP, II Gen. 1751, 647]
1848 *Lüdershagen* bei Stralsund (I+P 9) [Pros-1988, S. 154 ff]

Carl August Buchholz und Carl Friedrich Buchholz

1848 *Berlin, St. Georgen* (III+P 42).
1897 durch Neubau von Gebr. Dinse ersetzt [Rahn-1857, S. 123]
1848 *Ribnitz-Damgarten* [Pros-1988, S. 154 ff]
1848 *Röpersdorf (Mark Brandenburg)* (I+P 9).
Erhalten [AAScP]
1848 *Görlsdorf (Kreis Eberswalde)* (I+A 4).
Erhalten [PfA Greiffenberg, Lagerbuch Görlsdorf]
1849 *Boitzenburg (Uckermark)* (II+P 14).
Im 19. Jahrhundert geringfügige Dispositionsänderung durch unbekannten Orgelbauer, erhalten [SAP, Rep. 37, Nr. 684 u. 679; PfA Boitzenburg; PfA Falkenwalde]
nach 1849
vor 1859 *Wrechow (Neumark)* [Ura, 1859, S. 18]
nach 1849
vor 1859 *Zachow* bei Königsberg (Neumark) [Ura, 1859, S. 18]
um 1850 *Berlin, Invalidenhaus, Ev. Kapelle*.
Zerstört [Kirc-1898, Abschnitt Invalidenhaus]
um 1850 *Berlin, Invalidenhaus, Kath. Kapelle*.
Zerstört [Kirc-1898, Abschnitt Invalidenhaus]
um 1850 *Grieben* bei Rheinsberg (II+P 9).
Erhalten [PfA Grieben]
1850 *Berlin-Charlottenburg, Kirche Alt-Lietzow*
1909 Abbruch von Kirche und Orgel [ZfB, 1852, Sp. 7 ff.; Vos, 30.5.1911]
1850 *Soldin (Neumark), Stadtkirche* (II+P 28) [Ura, 1859, S. 18]
1851 *Falkenwalde (Mark Brandenburg)*, Aufstellung der Marx-Orgel aus Boitzenburg durch C. F. Buchholz [PfA Falkenwalde]
1851 *Falkenthal* bei Templin (I+P 8).
1986 Instandsetzung durch Ulrich Fahlberg, Eberswalde, erhalten [PfA Falkenthal, Lagerbuch, S. 2]
1851 *Zehdenick*.
1931 durch Neubau von A. Schuke ersetzt, Orgelgehäuse wiederverwendet [PfA Zehdenick]
1851 *Friedersdorf* bei Seelow (I+P 5).
Erhalten [PfA Friedersdorf]
1851 *Berlin, Parochial-Kirche*, Umbau, der einem Neubau gleichkam (III+P 41).
1903 Neubau von Sauer [Ura, 1869, S. 108; Saue-1913]
1851 *Berlin-Moabit, Gefängnis-Kapelle* [Frdl. Mitt. E. v. Garnier]
1853 *Berlin, St. Petri-Kirche* (IV+P 60).
1905/1906 Umbau durch W. Sauer, 1945 zerstört [Ura, 1854, , S. 53; Rahn-1853, S. 98 ff.; Mund-1920, 429, C 79]
1854 *Berlin, Reformierte Synagoge* in der Johannisstr. (II+P 18).
1913 Umbau durch G. F. Steinmeyer & Co., zerstört [AStOe; Frdl. Mitt. von Hirschberg, London]
1854 *London, Sydenham Palace (Kristallpalast)*, Neubaukostenanschlag (IV+P 171) (nicht ausgeführt) [Haup-1850].
1855 *Berlin, St. Markus-Kirche* (II+P 30).
1899-1900 durch Neubau von Sauer ersetzt [Ura, 1857, S. 150; Hent-1880, S. 22; Saue-1913]
1855 *Klein Oschersleben*, Neubau zusammen mit Carl Friedrich (II+P 14) [Euterpe, 1855, S. 107]
1855 *Templin, Maria-Magdalenen-Kirche*, Neubau unter Verwendung des Gehäuses der Scholtze-Orgel (II+P 37).
1921 durch ein Werk von Gebr. Jehmlich ersetzt [Haup-1850; PfA Templin, St. Maria Magdalena]
1856 *Brodowin* bei Angermünde (I+P 9).
Erhalten [SAP, Rep. 2 A II A, Nr. 348]

1856 *Stüdenitz* (I+P 10).
1880 Reparatur durch Lütkemüller, 1926 Umdisponierung durch Martin Pflug, Wittenberg, erhalten [PfA Stüdenitz, Kirchengeschichtliche Chronologie; SAP, Rep. 2 A II, Nr. 1940]
1856 *Berlin, St. Andreas-Kirche* (II+P 27).
1889 Umbau durch Gebr. Dinse, 1925 durch Neubau von G. F. Steinmeyer & Co. ersetzt [Ura, 1857, S. 150; Bitt-1906, S. 10; AStOe]
um 1857 *Memel, St. Johannis* (III+P 42) [Renk-1984, S. 46; Lede-1861, S. 78]
um 1857 *Königsberg/Preußen, Deutsche Kirche St. Johannis*.
Zerstört [DStB, Nachlaß Flade]
1858 *Berlin, Realschule Kochstr.* (II+P 9).
Zerstört [Ura, 1858, S. 97 f]
1858 *Berlin-Friedrichshain, St. Bartholomäus* (II+P 28).
1899 Reparatur durch Albert Lang, 1902 durch Neubau von Gebr. Dinse ersetzt unter Verwendung von Registern der Buchholz-Orgel, 1938 durch Neubau von A. Schuke ersetzt [PfA-FrBa, Chronik; Mund-1920, 334, B 76; AAScP]
1858 *Cumlosen, Kirche* (II+P 10).
Erhalten [Fischer, J. G.: Blätter der Erinnerung an den Neubbau der Kirche zu Cumlosen, Cumlosen 1858]
1859 *Berlin-Pankow, Kirche Zu den vier Evangelisten* (II+P 14).
1911 durch Neubau von Sauer ersetzt [Stad-1937, S. 44; Quei-; Saue-1913]
1859 *Schippenbeil (Ostpeußen), Ev. Kirche* (II+P 23) [Harnoch, Agathon: Chronik und Statistik der evangelischen Kirchen in den Provinzen Ost- und Westpreußen, Neidenburg 1890, S. 92]
1860 *Berlin-Kreuzberg, St. Lukas* (II+P 28).
1937 Reparatur und Umbau durch A. Schuke, 1945 zerstört [Ura, 1861, S. 173; Roch-1911, S. 36 u. 148 f]
1860 *Berlin, Kath. St. Michael-Kirche*
Um 1922 Umbau durch G. F. Steinmeyer & Co., 1960 Neubau durch Sauer [PfA Berlin, St. Michael; AStOe; ASaF]
1861 *Bredow* bei Nauen (II+P 12).
1915 Reparatur durch A. Schuke, 1958 Reparatur und Umdisponierung durch Gerbig, erhalten [PfA Bredow; Orgelinschrift]
1861 *Bernau, St. Marien*, Neubaukostenvoranschlag (nicht ausgeführt) [GStA, X Rep. 2, Abt. II, 1534]
1862 *Berlin, Staatsoper* (II+P 8).
Um 1890 bei Reparaturarbeiten am Gebäude zerstört, 1895 durch Neubau von Sauer ersetzt [Ura, 1862, S. 88; Ura, 1896, S. 42 f]
1866 *Berlin, Große Synagoge*, Oranienburger Str. (III+P 45).
Zerstört [Ura, 1866, S. 162 f]
1867 *Lanke* bei Bernau (I+P 9). Erhalten [PfA Lanke]
1868 *Neu-Boltenhagen, Kirche* (II+P 8) [Pros-1988, S. 154 ff]
1868 *Potsdam, Kath. St. Peter und Paul-Kirche* (II+P 24).
1936 durch ein Werk von A. Schuke ersetzt, Orgelgehäuse erhalten [AAScP; Kits-1983, S. 54 f]
1869 *Düpow* bei Perleberg (I+P 9).
Erhalten [PfA Düpow]
um 1870 *Oderberg* bei Bad Freienwalde (II+P 16).
Um 1900 Reparatur durch Kienscherf, erhalten [PfA Oderberg]
um 1876 *Gutengermendorf* bei Gransee [SAP, II R 492, 21.5.76]
1880-1884 *Berlin, Saal der Reichshallen* (18).
1895 abgebaut [Ura, 1896, S. 43]
vor 1885 *Ribbeck* (I+P 9).
1950 von A. Schuke mit neuem Pfeifenwerk nach Buchholz-Mensuren ausgestattet, erhalten [AAScP]

Undatierte Werke

.... *Wolgast, Petri-Kirche* (II+P 12).
Um 1920 aus *Soldin (Neumark), Französisch-Reformierte Kirche*, nach *Wolgast* umgesetzt [Pros-1988, S. 154 ff]
.... *Stralsund St. Annen und Brigitten* (I 6) [Pros-1988, S. 154 ff]
..... *Groß Bünzow* (I 8).
Ursprünglich in *Leplow (Vorpommern)* [Pros-1988, S. 154 ff]

Quellen und Literatur

Archive, Bibliotheken, Museen

AdK	Akademie der Künste, Berlin.
AAScP	Archiv Alexander Schuke, Potsdam.
AEuBa	Archiv Hermann Eule, Bautzen.
AHaH	Archiv Emil Hammer, Hannover.
AHP	Archiv Hugenottenmuseum, Potsdam.
AKlB	Archiv Klais, Bonn.
AKmB	Archiv Kirchenmusikschule Berlin.
AKScB	Archiv Karl Schuke Berliner Orgelbauwerkstatt, Berlin.
AOttG	Archiv Paul Ott, Göttingen.
ARKEF	Archiv des Rates des Kreises Eberswalde-Finow.
ASaF	Archiv W. Sauer, Frankfurt (Oder).
ASCh	Archiv Schloß Charlottenburg, Berlin.
ASMS	Archiv Stadtgeschichtliches Museum Spandau, Berlin.
AStOe	Archiv G. F. Steinmeyer & Co., Oettingen.
Cons-Fr	Französisches Konsistorium, Berlin.
DAB	Domarchiv Brandenburg.
DStB	Deutsche Staatsbibliothek, Berlin.
DZAM	Deutsches Zentralarchiv, Merseburg.
EphA	Ephoralarchiv.
EZA	Evangelisches Zentralarchiv, Berlin.
FrNaB-SiA	Französische Nationalbibliothek (Bibliotèque Nationale), Paris, Silbermann-Archiv, II R. 11.671. Johann Andreas Silbermann: Anmerkungen Einiger außer dem Elsaß stehender Orgeln ... S. 58-59. Abschrift von P. Albert Hohn, Ziegelhausen, Stift Neuburg, Kopie im Besitz der Firma Berliner Orgelbau.
GStA	Geheimes Staatsarchiv, Berlin-Dahlem.
IfD	Institut für Denkmalpflege, Berlin-Mitte.
KbB	Kunstbibliothek Berlin.
KoO-ZSOb	Konsistorium der Ev. Kirche Berlin-Brandenburg, Berlin (Ost), Zentralstelle für Orgelbau.
KoO-Ok	Konsistorium der Ev. Kirche Berlin-Brandenburg, Berlin (Ost), Orgelkartei.
KoW-ZSOb	Konsistorium der Ev. Kirche Berlin-Brandenburg, Berlin (West), Zentralstelle für Orgelbau.
LAB	Landesarchiv, Berlin.
NgKu	Nationalgalerie Berlin, Kupferstichkabinett.
OChP	Ortschronik, Pankow.
PaA	Patentamt, Berlin.
PfA	Pfarrarchiv.
PfA-ChEp	Pfarrarchiv der Epiphanien-Kirche, Berlin-Charlottenburg.
PfA-ChFr	Pfarrarchiv der Friedens-Kirche, Berlin-Charlottenburg.
PfA-ChGA	Pfarrarchiv der Gustav-Adolf-Kirche, Berlin-Charlottenburg.
PfA-ChKW	Pfarrarchiv der Kaiser-Wilhelm-Gedächtnis-Kirche, Berlin-Charlottenburg.
PfA-ChLu	Pfarrarchiv der Luisen-Kirche, Berlin-Charlottenburg.
PfA-ChNW	Pfarrarchiv der Kirche Neu-Westend, Berlin-Charlottenburg.
PfA-ChPl	Pfarrarchiv im Gemeindezentrum Plötzensee (Charlottenburg-Nord), Berlin-Charlottenburg.
PfA-ChTr	Pfarrarchiv der Trinitatis-Kirche, Charlottenburg.
PfA-FrAu	Pfarrarchiv der Auferstehungs-Kirche, Berlin-Friedrichshain.
PfA-FrBa	Pfarrarchiv der St. Bartholomäus-Kirche, Berlin-Friedrichshain.
PfA-HeKa	Pfarrarchiv der Dorfkirche Kaulsdorf, Berlin-Hellersdorf.
PfA-HoTa	Pfarrarchiv der Tabor-Kirche, Berlin-Hohenschönhausen.
PfA-KöCh	Pfarrarchiv der Christophorus-Kirche, Berlin-Köpenick.
PfA-KöLa	Pfarrarchiv der Laurentius-Kirche, Berlin-Köpenick.
PfA-KrCh	Pfarrarchiv der Christus-Kirche, Berlin-Kreuzberg.
PfA-KrDr	Pfarrarchiv der Dreifaltigkeits-Gemeinde, Berlin-Kreuzberg.
PfA-KrEm	Pfarrarchiv der Emmaus-Kirche, Berlin-Kreuzberg.
PfA-KrJa	Pfarrarchiv der St. Jacobi-Kirche, Berlin-Kreuzberg.
PfA-KrJe	Pfarrarchiv der Jerusalem-Kirche, Berlin-Kreuzberg.
PfA-KrJs	Pfarrarchiv der Jesus-Kirche, Berlin-Kreuzberg.
PfA-KrMa	Pfarrarchiv der Martha-Kirche, Berlin-Kreuzberg.
PfA-KrÖl	Pfarrarchiv der Ölberg-Kirche, Berlin-Kreuzberg.
PfA-KrPa	Pfarrarchiv der Passions-Kirche, Berlin-Kreuzberg.
PfA-KrSi	Pfarrarchiv der St. Simeon-Kirche, Berlin-Kreuzberg.
PfA-KrTa	Pfarrarchiv der Tabor-Kirche, Berlin-Kreuzberg.
PfA-KrTh	Pfarrarchiv der St. Thomas-Kirche, Berlin-Kreuzberg.
PfA-LiLa	Pfarrarchiv der Lazarus-Kirche, Berlin-Lichtenberg.
PfA-MiNM	Pfarrarchiv St. Nikolai-St. Marien, Berlin-Mitte.
PfA-MiPa	Pfarrarchiv der Parochial-Kirche, Berlin-Mitte.
PfA-MiSo	Pfarrarchiv der Sophien-Kirche, Berlin-Mitte.
PfA-NkBl	Pfarrarchiv der Böhmisch-lutherischen Gemeine, Berlin-Neukölln.
PfA-NkBu	Pfarrarchiv der Dorfkirche Buckow, Berlin-Neukölln.
PfA-NkDB	Pfarrarchiv der Dorfkirche Britz, Berlin-Neukölln.
PfA-NkBg	Pfarrarchiv der Brüdergemeine, Berlin-Neukölln.
PfA-NkDR	Pfarrarchiv der Dorfkirche Rudow, Berlin-Neukölln.
PfA-NkGe	Pfarrarchiv der Genezareth-Kirche, Berlin-Neukölln.
PfA-NkGB	Pfarrarchiv des Gemeindezentrums Neu-Buckow, Berlin-Neukölln.
PfA-NkHe	Pfarrarchiv des Hephata-Gemeindezentrums, Berlin-Neukölln.
PfA-NkJB	Pfarrarchiv der Johann-Christoph-Blumhardt-Kirche, Berlin-Neukölln.
PfA-NkMa	Pfarrarchiv der Magdalenen-Kirche, Berlin-Neukölln.
PfA-NkMe	Pfarrarchiv der Melanchthon-Kirche, Berlin-Neukölln.
PfA-NkMK	Pfarrarchiv der Martin-Luther-King-Kirche, Berlin-Neukölln.
PfA-NkML	Pfarrarchiv der Martin-Luther-Kirche, Berlin-Neukölln.
PfA-NkNi	Pfarrarchiv der Nikodemus-Kirche, Berlin-Neukölln.
PfA-PaBl	Pfarrarchiv der Dorfkirche Blankenburg, Berlin-Pankow.
PfA-PaBf	Pfarrarchiv der Dorfkirche Blankenfelde, Berlin-Pankow.
PfA-PaBu	Pfarrarchiv der Dorfkirche Buchholz, Berlin-Pankow.
PfA-PaHe	Pfarrarchiv Heinersdorf, Berlin-Pankow.
PfA-PaNi	Pfarrarchiv der Dorfkirche Niederschönhausen, Berlin-Pankow.
PfA-PaRo	Pfarrarchiv Rosenthal, Berlin-Pankow.
PfA-PaVE	Pfarrarchiv der Kirche Zu den Vier Evangelisten, Berlin-Pankow.
PfA-PaWi	Pfarrarchiv der Luther-Kirche Wilhelmsruh, Berlin-Pankow.
PfA-PBIm	Pfarrarchiv der Immanuel-Kirche, Berlin-Prenzlauer Berg.
PfA-ReDH	Pfarrarchiv der Dorfkirche Heiligensee, Berlin-Reinickendorf.

PfA-ReDT	Pfarrarchiv der Dorfkirche Tegel, Berlin-Reinickendorf.
PfA-ReHe	Pfarrarchiv der Dorfkirche Hermsdorf, Berlin-Reinickendorf.
PfA-ReHo	Pfarrarchiv der Hoffnungs-Kirche, Berlin-Reinickendorf.
PfA-ReJC	Pfarrarchiv der Jesus-Christus-Kirche, Berlin-Reinickendorf.
PfA-ReJo	Pfarrarchiv der Johannes-Kirche, Berlin-Reinickendorf.
PfA-ReMa	Pfarrarchiv der Martinus-Kirche, Berlin-Reinickendorf.
PfA-ReSe	Pfarrarchiv der Segens-Kirche Frohnau, Berlin-Reinickendorf.
PfA-ReSl	Pfarrarchiv der Kirche am Seggeluchbecken, Berlin-Reinickendorf.
PfA-ScDS	Pfarrarchiv der Dorfkirche Schöneberg, Berlin-Schöneberg.
PfA-ScAP	Pfarrarchiv der Apostel-Paulus-Kirche, Berlin-Schöneberg.
PfA-ScKL	Pfarrarchiv der Königin-Luise-Gedächtnis-Kirche, Berlin-Schöneberg.
PfA-ScLu	Pfarrarchiv der Luther-Kirche, Berlin-Schöneberg.
PfA-ScNa	Pfarrarchiv der Nathanael-Kirche, Berlin-Schöneberg.
PfA-ScPh	Pfarrarchiv der Philippus-Kirche, Berlin-Schöneberg.
PfA-ScZA	Pfarrarchiv der Zwölf-Apostel-Kirche, Berlin-Schöneberg.
PfA-ScZG	Pfarrarchiv der Kirche Zum Guten Hirten, Berlin-Schöneberg.
PfA-ScZH	Pfarrarchiv der Kirche Zum Heilsbronnen, Berlin-Schöneberg.
PfA-SpKl	Pfarrarchiv der Dorfkirche Kladow, Berlin-Spandau.
PfA-SpKf	Pfarrarchiv der Gemeinde Klosterfelde, Berlin-Spandau.
PfA-SpMe	Pfarrarchiv der Melanchthon-Kirche, Berlin-Spandau.
PfA-SpNi	Pfarrarchiv der St. Nikolai-Kirche, Berlin-Spandau.
PfA-SpLu	Pfarrarchiv der Luther-Kirche, Berlin-Spandau.
PfA-SpSG	Pfarrarchiv der Kirche Gartenstadt Staaken, Berlin-Spandau.
PfA-SpSi	Pfarrarchiv der Kirche Siemensstadt, Berlin-Spandau.
PfA-SpWe	Pfarrarchiv der Weihnachts-Kirche, Berlin-Spandau.
PfA-SpZu	Pfarrarchiv der Zuversichts-Kirche, Berlin-Spandau.
PfA-TeDo	Pfarrarchiv der Dorfkirche Tempelhof, Berlin-Tempelhof.
PfA-StDB	Pfarrarchiv des Dietrich-Bonhoeffer-Gemeindezentrums, Berlin-Steglitz.
PfA-StDL	Pfarrarchiv der Dorfkirche Lankwitz, Berlin-Steglitz.
PfA-StDG	Pfarrarchiv der Dorfkirche Giesensdorf, Berlin-Steglitz.
PfA-StDr	Pfarrarchiv der Dreifaltigkeits-Kirche, Berlin-Steglitz.
PfA-StJo	Pfarrarchiv der Johannes-Kirche, Berlin-Steglitz.
PfA-StLi	Pfarrarchiv der Dorfkirche Lichterfelde, Berlin-Steglitz.
PfA-StLu	Pfarrarchiv der Lukas-Kirche, Berlin-Steglitz.
PfA-StMa	Pfarrarchiv der Matthäus-Kirche, Berlin-Steglitz.
PfA-StML	Pfarrarchiv der Martin-Luther-Kirche, Berlin-Steglitz.
PfA-StMr	Pfarrarchiv der Markus-Kirche, Berlin-Steglitz.
PfA-StPa	Pfarrarchiv der Paulus-Kirche, Berlin-Steglitz.
PfA-StPe	Pfarrarchiv der Petrus-Kirche, Berlin-Steglitz.
PfA-StWC	Pfarrarchiv der Kirche Zur Wiederkunft Christi, Berlin-Steglitz.
PfA-TeDL	Pfarrarchiv der Dorfkirche Lichtenrade, Berlin-Tempelhof.
PfA-TeDT	Pfarrarchiv der Dorfkirche Tempelhof, Berlin-Tempelhof.
PfA-TeGl	Pfarrarchiv der Glaubens-Kirche, Berlin-Tempelhof.
PfA-TeGM	Pfarrarchiv des Gemeindezentrums Mariendorf-Ost, Berlin-Tempelhof.
PfA-TeML	Pfarrarchiv der Martin-Luther-Gedächtnis-Kirche Mariendorf, Berlin-Tempelhof.
PfA-TeMa	Pfarrarchiv der Dorfkirche Mariendorf, Berlin-Tempelhof.
PfA-TeMf	Pfarrarchiv der Dorfkirche Marienfelde, Berlin-Tempelhof.
PfA-TeTF	Pfarrarchiv der Kirche auf dem Tempelhofer Feld, Berlin-Tempelhof.
PfA-TiHe	Pfarrarchiv der Heilands-Kirche, Berlin-Tiergarten.
PfA-TiHG	Pfarrarchiv der Heilige-Geist-Kirche, Berlin-Tiergarten.
PfA-TiKF	Pfarrarchiv der Kaiser-Friedrich-Gedächtnis-Kirche, Berlin-Tiergarten.
PfA-TiRe	Pfarrarchiv der Reformations-Kirche, Berlin-Tiergarten.
PfA-TiSJ	Pfarrarchiv der St. Johannis-Kirche, Berlin-Tiergarten.
PfA-TiSM	Pfarrarchiv der St. Matthäus-Kirche, Berlin-Tiergarten.
PfA-TrAG	Pfarrarchiv der Dorfkirche Altglienicke, Berlin-Treptow.
PfA-TrVK	Pfarrarchiv der Verklärungs-Kirche, Adlershof, Berlin-Treptow.
PfA-WeDa	Pfarrarchiv der Dankes-Kirche, Berlin-Wedding.
PfA-WeFr	Pfarrarchiv der Friedens-Kirche, Berlin-Wedding.
PfA-WeKa	Pfarrarchiv der Kapernaum-Kirche, Berlin-Wedding.
PfA-WeML	Pfarrarchiv des Martin-Luther-Gemeindezentrums Pankow-West, Berlin-Wedding.
PfA-WeNa	Pfarrarchiv der Nazareth-Kirche, Berlin-Wedding.
PfA-WeOs	Pfarrarchiv der Oster-Kirche, Berlin-Wedding.
PfA-WeSP	Pfarrarchiv der St. Pauls-Kirche, Berlin-Wedding.
PfA-WeSt	Pfarrarchiv der Stephanus-Kirche, Berlin-Wedding.
PfA-WeVe	Pfarrarchiv der Versöhnungs-Kirche, Berlin-Wedding.
PfA-WiAu	Pfarrarchiv der Auen-Kirche, Berlin-Wilmersdorf.
PfA-WiDS	Pfarrarchiv der Dorfkirche Schmargendorf, Berlin-Wilmersdorf.
PfA-WiGr	Pfarrarchiv der Grunewald-Kirche, Berlin-Wilmersdorf.
PfA-WiHo	Pfarrarchiv der Hochmeister-Kirche, Berlin-Wilmersdorf.
PfA-WiKH	Pfarrarchiv der Kirche am Hohenzollernplatz, Berlin-Wilmersdorf.
PfA-WiKr	Pfarrarchiv der Kreuz-Kirche, Berlin-Wilmersdorf.
PfA-WiLi	Pfarrarchiv der Linden-Kirche, Berlin-Wilmersdorf.
PfA-WiVa	Pfarrarchiv der Vaterunser-Kirche, Berlin-Wilmersdorf.
PfA-ZeAn	Pfarrarchiv der St. Annen-Kirche, Berlin-Zehlendorf.
PfA-ZeEM	Pfarrarchiv der Ernst-Moritz-Arndt-Kirche, Berlin-Zehlendorf.
PfA-ZeJC	Pfarrarchiv der Jesus-Christus-Kirche, Berlin-Zehlendorf.
PfA-ZeJo	Pfarrarchiv der Johannes-Kirche, Berlin-Zehlendorf.
PfA-ZeNi	Pfarrarchiv der Kirche Nikolassee, Berlin-Zehlendorf.
PfA-ZePa	Pfarrarchiv der Paulus-Kirche, Berlin-Zehlendorf.
PfA-ZePP	Pfarrarchiv der Kirche St. Peter und Paul auf Nikolskoe, Berlin-Zehlendorf.
PfA-ZeSc	Pfarrarchiv der Kirche Schönow, Berlin-Zehlendorf.
PfA-ZeWa	Pfarrarchiv der Kirche am Stölpchensee und der St. Andreas-Kirche, Berlin-Zehlendorf.
PfA-ZeZH	Pfarrarchiv der Kirche Zur Heimat, Berlin-Zehlendorf.
RBB	Ratsbibliothek Berlin.
SAB	Stadtarchiv Berlin.
SAP	Staatsarchiv Potsdam.
SIfMf	Staatliches Institut für Musikforschung Preußischer Kulturbesitz, Berlin-Tiergarten.
StAM	Staatsarchiv Münster.
SupA-Pa	Superintendentur-Archiv Pankow.
SupA-Ze	Superintendentur-Archiv Zehlendorf.
SupA-ReBo	Superintendentur-Archiv Reinickendorf, Kirche Borsigwalde.
SupI-ReEp	Superintendentur Reinickendorf, Ephoralarchiv.

Zeitschriften, Jahrbücher und Zeitungen

Abe	Abendblatt [Berlin], Berlin.
ADB	Allgemeine deutsche Biographie, Leipzig.
AOl	Acta organologica, Berlin und Merseburg, 1967 ff.
AfM	Archiv für Musikforschung, Leipzig, 1936 ff.
AMZ	Allgemeine Musikalische Zeitung, Leipzig.
APS	Allgemeine Preußische Staatszeitung, Berlin, 1843 ff.
ArO	Ars Organi. Zeitschrift für Orgelwesen zugleich Mitteilungs- und Referatenblatt der Gesellschaft der Orgelfreunde, Berlin, 1952 ff.

Balt	Baltische Studien, Alte und Neue Folge, Hamburg, 1832 ff.
Bär	Der Bär. Illustrierte Wochenschrift für vaterländische Geschichte, Berlin, 1875 ff.
BeA	Berliner Architekturwelt, Berlin, 1898 ff.
BHe	Berliner Heimat. Zeitschrift für die Geschichte Berlins, Berlin, 1955 ff.
BNa	Berliner Nachrichten von Staats und gelehrten Sachen.
BrA	Brandenburgia. Archiv der »Brandenburgia«, Gesellschaft für Heimatkunde der Provinz Brandenburg zu Berlin, Berlin, 1894 ff.
BrM	Brandenburgia. Monatsblatt der Gesellschaft für Heimatkunde der Provinz Brandenburg zu Berlin, Berlin, 1892 ff.
BTa	Berliner Tageblatt
BZtg	Berliner Zeitung
CZB	CZB-Report, Berlin.
DAZ	Deutsche Allgemeine Zeitung.
DBZ	Deutsche Bauzeitung, Berlin, 1867 ff.
DdI	Der deutsche Instrumentenbau. Wochenschrift für Instrumentenbau und Instrumentenkunde, hrsg. von Ernst Enting, Berlin, 1899/1900.
DIZ	Deutsche Instrumentenbau-Zeitung [Fortsetzung von »Der deutsche Instrumentenbau«], Berlin, 1900/1901 ff.
DZu	Deutsche Zukunft, Berlin.
EGb	Evangelisches Gemeindeblatt.
GrP	Grüne Post, Berlin
HzJ	Hohenzollern-Jahrbuch. Forschungen und Abbildungen zur Geschichte der Hohenzollern in Brandenburg-Preußen, Berlin und Danzig, 1897 ff.
ISO	ISO-Information, Lauffen.
KiM	Der Kirchenmusiker.
Kirc	Der Kirchenchor.
Kur	Der Kurier, Berlin.
LiLA	Lichterfelder Lokalanzeiger.
LuZ	Ludwigsburger Zeitung.
MeB	Melanchthon-Bote, Berlin.
MI	Musik International, Frankfurt
MGG	Die Musik in Geschichte und Gegenwart, Kassel.
Mor	Der Morgen, Berlin.
MuK	Musik und Kirche, Kassel, 1929 ff.
MVB	Mitteilungen des Vereins für die Geschichte Berlins, Berlin, 1834 ff.
MVP	Mitteilungen des Vereins für die Geschichte Potsdams, o. O., 1864 ff.
MVst	Märkische Volksstimme, Berlin
NkH	Neuköllner Heimatverein e. V., Mitteilungsblatt, Berlin-Neukölln.
NZ	Neue Zeit, Berlin.
OPZ	Die Orgel- und Pianobau-Zeitung [Fortsetzung der »Die Orgelbau-Zeitung«], 3.1881 ff.
Org	The Organ. A quarterly review for its makers, its players and its lovers, London, 1921 ff.
OrZ	Die Orgelbau-Zeitung. Organ für die Gesamtinteressen der Orgelbaukunst, hrsg. von Moritz Reiter, Berlin, 1879 ff.
Rbo	Der Reichsbote, Berlin
SpV	Spandauer Volksblatt, Berlin.
SpZ	Spenersche Zeitung, Berlin.
SZB	Staatsbürger-Zeitung, Berlin.
Tgr	Telegraf
ThR	Theologische Rundschau.
TR	Tägliche Rundschau, Berlin, um 1926.
TRu	Tägliche Rundschau. Zeitung für Politik, Wirtschaft und Kultur. Berliner Ausgabe, Berlin, 1945 ff.
Tsp	Tagesspiegel, Berlin.
Ura	Urania. Ein musikalisches Beiblatt zum Orgelfreunde, hrsg. v. Gotthold Wilhelm Körner, et al., Erfurt und Leipzig, 1.1844 bis 68.1911, - Ab 29.1872: Musik-Zeitschrift für alle, welche das Wohl der Kirche besonders zu fördern haben, hrsg. v. Alexander Wilhelm Gottschalg, - ab 46.1889 Musikzeitschrift für Orgelbau, Orgel- und Harmoniumspiel, - ab 65.1908, hrsg. v. M. Puthmann.
VGB	Schriften des Vereins für die Geschichte der Stadt Berlin, Berlin, 1865 ff.
VB	Völkischer Beobachter, München.
Vos	Vossische Zeitung, Berlin.
WAI	Wochenblatt für Architekten und Ingenieure, Berlin, 1880 ff.
WBfK	Württembergische Blätter für Kirchenmusik.
Wet	Wettbewerbe, Beilage der Deutschen Bauzeitung.
ZBV	Zentralblatt der Bauverwaltung, Berlin, 1881 ff.
ZEK	Zeitschrift für Evangelische Kirchenmusik, 1922 ff.
ZfB	Zeitschrift für Bauwesen, redigiert von Carl Hoffmann, Berlin, 1851 ff.
ZfI	Zeitschrift für Instrumentenbau. Centralorgan für die Interessen der Fabrikation von Musikinstrumenten, hrsg. von Paul de Wit, Leipzig, 1880/1881 ff.
ZfM	Zeitschrift für Musik.

Literaturverzeichnis

Adlu-1768	Adlung, Jacob: Musica mechanica organoedi. Das ist: Gründlicher Unterricht von der Structur, Gebrauch und Erhaltung der Orgeln, Clavicymbel, Clavichordien und anderer Instrumente, 2 Bde., Berlin, 1768; 1. Nachdruck Kassel, 1931; 2. Nachdruck Kassel, 1961.
Adel-1955	Adelung, Wolfgang: Einführung in den Orgelbau, Leipzig, 1955; [2. Auflage Leipzig, 1972].
Adel-1972	Adelung, Wolfgang: Orgeln der Gegenwart, Kassel, 1972.
Albr-1939	Albrecht, Christlieb, Babelsberg 1939. [Unveröff. Manuskript, Bestandsaufnahme von 21 Orgeln in und um Potsdam.]
Albr-1988	Albrecht, Christoph: August Wilhelm Bach (1796-1869). Ein Berliner Organist, Organologe und Orgelpädagoge des 19. Jahrhunderts, in: Seeger, Horst (Hrsg.): Studien zur Berliner Musikgeschichte, Berlin, 1988.
Apel-1934	Apel, Willi: Die Tabulatur des Adam Ileborgh, in: Zeitschrift für Musikwissenschaft, 16 (1934), S. 193-212.
Aule-1929	Auler, Wolfgang: Die Orgel der Schloßkapelle zu Charlottenburg, in: ZfM, Jg. 96, Nr. 10, S. 618 f.
Auss-1980	Katalog der Ausstellung »Restaurierte Kunstwerke in der Deutschen Demokratischen Republik«, Ausstellung im Alten Museum, Staatliche Museen zu Berlin, Berlin, 1980.
Auss-1986	Ausstellungskatalog Friedrich der Große, 200. Todestag, Berlin, 1986.
Bach-1969	Bach-Dokumente, Bd. 2, Leipzig, 1969.
Bads-1987	Badstübner, Ernst: Kirchen in Berlin, Berlin, 1987.
Beck-1759	Beckmann: Chronik von Berlin und Cölln [Handschrift, Exemplar der Ratsbibliothek Berlin], Berlin, 1759.
Bege-1703	Begers, L.: Numismata Pontificum Romanorum aliorumque Ecclesiasticorum, Berlin, 1703.
Beie-1922	Beier, Ferdinand: Geschichte von Pankow, o. O., 1922.
Beie-1936	Beier, Ferdinand: 400 Jahre Geschichte des Kirchenkreises Berlin Land II, Berlin, 1936.
Bell-1979	Bellmann, Fritz; Harksen, Marie-Luise; Werner, Roland: Die Denkmale der Lutherstadt Wittenberg, Weimar, 1979.
Berg-1983	Bergelt, Wolf: Historische Orgeln in der DDR, Berlin-Immanuelkirche, in: MI, 1983, Heft 8, S. 513 f.
Berg-1985	Bergelt, Wolf: Historische Orgeln in der DDR - Wusterhausen/Dosse, in: MI, 1985/6.
Berg-1987	Bergelt, Wolf: Historische Orgeln in der DDR - Ringenwalde, in: MI, 1987/12.
Berg-1989	Bergelt, Wolf: Die Mark Brandenburg - eine wiederentdeckte Orgellandschaft, Berlin, 1989.

Bern-1987	Bernecker, Michael: Die Orgel und ihre Baugeschichte, in: Heid-1987.
Berk-1977	Berkenhagen, Ekkhard: Fritz Högner, Baumeister-Zeichnungen, Katalog zur Ausstellung Berlin, Elmshorn, 1977.
Beth-1935	Bethke, Eugen: Hundert Jahre St. Elisabeth-Berlin 1835-1935. Bilder aus dem Wachsen und Werden einer evangelischen Kirchengemeinde der Großstadt, Berlin, 1935.
Bieh-1929	Biehle, Johannes: Die Tagung für Orgelbau in Berlin 1928, Berlin, 1929.
Birt-1932	Birtner, Herbert: Die Probleme der Orgelbewegung, ThR, 1932, S. 39-66, 122-130.
Bitt-1906	Bitthorn, Otto: St. Andreas 1856-1906, o. O., o. J. (1906).
BKD-1971	Die Bauwerke und Kunstdenkmäler von Berlin, Spandau, (Hrsg. Amt für Denkmalpflege), Berlin, 1971.
Blec-1965	Blechschmidt, Eva: Die Amalien-Bibliothek (Diss.), Berlin, 1965.
Blum-1891	Blumner, M.: Geschichte der Singakademie, Berlin, 1891.
Bödi-1729	Bödiker, Carl: Einweihungs-Predigt der neuen Orgel zu Wriezen … 1729.
Boec-1937	Boeck, W., et al.: Alte Berliner Kirchen, Berlin, 1937.
Boec-1975	Boeckh, Jürgen: Alt-Berliner Kirchen, Berlin, o. J. (1975).
Borm-1966	Bormann, Karl: Die gotische Orgel zu Halberstadt, Berlin, 1966.
Born-1976	Bornefeld, Helmut: Mein Orgel-Credo, in: WBfK, 1967, S. 221-241.
Borr-1893	Borrmann, Richard: Bau- und Kunstdenkmäler von Berlin, o. O., 1893.
Bett-1955	Bottin, Hanns: Aus der Geschichte der Lichtenberger Dorfkirche, in: BHe, 1, 1955, S. 32 f.
Bräu-1928	Fritz Bräuning: Die Kirche auf dem Tempelhofer Feld. Festschrift zu ihrer Einweihung am Himmelfahrtstag 17. Mai 1928, Berlin, o. J.
Brau-1919	Braun, Max: Die Apostel-Paulus-Kirche in Berlin-Schöneberg. Festschrift zum 25-jährigen Bestehen 1894-1919, Berlin, 1919.
Brau-1907	Braun, Max: Die Jesus-Kirche in Berlin, Berlin, 1907.
Brec-1888	Brecht, C(arl): Die Garnisonkirche in Berlin, in: Vermischte Schriften im Anschluß an die Berlinische Chronik und an das Urkundenbuch, 2. Bd., Tafel 3, Berlin, 1888.
Brod-1899	Brode, Eugen: Geschichte Rixdorfs, Berlin, 1899.
Bron-1933	Bronisch, Gerhard: Die Franziskaner-Klosterkirche in Berlin, Berlin, 1933.
Bull-1969	Bullmann, F. G.: Die Rheinischen Orgelbauer Kleine - Roetzel - Nohl. Leben und Werk einer Orgelbauerfamilie des 18. und 19. Jahrhunderts im rheinischen und südwestfälischen Raum, 2 Bde., Giebing, 1969.
Burg-1925	Burgemeister, Ludwig: Der Orgelbau in Schlesien, Strassburg, 1925.
Burg-1973	Burgemeister, Ludwig: Der Orgelbau in Schlesien, 1925, 2., erweiterte Auflage, Frankfurt/Main, 1973.
Burn-1980	Burney, Charles: Tagebuch einer musikalischen Reise …, Wilhelmshaven, 1980 [1. Auflage London, 1773].
Busc-1970	Busch, Hermann J.: Ein Dokument zur Geschichte des Orgelbaus in der Mitte des 19. Jahrhunderts, in: MuK, 40 (1970), S. 330-341.
Busc-1988	Busch, Hermann J. (Hrsg.): Zur Interpretation der Orgelwerke Max Regers, Kassel, 1988.
Busc-1984/1	Busch, Hermann J.: Entwicklungslinien des Bach-Spiels im 19. und 20. Jahrhundert, in: AOl 17, 1984, S. 387-405.
Busc-1984/2	Busch, Hermann J.: Historismus und historisches Bewußtsein in der deutschen Orgelmusik zwischen den Weltkriegen, AOl 17, 1984, S. 169-183.
Büto-1936	Bütow, Hans: Orgeljubiläum in Königsberg, in: Märkische Blätter, Nr. 273, 21./22. 11. 1936.
Bütt-1913	Büttner, Martin: Geschichte der Zwölf-Apostel-Gemeinde in Berlin (1863-1913), Berlin, 1913.
Chro-1888	Berliner Chronik und Urkundenbuch, 2 Bde., Berlin, 1888.
Chro-1987	Chronik der Kirche Alt-Tegel, Berlin, 1987.
Czub-1987	Czubatynski, Uwe: Orgelkunst in der Prignitz, in: ArO 35 (1987), S. 28 f.
Dähn-1980	Dähnert, Ulrich: Historische Orgeln in Sachsen, Leipzig, 1980.
Davi-1946	David Werner: Um die Zukunft der Orgelkunst, Tsp, 17. 7. 1946.
Davi-1949	David, Werner: Die Orgel von St. Marien zu Berlin und andere berühmte Berliner Orgeln, Mainz, 1949.
Demp-1987	Demps, Laurenz: Der Gensd'armen-Markt. Gesicht und Geschichte eines Berliner Platzes, Berlin, 1987.
Dien-1879	Dienel, Otto: Die Marienorgel zu Berlin, in: Orgelbauzeitung, 1879, S. 52.
Diet-1937	Dietz, Otto: Lorenzer Orgelbüchlein, Kassel, 1937.
Dins-1897	Dinse, Gebr.: Catalog der Orgelbau-Anstalt Gebrüder Dinse, Berlin, um 1897; Nachdruck, Berlin, 1980.
Dohm-1876	Dohme, Robert: Das Königliche Schloß in Berlin, Leipzig, 1876.
Dorn-1983	Dornbusch, Günther: Die Gottesburg am Hohenzollernplatz, in Fest-1983.
Ebha-1926	Ebhardt, B.: Ein gefährdetes Kleinod in der Berliner Klosterkirche, in: TR, 21. 1. 1926.
Edho-1985	Edholm, Dag: Orgelbyggere i Sverige, Stockholm, 1985.
Edsk-1968	Edskes, C. H.: De nagelaten geschriften van de orgelmaker Arp Schnitger (1648-1719), Boeijenga, Sneek, 1968.
Eier-1935	Eiermann, Egon: »Das Theater in Dessau und die Baukunst von heute. Bauwelt, Berlin, 1935, Heft 19.
Elis-1930	Elis, Carl: Neuere Orgeldispositionen, Kassel, 1930.
Elis-1931	Elis, Carl: Die erneuerte Orgel in der St. Jakobikirche in Berlin, in: ZfI, Jg. 51, 1930/1931, S. 246 f.
Eric-1988	Erici, Einar: Orgel-Inventarium, Stockholm, 1965, 2. Auflage 1988.
Falk-1990	Falkenberg, Hans-Joachim: Der Orgelbauer Wilhelm Sauer 1831-1916. Leben und Werk, Lauffen, 1990.
Fedt-1959	Fedtke, Traugott: Die früheren Orgeln der St. Johannis-Kirche, Berlin, 1959.
Feig-1937	Feige, Wilhelm: Rings um dem Dorfaue, Berlin, 1937.
Fest-1916	Festschrift zur Feier des fünfundzwanzigjährigen Bestehens der Friedenskirche, Berlin, 1916.
Fest-1928	Festschrift zur Feier des 55jährigen Bestehens des Berliner Organisten-Vereins und seines 25jährigen Jubiläums als »Verein Berliner Organisten und Kirchenchor-Dirigenten«, Berlin, 1928.
Fest-1935	Festschrift: 100 Jahre St. Pauls-Kirche, Berlin, 1935.
Fest-1956	Festschrift zum fünfundzwanzigjährigen Bestehen der evangelischen Kirche zu Berlin-Siemensstadt 1931-1956, Berlin, 1956.
Fest-1961	Festschrift: Die Arp Schnitger-Orgel der Hauptkirche St. Jacobi Hamburg, o. O., 1961.
Fest-1966	Festschrift Paul-Gerhardt-Kirche Januar 1966 Einweihung der Orgel, Berlin, 1966.
Fest-1968/1	Festschrift: 75 Jahre Emmaus-Kirche, Berlin, 1968.
Fest-1968/2	Festschrift Melanchthon-Kirche, 1893-1968, Berlin, 1968.
Fest-1970	Festschrift Schuke, 1970.
Fest-1972	Festschrift zur Orgelweihe in der Gustav-Adolf-Kirche am 20. 2. 1972, Berlin, 1972.
Fest-1978	Festschrift: Kirche auf dem Tempelhofer Feld, 1928-1978, S. 17-19, 24-26.
Fest-1981	Festschrift: 125 Jahre St. Elisabeth-Stift Berlin, 1856-1981« Berlin, 1981.
Fest-1983	Festschrift: 1933-1983 - Kirche am Hohenzollernplatz zu Berlin Wilmersdorf, Berlin, 1983.
Fest-1985/1	Festschrift: 50jähriges Jubiläum der Apostel-Paulus-Kirche, 1935-1985, Berlin, 1985.
Fest-1985/2	Festschrift zur Einweihung der neuen Orgel, Evangelische Kirchengemeinde Berlin-Biesdorf, o. O., 1985.
Fest-1986/1	Festschrift: Die neue Orgel der Reformations-Kirche, o. O. (Berlin), o. J. (1986).
Fest-1986	Festschrift: 50 Jahre Johannes-Kirche Berlin-Frohnau, Berlin, 1986.

Fest-1988/1	Festschrift: Die Noeske-Orgel in der Kapelle des Lazarus- und und Diakonissenhauses zu Berlin, Berlin, 1988.
Fest-1988/2	Festschrift: Vom Tragen des Kreuzes, 1888-1988, Berlin, 1988.
Fisc-1930	Fischer-Krückeberg, Elisabeth: Zur Geschichte der Orgeln in den Berliner Kirchen zu Anfang des 17. Jahrhunderts, in: Mitteilungen des Vereins für die Geschichte Berlins, Berlin, 1930, S. 114-116.
Fisc-1961	Fischer, Ute: Die drei Orgeln des Berliner Doms, in: ArO, Heft 19, Berlin, 1961, S. 452.
Fisc-1982	Fischer, Hermann / Wohnhaas, Theodor: Historische Orgeln in Schwaben, München, 1982.
Fisc-1987	Fischer-Defoy, Christine: Kunst Macht Politik. Hochschule der Künste, o. O. (Berlin), o. J. (1987).
Flad-1950	Flade, Ernst: Kopie der Reichserfassungsliste in der Deutschen Staatsbibliothek, Berlin.
Flad-1953	Flade, Ernst: Gottfried Silbermann. Ein Beitrag zur Geschichte des deutschen Orgel- und Klavierbaus im Zeitalter Bachs, Leipzig, 1953.
Flad-1960	Flade, Ernst: Orgelbauerlexikon um 1960 [maschinenschriftliches Manuskript im Besitz der Deutschen Staatsbibliothek, Berlin].
Fock-1931	Fock, Gustav: Aus den Akten der Schnitger-Orgel zu Charlottenburg, Musik und Kirche, 1931, Heft 6, S. 288-292.
Fock-1937	Fock, Gustav: Die Arp-Schnitger-Orgel in der Eosander-Kapelle des Charlottenburger Schlosses, Schallplattentext für die Aufnahme der Orgelmesse von Bach durch Fritz Heitmann (Telefunken, LSK 7033), um 1950, Aufnahme um 1937.
Fock-1939	Fock, G.: Hamburgs Anteil am Orgelbau im Niederdeutschen Kulturgebiet, Zeitschrift des Vereins für Hamburgische Geschichte, 1939.
Fock-1974	Fock, Gustav: Arp Schnitger und seine Schule, Kassel, 1974.
Fred-19xx	Fredrich, C.: Die ehemalige Marienkirche zu Stettin und ihr Besitz, in: Baltische Studien, Neue Folge, Bd. 21.
Frey-1936	Freytag, Werner: Musikgeschichte der Stadt Stettin im 18. Jahrhundert, Greifswald, 1936.
Frie-1989	Friedrich, Felix: Der Orgelbauer Heinrich Gottfried Trost, Leipzig, 1989.
Frit-1828	Fritsch, J. H.: Geschichte des vormaligen Reichsstifts und der Stadt Quedlinburg, Th. 2, Quedlinburg, 1828.
Frot-1939	Frotscher, Gotthold: Deutsche Orgeldispositionen aus 5 Jahrhunderten, Wolfenbüttel, 1939.
Frot-1950	Frotscher, Gotthold: Orgeldispositionen, um 1950 [maschinenschriftliches Manuskript im Besitz der Universitätsbibliothek Münster].
Führ-1972	Führer der Schloßverwaltung: Schloß Charlottenburg, 3. Aufl. Berlin 1972.
Gebh-1927	Gebhard, Peter von: Das älteste Berliner Bürgerbuch, 1453-1700, Berlin, 1927.
Gebh-1930	Gebhardt, Peter von: Die Bürgerbücher von Cölln an der Spree, und Die chronikalischen Nachrichten des ältesten Cöllner Bürgerbuches, 1542-1610, Berlin, 1930.
Geme-1985	Gemeindechronik 50 Jahre Weihnachtskirche, Berlin, 1985.
Gerb-1812	Gerber, Ernst Ludwig.: Neues historisch-biographisches Lexikon der Tonkünstler, 4 Bde., Leipzig, 1812-1814.
Gerb-1790	Gerber, Ernst Ludwig: Historisch-biographisches Lexikon der Tonkünstler, welches Nachrichten von dem Leben und Werken musikalischer Schriftsteller, berühmter Componisten, Sänger, Meister auf Instrumenten, Dilettanten, Orgel- und Instrumentenmacher enthält, 2 Bde., Leipzig, 1790-1792.
Germ-1941	Germania sacra, I, Bd. 3 (Das Bistum Brandenburg), II. Teil, Berlin, 1941.
Gesc-1839	Geschichte der Dreifaltigkeitskirche zu Berlin. Zur 100jährigen Jubelfeier der Kirche ... Gewidmet von den Predigern derselben und dem Kirchen-Kollegium, Berlin, 1839.
Gesc-1896	Geschichte der Gründung und der ersten 50 Jahre der St. Matthäus-Kirche zu Berlin, Berlin, 1896.
Gesc-1935	Geschichte der St. Pauls-Gemeinde. Zum 100jährigen Bestehen der Gemeinde, Berlin, 1935.
Gewe-1896	Berliner Gewerbe-Ausstellung, 1896, Amtlicher Führer, Berlin, 1896.
Geye-1897	Geyer: Zur Baugeschichte des Königlichen Schlosses in Berlin, II.: Die Kapelle Friedrichs I., in: HzJ, 1897, Bd. 1.
Gier-1905	Giertz, Alexander: Chronik der Gemeinde Weißensee bei Berlin, Berlin, 1905-1906.
Gock-1968	Gock, K. H.: Ein Jahrhundert evangelische Kirchengemeinde St. Simeon, o. O., 1968.
Goen-1897	Goens, G.: Geschichte der Königlichen Berlinischen Garnisonkirche, Berlin, 1897.
Golt-1837	Goltz, G. F. G.: Diplomatische Chronik der ehemaligen Residenzstadt der Lebuser Bischöfe von Fürstenwalde, Fürstenwalde, 1837.
Görg-1930	Görges, Paul/Moldaenke et al.: Von der Dorfkirche zur Großstadtkirche, Berlin, 1930
Gott-1985	Gottschalk, Wolfgang: Altberliner Kirchen in historischen Ansichten, Leipzig, 1985.
Greß-1989	Greß, Frank-Harald: Die Klanggestalt der Orgeln Gottfried Silbermanns, Leipzig, 1989.
Grim-1942	Grimm, Heinrich: Meister der Renaissancemusik an der Viadrina, Frankfurt/O. und Berlin, 1942.
Gund-1905	Gundlach, Wilhelm: Geschichte der Stadt Charlottenburg, 2 Bde., Berlin, 1905.
Gurl-1926/1	Gurlitt, Wilibald: Bericht über die Freiburger Tagung für Deutsche Orgelkunst, Augsburg, 1926.
Gurl-1926/2	Gurlitt, Wilibald: Die Wandlungen des Klangideals der Orgel im Lichte der Musikgeschichte, in: Gurl-1926/1, S. 11-42.
Gust-1938	Gustav-Adolf-Kirche Berlin-Charlottenburg, hrsg. vom Kunstdienst Spandau, o. O., 1938.
Haac-1935	Haacke, Walter: Die Entwicklungsgeschichte des Orgelbaus im Lande Mecklenburg-Schwerin, Wolfenbüttel/Berlin, 1935.
Haac-1965	Haacke, Walter: Orgeln in aller Welt, Königstein im Taunus, 1965.
Hall-1761	Halle, J. S.: Werkstätte der heutigen Künste, oder die neue Kunsthistorie mit Kupfern und Vignetten, Brandenburg und Leipzig, 1761-1765.
Hame-1935/1	Hamel, Fred, in: DAZ, 24. 6. 1935.
Hame-1935/2	Hamel, Fred: Vom neuen Orgelstil, in: DAZ, 5. 7. 1935.
Hame-1939/1	Hamel, Fred: Orgel als Kunstwerk - Tag der Berliner Kirchenmusikschule, in: DAZ, 13. 6. 1939.
Hame-1939/2	Hamel, Fred: Der Weg der modernen Orgel - Zum neuen Instrument im Spandauer Johannesstift, in: DZu, 25. 6. 1939.
Hamm-1954	Hammermeister, Paul: Orgelbau in Berlin, in: KiM, 1954, Heft 5, S. 47 ff.
Hamm-1958	Hammermeister, Paul: Gutachten zur Orgel in der Matthäus-Kirche Berlin Steglitz, Walcker Hausmitteilungen Nr. 21, 1958, S. 20-21 (Auszug).
Hand-1987	Die mittelalterliche Handelsstadt Berlin/Kölln, hrsg. vom Märkischen Museum, Berlin, 1987.
Hank-1987	Hanke, Wolfgang: Aus der Geschichte der Berliner Kirchenmusik (1), in: NZ, 21. 2. 1987, S. 4.
Hans-1927	Hans, Martin: Die Wiederherstellung der Klosterkirche, in: MVB, Band 44, 1927, S. 22-23.
Hark-1937	Harksen, Marie-Luise: Die Stadt Dessau, Burg, 1937.
Hark-1961	Harksen, Marie-Luise: Die Kunstdenkmale des Kreises Haldensleben, 1961.
Haup-1847	Haupt, August: Die neue Orgel der St. Nicolai-Kirche in Berlin, in: Ura, 1847, Nr. 5, S. 85 ff.
Haup-1850	Haupt, August: Orgeldispositionen um 1850 [handschriftliches Manuskript im Besitz der Universitätsbibliothek Münster].

Hege-1871	Hegel, Immanuel: Geschichte der Gründung und der ersten 25 Jahre der St. Matthäuskirche, Berlin, 1871.	Jose-1894	Joseph, D.: Die Parochialkirche zu Berlin (1694 bis 1894). Eine Bau- und kunsthistorische Studie auf Grund archiv. Quellen, Berlin, 1894.
Heid-1987	Heidemann, W. M. (Hrsg.): Evangelische Kirche St. Peter und Paul auf Nikolskoe, Berlin, 1987.	Kaeb-1935	Kaeber, Ernst (Hrsg.): Lichtenberg, 1935.
Hein-1882	Heintz, Alb.: Die keilförmigen Schleifladen der Herren Buchholz & Sohn in Berlin, in: ZfI, II. Bd., 1881/1882, S. 254.	Kauf-1931	Kaufmann, Walter: Die Arp-Schnitger-Orgel in der Charlottenburger Schloßkapelle, in: MuK, 1931, S. 138-140.
Hein-1908	Heinze, Marie: Musik und Musiker in Potsdam während des 18. Jahrhunderts, in: MVP, Neue Folge, Bd. 4, Heft 3, 1908.	Kauf-1949	Kaufmann, Walter: Der Orgelprospekt, Mainz, 1949.
		KPB-1912	Kunstdenkmäler der Provinz Brandenburg, Bd. VI, Teil 2, Frankfurt (Oder), Berlin, 1912.
Hein-1929	Firmenprospekt Gustav Heinze, Sorau (Niederlausitz), 1929-ca. 1933, [Loseblatt-Sammlung].	Kemp-1931	Kemper & Sohn, Emanuel: Orgel der St. Jakobi-Kirche Kreuzberg [Druckblatt], o. O., 1931.
Hein-1933	Heinze: Orgel des Gemeindesaals der Luisen-Kirche [Druckblatt], Charlottenburg, o. O., o. J., (1933).	Kirc-1898	Die evangelische Kirchen und Kapellen in Berlin und seiner nächsten Umgebung, Berlin, 1898.
Heit-1926	Heitmann, Fritz: Zu einem Aufsatz von Dr. B. Ebhardt, in: TR, 10. 2. 1926.	Kirc-1928	Kirche auf dem Tempelhofer Feld. Festschrift 17. 5. 1928, o. O., o. J. (1928).
Heit-1935	Heitmann, Fritz: Abnahmegutachten zur Sauer-Orgel in der Klosterkirche zu Berlin, Manuskript, 1935, in Auszügen zusammen mit Kritiken veröffentlicht in: Voge-1963, S. 144-145.	Kirc-1930	Berliner Kirchen [Manuskript im Pfarrarchiv der Jerusalem-Kirche], o. O., o. J. (1930).
		Kirc-1937	Alte Berliner Kirchen, Berlin, 1937.
		Kirc-1981	Kirchenmusik zur Orgelrenovierung Lindenkirche Berlin, 1981.
Heit-1937	Heitmann, Fritz: Erfahrungen an der Schnitger-Orgel der Charlottenburger Schloßkapelle und anderen Orgeln, in: MuK, 1937, S. 32-35; Nachdruck in: Voge-1963, S. 139-140.	Kirc-1985	Kirchner, Christhard: Die neue Orgel in der Französischen Friedrichstadtkirche zu Berlin. Orgelfestschrift des Kuratoriums der Französischen Friedrichstadtkirche, Berlin, o. J. (um 1985).
Heit-1946	Heitmann, Fritz: Zur Einweihung der Gruftkirchenorgel im Berliner Dom [Manuskript], 1946, veröffentlicht in: Voge-1963, S. 149-150.	Kirc-1985/2	Kirchner, Christhard: Ein unbekannter Orgelentwurf von Joachim Wagner, in: Ars Organi, 1985, Jg. 33, Heft 3, S. 190 f.
Helm-1911	Helmstädt, Karl: Lankwitz. Geschichtliches in Wort und Bild aus Vergangenheit und Gegenwart, Berlin, 1911.	Kirc-1988	Kirchner, Christhard: Beiträge zur Geschichte des Orgelbaus in der Mark Brandenburg bis zum Jahre 1600, in: Acta Organologiga, Bd. 20, 1988.
Henc-1937	Henckel, Wilhelm: Geschichte der evangelischen Dorotheenstadt-Gemeinde und ihrer Kirche im ersten Vierteljahrtausend, Berlin, 1937.	Kirc-1988/2	Kirchner, Christhard: Orgeln und Orgelbauer in der Mark Brandenburg im Jahrhundert der Reformation, in: »Dem Worte nicht entgegen ...«, Aspekte der Reformation in der Mark Brandenburg, hrsg. v. H.-U. Delius, M.-O. Kunzendorf u. Fr. Winter, Berlin, 1988, S. 125 f.
Henn-1913	Hennig, Kurt: Meisterharmonium »Dominator« und Parabrahmorgel, in: ZfI, Jg. XXXIII, 1912/1913, S. 376 ff.		
Hent-1880	Hentschel, Moritz: Geschichte St. Marcus, o. O., 1880.		
Herz-1968	Herzfeld, H. (Hrsg.): Geschichte von Brandenburg und Berlin, Berlin, 1968 ff.	Kirc-1990	Kirchner, Christhard: Der Berliner Orgelbauer Peter Migendt (1703-1767), in: MVB, Jg. 86, 1990, Heft 3, S. 295.
Hess-1969	Hess, P. G.: 100 Jahre St. Thomas, Berlin, 1969.	Kirc-1990/2	Kirchner, Christhard: Die Schüler und Nachfolger Joachim Wagners, in: Dokumentationen / Reprints, Heft 24, Blankenburg/Michaelstein, 1990.
Heye-1910	Heyer, Wilhelm: Musikhistorisches Museum. [Wilhelm Heyer Katalog], Köln, 1910.		
Hill-1989	Hiller, Paul: Chronik Lankwitz, o. O., 1989.	Kirm-1908	Kirmß, P. F.: Geschichte der Neuen Kirche zu Berlin von 1708 bis 1908. Festschrift ..., Berlin, 1908.
Hobo-1985	Hobohm, Wolf: Zur Geschichte der David-Beck-Orgel in Gröningen, in: Bericht über das 5. Symposium zu Fragen des Orgelbaus im 17./18. Jahrhundert, Blankenburg/Michaelstein, 1985, S. 60.	Kirn-1987	Kirnbauer, et al.: Musikinstrumentenbauer im Umkreis von Sophie Charlotte, in: Wagn-1987/1, S. 29-60.
		Kits-1983	Kitschke, Andreas: Kirchen in Potsdam, Berlin 1983.
Högn-1931	Högner, Fritz: Zur Gestaltung neuzeitlicher Backsteinbauten, in: DBZ, 1931, S. 393-405.	Kjer-1987	Kjersgaard, Mads: Technische Aspekte des mittelalterlichen Orgelbaus in Schweden, in: ISO-Information, Nr. 27 (1987), S. 5-18.
Hoff-1986	Hoffmann-Tauschwitz, Matthias: Alte Kirchen, Berlin, 1986.	Klei-1835/1	Klein, J. G.: Einladungsschreiben zur Wiedereinweihung der Heilig-Geist-Kapelle, Berlin, 1835.
Hohn-1970	Hohn, Albert: Die Orgeln Johann Andreas Silbermanns, in: Acta Organologica, Bd. 4, 1970.	Klei-1835/2	Klein, J. G.: Die Hospitäler zum Heiligen Geist und St. Georg in Berlin, Berlin, 1835.
Hopk-1855	Hopkins, E. J. / Rimbault, Edw. F.: The organ, its history and construction, London, 1855.	Klot-1975	Klotz, Hans: Über die Orgelkunst der Gotik, der Renaissance und des Barock, Kassel, 1975.
Hube-1970	Huber, Max: Abbé Vogler - der Phantast auf der Vogel, in: MuK, 1970, S. 199-203.	Klot-1980	Klotz, Hans: In Memoriam Christhard Mahrenholz, ISO, Nr. 21, 1980, A 1.2, S. 11-14.
Hübn-1986	Hübner, Wenzel: 21000 Orgeln aus aller Welt, 1945-1985, Frankfurt, 1986.	Knak-1887	Knak, J.: Festbüchlein der Böhmisch-lutherischen Bethlehems-Gemeinde der Bethlehems-Kirche zu ihrer hundertundfünfzigjährigen Jubelfeier am Sonntag Jubilate 1887 ..., Berlin, 1887.
Iskr-1875	Iskraut, J. G.: Fünfzehnhundert Jahre im Dosselande, Teil 1, o. O. 1875.		
Jahn-1926	Jahnn, Hans Henny: Gesichtspunkte für die Wahl zweckmäßiger Pfeifenmensuren, in: Gurl-1926/1, S. 50-58.	Koer-1913	Koerner, Bernhard (Hrsg.): Deutsches Geschlechterbuch (Genealogisches Handbuch Bürgerlicher Familien), Bd. 23, Görlitz, 1913 (= Hamburger Geschlechterbuch, Bd. 4), S. 382ff.
Jahr-1929	50 Jahre Magdalenen-Kirche Berlin-Neukölln, Berlin, 1929.		
Jahr-1956	Einhundert Jahre St. Elisabeth, 1856-1956, Berlin, 1956.	Koll-1985	Kollmansperger, Dietrich; Raabs, Gerhard: Die Wagner-Orgel des Domes zu Brandenburg [Manuskript], Tangermünde/Eilenburg, 1985.
Jahr-1968	40 Jahre Berliner Kirchenmusikschule, 1928-1968, Berlin, 1968.		
Jahr-1985	50 Jahre Martin-Luther-Gedächtnis-Kirche Mariendorf, Berlin, 1985.	Konz-1937	Konzertprogramm der Parochialkirche vom 10. 3. 1937.
Jast-1926	Jaster, Arno: Geschichte Cöpenicks, Berlin, 1926.	Konz-1975	Konzertprogramm der Dorfkirche Tempelhof 29. 6.-31. 8. 1975, o. O., o. J. (1975).

Kort-1821	Korth, Johann Wilhelm David: Neuestes topographisch-statistisches Gemälde von Berlin und dessen Umgebungen, Berlin, 1821.
Kraa-1916	Kraatz, Wilhelm: Geschichte der Luisengemeinde zu Charlottenburg, Charlottenburg, 1916.
Kraf-1873	Kraft, Julius: Die Zions-Kirche zu Berlin, Berlin, 1873.
Kric-1986	Krickeberg, Dieter: Der Berliner Cembalobauer Michael Mietke, die Hohenzollern und Bach, in: Programmheft »bach-tage«, Berlin, 1986.
Krix-1915	Krix, L.: Friedrich Wilhelm I. und die Katholische Gemeinde Potsdam, Berlin, 1915.
Krüg-1964	Krüger, Fritz: 700 Jahre Dorfkirche Zehlendorf 1264-1964, Berlin, 1964.
Kühn-1786	Kühnau, J. Ch.: Alte und neue Choralgesänge [Choralbuch], Berlin, 1786.
Kühn-1798	Kühnau, J. Ch.: Alte und neue Choralgesänge [Choralbuch], Berlin, 1798.
Kühn-1955	Kühn, Margarete: Schloß Charlottenburg, Berlin, 1987.
Kühn-1968	Kühn, Karl Theodor: Die Orgel der Stiftskirche [Berlin-Spandau], in: Jahr-1968, S. 17-21.
Kühn-1970	Kühn, Margarete: Bauwerke und Kunstdenkmäler von Berlin. Schloß Charlottenburg, Berlin, 1970.
Kühn-1978	Kühne, Günter; Stephani, Elisabeth: Evangelische Kirchen in Berlin, Berlin, 1978 (1. Auflage), 1986 (2. Auflage).
Kunt-1929	Kuntzemüller, Otto: Urkundliche Geschichte der Stadt und Festung Spandau, Berlin, 1929.
Kurt-1911	Kurth, J.: Die Altertümer der St. Nikolai-, St. Marien- und Klosterkirche zu Berlin, Berlin, 1911.
Kurz-1967	Eine Kurz-Chronik der Jerusalems-Kirche in Berlin, Berlin, 1967.
Küse-1923	Küsel, Georg: Beiträge zur Musikgeschichte der Stadt Königsberg i. Pr., Königsberg, 1923.
Lami-1989	Laminski, Adolf: Die Kirchenbibliotheken zu St. Nicolai und St. Marien. Ein Beitrag zur Berliner Bibliotheksgeschichte, Leipzig, 1989.
Lang-1914	Langner, Manfred: Die Orgel in der Lutherkirche zu Spandau, in: ZfI, Jg. 34, 1914, S. 1089-1091.
Lang-1930	Langner, Manfred: Die Orgel der Lutherkirche zu Berlin-Spandau, in: ZfI, Jg. 50, Nr. 8, 15. 1. 1930.
Lede-1860	Ledebur, Karl von: Tonkünstler-Lexikon Berlins von den ältesten Zeiten bis auf die Gegenwart, Berlin, 1860/1861.
Leh-1957	Leh, Gustav: Die St. Marien-Kirche zu Berlin. Die Geschichte und ihr Bild, Berlin, 1957.
Leh-1958	Leh, Gustav: Das Franziskaner-Kloster in Berlin, in: Berliner Heimat, 3, 1958, S. 135-138.
Leh-1961	Leh, Gustav: Die St. Nikolai-Kirche zu Berlin und die Geschichte der Berlinischen Propstei, Berlin, 1961.
Lier-1988	Liers, Dagobert: Bemerkungen zum Berliner Orgelbau ab 1800, in: Seeger, Horst (Hrsg.): Studien zur Berliner Musikgeschichte, Berlin, 1988.
Lier-1989	Liers, Dagobert: Über Orgelbauer der Mark Brandenburg im 18. und 19. Jahrhundert, in: Österreichisches Orgelforum, 1989, Heft 1/2, S. 51-62.
Lind-1965	Die neue Orgel der Lindenkirche Berlin-Wilmersdorf, Heidenheim, 1965.
Lisc-1857	Lisco, F. G.: Zur Kirchengeschichte Berlins. Ein geschichtlich-statistischer Beitrag, Berlin, 1857.
Lomm-1889	Lommatzsch, S.: Die Geschichte der Dreifaltigkeitskirche zu Berlin. Im Zusammenhange der Berliner Kirchengeschichte dargestellt. Festschrift zum 150jährigen Jubiläum der Kirche 1739 bis 1889, Berlin, 1889.
Löse-1845	Lösener, C. Fr. F.: Chronik der Kreisstadt Neu Angermünde, Schwedt 1845.
Lued-1982	Lueders, Kurt: Die Schlag-Orgel (1904) der ev. Stephanus-Kirche in Berlin, in ArO, 1982, Heft 1, S. 37 ff.
Mahr-1926	Mahrenholz, Christhard: Diskussionsbeitrag, in: Gurl-1926/1, S. 160 f.
Mahr-1928/1	Mahrenholz, Christhard: Bericht über die dritte Tagung für Deutsche Orgelkunst, Kassel, 1928.
Mahr-1928/2	Mahrenholz, Christhard: Der gegenwärtige Stand der Orgelfrage im Lichte der Orgelgeschichte, in: Mahr-1928/1, S. 13-37..
Mahr-1930/1	Mahrenholz, Christhard: Die Orgelregister, ihre Geschichte und ihr Bau, Kassel, 1930.
Mahr-1930/2	Mahrenholz, Christhard: Die Wiederherstellung der Schnitger-Orgel in Norden, in: MuK, 1930, S. 166-169, Abb. 16oa und 16ob.
Mahr-1931	Mahrenholz, Christhard: Die neue Orgel der St. Marienkirche zu Göttingen, Kassel, 1931, 2. Auflage.
Mahr-1938	Mahrenholz, Christhard: Fünfzehn Jahre Orgelbewegung, in: MuK, 1938, S. 8-28.
Mart-1927	Martin, Hans: Die Wiederherstellung der Klosterkirche, in: MVB, 44, 1927, S. 23.
Marx-1806	Marx, Friedrich: Ueber die mißlungene Umschaffung der Sankt-Marien-Orgel in Berlin nach Abt Voglers Angabe, Berlin, o. J. (um 1806).
Matt-1721	Mattheson, Johann: Sammlung von Orgeldispositionen, in: Niedt, Friederich Erhard: Musikalische Handleitung, anderer Teil, Hamburg, 1721; Nachdruck Büren, 1976.
Mebe-1905	Mebes, Paul: Der neue Dom in Berlin, in: Zentralblatt der Bauverwaltung, 25, 1905, 17 ff. und 105 ff.
Meim-1924	Meimberg, Rudolf: Die Orgel der Auen-Kirche in Berlin-Wilmersdorf [Faltblatt], o. O. (Berlin), o. J. (1924).
Meng-1928	Mengin, E.: Die Französisch-reformierte Luisenstadtkirche zu Berlin, 1728-1928, Berlin, 1928.
Mila-1829	Mila, Guillaume: Berlin 1829 oder die Geschichte des Ursprungs der allmähligen Entwicklung und des jetzigens Zustandes dieser Hauptstadt ..., Berlin und Stettin, 1829.
Mirb-1897	Mirbach, Freiherr von: Die Kaiser-Wilhelm-Gedächtniskirche, o. O., 1897.
Möll-1930	Möller, Julius: Chronik der Kirchengemeinde zum guten Hirten Berlin-Friedenau, Berlin, 1930.
Mora-1968	Morawski, Max: 75 Jahre Kirche Zum Guten Hirten Berlin-Friedenau, Berlin, 1968.
Muhs-1910	Muhs, Ulrich: Dorfkirche Giesensdorf, Berlin, 1910.
Muhs-1920	Muhs, Ulrich: Lichterfelde einst und jetzt, o. O., o. J. (um 1920).
Müll-1737	Müller, Johann Christoph; Küster, Georg Gottfried: Altes und neues Berlin, 4 Teile, Berlin, 1737-1769.
Müll-1752	Müller, Johann Christoph; Küster, Georg Gottfried: Berlinische Chronik, II, Berlin, 1752.
Müll-1906	Müller, Nicolaus: Der Dom zu Berlin. Kirchen-, Kultur- und Kunstgeschichtliche Studien über den alten Dom in Köln-Berlin, Berlin, 1906.
Müll-1928	Müller-Schlomka: Die Kirche auf dem Tempelhofer Feld, Berlin, 1928.
Müll-1982	Müller, Werner: Gottfried Silbermann, Leipzig, 1982.
Mund-1902	Mund, Hermann: Orgelbauer Joachim Wagner und seine Werke, in: ZfI, 1902, Nr. 13-15.
Mund-1908	Mund, Hermann: Zum Umbau der Orgel in der Marienkirche zu Berlin, in: ZfI, 1908.
Mund-1920	Mund, Hermann: Orgeldispositionen um 1920 [handschriftliches Manuskript im Besitz der Firma Berliner Orgelbauwerkstatt Karl Schuke].
Mund-1928	Mund, Hermann: Joachim Wagner, ein Altberliner Orgelbauer, in: Bericht über die dritte Tagung für deutsche Orgelkunst, Kassel, 1928, S. 139-148.
Mure-1885	Muret, Ed.: Geschichte der Französischen Kolonie in Brandenburg-Preußen unter besonderer Berücksichtigung der Berliner Gemeinde, Berlin, 1885.
Musi-1987	Musik aus Böhmen und Berlin, hrsg. von der Musikschule Neukölln, Berlin, 1987.
Naat-1903	Naatz, August Hermann: Geschichte der Evangelischen Parochialkirche zu Berlin von 1703-1903. Festschrift zum 200jährigen Jubiläum ..., Berlin, 1903.
Neub-1926	Neubauer, Hermann G.: Die Nazarethgemeinde in den Jahren 1835-1925, Berlin, 1926.
Nico-1786	Nicolai, Friedrich: Beschreibung der Königlichen Residenzstädte Berlin und Potsdam ..., Berlin, 1786 ff.

Noel-1894	Noel, W.: Die ersten zweihundert Jahre der Gemeinde der Luisenstadtkirche zu Berlin 1694 bis 1894. Zur Feier des zweihundertjährigen Bestehens, Berlin, 1894.
Noes-1963	Noeske, Dieter: Die neue Orgel des Gemeindesaals der Auen-Kirche, Berlin, 1963.
Oehl-1942	Oehlmann, Werner: Lebendige Orgel - Ergebnis einer Tagung, in: DAZ, 19. 10. 1942.
Org-1931/32	The Organ. A quarterly review for its makers, its players and its lovers, London, 1932, Vol. XI.
Orge-1979	Orgelweihe Dreieinigkeits-Kirche [Druckblatt], Berlin, 1979.
Orth-1970	Orth, Siegfried: Zur Geschichte der Erfurter Domorgel, in: Beiträge zur Musikwissenschaft, 1970/1, S. 63-66.
Otto-1963	Otto, Fritz W.: 100 Jahre Zwölf Apostel, Berlin, 1963.
Palm-1909	Palme, R., in: ZfI, Bd. XXIX 1908-1909, S. 657 f.
Pape-1966	Pape, Uwe: Die Orgeln der Stadt Braunschweig, Wolfenbüttel, 1966.
Pape-1973	Pape, Uwe: Die Orgeln der Stadt Wolfenbüttel, Berlin, 1973.
Pape-1978	Pape, Uwe: The Tracker Organ Revival, Berlin, 1978.
Pape-1979	Pape, Uwe: Paul Ott und die Anfänge der Orgelbewegung, Beiheft zur Schallplattenkassette »Das Komponistenportrait 1001«, 1979.
Pape-1983/1	Pape, Uwe: Fünfzig Jahre Führer Orgelbau, Berlin, 1983.
Pape-1983/2	Pape, Uwe: Alfred Führer Orgelbau, in: Pape-1983/1, S. 18-23.
Pape-1987	Pape, Uwe: Orgelbewegung und Orgelbau heute, in: Moeck, Hermann et al.: Fünf Jahrhunderte deutscher Musikinstrumentenbau, S. 263-290.
Pape-1988/1	Pape, Uwe: Die Orgeln der Klosterkirche Lamspringe bei Hildesheim, in: AOl, Bd. 20, 1988, S. 93-112.
Pape-1988/2	Pape, Uwe: Die Orgel in Marwitz - eine »zweimanualige Orgel mit einem Clavier« von Friedrich Hermann Lütkemüller, in: ArO, 36. Jg., Juni 1988, S. 83-92.
Pehn-1973	Pehnt, Wolfgang: Die Architektur des Expressionismus, Stuttgart-1973.
Pesc-1982	Peschken, Goerd, et al.: Das Berliner Schloß, Frankfurt am Main, 1982.
Pfan-1927	Pfannschmidt, Martin: Geschichte der Berliner Vororte Buch und Karow, Berlin, 1927.
Pfei-1964	Pfeil, G.: Die neue Orgel des Kirchsaales der Evangelischen Silas-Gemeinde in Berlin-Schöneberg, Berlin, 1964.
Pier-1941	Piersig, Johannes: Die große Orgel zu St. Elisabeth Breslau, Breslau, 1941.
Plat-1987	Der Platz der Akademie [Festschrift], Berlin, 1987.
Pors-1727	Porst, Johann: Theologica homiletica in exempli oder besondere Predigten bei verschiedenen Gelegenheiten … [Sammlung der Predigten], Halle, 1727.
Prae-1929	Praetorius, Michael: Syntagma musicum, Teil II, 1619, Neudruck, Kassel, 1929.
Prol-1985	Prolingheuer, Hans: Neue Stimme, 1985, zitiert nach: Enthüllung einer Orgelgeschichte, Tsp, 7. 9. 1985.
Pros-1966	Prost, Dietrich W.: Die Stellwagen-Orgel in der Marienkirche zu Stralsund, in: Greifswald-Stralsunder Jahrbuch, 1966, S. 225-251 (Teil 1), 1967, S. 267-293 (Teil 2), 1968/69, S. 197-211 (Teil 3).
Pros-1988	Prost, Dietrich W.: Das Wirken der Berliner Orgelbauer Buchholz in Vorpommern, in: AOl, 20, 1988, S. 149 ff.
Prei-1885	Preis-Verzeichniß der Orgelbauanstalt der Gebr. Dinse, o. O. (Berlin), o. J. (1885).
Quei-	Queißner: 750 Jahre Pankower Kirche (Ms.), o. O., o. J.
Quoi-1956	Quoika, Rudolf: Die Musik der Deutschen in Böhmen und Mähren, Berlin, 1956.
Quoi-1966/1	Quoika, Rudolf: Vom Blockwerk zur Registerorgel, Kassel, 1966.
Quoi-1966/2	Quoika, Rudolf: Der Orgelbau in Böhmen und Mähren, Mainz, 1966.
Rahn-1853	Rahn, Gottlieb: Die Hauptmomente aus der Geschichte der Sankt-Petri-Kirche in Berlin von ihrer Gründung bis zu ihrer baulichen Vollendung, Berlin, 1853.
Rahn-1857	Rahn, Gottlieb: Die Berliner Königsstadt und deren vier Kirchen. Histor. nach Urk. und aktenmäßiger Ermittlung als Beitrag zur Spezialgeschiche Berlins dargestellt, Berlin, 1857.
Rave-1939	Rave, Paul Ortwin: Karl Friedrich Schinkel. Hrsg. von der Akademie des Bauwesens, später unter dem Titel: Karl Friedrich Schinkel - Lebenswerk, Berlin, 1939-1962.
Reda-1965	Reda, Siegfried; Schuke, Karl: Anmerkungen zur Orgel der neuen Kaiser-Wilhelm-Gedächtnis-Kirche, Architektur und Wohnform, 1965.
Reic-1982	Reichhardt, Hans J.: Die Böhmen in Berlin 1732-1982. Katalog, Berlin, 1982.
Reim-1932	Reimann, W.: Zur Wiederherstellung der Schnitgerorgel im Schloß zu Charlottenburg, in: MuK, 1932, S. 40-42.
Renk-1984	Renkewitz, Werner, et al.: Geschichte der Orgelbaukunst in West- und Ostpreußen von 1333-1944, Band I, Würzburg, 1984.
Rens-1941	Rensmann, Heinz: Die Entwicklung und Bedeutung des Berliner Musikinstrumentenbaugewerbes im Handwerk- und Industriebetrieb, Berlin, 1941.
Reut-1965	Reuter, Rudolf: Orgeln in Westfalen, Kassel, 1965.
Reze-1931	Rezension zum Tagungsbericht von Johannes Biehle (Berlin, 1929), in: MuK, 1931, S. 38-41.
Rich-1896	Richter, Ernst F.: Katechismus der Orgel. Erklärung ihrer Struktur, Leipzig, 1896.
Ried-1838	Riedel, Adolph Friedrich: Codex diplomaticus Brandenburgensis, A 4, Berlin, 1838.
Riem-1894	Riemann, Hugo: Musik-Lexikon, Leipzig, 1894.
Roch-1911	Rocha, [Bogumil]: St. Lukas, Berlin, 1911.
Rohl-1977	Rohlf, Johannes: Möglichkeiten der Qualitätsförderung im Orgelbau, Referat BDO 1977, Sonderdruck für Kunden, 1977.
Ruba-1930	Rubardt, Paul: Einige Nachrichten über die Orgelbauerfamilie Scherer und die Orgel zu St. Marien in Bernau, in: MuK, 1930, S. 114.
Rude-1962	Ruden, Otto: Heimatgeschichte des Dorfes Berlin-Buckow, Berlin, 1962.
Rupp-1929	Rupp, J. F. Emile: Die Entwicklungsgeschichte der Orgelbaukunst, Einsiedeln, 1929.
Sach-1908	Sachs, C.: Musikgeschichte der Stadt Berlin bis zum Jahre 1800, Berlin, 1908.
Sach-1910	Sachs, C.: Musik und Oper am Kurbrandenburgischen Hof, Berlin, 1910.
Sach-1910/2	Sachs, Curt: Prinzessin Amalie von Preußen als Musikerin, in: HzJ, XIV, 1910.
Samm-1757/1	Sammlung einiger Nachrichten von berühmten Orgelwerken in Teutschland [von Meyer, C. G.], Breslau, 1757.
Samm-1757/2	Sammlung einiger Nachrichten von berühmten Orgelwerken in Teutschland [von Meyer, C. G.], Breslau, 1757 [Exemplar der Deutschen Staatsbibliothek, Berlin, mit handschriftlichem Anhang bis etwa 1775].
Sank-1946	St. Marien. Geschichte der Kirche von ihren Anfängen bis zur Gegenwart. Hrsg. vom Gemeindekirchenrat, Berlin, 1946.
Saue-1913	Sauer Katalog. Verzeichnis einer Anzahl des seit Gründung der Orgelbau-Anstalt im Jahr 1857 erbauten Werke von Wilhelm Sauer, Frankfurt/O., 1913.
Saue-1928	Sauer: Orgel des Gemeindesaals der St. Annen-Kirche, Dahlem [Druckblatt], o. O., o. J. (1928).
Saue-1929	Sauer Katalog. Orgel Sauer [Verzeichnis der Orgelwerke bis 1929] o. O., o. J. [1929].
Saue-1930	Sauer: Orgel der Kaiser-Wilhelm-Gedächtnis-Kirche [Druckblatt], o. O., o. J. (1930).
Scäf-1979	Schäfer, E.: Laudatio Organi. Eine Orgelfahrt, 1. Auflage Leipzig, o. J. (1979).
Scäf-1989	Schäfer, Ernst: Laudatio Organi, Leipzig, 1989.
Scaf-1888	von Schafhäutl, K. E.: Abt G. J. Vogler, Augsburg, 1888.
Scer-1947	Scherer, Mechthild: Die Marienkirche zu Berlin, Berlin, 1947.
Scin-1911	Schink, F.: Die Orgel in der Stadtmissionskirche, Berlin, 1911.

Scin-1987	Schinkelmuseum, Friedrichswerdersche Kirche, hrsg. von den Staatlichen Museen zu Berlin, Berlin, 1987.	Scul-1935	Schulze, Herbert: Warum braucht die Kirche des Ev. Johannesstiftes in Berlin-Spandau eine neue Orgel? [Manuskript], Berlin, um 1935.
Scli-1801	Schlimbach, G. C. F.: Ueber die Structur, Erhaltung, Stimmung und Prüfung der Orgel, Leipzig, 1801; Nachdruck Hilversum, 1966.	Scul-1959	Schulze, Herbert; Kühn, Karl Theodor: Die neue Orgel in der Matthäuskirche Berlin-Steglitz, Walcker Hausmitteilungen Nr. 23, 1959, S. 1-15.
Scli-1932	Schlick, Arnolt: Spiegel der Orgelmacher und Organisten, Heidelberg, 1511, Neudruck, Kassel, 1932.	Scul-1979	Schulze, Herbert; Kühn, Karl Theodor: Orgelprojekte 1942-1978, Berlin, 1979.
Sclü-1760	Schlüter, Joachim Andreas: Bericht in: Seid-1898, S. 134-138.	Scul-1985	Schultze, Felix et al.: 150 Jahre St. Johannis-Kirche Berlin-Moabit, Berlin, 1985.

Schmidt, Karl: Geschichte der Kirchen und milden Stiftungen der Stadt Stargard 1878, S. 9. — **Scmi-1878**

Schwarz, Berthold: Die Orgel der Martin-Luther-Gedächtnis-Kirche, in Jahr-1985, S. 29-32. — **Scwa-1985**

Schmidt, Carl: Evangelische Kirchen und kirchliches Gemeindeleben in Berlin, Berlin, o. J. (1925). — **Scmi-1925**

Schweitzer, Albert: Deutsche und Französische Orgelbaukunst, Leipzig, 1906, 1927. — **Scwe-1906**

Schmidt, Rudolf: Alt Wriezener Erinnerungen Erinnerungen, in: Oberbarnimer Heimatbücher, 1926, Heft 6, S. 70 und 75 ff. — **Scmi-1926**

Brief Albert Schweitzers an die Teilnehmer der Freiburger Tagung, 1926, in: Gurl-1926/1, Vorwort, S. 10. — **Scwe-1926**

Schmidt, P.: 25 Jahre Passionsgemeinde, Berlin, 1933. — **Scmi-1933**

Schwebel, Oskar: Die historischen Stätten des alten Berlin, in: Bär, 1. Jg., 1875, S. 94. — **Scwe-1875**

Schmidt, Rudolf: Bad Freienwalde, Geschichte der Stadt in Einzeldarstellungen, Bd. 1, in: Oberbarnimer Heimatbücher, Bd. 13, Bad Frienwalde, 1934. — **Scmi-1934**

Schweiger, Hertha: Abbé G. J. Voglers Orgellehre, Wien, 1938 (Diss.). — **Scwe-1938**

Schmidt, F.: 100 Jahre St. Peter und Paul Nikolskoe, Berlin, 1937. — **Scmi-1937**

See, Wolfgang: Klepper in unserer Kirche, in: Jahr-1985, S. 41-48. — **See-1985**

Schneider: Das Palais Seiner Königlichen Hoheit des Prinzen Albrecht, in: VGB, 1870. — **Scne-1870**

Sehling, Emil: Die evangelischen Kirchenordnungen des 16. Jahrhunderts, Bd. 3, Leipzig, 1909. — **Sehl-1909**

Schmidt, Rudolf: Geschichte der Stadt Eberswalde, Bd. 1, Eberswalde, 1939. — **Scmi-1939**

Seidel, Paul: Hohenzollern-Jahrbuch, Forschungen und Abbildungen zur Geschichte der Hohenzollern in Brandenburg-Preußen, 2. Jg., Berlin, 1898. — **Seid-1898**

Scholz, Heinrich: Geschichte der Orgel der St. Marien-Kirche zu Berlin, 1579-1908, Berlin, 1908, 2. Auflage 1909. — **Scol-1909**

Sievers, Johannes: Karl Friedrich Schinkel, Berlin, 1954. — **Siev-1954**

Scholz, Wilhelm, Jonas-Corrieri, Waltraut: Die deutsche Jugendmusikbewegung in Dokumenten ihrer Zeit von den Anfängen bis 1933, Wolfenbüttel, 1980. — **Scol-1980**

Sehling, Emil (Hrsg.): Die evangelischen Kirchenordnungen des XVI. Jahrhunderts, III. Bd.: Die Mark Brandenburg, Neudruck Aalen 1970. — **Sehl-1970**

Schubring, Wilhelm: Die Klosterkirche zu Berlin. Zur Einweihung der Kirche am 24. 5. 1936, Berlin, 1936. — **Scub-1936**

Staatliche Schlösser und Gärten, Programm 3. Sommerkonzert 1976, (Berlin), (1976). — **SGP-1976**

Schuke, Alexander: Orgel der Gethsemane-Kirche [Informationsblatt], 1928. — **Scuk-1928**

Silbermann, J. Andreas: Anmerkungen einiger außer dem Elsaß stehender Orgeln, o. O., o. J. [Handschrift in der Französischen Nationalbibliothek in Paris, II R. 11671. Abschrift von Pater Albert Hohn, Ziegelhausen, Stift Neuburg, Kopie im Besitz der Fa. Berliner Orgelbau Karl Schuke]. — **Silb-1960**

Schuke, Alexander: Orgel der Heilands-Kirche, Berlin-Moabit [Druckblatt], 1929. — **Scuk-1929**

Schuke, Alexander: Orgel der Franz. Friedrichstadt-Kirche [Informationsblatt], 1935. — **Scuk-1935/1**

Schuke, Alexander: Orgel der Dorfkirche Heinersdorf [Informationsblatt], 1935. — **Scuk-1935/2**

Smend, Friedrich: Bach in Köthen, Berlin, 1951. — **Smen-1951**

Smets, Paul (Hrsg.): Orgeldispositionen. Eine Handschrift aus dem 18. Jahrhundert, im Besitz der Sächsischen Landesbibliothek Dresden, Kassel, 1931. — **Smet-1931**

Schuke, Alexander: Orgel der Ernst-Moritz-Arndt-Kirche Zehlendorf [Informationsblatt], 1935. — **Scuk-1935/3**

Smets, Paul: Neuzeitlicher Orgelbau, Mainz, 1934. — **Smet-1934**

Schuke, Alexander: Orgel der Johannes-Kirche Frohnau [Informationsblatt], 1936. — **Scuk-1936/1**

Sperlich, Martin: Schloß Charlottenburg, Berlin, 1974. — **Sper-1974**

Schuke, Alexander: Orgel der Dorfkirche Mahlsdorf [Informationsblatt], 1936. — **Scuk-1936/2**

Spieker, Christian Wilhelm: Beschreibung und Geschichte der Marien- oder Oberkirche zu Frankfurt an der Oder, Frankfurt, 1835. — **Spie-1835**

Schuke, Alexander: Orgel von St. Annen Dahlem [Druckblatt], o. O., 1937. — **Scuk-1937**

Spitta, Philipp: Johann Sebastian Bach, Bd. 2, 4. Auflage, Leipzig, 1930. — **Spitt-1930**

Schuke, Alexander: Orgel der Dorfkirche Stralau [Informationsblatt], um 1938. — **Scuk-1938**

Große Stadt aus kleinen Steinen, o. O., 1937, S. 44. — **Stad-1937**

(Schuke, Karl:) Denkmalsorgel in der Kirche Berlin-Karlshorst, KiM, 1966, S. 169. — **Scuk-1966**

Stärck, Philipp Wilhelm: Organi Wrizensis …: Das ist Beschreibung der alten abgerissenen und in der großen Kirche zu Wriezen an der Oder neuerbauten Orgel, Berlin, 1729. — **Stär-1729**

Schuke, Karl: Deutsche Orgellandschaft zwischen Elbe, Stralsund und Görlitz, in: AOl, 1, 1967, S. 33. — **Scuk-1967**

Schuke, Karl; Höcker, Karla: Von der Freude Orgeln zu bauen, Berlin, 1972. — **Scuk-1972**

Stechow, F. R.: Geschichte der Dorotheenstädtischen Kirche und Gemeinde. Zur 200-Jahrfeier, Berlin, 1887. — **Stec-1887**

Schuke, Karl; Bittcher, Ernst: Die Rekonstruktion der Orgel (im Schloß Charlottenburg), Schallplatte Pape Orgeldokumente, Nr. 10, 1976. — **Scuk-1976**

Stehr, Gunnar: Berlin als Orgelstadt, in: Acta organologica, 1. Bd., Berlin, 1967, S. 38 ff. — **Steh-1967**

Steude, Wolfram: Musikgeschichte Dresdens in Umrissen (Maschinenschriftlich), Sächsische Landesbibliothek, Dresden, 1978. — **Steu-1978**

Schultze, Christoph: Auf= und Abnehmen der löblichen Stadt Gardelegen, Stendal, 1668. — **Scul-1668**

Schulze, Johann Friedrich: Werkverzeichnis gelieferter Orgeln, Paulinzella, um 1850. (1. Werkverzeichnis). — **Scul-1850**

Steves, H. H.: Der Orgelbauer Joachim Wagner (1690-1749), Archiv für Musikforschung, 4, 1939, S. 321-358, und 5, 1940, S. 17-38. — **Stev-1939**

Schulze, Johann Friedrich: Werkverzeichnis gelieferter Orgeln, Paulinzella, um 1860. (2. Werkverzeichnis) — **Scul-1860**

Stier, Johannes: 100 Jahre lutherische Kirche in Berlin 1835-1935, Breslau, 1935. — **Stie-1935**

Schulze: Bethanien. Die ersten 50 Jahre und der gegenwärtige Stand, Berlin, 1897. — **Scul-1897**

Stöbe, Paul: Zur Geschichte der Kirchenorgeln in Halberstadt, in: ZfI, 1895, S. 10. — **Stöb-1895**

Schulze, David Friedrich: Zur Beschreibung und Geschichte von Spandow, hrsg. von Otto Recke, Spandau, 1913. — **Scul-1913**

Straube, Karl: Rückblick und Bekenntnis, MuK, 1950, S. 85-91. — **Stra-1950**

Stre-1985	Streim, Rüdiger: Die Orgel der Martin-Luther-Gedächtnis-Kirche, in Jahr-1985, S. 33-38.
Stru-1930	Strube, W.: Arp Schnitger und die mitteldeutsche Orgelbaukunst, in: Zeitschrift für evangelische Kirchenmusik, 8, 1930, S. 312.
Stur-1935	Sturtevant, Erich: Chronik der Stadt Jüterbog, Jüterbog, 1935.
Stüv-1964	Stüven, Wilfried: Orgel und Orgelbauer im halleschen Land vor 1800, Wiesbaden, 1964.
Summereder	Summereder, Roman: Blickpunkt Orgelbewegung - Dokumente und Tendenzen.
Supp-1940	Supper, Walter: Architekt und Orgelbau. Wege zu neuem Orgelgestalten durch die Orgelbewegung, I. Bd., Kassel, 1940.
Tess-1956	Tessendorf, Wilhelm: Geschichte der Dorfkirche in Berlin-Hermsdorf, Berlin, 1956.
Teut-1922	Teutsch, Friedrich: Geschichte der ev. Kirche in Siebenbürgen, Bd. 1, Hermannstadt, 1922.
ThE-1717	Theatrum Europaeum, XVI. Theil, Frankfurt am Main, 1717.
Tros-1980	Trost, Heinrich et al.: Die Bau- und Kunstdenkmale in der DDR, Bezirk Frankfurt a. d. Oder, Berlin, 1980.
Tros-1983	Trost, Heinrich et al.: Die Bau- und Kunstdenkmale in der DDR, Hauptstadt Berlin, I, Berlin, 1983.
Tros-1987	Trost, Heinrich et al.: Die Bau- und Kunstdenkmale in der DDR, Hauptstadt Berlin, II, Berlin, 1987.
Tuin-1989	Tuinstra, Stef: Twee Schnitger-orgels gerehabiliteerd, in: Het Orgel, 1989, Heft 4, S. 170-184.
Urku-1988	Die Urkunden mit den ersten schriftlichen Erwähnungen von Cölln an der Spree und Berlin, herausgegeben vom Ev. Konsistorium Berlin-Brandenburg, o. O., 1988.
Viol-1931	Violet, Bruno: Die Friedrichs-Werdersche Kirche C. F. Schinkels einst und jetzt. Zur Hundertjahrfeier am 4. Okt. 1931 …, Berlin, 1931.
Voge-1963	Voge, Richard: Fritz Heitmann, das Leben eines deutschen Organisten, Berlin, 1963.
Voig-1880	Voigt, F.; Fidicin, E.: Urkunden-Buch zur Berlinischen Chronik, 1232-1550, Berlin, 1880.
Voig-1937	Voigt, A.: Dorfkirche Mahlsdorf, in: Brandenburgia 46, 1937.
Voß-1937	Voß, Otto: Die Orgel der St. Marien-Kirche zu Gransee, Gransee 1937.
Wagn-1864	Wagner, H.: Die Heiligegeistkirche, in: Mitteilungen für die Geschichte Potsdams, Potsdam 1864, Nr. XXVI, S. 2 ff.
Wagn-1970	Wagner, Rüdiger: Der Orgelreformer Hans Henny Jahnn, Stuttgart, 1970.
Wagn-1987/1	Wagner, Günther: Sophie Charlotte und die Musik in Lietzenburg, Berlin, 1987.
Wagn-1987/2	Wagner, Günther: Sophie Charlotte und die Musik, in: Wagn-1987/1, S. 9-28.
Walc-1926/1	Walcker, Oscar: Zur Geschichte der Orgelmensuren und ihrer Bedeutung für die Kunst des Orgelbaues, in: Gurl-1926/1, S. 43-49.
Walc-1926/2	Walcker, Oscar: Diskussionsbeitrag, in: Gurl-1926/1.
Walc-1927	Walcker: Orgel der Versöhnungs-Kirche [Informationsblatt], o. O., o. J. (1927).
Walc-1928	Walcker: Orgel des Diakonievereins [Informationsblatt], Berlin, 1928.
Walc-1930/1	Walcker: Orgel der Kaiser-Friedrich-Gedächtnis-Kirche [Informationsblatt], o. O., o. J. (1930).
Walc-1930/2	Walcker: Orgel der Luisenstadt-Kirche [Informationsblatt], o. O., o. J. (1930).
Walc-1935	Walcker: Orgel der Martin-Luther-Gedächtnis-Kirche [Informationsblatt], o. O., 1935.
Walc-1940	Walcker: Orgel der Luisenstadt-Kirche [Informationsblatt], o. O., o. J. (1940).
Walc-1970	Walcker: Maschinenschriftliches Verzeichnis der von der Firma Walcker in Berlin aufgestellten Orgeln, o. O., o. J. (um 1970).
Walt-1726	Walther, Joh. Fr.: Die in der Königlichen Garnison-Kirche zu Berlin, befindliche Neue Orgel, wie selbige nach ihrer Beschaffenheit erbauet, …, o. O. (Berlin), o. J. (1726).
Walt-1737	Walther, Joh. Fr.: Die gute Hand Gottes über die Garnison-Kirch- und Schul-Anstalten in »Berlin« von Ao. 1663 bis itzo …, Berlin, 1737.
Walt-1757	Walther, Joh. Fr.: Kurzgefaßte Historische Nachricht von Fundirung und zweymaliger Erbauung der sogenannten … Königlichen Residentz Berlin. Aus sichern Urkunden zusammengetragen … Sebastians-Kirche 1757 …, Berlin, 1757 [Manuskript in der Deutschen Staatsbibliothek Berlin, Ms. boruss. Quart 361].
Wann-1984	Wannsee-Bote, 125 Jahre Kirche am Stölpchensee, Berlin, 1984.
Wegn-1889	Wegner, Karl Eduard Wilhelm: Geschichte der St. Georgen-Kirche und Gemeinde zu Berlin. Zur Feier des zweihundertjährigen Bestehens der St. Georgen-Kirche im Auftrage der kirchlichen Organe dargestellt, Berlin, 1889.
Weic-1982	Weichert, Friedrich: St. Nikolai zu Spandau, Berlin, 1982.
Wein-1908	Weinitz, F.: Die alte Berliner Garnisonskirche nach dem Brande, in: MVB, 25, (1908), S. 248.
Weig-1910	Weigle: Orgel der Martin-Luther-Kirche [Druckblatt], o. O., 1910.
Weig-1927	Weigle: Orgel der Martin-Luther-Kirche [Druckblatt], o. O., 1927.
Wend-1937	Wendland, Traugott: Die Markuskirche von Berlin-Steglitz 1912-1937, Berlin, 1937.
Werb-1945	Werbeck, Alfred: Chronologie St. Johannis Moabit, [Manuskript, Berlin um 1945, im Besitz des Pfarrarchivs der St. Johannis-Gemeinde.]
Werc-1705	Werckmeister, Andreas: Organum Gruningense redivivum, Halberstadt, 1705, Neudruck Mainz 1932.
Wiel-1939	Wielandt, R.: Die Berliner Luthergemeinde von 1894-1939, Berlin, o. J. (1939).
Wint-1969	Winter, Helmut: Das Winddruckproblem bei den norddeutschen Orgeln im 17. und 18. Jahrhundert, in: AOl, Bd. 3, 1969, S. 178.
Wint-1977	Winter, Helmut et al.: Die Schnitger-Orgel in Cappel, Orgelstudien 2, Wagner, Hamburg, 1977.
Wiet-1922	Wietholz, August: Geschichte des Dorfes und Schlosses Tegel, Berlin, 1922.
Wirt-1979	Wirth, Irmgard: Eduard Gärtner. Der Berliner Architekturmaler, Berlin, 1979.
Witt-1912	Witte, Paul Wilhelm Heinrich: Die Geschichte der Sophienkirche zu Berlin von 1712 bis 1912. Festschrift …, Berlin, 1912.
Wörs-1949	Wörsching, Josepf: Die Kemper-Orgel in der Kirche des Ev. Johannes-Stiftes zu Berlin-Spandau, Mainz, 1949.
Wüns-1857	Wünsche, E. L.: Einweihung der neuen Orgel in der Brüdergemeine zu Böhmisch-Rixdorf am 28. Februar 1857, Abends 6 Uhr, o. O., o. J. (1857).
Wund-1961	Wunderlich, Heinz: Die Schnitger-Orgel der Hauptkirche St. Jacobi zu Hamburg und ihre Bedeutung für die Orgelbewegung, in: Fest-1961, S. 20-34.
Wust-1090	Rudolf Wustmann: Musikgeschichte Leipzigs, Band 1, Leipzig/Berlin, 1909.
Z.A-1892	Z., A.: Der neue Berliner Dom nach Professor Raschdorffs Entwurf, in: Bär, 18. Jg., 1892, S. 305.
Zedl-1834	Zedlitz, Leopold: Neuestes Conversations-Handbuch für Berlin und Potsdam. Zum täglichen Gebrauch der Einheimischen und Fremden aller Stände …., Berlin, 1834.
Ziet-1874	Ziethe, Friedrich Wilhelm: Die evangelische Parochial-Gemeinde zu Berlin. Aktenmässige Darstellung ihrer Vergangenheit und Gegenwart, Berlin, 1874.
Ziet-1885	Ziethe, Friedrich Wilhelm: Der Umbau der Parochialkirche und die Einweihungsfeier. Denkschrift, Berlin, 1885.

Berlin, Parochialkirche
Gehäuse von JOACHIM WAGNER, 1731-32, Orgel von W. SAUER, 1903
Foto um 1930, Negativ im Besitz des Meßbildarchivs im Institut für Denkmalpflege, Berlin

Fotonachweis

Wolfgang Adelung 21.
Adlung, Jakob: Musica Mechanica Organoedi 56b.
Ägyptisches Museum, Berlin 48.
Rudolf von Beckerath Orgelbauwerkstatt, Hamburg 347a, 349, 367, 387, 462a, 481a.
Berliner Gewerbe-Ausstellung, Pracht Album Photographischer Aufnahmen, Berlin (1896) 303.
Berlin Museum, Berlin 146, 323.
Hannelore Bühn 216.
Deutsche Bauzeitung 365.
Deutsche Staatsbibliothek, Berlin-Mitte 58, 97, 153b, 6, Titelbild Band I.
Dinse, Gebr.: Catalog, Berlin (um 1897) 262.
Einar Erici 42.
Evangelische Kirche in Berlin Brandenburg, Kirchliches Bauamt, Berlin 29, 102, 236, 301, 363, 374, 392, 394, 398, 402, 404, 416, 424.
Festschrift zu Einweihung der neuen Kaiser-Wilhelm-Gedächtnis-Kirche, Berlin (1961) 345, 379, 380.
Angelika Fischer, Berlin 19a, 81, 82, 110, 132, 133, 134, 135, 141b, 142, 164, 172, 173, 174, 175a, 176a, 176c, 177a 177b, 206, 207a, 211, 226, 233, 234, 237, 247a, 247b, 247c, 249a, 249b, 249c, 256, 257, 259, 266, 268, 178, 179a, 179b, 179c, 280, 283a, 283b, 283c, 298, 305, 306, 307, 312, 313b, 314b, 315, 356a, 385, 393, 401, 405, 406, 410b, 411a, 412a, 412b, 413, 414, 415, 419, 421, 423, 425, 427, 429, 430, 432, 433, 434, 435, 437, 442, 443, 446, 453b, 454a, 454c, 455b, 458a, 461c, 462d, 463c, 465a, 467a, 467b, 467c, 467d, 470a, 471c, 473b, 473c, 480c, 481b, 482a, 482d, 484b, 484d, 485c, 485d, Titelbild Band II.
Forschungsstelle für Orgeldokumentation, Berlin 52, 54a, 54b, 59b, 69, 80b, 90, 100, 115b, 117, 118, 136b, 141a, 154, 155a, 155b, 155c, 157b, 159a, 159b, 159d, 160, 162a, 163, 165a, 165b, 166a, 167b, 167c, 167d, 217a, 223, 245a, 252, 258, 274, 282, 292, 293a 293b, 295, 296a, 302, 309, 313a, 321, 322, 328, 350a, 350b, 354a, 364, 400, 447b, 448c, 451d, 457c, 465b, 471b, 472d, 478b, 483d.
Geheimes Staatsarchiv, Berlin-Dahlem 59a, 170a, 170b, 170c, 170d, 238, 241, 242a, 242b, 243.
Emil Hammer Orgelbau, Arnum 311, 408, 409, 484c.
Historisches Museum Stockholm 32, 33.
Hugenotten-Museum, Berlin 147b.
Institut für Denkmalpflege, Meßbildarchiv, Berlin 50, 92, 108, 109, 116, 120, 131, 136a, 137, 139, 152, 180, 189, 200, 203b, 204, 224a, 230, 324, 447c, 449d, 459b, 479a, 502.
Institut für Denkmalpflege, Halle 87.
Johannesstift, Berlin-Spandau 329, 472c.
Andreas Kitschke, Potsdam 107.
Kunstbibliothek, Berlin 101, 105, 128, 162b, 171, 310, 450c, 451b, 453a.
Landesarchiv, Berlin 158a, 158b, 182.
Landesbildstelle, Berlin 16, 25, 26, 28a, 28b, 41, 47, 51, 56a, 64, 80a, 83, 94, 114, 115a, 121, 129, 130, 140, 169, 186, 187, 203a, 260, 253, 448a.
Landeskonservator Berlin 34, 35, 36, 38, 39, 44, 45, 67, 161, 191, 195, 218, 227, 300, 320, 341a, 410a, 411b, 418, 448d, 449a, 450a, 450b, 451a, 452b, 455a, 455e, 456a, 456c, 457a, 457b, 457d, 458b, 459a, 459c, 459d, 460b, 462b, 462e, 463a, 463d, 464a, 464c, 464d, 466a, 466b, 466c, 468a, 468b, 469a, 469b, 469c, 470c, 472a, 472b, 476c, 476d, 479c, 481c, 482a, 482c.
v. d. Linnepe Verlagsgesellschaft 225.
Märkisches Museum, Berlin-Mitte 106a, 447a.
Mahrenholz, Christhard: Die Neue Orgel in der St. Marienkirche zu Göttingen, Kassel (1931) 294.
Nationalgalerie, Kupferstichkabinett, Berlin 22, 157a.
Dieter Noeske, Rotenburg 356a, 440, 441, 480d.
Pfarrarchiv Blankenfelde 451c.
Pfarrarchiv der Böhmischen Brüder, Berlin-Neukölln 106b.
Pfarrarchiv der Epiphanien-Kirche, Berlin Charlottenburg 454a.
Pfarrarchiv der Franz.-ref. Friedrichstadt-Kirche, Berlin-Mitte 149, 151, 449c.
Pfarrarchiv der Heilig Geist-Kirche, Berlin-Moabit 264.
Pfarrarchiv der Kirche Zum Heiligen Kreuz, Berlin-Kreuzberg 222, 460d.
Pfarrarchiv der Kirche am Hohenzollernplatz, Berlin-Wilmersdorf 308.
Pfarrarchiv der Jerusalem-Kirche, Berlin-Kreuzberg 158c.
Pfarrarchiv der Jesus-Kirche, Berlin-Kreuzberg 460c.
Pfarrarchiv der Kapernaum-Kirche, Berlin-Wedding 480a.
Pfarrarchiv der Linden-Kirche, Berlin-Wilmersdorf 388, 389, 391.
Pfarrarchiv der Luther-Kirche, Berlin-Reinickendorf 422.
Pfarrarchiv der Matthäus-Kirche, Berlin-Steglitz 221, 476b.
Pfarrarchiv der St. Annen-Kirche, Berlin-Dahlem 485b.
Pfarrarchiv der St. Nikolai-Kirche, Berlin-Spandau 288b.
Pfarrarchiv der Tabor-Kirche, Berlin-Hohenschönhausen 207b.
Pfarrarchiv der Tabor-Kirche, Berlin-Kreuzberg 20, 260, 462c.
Preußischer Kulturbesitz, Bildarchiv, Berlin 123, 127.
Rahn, Gottlieb: Die Hauptmomente …, Berlin (1853) 192.
Ratsbibliothek, Berlin 99.
W. Sauer Orgelbau, Frankfurt/Oder 61, 245b, 299, 449b.
Schloß Charlottenburg, Berlin-Charlottenburg 17, 24, 57b, 70, 71, 72, 73a, 73b, 74, 76a, 76b, 168, 296, 448b.
Schloßmuseumn Weißenfels 228a.
Wolfgang Schönborn, Berlin-Biesdorf 438, 438, 463d.
Alexander Schuke Orgelbau, Potsdam 175b, 176b, 220, 224b, 326, 340, 359, 360b, 376, 420.
Karl Schuke Berliner Orgelbauwerkstatt, Berlin 18, 62b, 75a, 75b, 77, 79, 88, 91, 148, 272, 291, 297, 336, 337, 338, 343, 344, 347b, 348a, 348b, 351, 352, 357, 358, 360a, 361, 369a, 369b, 371a, 381a, 381b, 382, 383, 395, 397, 399, 403, 428, 452a, 455c, 455d, 456b, 460a, 461a, 461b, 463b, 464b, 469d, 471a, 475a, 480b, 483a, 484a.
Schulze, Herbert; Kühn, Karl Theodor: Orgelprojekte 1942-1978, Berlin (1979) 473.
Silbermann-Museum, Frauenstein 86a, 86b.
Staatliches Institut für Musikforschung, Preußischer Kulturbesitz, Berlin-Tiergarten 55, 62a, 63b, 89, 96, 126.
Staatsarchiv Merseburg 124, 153a.
Staatsarchiv Münster 125.
Staatsarchiv Potsdam 95, 156, 166b, 167a.
Staatsbibliothek, Berlin-Tiergarten 30, 57a, 147a.
Stadtgeschichtliches Museum Spandau, Berlin-Spandau 63a, 231, 445, 474a, 474b, 474c.
G. F. Steinmeyer & Co., Oettingen 325, 483b.
Superintendentur Belzig, Pfarrarchiv Klein Glien 119.
Superintendentur Berlin-Zehlendorf 314a.
Technische Universität, Plankammer, Berlin-Charlottenburg 217b, 341b.
Ullstein Bildarchiv, Berlin 244.
Voge, Richard: Fritz Heitmann, Berlin (1963) 254.
E. F. Walcker & Cie., Klein Blittersdorf 354b, 370, 373, 470b, 476a, 371b, 371c.
Wichern-Verlag, Berlin 19b, 22, 23, 27a, 27b, 198, 199, 208, 209, 213, 366, 386.
Zeitschrift für Instrumentenkunde (Jahrgang 34) 304.
Zentralstelle für Orgelbau, Berlin (Ost) 145, 178, 479b.
Zentralstelle für Orgelbau, Berlin (West) 159c, 215, 246, 316, 317, 318, 331, 332, 333, 334, 362, 375, 377, 407, 450d, 474d, 475b, 475c, 477a, 477b, 477c, 478a, 478c, 483c, 485a.

Personenregister

A = Architekt, Baumeister
K = Komponist
O = Organist, Kantor, Orgelsachverständiger, Musikdirektor
P = Pfarrer

Abel, Otto (O) 236
Abel, Richard (O) 236
Adler, Friedrich (A) 365, 384, 459, 462
Adlung, Jacob (Musiktheoretiker) 66
Ahrend, Jürgen 487
Ahrens, Joseph 292
Albrecht der Bär 30
Albrecht, Prinz in Preußen : siehe Albrecht von Brandenburg
Albrecht von Brandenburg, Markgraf 34
Anna, Schwester Joachims II. 36
Anna, Tochter von Friedrich Trebbow 38
Anna Amalie, Prinzessin von Preußen 18, 80, 109-113, 119, 123-124, 126-129, 143, 450, 453, 467, 488
Astfalck (A) 273, 461
Auguste Viktoria 27, 217, 220
August, Herzog 57
Auler, Wolfgang (O) 20, 76, 202, 296-298, 313-314, 348, 484

Baake, Ferdinand 199
Babe, Carl Gustav 161
Babe & Sohn, C. G. 161, 464, 477
Baccigalipo, Frati 162
Bach, August Wilhelm (O) 19, 54, 143-144, 155, 159, 163, 167, 184, 194, 196, 198, 201, 220
Bach, Carl Philipp Emanuel (K) 18, 127
Bach, Johann Sebastian (K) 45, 123, 128, 129, 293, 225
Bach, Wilhelm Friedemann 333
Bachmann, Jürgen (A) 407, 484
Bailey, K. J. 430
Balcke (O) 265
Ballschmieder (Gastwirt) 184, 481
Baradont, Louis 116
Barbe, Helmut (K) 329
Barkow, Rudolf (O) 267
Bartning, Otto (A) 28-29, 185, 388, 416-417, 455, 457, 479-480
Bartschat, Johann (A) 210, 484
Barwich, Reinhold (A) 464
Baumgarten, Paul (A) 159, 352, 455
Baumgarten, Moritz 162, 227, 481
Bayl: siehe Beils
Beck, David 36, 449
Becker, Friedrich 480
von Beckerath, Rudolf 296, 339, 347-350, 356
von Beckerath, Rudolf (Orgelbau-Werkstatt, Abk.: Rudolf von Beckerath) 21, 296, 299, 339, 347-350, 352-353, 356, 366-367, 386-387, 460, 462, 481
Beckmann 113, 188
Behrmann 301
Behrmann (A) 465
Beils, Matthias (O) 141
Bellermann (P) 184
Benda 18
Bengen, Harold (Bildhauer) 436
Bergelt, Wolf 40, 54, 235
Bergen 159
Berger (Oberbauinspektor) 133, 185, 332, 469, 471
Berking 301
Berliner Orgelbauwerkstatt: siehe Karl Schuke Berliner Orgelbauwerkstatt GmbH

Berndt (A) 462
Bernhard (A) 449
Berte, A. 199
Bestelmeyer, German (A) 252
Beyer, Frank Michael (K) 370
Bischoff, Arnold (A) 473
Bittcher, Ernst 21, 339, 350, 352-353, 370
Blankenstein, Hermann (A) 398, 471
Blasius, Meister 17, 56, 452-453
Blaue 485
Blisse, Christian 267
Blunck, Erich (A) 339, 410, 455, 484
Bocquet, Antoine 116
Bödecker, Johann Heinrich (O) 50
Boegehold (P) 440
Böhm, Georg (K) 54
Böhm, Rudolf 352, 450, 454, 458, 466-467
Böhme, Martin Heinrich (A) 455
Böttcher, Carl 110, 162, 459, 468, 487
Bohl (A) 232, 465
Bohne, Erich (A) 282, 474
Bormann, Karl 33
Bornefeld, Helmut (O) 388-389, 428
Bornemann, Fritz (A) 480
Bosch, Werner 352, 389, 391, 464, 480, 483
Boumann d.Ä., J. (A) 169
Brandi, Ditz (A) 313-314, 484
Bräuning, Fritz (A) 301, 477
Bremsteller, Ulrich (O) 368
Brodführer, Carl Th. (A) 388, 472, 483
Brose, Karl-Heinz 353, 407
Bruhns, Nikolaus 54
Bubner, Ewald (A) 477, 484
Buchholz, Familie, 345
Buchholz, Carl August 19, 47, 56, 75, 91, 108, 113, 115, 143-144, 156-161, 163, 170, 180-185, 188-189, 193-197, 217, 220, 222, 223, 235, 320, 447-453, 455-461, 463-464, 466-467, 474, 479-482, 486-491
Buchholz, Carl Friedrich 144, 158, 159, 196, 491
Buchholz, Johann Simon 18-19, 56, 111, 119, 153-154, 156, 159, 163, 167, 169, 333, 448, 451-452, 458, 464, 470, 487, 489-490
C. A. Buchholz & Sohn 159, 197
Buchs, Julius 477
Buckow, Carl Friedrich Ferdinand 194, 196
Budekker, J. H. (O) 56
Büchmann (O) 228
Büring 121
Bürkner (A) 257, 261, 481
Bütow 487
Büttner, Georg (A) 484
Bullmann, Franz 111, 124
Buntebart, Dorothea 45
Burgert, Hans Joachim 368
Burney, Charles 18, 97
Busch, G. P. (Kupferstecher) 12, 58, 60, 63, 95, 100, 447
Busch, Hermann J. 194
Buxtehude, Dietrich 50, 54

Callensee, Matthias 104, 106-107, 149
Cayard 146
Carstens 66
Cavaillé-Coll, Aristide 19, 158, 197, 219, 220, 252, 292, 357, 442
Casparini, A. H. 61, 66
Charlotte, Prinzessin von Preußen 73, 175
Christensen & Sønner, Bruno 352, 432, 433, 485

Coligny, Gaspard de (Hugenottengeneral) 102
Conrad, Wilhelm 432
Contius, A. H. 62
Contius, Christoph 49, 50
Cremer 430
Crüger, Johann (K) 188
Cunzius, Heinrich 106
Czubatynski, Uwe 38

Dahm 477
Daum, Eugen 467
David, Johann Nepomuk 292
David, Werner 16, 33, 40, 46, 127, 292, 452
Deneke, Ernst (A) 368, 471
Dienel, Otto (O) 37, 93, 167, 185, 201-202, 217, 224, 452
Dieterich, Georg (O) 432
Dietrichs (A)
Dinklage, August (A) 257, 265, 478, 481
Dinse, (August) Ferdinand 20, 109, 115, 159-160, 220, 221, 235, 345-346, 448-449, 451, 458-459, 461-462, 469
Dinse, Gebr. 19, 75, 116, 118, 144, 148-149, 160, 162, 183-184, 202, 205, 207, 210, 218, 221-222, 224, 227-230, 232-233, 235, 260-261, 263, 297, 303-304, 336-337, 341, 345, 370, 398, 428, 432, 456-467, 469-471, 473, 475-477, 479-485, 490-491
Dinse, Heinrich 183, 201, 223, 451, 484-485
Dinse, Oswald 221, 223
Dinse, Paul 223
Dinstlinger, Burckhard 33, 34
Distler, Hugo 292, 295, 348
Distlinger: siehe Dinstlinger
Ditrerichs, Friedrich Wilhelm 80, 121, 130
Dörzbach, Rudolf (A) 185
Doflein, C. (A) 402, 470
Dressel (P) 119
Drwenski, W. 326
Dunkel, Joachim 424
Dutkowski 348

Eberswalder Orgelbauwerkstatt: siehe Ulrich Fahlberg
Ebhardt, Bodo 297
Egeler (P) 162
Egidius 17
Eichhorn, Klaus (O) 479
Eiermann, Egon (A) 317, 351, 379-381, 394, 455
Eisenschmidt 318
Elis, Carl 78, 202, 294, 329, 472
Elisabeth, preußische Königin 209
Elisabeth Magdalena, Markgräfin 39
Elsholtz (Tischler) 158
Emmerich, Jürgen (A) 465
Emmerich, Julius (A) 398, 471
Engler 66, 347
Erdmann (P) 119, 128
Ernst, Klaus H. (A) 459
Eule, Hermann 118, 149-150, 179, 352, 357, 426, 447, 449, 452, 454, 456-457, 459, 481-482, 489 [von 1972 bis 1990: VEB Eule-Orgelbau Bautzen]
Euler, Gebr. 352, 469, 476
Evidus (P) 33

Faber, Nikolaus 31
Fahlberg, Ulrich 227, 352, 459, 482, 491
Falckenhagen, Johann Friedrich 18, 91, 111, 153-155, 450, 452
Falkenberg, Hans Joachim 235
Fangmeyer, Emil (A) 436, 454, 472
Favre 136
Fedtke, Traugott (O) 468, 478-479, 481
Fehling (A) 392, 471
Feodorowna, Zarin von Rußland: siehe Charlotte von Preußen
Fieber, Friedrich 150
Fischer (Maler) 108-109

Fischer, Friedrich 121
Fischer, Karl (O) 248
Fischer-Krückeberg 41
Flade, Ernst 34
Fleischer, Bodo (A) 472, 474, 482
Fleischer, Oskar 276
Flentrop, Dirk Andries 351-352, 392-393, 471
Flöricke 47, 449
Fock, Gustav 42, 47, 53-57, 59, 72-75
de Forcade 96
Franck, Leonhard (O) 35, 36, 452-453
Franke, Harald (A) 460, 471
Freiburger Orgelbau 352, 436-437, 454
Friedrich der Große 18, 26, 65, 75, 111-112, 123, 139, 467
Friedrich der Weise, Kurfürst 34
Friedrich I., König von Preußen 17, 46, 47, 50, 123, 139
Friedrich II., König von Preußen: siehe Friedrich der Große
Friedrich II., Kurfürst 30
Friedrich III., Kurfürst 17, 19, 71
Friedrich Wilhelm I., König von Preußen (Soldatenkönig) 50, 63, 69, 71, 91, 94, 96, 104, 123, 121, 136, 139, 143, 323, 450, 453
Friedrich Wilhelm II., König von Preußen 80
Friedrich Wilhelm III., König von Preußen 27, 138, 175, 301
Friedrich Wilhelm IV., König von Preußen 19, 27, 198, 209, 449
Friedrich Wilhelm (Großer Kurfürst), Kurfürst 43, 44, 45
Fritsch, Daniel (A) 473
Fritsche, Arno Eugen (A) 236, 303
Fritzsche, Gottfried 53
Frobenius 347, 351
Frotscher, Gotthold 154, 316
Führer, Alfred 296
Fuchs (Tischler) 41
Fuchs, Karl 263, 268, 273, 461-462, 470-471, 475, 480, 482
Furtwängler & Hammer, P. 20, 202, 218-219, 224, 266-267, 272-273, 294-295, 304, 310, 327, 346, 366, 368, 392, 460-462, 466, 471-473, 475-476, 482-483, 485, 487
Fux 66

Gabler 66
Gärtner (Bauinspektor) 484
Ganadi, Manfred 456
Gaulke, Manfred 353
Gaster, Hans 33
Geber, Hans (A) 368, 485
Georg II; Herzog von Sachsen-Meiningen 281, 474
Georgio 41
Gerber, Ernst Ludwig 143
Gerbig, Karl 459, 489 [siehe auch Kienscherf Nachf.]
Gerhardt, Paul (P) 188
Gericke, Adam (O) 42
Gericke, Wilhelm (O) 42, 44, 49, 50
Gerlach, Philipp (A) 94, 447, 460
Gesell, Carl Eduard 19, 162, 165-166, 214, 468, 472, 476
Gesell, Carl Ludwig 158, 162, 165, 209-211, 213-215, 472, 489-490
Gesell und Schultze 166, 211, 484, 486-487
Gette (A) 370, 476
Giesecke & Sohn, Carl 150, 295
Glöckner, Ludwig 179, 352, 451, 453, 457, 463, 466-468, 479, 481
Glume, Johann Georg 68, 80, 90
Göthe, Johann Friedrich Eosander von 71-73
Gogel (A) 392, 471
Goldbach A) 476
Golmitz (Musiklehrer) 466
Gontard 147
Gonzales 347
Gottlob, Christian 258
Gottlob, Fritz (A) 232, 275, 374, 465, 476
Gottlob, Theodor 258
Gottron, Adam Bernhard 295
Grabo, Merten: siehe Grabow, Martin
Grabow, Martin 17, 40, 41, 42, 56, 452, 474

Grabow, Martin Peter 40
Graef (A) 451
Grael (Baudirektor) 139, 193
Graf, Johannes 282, 456, 461, 464, 472-475, 477-478
Graf, Lothar 451
Graun 18
Grell, Eduard August (O) 104, 108, 156, 167, 194, 220
Grötzebach (A) 414
Grohmann (A) 386, 472, 476
Gropius, Gebr. 468
Groß, Karl Heinz (Restauratur) 145
Großer Kurfürst 47
Grote, Angela 329
Grote, Gottfried (O) 21, 298, 329, 396, 464, 472
Grünberg, Martin (A) 332, 447, 453
Grüneberg, Barnim 116, 159, 224, 346, 449, 456, 460, 467, 475-476, 481, 486, 489-490
Grüneberg, Georg Friedrich 486
Grüneberg, Johann Carl Wilhelm 119, 452-453, 455, 474
Grüneberg, Johann (Friedrich) Wilhelm 111, 115, 118-119, 156, 161, 169, 445, 447, 455, 489
Grüneberg, Philipp Wilhelm 118
Grün & Hettwig 261
Guericke, Otto von 55
Guerin (Maler) 459
Gurlitt, Cornelius 251
Gurlitt, Willibald 292-293

Haacke, Walter 36
Haase, Conrad Wilhelm (A) 341, 370
Habecker (A) 455
Habel 273
Hackel, Wolfram 201, 205
Hahn (O) 194, 196
Halle, Johann Samuel 124, 128
Hammer, Emil 273, 295, 352-353, 407-408, 470, 472, 484-485
Hammer, Hans 352, 467, 469, 473, 477-478, 481
Hammer, Herbert 468, 477
Hammermeister, Paul 258, 282, 414
Hantelmann, Hans 55
Hartmann, Matthias 56, 62, 83, 87, 452
Haupt, (Carl) August (O) 56, 144, 157, 167, 188, 217, 229-230, 461
Hayne, Gottlieb (O) 50, 51, 61, 96, 104, 123
Heinrich, Prinz von Preußen 75
Heinrich, Markgraf 123
Heintz, Albert (O) 157, 197
Heintze, Hans (O) 368
Heinze, Gustav 456, 466, 580
Heise, Gottlieb 19, 158-159, 162, 165-166, 476
Heitmann, Fritz (O) 73, 78, 20, 225, 252, 254, 297-298, 310, 322, 349, 359, 368, 448
Helwig, Hofrat 91
Henckel zu Donnersmarck, Fürst 252
Hennefuß, Ludwig Salomon 154, 458, 481
Herbst, Heinrich d. J.
Hertlein, Hans (A) 473
Hesse 104, 199
Heyne: siehe Hayne
Hiecke, D. (A) 322
Hildebrandt, Johann Gottfried 110-111
Hildebrandt, Zacharias 87, 89
Hindemith, Paul 292
Hindenburg, Paul von (Reichspräsident) 323, 449
Hobohm, Wolf 57
Höger, Fritz (A) 28, 309-311, 483
Hoffmann (A) 455, 473, 477
Hoffmann, Heinz E. (A)
Hoffmann, Heinrich Otto (A)
Hoffmann, Ludwig 353
Hofhaimer, Paul (O) 34
Hohn, Pater Albert 63, 97

FRITZ HEITMANN an der Orgel der *Tauf- und Traukapelle* im *Berliner Dom*

506 | Personenregister

Hollenbach, Albert 229, 313
Hoppe, Alfred 350
Hoppenhaupt, Johann Michael 135
Horneburg, Johann d. Ä. 36, 37
Horneburg, Johannes d. J. 38, 40
Horneburg, Karl 40
Hornoburgs, Magdalena 40
Hrdlicka, Alfred (Maler) 414
Hubert, M. 430
Hues, Berendt 54

Ide, Johann 39
Ileborgh, Adam 31
Ilisch, Roman 177, 352-353, 414, 454, 456, 465, 468, 471-478, 485
Irrgang (O) 224
Ising, Hartmut 428, 430

Jacob, Johann 106
Jacobi, Samuel 104
Jahnn, Hans Henny 252, 292-293, 295, 297, 346, 355
Jann, Georg 318, 352-353, 356, 414, 434-435, 478, 480
Jassoy (A) 456
Jehmlich, Gebr. 147, 352, 420-421, 467, 471, 481, 490-491
 [von 1972 bis 1990: VEB Jehmlich Orgelbau Dresden]
Jendis, Hans (O) 310
Jessen (A) 483
Joachim I., Kurfürst 34, 35, 36
Joachim II., Kurfürst 16-17, 30, 36, 37, 448
Joachim Ernst I., Herzog von Schleswig-Holstein-Sonderburg-Plön 57
Johann Albrecht, Herzog von Mecklenburg 36
Johann Friedrich, Kurfürst 36
Johann Georg, Kurfürst 36, 39
Johann Sigismund, Kurfürst 36
Jordan, Friedrich 106
Jorcke (A) 462
Jürgensen, Peter (A) 475
Jüterbog (Bankier) 466

Kallensee: siehe Callensee
Kalter: siehe Katter
Kaminski, Brüder 465
Karin, Johannes 466
Karstens, Lambert Daniel 17, 73
Kaschendorf, Stephan 33
Katter, Johann (O) 47, 474
Kaufmann, Walter 68, 73, 129, 467
Kaveran, H. (O) 205
Keibel (Baustab) 349
Kelletat, H. 243, 356
Kellner, Hans (O) 36, 453
Kemper, Karl 76 295, 297-298, 306, 329, 348
Kemper & Sohn, Emanuel 21, 202, 296, 310, 328-330, 352, 354, 456, 461, 469, 472, 474, 476, 483-485
Kempff, Georg (O) 21, 31, 297, 333, 337, 339, 341, 347, 460, 462
Kern, Walter (A) 475
Kienscherf, Albert 110, 451, 468, 482, 487, 489-491
Kienscherf Nachf. Karl Gerbig 463
Kirchner, Gerhard 110, 235, 466
Kirnberger, Johann Philipp 18, 61, 112, 123-124, 126-127, 138
Kitschke, Andreas 54, 63, 119, 451
Kjersgaard, Mads 31
Klagge, Erwin 145
Klausing 66
Kleemann, Helmut 353
Kleinert, Salomon (O)
Klepper, Jochen 317
Kleuker, Detlef 352, 417, 419, 455, 464, 468-471, 478-481, 485
Klotz, Hans 34
Knecht, Georg Christian 165
Knoblauch (A) 460

Knoth, Klaus 353, 407
Kobischke, Wolfgang 353
Köpjohann, Johann Friedrich 141, 143
Körner, Johann 106
Kohlhaus, Günter (A) 471, 478
Koppe, Peter (O) 141
Kraner, Johannes Günther (O) 392
Kremmer, Martin (A) 476
Kressmann-Zschach (Architektin) 460
Kretschmar, Hermann 76
Kretschmer 61
Kreutziger, Johann Christoph 481
Kritzinger 251
Kröger, Armin (A) 461
Kröger, Jürgen (A) 454, 455, 471
Krüger, Ferdinand Paul 470
Krüger, Johannes (A) 327, 428
Krüger, Walter (A) 329, 428
Kühn, Bernhard (A) 236, 467
Kühn, Gerhard 352, 468
Kühn, Karl Theodor (Physiker) 326, 329, 330, 353-354, 370, 372, 428, 430, 454, 469, 471-476
Kühnau (O) 138
Kühne, Fritz (A) 474
Kühnzack, Carl Friedrich 161
Kühtze, Christian (P) 141
Kuhlmann Otto (A) 329, 472, 475
Kuhn, Orgelbau 353, 422
Kuntzsch, Gustav (Bildschnitzer) 478
Kurth, Reinhold (O) 326-327
Kurzell, von 325

Ladegast, Friedrich 104, 162, 228-231, 252, 474, 486
von Lancizolle (A) 473
Landow, Ferdinand 118
Landrock, Paul 55
Lang, Albert 144, 159-160, 183, 201, 205-207, 235, 457-458, 460-461, 463, 479, 482, 484, 491
Lang, Josef 159
Lang, Wilhelm 156, 159-160
Lang & Dinse 19, 112, 115, 158-160, 198-199, 332, 345, 447, 450, 453, 459-461, 464, 477, 488-489
Lange, Ferdinand 157-161
Lange, Gottfried 46
Langer, Manfred (O) 303
Laukhuff 348
Lehmann, Anton 35
Lehmann, Blasius 33-36, 39, 188
Lehmann, Rosemarie 150, 461
Lehning, Hanns-Martin (O) 394
Lehrecke, Peter (A) 374, 400, 402, 473-474, 484
Lehrecke, Wilhelm (A) 400
Leinung (Ing.)
Lemmer, Ludwig (A) 362, 478
Lenk, Alfred 207, 458
Lichtenow 162
Lichtfuß, Georg (A) 455, 473
Liers, Dagobert 481
Lilloe (A) 481
Lindner 90
Lobbes, F. W. 489
Lobenstein, Conrad 31
Lockstedt 154
Löpelmann (Glasmaler) 407
Lötzerich, Karl 352-353, 357, 372, 442-443, 464, 469-470, 473-474, 476, 479
Loewe, Carl 199
Lohmann, Heinz (O) 368
Loire, Gabriel 379
Ludwig, Prinz von Ansbach Bayreuth 467
Lübeck, Vincent 54, 293

Lüdemann, Paul 33
Lüderwald, Friedrich 141
Lüpke, von 295
Lütkemüller, Friedrich Hermann 104, 162, 165, 223, 226-228, 230, 327, 472, 482, 487, 489, 491
Ludwig, Prinz von Preußen 80, 129
Lutterodt, Adrian 55, 56, 83, 90, 96, 188, 452
Lynar, Rochus Guerini Graf zu 102

Magister Jacobus (O) 30
Mahrenholz, Christhard 224, 292-296, 329, 330, 247, 349-350, 472
March (A) 484
Maeder, Arnold 350, 353
Marcussen & Sohn 295, 350
Marpurg 18, 138
Marx, Familie 345
Marx, Ernst (Julius) d. Ä. 56, 75, 80, 91, 106, 108-119, 123-124, 126-129, 136-138, 141-145, 149, 153-154, 156-157, 188, 222, 323-324, 332, 448-453, 459-467, 486-489, 491
Marx, Ernst (Carl Friedrich) d. J. 104, 124, 143, 155, 447, 460, 474
Marx, Friedrich 18-19, 91, 103, 111, 153-155, 161, 447, 453, 474, 477, 489
Massler, Th. (Tischlerei) 485
Matthaei, Gottfried (O) 430
Maukisch, Blasius 42, 44
Mehmel 490
Meijer, Siewert 53, 56, 57
Meimberg, Rudolf 267
Meister Jacob: siehe Magister Jacobus
Mendelssohn-Bartholdy, Felix 129, 199
Meyer, Fr. 165
Michel, H. 475
Michaelis, J. L. 61
Michaelis, Ludwig 90, 104, 129
Mietke, Michael 45, 61
Migendt, Peter 18, 56, 104, 106-112, 118-119, 121, 123-124, 127-128, 143, 332, 345, 447-448, 450, 452-453, 459-460, 463, 474, 487-488, 490
von Mirbach, Freiherr 220
Mitteldeutsche Orgelbauanstalt A. Voigt 359, 438-438, 448, 459, 463
Mönch, Arthur (O) 478
Möller, Ferdinand Gustav (A) 460-461
Möller, Patroklus 66
Möller, Peter 38
Mors, Anthonius 17, 36, 37, 448, 452
Mors, Jacob (O) 453
Mosengel 66
Mügent: siehe Migendt
Müller, Erhardt 44
Müller, Hans Christian (A) 434, 480
Müller, Johann Christian 166
Müller, Otto (Bildhauer) 196
Müller, Paul 42, 50
Müller, Wilhelm 161
Mund, Hermann 63, 68, 116, 293
Mundt, Johann Heinrich 50
Muthesius, Hermann 410

Nass, Rainer 172, 462-463
Naumann, Chr. A. (A) 121, 136, 453-454
Naumann, Friedrich 251
Nehring, A. 71
Nelte: siehe Nette
Nethe: siehe Nette
Nethe, Sebastian 56, 332
Nette, Johann 17-18, 47, 49, 50, 73, 103, 123, 453, 474
Netto: siehe Nette
Neubaurger, August 219
Neumann, Georg Friedrich (O) 106, 119, 474
Neumann, George 149
Neumann, Gerd (A) 414, 453
Nicolai 154

Nieder, Heinrich Ludwig Gustav (Pastor) 199
Nitze, Philipp (A) 396, 483
Noeske, Dieter 214, 268-269, 352-353, 356, 424-425, 440-441, 461, 469, 471-472, 475, 477, 480, 482-483

Oberlinger, Gebr. 352, 474
Ochs, Karl W. (A) 330, 473
Orth, August (A) 337, 420, 460, 467, 480
Orff 292
Ott, Paul 295-296, 352, 404-405, 464, 469, 471, 485
Otto, Frei (A) 484
Otto, Karl (A) 465, 470
Otto, Waldemar (Maler) 368
Otzen, Johannes (A) 28, 222, 239, 303, 402, 432, 460, 471

Paschen, Hinrich 353
Paul 31
Paulus, Ernst (A) 257, 265, 481, 483
Paulus, Günther (A) 257, 265, 483
Pepping, Ernst 292
Persius, Ludwig 27, 201
Peschke (Provinzialkonservator) 80, 129, 339, 457, 460
Peter, Willi 352, 400-401, 485
Petereit (Gendarm) 162
Peters (A) 451
Peters (Rechnungsrat) 457
Petersen, Winfried (O) 329
Pfeiffer 295
Pflug, Martin 483, 491
Pingel, Wolfgang (A) 404, 463-464
Pitzler (A) 17
Plarre, Hansrudolf (A) 394, 424, 456, 471
Plessow (A) 414
Pölzig, Hans 301
Poelzig, Peter (A) 422, 468
Pohl, Gottlob 159
Pohlmann 124
Poppe, Gebr. 462
Poppen, H. 281
Porst, Jakob 91
Porst, Johann (P) 139
Praetorius, Michael 31, 33
Prinz, Marquard Ludwig von (Oberhofmarschall) 51
Prost, Dietrich 157
Puhl und Wagner 273

Quantz 18
Quesnay 146
Quoika, Rudolf 33

Ramin, Günther (O) 293, 306, 317, 485
Raschdorff, Julius Carl und Otto (A) 251, 358, 448
Ratzmann 219
Ratzmann, Jean 490
Reda, Siegfried (O) 341, 380, 455
Redlich, Christine und Horst (A) 481
Reemtsma 350
Reger, Max (O) 224, 248, 254, 281-282, 306, 330, 474
Reimann, Heinrich 167
Reimann, Wolfgang 21, 74, 224, 243, 297, 347, 396
Reinhardt, Max 301
Reinken, Jan Adam (K) 54
Reitebuch, Wolf Ulrich 414
Remler, Wilhelm 161-162, 486
Remler & Sohn, W. 161-162, 466, 468-469
Reubke, Emil 489
Richborn, Joachim 54
Richt, G. 460
Richter, Werner 457, 468, 472
Rieger, Orgelbau 348, 353
Rietz, Adam Heinrich 156

Risse, Otto (A) 368, 485
de Ritter, Paul 90
Röder, Johann Michael 12, 18, 37, 51, 53, 58-62, 66, 68-69, 80-83, 90-91, 94, 100, 109, 115, 123, 169, 447-449, 452, 467, 488
Rößler, Ernst Karl 400, 475, 485
Röver, Ernst 362, 472, 478
Rohlf, Johannes 352, 422-423, 470
Rohn 159
Rosenberg, Johann Georg 323
Rossa, Willy (A) 462
Rossteuscher 247
Roth, Werry (A) 185
Rubardt, Paul 295
Rudolphi (Regierungsrat) 136
Rüffer (O) 459
Rühlmann, Theodor 223
Rühlmann, Wilhelm 450, 488
Rupp, Emile 252, 350
Ruther, Karl 297, 347
Ruhtz, Erich (A) 428, 475

Sachs, Curt 123
Sage, Konrad (A) 428, 455
Sagerer 485
Sander, Gustav 222
Sauer, (Carl Adolph) Ernst 219
Sauer, Wilhelm 219-221
Sauer, W. (Orgelbau-Anstalt, Abk.: W. Sauer) 19-21, 62, 76, 92, 93, 100-101, 108, 113, 115, 119, 121, 127, 138, 159, 162, 179, 188, 190-191, 197, 202, 210, 216, 218-221, 224, 228-230, 232-233, 235-236, 239, 242-243, 246-249, 252, 254, 257, 263, 295, 297, 299-301, 310, 321-322, 324, 326-327, 346, 349, 352, 359, 366, 379, 396, 407, 417-418, 426-427, 436, 444, 447-480, 482-485, 486-491, 502 [von 1972 bis 1990: VEB Frankfurter Orgelbau Sauer]
Schacht, Hans Joachim 353
Schadow, Albert Dietrich (A) 175, 485
Schadow (P in Teupitz) 110-111
Scharoun, Hans 351
Schäffer, Adolph 82
Scheper, Hinnerk (A) 185, 386
Scherer, Familie 53
Scherer, Hans 59, 488-489
Scherer, Jacob 37
Schiedmayer 275, 279
Schink, Fritz 40
Schinkel, Karl Friedrich (A) 19, 26-28, 115, 119, 155-156, 158, 166, 169, 175, 181-184, 201, 214, 222, 232, 313, 333, 358, 384, 386, 450-451, 479-481, 489
Schlag, Oskar 258
Schlag & Söhne 20, 93, 167, 202, 217, 224-225, 256-257, 303-304, 346, 452, 460, 462, 466-468, 470, 472-473, 481, 488
Schleuen (Kupferstecher) 128
Schlick, Arnolt 34
Schlüter, Andreas (Bildhauer) 17, 47, 50, 90, 139
Schmaltz, Johann Daniel 118
Schmaltz, Leopold Christian 106, 116, 118, 145, 149, 449
Schmid, Gerhard 352, 376-377, 460, 461, 478
Schmidt, Jakob 422
Schmidt, Paul 489
Schmidt, Paul (O) 19, 275
Schmidt, Werner Ingo 269
Schmidt, Wilhelm Friedrich (O) 474
Schmitz, Bruno (A) 303
Schmoele & Mols 222
Schmoock, Otto (A) 483
Schneider, Julius (O) 167
Schneider, Michael (O) 368
Schneider, Thekla 282
Schnitger, Arp 17-18, 20, 47, 49, 50, 51, 53-57, 59, 60, 62, 63, 65-66, 68-69, 72-75, 78, 82, 89, 90-91, 109, 111-112, 141, 188, 254, 293-294, 297, 332, 349-350, 449, 452-453, 456, 466, 488-489

Schnitger, Franz Caspar 141, 453
Schönberg, Arnold 292
Schönstedt, Arno 295
Schoeps, Peter (Schäfer) 482
Scholtze, Gottlieb 64, 69, 106, 108, 110, 118, 135, 143, 487, 489
Scholz, Heinrich 33, 40
Schreiter, Gerhard (Maler) 368
Schreiter, Johannes (Glasmaler) 396
Schrieber 386
Schröter, Johann Christoph 178-179, 449, 479
Schubarth 161
Schuke, Hans Joachim 21, 82, 124, 130, 145, 188, 254, 314-315, 327, 337, 341, 348, 350, 384
Schuke, Karl 21, 63, 78, 214, 265, 282, 296, 299, 315, 339, 346-351, 356, 359, 486
Schuke Berliner Orgelbauwerkstatt GmbH, Karl (Abk.: Karl Schuke) 17, 21, 62, 76-77, 82, 116, 165, 177, 210, 214, 258, 263, 273, 291, 301, 315, 324, 327, 350-353, 357, 362-264, 368-369, 374-375, 379, 394-399, 402-403, 428, 444, 446, 449, 454-456, 460-466, 468-485
Schuke, Alexander (Orgelbau-Anstalt, Abk.: Alexander Schuke) 20, 76, 81, 93, 118-119, 130, 134, 144-145, 149, 165, 175, 177, 183, 201-202, 210, 213-214, 218, 224, 297-299, 312-315, 322, 327, 336-339, 341-343, 348, 350, 352, 358-359, 376, 384-385, 420, 448-470, 472, 474-476, 478-479, 481-487, 489-491 [von 1972 bis 1990: VEB Potsdamer Schuke-Orgelbau]
Schultz, Johann Bernhard 16
Schultze, Alfred 150
Schultze, Carl 160, 162, 165-166, 209, 211, 487-488
Schultze-Naumburg, Paul (A) 410
Schulz, Karl (O) 144
Schulz, Matthias (O) 453
Schulze, C. P. 63, 469, 484
Schulze, Friedrich (A) 376, 392, 471, 478
Schulze, Herbert (O) 21, 295, 297-298, 329-330, 353-355, 370, 372, 396, 428, 430, 454, 471-476
Schulze, Johann Friedrich 19, 162, 198-199, 201, 203-205, 461, 479
Schulze, Margarete 43
Schuster, Siegfried 352, 459, 482
Schwarz (A) 455
Schwarz, Berthold (O) 21, 243
Schwarz, G. 329, 472
Schwartzkopff, G. (A) 261, 462, 478
Schwarzenberg 150
Schwechten, Franz Heinrich (A) 239, 241-242, 379, 402, 455, 462, 465, 470, 517
Schweitzer, Albert 225, 243, 292
Schwerin, Gräfin 127
Seebeck 161
Seeger, F. A. (A) 471
Seidel, Andreas d. Ä. 51, 60, 75, 91, 456
Seidel, Andreas d. J. (O) 51
Seidel, Friedrich Ludwig (O) 153, 155
Seifert & Sohn, Romanus 353
Siebold (A) 480
Silbermann, Familie 292
Silbermann, Gottfried 18, 20, 64-66, 68, 86-87, 89-90, 96, 110-111, 145, 225, 254, 351, 422
Silbermann, Johann Andreas 64, 69, 96, 487
Söhngen, Oskar 330
Sohnreck 165
Solf (A) 329
Sophie Charlotte, Prinzessin von Hannover 71, 73, 139
Sophie Luise, Königin 139, 141
Specht, Wolfgang 407
Speckmann, Christian 159
Sperling 66
Spitta, Friedrich 251
Spitta, Max (A) 185, 267, 341, 402, 450, 480, 482
Stärck, P. W. 63
Stahl-Urach (A) 333, 340-341
Stahn, Otto (A) 432, 485

Stangier, Roland Maria 442
Stehle, Gebr. 482-483
Stehr, Gunnar 40
Steibeld, H. 474
Stein, Fritz 282
Steinberg, Carl (A) 179, 309, 317, 322, 461, 473, 475, 485
Steinmann, Gustav 296
Steinmeyer, Johannes 281, 474
Steinmeyer & Co., G. F. 138, 144, 224-225, 236, 280-283, 295, 324, 346, 352, 388, 410, 413, 428, 449, 451, 454-455, 457-460, 462-464, 467, 472-476, 478-480, 482, 487, 491
Stellwagen, Friedrich 350, 438
Stephan Orgelbau 210, 232-233, 318, 352, 456, 461, 463, 465, 468-470, 472-473, 475-479, 484-485
Stephan, Arndt 353
Sterner (Werner), Christoph 44
Steves, Heinz Herbert 40, 42, 53-54, 63, 68, 89, 90
Stiebelt 104
Stier, Hubert (A) 485
von Stockhausen, Gottfried 376
Stolze 103
Strack, J. (A) 192-194, 196, 384, 453, 457
Straube, Karl (O) 167, 281, 293, 297, 347, 462, 474
Straumer, Heinrich (A) 407
Streckebach, Karl (A) 465-466
Strodthoff 270
Stüber, Axel 179, 236, 352, 452, 458, 466, 468, 479
Stüler, Friedrich August (A) 27, 113, 175, 185, 193, 198-199, 201, 203, 209, 227, 332, 384, 398, 455, 457, 461, 463, 471, 479, 484-485
Succo (O) 219
Sulzmann, Bernd (O) 149-150
Supper, Walter (O) 276, 322, 475

Tartini, Guiseppe (K) 153
Teichert, Ernst 480
Telemann, Georg Philipp 18
Teschner 121, 447
Thayssner, Zacharias 55
Theer, Wolfgang 353
Thiel, Carl 76
Thiele 463
Thienhaus, E. 329, 472
Thomas, Hans 17, 37-40, 56, 103, 452, 474
Thomas, Johannes: siehe Thomas, Hans
von Tiedemann (A) 475
Tieffenbach 91
Till, Johann Hermann (O) 103-104
Tischlinger: siehe Dinstlinger
Tolle, Eberhard 352, 470
Topp, Winfried 201
Trebbow, Friedrich 17, 38, 39, 40, 83, 449, 452
Treutmann, Christoph 62, 66, 149
Trost, Heinrich Gottfried 87
Tschockert (O) 153-154, 156, 167, 448
Turley, Albert 163
Turley, Johann Friedrich 19, 162-163, 165, 172-175, 223, 462, 485, 487
Turley, Johann Tobias 162-163

Uckerow, Valentin 35, 36, 453
Unger 147
Ursula, Tochter von Martin Grabow 40

Verner (Werner) 33
de Vernezobre, Baron 129
Voelkner, Paul 224, 459
Vötterle, Karl 293, 295
Voge, Richard, 254
Vogelrieder, Hans 471
Vogler, Abbé 18, 91, 153-156, 166-167, 452, 489
Vogt, Barbara und Wolfgang (A) 473
Voigt, A.: siehe Mitteldeutsche Orgelbauanstalt A. Voigt

Vollmer, Johannes (A) 362, 456, 478
von Voß 80, 129

Wagner, Friedrich 84-85, 96
Wagner, Joachim 18, 20, 39, 51-54, 59-69, 80, 82-94, 95-97, 100, 103-104, 106-111, 113, 115-116, 118-119, 121, 123-124, 126, 130, 143-145, 149, 153, 194, 228, 345, 350, 447, 449-454, 458, 460, 474, 486-490
Wagner, Johann Christoph 83, 85, 96
Walcker, Oskar 220, 292-293, 310, 317
Walcker, Paul 220
Walcker & Cie., E. F. 20-21, 184-185, 202, 218-219, 223, 225, 228, 232-233, 239, 252, 264-265, 316-317, 330-334, 346-347, 352, 354, 362, 370, 373, 376, 411, 449-450, 454-462, 464-465, 490
Walker (GB) 479
Wallbrecht, Heinrich 342
Walter, Friedrich 63
Walter, Gebr. 224, 451, 466
Walthausen, Ludolf von (A) 366, 398, 455, 460
Walther, Johann Friedrich 90, 96-97, 100
Wandschneider (Bildhauer) 436
Wangemann, Otto 273
Wartensleben, Reichsgraf 96
Wasser 104, 108
Weigel, Klemens (A) 474
Weigle, Friedrich 20, 218, 224, 248, 274-276, 278-279, 352, 428-429, 454, 465, 475
Weill 292
Weintrud (Abt) 31
Weißenborn, Friedrich 352, 465, 471, 473-474
Welte & Söhne 222, 460
Wenchen, Paulus 31
Wend, Mauritio 453
Wendland, Winfried (A) 341, 360
Wendt & Heise 464, 475
Werbeck, Alfred 185
Werckmeister, Andreas 49, 55
Wernekink (Münster) 66
Werner, Andreas d. Ä. 43
Werner, Andreas d. J. 17, 42-45, 103, 474
Werner, Christian 47, 73
Werner, Christoph d. Ä. 39, 43-47, 49, 56, 451-452
Werner, Christoph d. J. 17, 46-47
Werner, Helmut 150
Werner, Johann 43
Werner, Peter 43
Weydenau, Maternus (O) 31
Wichards (A) 329
Wichern, Johann Hinrich 329
Wiedeburg, Johann Dietrich (O) 51, 90
Wiemann, Peter 43
Wiench, August 467
Wilcke, Christian 47
Wilke, Friedrich (O) 155-156, 161-163, 166-167
Wilhelm II 239, 247
Wilhelmine, Prinzessin 127
Winter, Helmut 65, 78
Wistuba, Peter 479
Witte, Magnus (O) 38
Wörsching 330
Wohler (Regierungsbaurat) 457
Wolff-Grohmann, Hans (A) 476
Wolter, Rainer 207, 458

Ysslinger: siehe Dinstlinger

Zechlin, Ruth 481
Zelter, Karl Friedrich 129, 167
Ziegler, Friedrich 104
Zimmermann, Otto Ludwig 394
Zuls, Hans (O) 36
Zwirner, Alexander 463

Ortsregister

Seitenzahlen, die auf Einzeldarstellungen von Orgeln verweisen, sind kursiv gesetzt.

Adlershof: siehe Berlin-Adlershof
Altenkirchen auf Rügen 488
Altentreptow, St. Petri 156, 489
Altglienicke: siehe Berlin-Altglienicke
Altlandsberg, Ref. Schloßkapelle 488
Altmädewitz 490
Altmark 62
Altreetz 490
Altwriezen 486, 488
Altwustrow 160
Angermünde, St. Marien 107, 172, 487
Anklam, St. Nikolai 489
Antwerpen 36
Aspeboda 42
Augsburg 33

Babelsberg: siehe Potsdam-Babelsberg
Bad Freienwalde, St. Nikolai 35, 41, 65, 486
Bärenklau, Ev. Kirche 119, 445, 474, 489
Barenthin (Kreis Kyritz) 459
Barnewitz 487
Barnim 23, 25, 30
Bartenstein (Ostpreußen), Stadtkirche 31
Barth, St. Marien 156, 489
Baumschulenweg: siehe Berlin-Baumschulenweg
Bayern 68
Bautzen, Dom 33, 34
Beeskow, Stadtkirche St. Marien 31, 155
Belgard (Hinterpommern), Stadtkirche 488
Berge bei Magdeburg, Kloster 141
Berlin, Adolf-Stoecker-Heim Wittenau (Reinickendorf) 468
-, Advents-Gemeindesaal (Prenzlauer Berg) 467
-, Advents-Kapelle (Prenzlauer Berg) 467
-, Advents-Kirche (Prenzlauer Berg) 467
-, Albert-Schweitzer-Kirche (Reinickendorf) 468, 485
-, Alt Lietzow (Charlottenburg): siehe Lietzow-Kirche
-, Alte Domkirche: siehe Dom (Mitte)
-, Alte Dorfkirche, Zehlendorf: siehe Dorfkirche Zehlendorf
-, Alte Garnisonkirche (Mitte) 12, 18-19, 46, 58-60, 68, 83, 90, *94-101*, 108, 118, 220, 224, 247, 417, 447, 450, 486
-, Alte Kirche, Friedrichshagen (Köpenick) 458
-, Alte Nazareth-Kirche: siehe Nazareth-Kirche (Wedding)
-, Alte Pfarrkirche Lichtenberg: siehe Dorfkirche Lichtenberg
-, Alte Pfarrkirche Pankow 453, 466
-, Altersheim Kladow, Andachtsraum (Spandau) 471
-, Altersheim Pankow 466
-, Altes Museum 145
-, Altlutherische Kapelle (Wedding) 480
-, Altlutherische Kirche (Mitte) 447
-, Altlutherische Kirche (Neukölln) 463

-, Altlutherische Kirche (Wedding) 183, 490
-, Amerikanische Kirche (Schöneberg) 470
-, Ananias-Gemeindezentrum (Neukölln) 463, 467
-, Andreas-Markus-Kapelle, Gemeinderaum (Hohenschönhausen) 458
-, Apostel-Andreas-Kirche, Wittenau (Reinickendorf) 468
-, Apostel-Johannes-Kirche, Märkisches Viertel (Reinickendorf) 468
-, Apostel-Paulus-Kirche (Schöneberg) *238-240*, 470
-, Apostel-Paulus-Kirche, Hermsdorf (Reinickendorf) 468-469
-, Apostel-Petrus-Gemeindezentrum, Märkisches Viertel (Reinickendorf) 468
-, Arbeitshaus-Kirche (Mitte) 447, 490
-, Auen-Gemeindehaus (Wilmersdorf) 309, 482
-, Auen-Kirche (Wilmersdorf) 20, 224, *266-271*, 309, 353, 482
-, Auferstehungs-Kirche (Friedrichshain) 456
-, Auferstehungsfriedhof, Kapelle (Friedrichshain) 456
-, August-Hermann-Francke-Heim (Spandau) 471
-, Bauakademie 219
-, Bekenntnis-Gemeindesaal (Treptow) 309, 479
-, Bekenntnis-Kirche (Treptow) *178-179*, 479
-, Bethanien: siehe Krankenhaus Bethanien (Kreuzberg)
-, Bethanien-Gemeindehaus (Weißensee) 481
-, Bethanien-Kirche (Weißensee) 481
-, Bethlehems-Gemeinde, Ev.-ref., Betsaal (Neukölln) 115, 464
-, Bethlehems-Kirche, Böhmisch-luth. (Mitte) 26, 109-110, *120-121*, 136, 447, 464
-, Bethlehems-Kirche, Böhmisch-luth. (Neukölln) 109, 232, 464
-, Bischofskirche: siehe Berlin, St. Petri-Kirche
-, Bodensiek-Haus, Wittenau (Reinickendorf) 464
-, Böhmisch-luth.: siehe Bethlehems-Kirche, Berlin-Mitte und Neukölln
-, Böhmische Brüdergemeine, Kirchensaal (Kreuzberg) 459-460
-, Böhmische Brüdergemeine, Kirchensaal im Gartenhaus (Kreuzberg) 459
-, Böhmische Brüdergemeine, Knabenschule (Kreuzberg) 459
-, Böhmische Kolonie 109
-, Buch: siehe Schloßkirche Buch
-, Bundesgartenschau, Kapelle (Neukölln) 464, 480
-, Burckhardthaus, Dahlem (Zehlendorf) 454, 456, 475, 484
-, Central-Diakonissenhaus Bethanien, Kapelle (Spandau) 472
-, Charité, Kapelle (Mitte) 447
-, Charlottenburger Schloß: siehe Schloß Charlottenburg
-, Christian Science 476
-, Christophorus-Kirche, Friedrichshagen (Köpenick) 458
-, Christus-Kirche (Kreuzberg) 218, 220, 459
-, Christus-Kirche, Friedhofskapelle (Mariendorf) 477
-, Christus-Kirche, Oberschöneweide (Köpenick) 458
-, Christus-Kirche, Gemeindehaus, Oberschöneweide (Köpenick) 458
-, Christus-Kirchhof, Mariendorf (Tempelhof) 476
-, Dänische Kirche (Kreuzberg) 459
-, Daniel-Gemeindezentrum (Wilmersdorf) 482

-, Dankes-Kirche (Wedding) 480
-, Dankes-Notkapelle (Wedding) 480
-, Deutsche Friedrichstadt-Kirche (Mitte) 26, 108-109, 141, 146-147, 447-448, 450, 490
-, Deutscher Dom: siehe Deutsche Friedrichstadt-Kirche (Mitte)
-, Diakonieverein, Zehlendorf 484
-, Diakoniewerk Königin Elisabeth (Lichtenberg) 164-165, *172-173*, 459, 462-463
-, Diakonissenhaus, Karow (Pankow) 467
-, Dietrich-Bonhoeffer-Gemeindezentrum, Lankwitz (Steglitz) 474
-, Dietrich-Bonhoeffer-Kirche, Lichtenrade (Tempelhof) 476
-, Dom [ehemalige Dominikaner-Klosterkirche] (Mitte) 17, 20, 26, 35, 36, 37, 40, 42, 44, 51, 73, 123, 126, 159
-, Dom [Alter Dom] (Mitte) 18, 61, 156, 167, *168-171*, 251, 447-448, 489
-, Dom [Neuer Dom] (Mitte) 109, 216, 219-220, *250-255*, 349, 357-361, 448, 450
-, Dom: siehe auch Dominikaner-Klosterkirche (Mitte)
-, Dom, Gruftkirche (Mitte) 21, 299, *358-361*, 448
-, Dom, Interimsgebäude (Mitte) 448
-, Dom, Tauf- und Traukapelle (Mitte) *358-361*, 448
-, Domfriedhof (Wedding) 430
-, Dominikaner-Klosterkirche (Mitte) 36, 169, 448, 450
-, Domkandidatenstift (Mitte) 448
-, Domstift: siehe Schloß, Erasmus-Kapelle
-, Dorfkirche Altglienicke (Treptow) 479
-, Dorfkirche Altglienicke, Winterkirche (Treptow) 479
-, Dorfkirche Biesdorf (Marzahn) 160, *438-439*, 457, 463
-, Dorfkirche Blankenburg (Weißensee) 154, 481
-, Dorfkirche Blankenfelde (Pankow) 466
-, Dorfkirche Bohnsdorf (Treptow) 479
-, Dorfkirche Britz (Neukölln) 464, 490
-, Dorfkirche Buchholz (Pankow) 162, 466
-, Dorfkirche Buckow (Neukölln) 207, 464
-, Dorfkirche Dahlem: siehe St. Annen
-, Dorfkirche Dalldorf: siehe Dorfkirche Wittenau
-, Dorfkirche Falkenberg (Hohenschönhausen) 67, 454, 458, 486
-, Dorfkirche Friedrichsfelde (Lichtenberg) 462
-, Dorfkirche Friedrichshagen: siehe Alte Kirche
-, Dorfkirche Gatow (Spandau) 165, 472
-, Dorfkirche Giesensdorf, Lichterfelde (Steglitz) 456, 474-475
-, Dorfkirche Giesensdorf, Gemeindesaal, Lichterfelde (Steglitz) 475
-, Dorfkirche Heiligensee (Reinickendorf) 468
-, Dorfkirche Heinersdorf (Weißensee) 481
-, Dorfkirche Hermsdorf (Reinickendorf) 21, 162, 468
-, Dorfkirche Hohenschönhausen: siehe Tabor-Kirche
-, Dorfkirche Karow (Weißensee) 223, *226-227*, 481-482
-, Dorfkirche Kaulsdorf (Hellersdorf) 457-458, 490
-, Dorfkirche Kladow (Spandau) 19, 165, *213-215*, 472-473
-, Dorfkirche Lankwitz (Steglitz) 475
-, Dorfkirche Lichtenberg 462
-, Dorfkirche Lichtenrade (Tempelhof) 476
-, Dorfkirche Lichterfelde (Steglitz) 475
-, Dorfkirche Lietzow (Charlottenburg): siehe Lietzow-Kirche
-, Dorfkirche Lübars (Reinickendorf) 162, 469
-, Dorfkirche Mahlsdorf (Hellersdorf) 457, 463
-, Dorfkirche Malchow (Hohenschönhausen) 154, 458
-, Dorfkirche Mariendorf (Tempelhof) 165, 207, 476
-, Dorfkirche Marienfelde (Tempelhof) 161, 477
-, Dorfkirche Marzahn 160, 463
-, Dorfkirche Müggelheim (Köpenick) 458
-, Dorfkirche Niederschönhausen: siehe Friedens-Kirche Niederschönhausen
-, Dorfkirche Pankow: siehe Alte Pfarrkirche Pankow und Kirche Zu den vier Evangelisten
-, Dorfkirche Rahnsdorf (Köpenick) 458
-, Dorfkirche Reinickendorf 469
-, Dorfkirche Rixdorf (Neukölln) 464, 490
-, Dorfkirche Rixdorf: siehe auch Bethlehems-Kirche
-, Dorfkirche Rosenthal (Pankow) 46, 263, 357, 466
-, Dorfkirche Rudow (Neukölln) 161, 464

-, Dorfkirche Schmargendorf (Wilmersdorf) 482
-, Dorfkirche Schmargendorf, Gemeindesaal (Wilmersdorf) 482
-, Dorfkirche Schmöckwitz (Köpenick) 458
-, Dorfkirche Schöneberg 470, 489
-, Dorfkirche Staaken 223, 472
-, Dorfkirche Steglitz 475
-, Dorfkirche Stolpe 166, *208-212*, 484
-, Dorfkirche Stralau (Friedrichshain) 456
-, Dorfkirche Tegel (Reinickendorf) 469
-, Dorfkirche Tempelhof (Tempelhof) 438, 471, 476
-, Dorfkirche Wartenberg (Hohenschönhausen) 458
-, Dorfkirche Wartenberg, Kirchsaal (Hohenschönhausen) 458
-, Dorfkirche Weißensee: siehe Pfarrkirche Weißensee
-, Dorfkirche Wilmersdorf 482, 490
-, Dorfkirche Wittenau (Reinickendorf) 468-469
-, Dorfkirche Zehlendorf 166, *324-325*, 446, 484
-, Dorotheenstädtische Kirche (Mitte) 18, 26,46, 60, 62, 82-83, 448, 450, 488
-, Dreieinigkeits-Kirche: siehe Dominikaner-Klosterkirche (Mitte)
-, Dreieinigkeits-Kirche, Gropiusstadt (Neukölln) 464
-, Dreieinigkeits-Kirche, Franz.-ref. (Steglitz) 475
-, Dreieinigkeits-Kapelle (Spandau) 472
-, Dreifaltigkeits-Gemeinde, Gemeindehaus (Kreuzberg) 322, 449, 460
-, Dreifaltigkeits-Gemeinde, Friedhofskapelle (Mariendorf) 477
-, Dreifaltigkeits-Kirche, Hauptorgel (Mitte) 18, 26, 111-113, *136-138*, 145, 147, 324, 449, 461, 488
-, Dreifaltigkeits-Kirche, Hindenburg-Gedächtnis-Orgel (Mitte) 138, *323-325*, 446, 449, 484
-, Dreifaltigkeits-Kirche, Lankwitz (Steglitz) 475
-, Dreifaltigkeits-Kirche, Gemeindesaal, Lankwitz (Steglitz) 475
-, Elias-Gemeindesaal (Prenzlauer Berg) 467
-, Elias-Kirche (Prenzlauer Berg) 467
-, Elisabeth-Diakonissen- und -Krankenhaus (Tiergarten) 478
-, Elisabeth-Krankenhaus, Kinderklinik (Tiergarten) 478
-, Elisabeth-Stift (Prenzlauer Berg) *234-235*, 467
-, Emmaus-Kirche (Kreuzberg) 21, 297, *336-339*, 347-348, 420, 460
-, Englische Kirche St. Georg (Mitte) 19, 449, 451
-, Eosander-Kapelle: siehe Schloß Charlottenburg
-, Epiphanien-Kirche (Charlottenburg) *428-431*, 436, 454, 473
-, Epiphanien-Kirche, Gemeindesaal (Charlottenburg) 428, 454
-, Erlöser-Kirche Moabit (Tiergarten) 478
-, Erlöser-Kirche, Rummelsburg (Lichtenberg) 21, *340-343*, 457, 462-463
-, Erlöser-Kirche, Rummelsburg, Gemeindesaal (Lichtenberg) 463
-, Ernst-Moritz-Arndt-Kirche, »EMA« (Zehlendorf) 20, 298, *312-315*, 322, 347, 484
-, Erziehungshaus am Urban (Kreuzberg) 460
-, Ev. Jünglingsverein, Saal (Kreuzberg) 460
-, Ev. Kirche der Union (EKU), Weißer Saal (Charlottenburg) 21, 454-455
-, Evangeliums-Kirche (Reinickendorf) 469
-, Falkenhagener Feld: siehe Gemeindezentrum Falkenhagener Feld (Spandau)
-, Franz. Dom: siehe Franz.-ref. Friedrichstadt-Kirche (Mitte)
-, Franz.-ref. Friedrichstadt-Kirche (Mitte) 115, 118, 145, *146-151*, 356-357, 449
-, Franz.-ref. Friedrichstadt-Kirche, Erman-Saal (Mitte) 449
-, Franz. Hospital-Kapelle (Mitte) 449
-, Franz. Kirche (Mitte) 20, 26, 116, 449, 486, 489
-, Franziskaner-Klosterkirche (Mitte) 39, 47, 220, 298-299, *320-322*, 417, 449-450, 488, 490
-, Franz.-ref. Luisenstadt-Kirche (Kreuzberg) 115-117, 460, 489
-, Freikirche (Schöneberg) 353
-, Friedens-Gemeinde, Gemeindehaus Eichkamp (Charlottenburg) 454
-, Friedens-Kirche (Charlottenburg) 436-437, 454
-, Friedens-Kirche, Gemeindehaus Ruhleben (Charlottenburg) 454
-, Friedens-Kirche (Wedding) 480
-, Friedens-Kirche, Grünau (Treptow) 479
-, Friedens-Kirche, Niederschöneweide (Treptow) 479

-, Friedens-Kirche, Niederschönhausen (Pankow) 161, 466
-, Friedhof Friedrichswerder-Kirche, Franz.-ref. Gemeinde (Mitte) 449
-, Friedhof Gethsemane Zion, Nordend, Zentralkapelle (Pankow) 466
-, Friedhof Hohenschönhausen 458
-, Friedhof St. Georgen-Parochial, Kapelle (Weißensee) 482
-, Friedhof St. Petri (Friedrichshain) 456
-, Friedhof St. Petri-Luisenstadt (Friedrichshain) 456
-, Friedhofskapelle Alt-Mariendorf (Tempelhof) 477
-, Friedhofskapelle, Friedrichshagen (Köpenick) 459
-, Friedhofskapelle, Fürstenbrunner Weg 456
-, Friedhofskapelle, Lichtenrade (Tempelhof) 477
-, Friedhofskapelle, Rudow (Neukölln) 464
-, Friedhofskapelle, Staaken (Spandau) 472
-, Friedrich-Wilhelm-Hospital (Friedrichshain) 456
-, Friedrichs-Hospital-Kirche: siehe Waisenhaus-Kirche (Mitte)
-, Friedrichstadt-Kirche: siehe Deutsche und Franz.-ref. Friedrichstadt-Kirche (Mitte)
-, Friedrichstadt-Palast 301
-, Friedrichswerder 47
-, Friedrichswerder-Gemeindehaus (Mitte) 449-450
-, Friedrichswerdersche Kirche 157, 490, 513
-, Friedrichswerdersche Kirche, Franz.-ref. Kirche (Mitte) 19, 448, 450, 488
-, Friedrichswerdersche Kirche, Deutsche Kirche (Mitte) 26, 157-158, 222, 450, 487
-, Friedrichswerdersche Schule (Mitte) 450
-, Fürbitt-Gemeindezentrum, Britz (Neukölln) *404-405*, 464
-, Galiläa-Kirche (Friedrichshain) 224, 456
-, Garnisonkirche: siehe Alte Garnisonkirche (Mitte)
-, Garnisonkirche (Spandau) 63, 247, 472
-, Garnisonkirche, katholische (Kreuzberg) 247
-, Gartenstadt Staaken: siehe Kirche Gartenstadt Staaken (Spandau)
-, Gatow: siehe Dorfkirche Gatow
-, Gefängnis-Kapelle, Moabit (Tiergarten) 491
-, Gemeindehaus Halensee (Wilmersdorf) 482
-, Gemeindehaus Haselhorst (Spandau) 472-474
-, Gemeindehaus Jacques-Duclos-Straße (Lichtenberg) 463
-, Gemeindehaus Karlshorst (Lichtenberg) 463
-, Gemeindehaus Klosterfelde (Spandau) 472
-, Gemeindehaus Köpenick 459
-, Gemeindehaus Nordend, Kirchsaal (Pankow) 466
-, Gemeindehaus Wilmersdorf 482
-, Gemeindeheim Ernst-Moritz-Arndt (Treptow) 479
-, Gemeindeheim Paul-Gerhardt, Bohnsdorf (Treptow) 479
-, Gemeindeheim Theodor Fliedner, Mahlsdorf-Süd (Hellersdorf) 458
-, Gemeinderaum Bohnsdorf, Buntzelstraße (Treptow) 479
-, Gemeindesaal Heerstraße (Charlottenburg) 454
-, Gemeindezentrum Alt-Reinickendorf (Reinickendorf) 469
-, Gemeindezentrum am Buschgraben (Zehlendorf) 484
-, Gemeindezentrum Biesdorf-Süd (Marzahn) 457, 463
-, Gemeindezentrum Falkenhagener Feld (Spandau) 472
-, Gemeindezentrum Heerstraße-Nord (Spandau) 472
-, Gemeindezentrum Kladow (Spandau) 473
-, Gemeindezentrum Mariendorf-Ost (Tempelhof) 477
-, Gemeindezentrum Mariendorf-Ost, Kapelle Zu den Vier Aposteln (Tempelhof) 477
-, Gemeindezentrum Marienfelde (Tempelhof) 477
-, Gemeindezentrum Neu-Buckow (Neukölln) 464
-, Gemeindezentrum Plötzensee (Charlottenburg) *414-415*, 454
-, Gemeindezentrum Rollberge, Waidmannslust (Reinickendorf) 465, 469
-, Gemeindezentrum Roscherstraße (Charlottenburg) 455
-, Gemeindezentrum Rudow-West (Neukölln) 465
-, Gemeindezentrum Tegelort (Reinickendorf) 469
-, Gemeindezentrum Versöhnungskirchengemeinde (Marzahn) 463
-, Gemeindezentrum Winterthurstraße (Reinickendorf) 469
-, Gemeindezentrum Zinzendorf (Tempelhof) 477-478
-, Gemeindezentrum Zur Barmherzigkeit Biesdorf (Marzahn) 463

Berlin, Friedrichswerdersche Kirche,
Entwurf von KARL FRIEDRICH SCHINKEL

-, Gemeindezentrum Zur Barmherzigkeit Biesdorf Baracke (Marzahn) 463
-, Gendarmenmarkt (Mitte) 146
-, Genezareth-Kirche (Neukölln) 275, 465
-, Gethsemane-Kirche (Prenzlauer Berg) 337, *420-421*, 467-468
-, Gethsemane-Kirche, Winterkirche (Prenzlauer Berg) 467
-, Gewerbeausstellung Treptow 222, 303, 473, 480
-, Glaubens-Kirche (Lichtenberg) 463
-, Glaubens-Kirche (Tempelhof) 477
-, Gnade-Christi-Kirche, Borsigwalde (Reinickendorf) *424-425*, 469
-, Gnade-Christi-Kirche, Borsigwalde, Notkirche (Reinickendorf) 469
-, Gnaden-Kirche (Mitte) 402, 450
-, Gnaden-Kirche, Kirchsaal (Mitte) 450
-, Gnaden-Kirche, Pichelsdorf (Spandau) 472
-, Gnadenkirche: siehe Dorfkirche Biesdorf
-, Golgatha-Gnaden-Friedhof (Reinickendorf) 469
-, Graues Kloster: siehe Franziskaner-Klosterkirche (Mitte)
-, Große Landesloge 471
-, Großes Friedrichs-Hospital: siehe Waisenhaus-Kirche (Mitte)
-, Großes Schauspielhaus (Max Reinhardt) 301
-, Grunewald-Kirche, Grunewald (Wilmersdorf) *396-397*, 481, 483
-, Grunewald-Kirche, Kapelle, Grunewald (Wilmersdorf) 483
-, Grunewald-Kirche, Saalorgel, Grunewald (Wilmersdorf) 483
-, Gustav-Adolf-Kirche (Charlottenburg) 394, *416-419*, 455
-, Gymnasium Zum grauen Kloster (Mitte) 141, 156, 320
-, Gymnasium Zum grauen Kloster (Wilmersdorf) 483
-, Handelshochschule, Aula (Mitte) 450
-, Hausorgel Ermeler 488
-, Heilands-Kirche, Moabit (Tiergarten) 185, *376-378*, 394, 461, 478
-, Heilands-Kirche, Kirchsaal, Moabit (Tiergarten) 478
-, Heilig-Kreuz-Kirche: siehe Kirche Zum Heiligen Kreuz (Kreuzberg)
-, Heilige-Geist-Kapelle (Mitte) 158, 450
-, Heilige-Geist-Kirche, Moabit (Tiergarten) 20, 224, *264-265*, 353, 478
-, Hephata-Gemeindezentrum, Britz (Neukölln) 456, 465, 475
-, Hermann-Ehlers-Haus, Wittenau (Reinickendorf) 469
-, Herrnhuter Brüdergemeine: siehe Böhmische Brüdergemeine
-, Himmelfahrt-Kirche (Wedding) 480
-, Hindenburg-Gedächtnis-Kirche: siehe Apostel-Paulus-Kirche (Reinickendorf)
-, Hochmeister-Gemeindesaal (Wilmersdorf) 483
-, Hochmeister-Kirche (Wilmersdorf) 483
-, Hochschule der Künste (Charlottenburg) 462
-, Hoffnungs-Kirche (Pankow) 466-467, 483
-, Hoffnungs-Kirche, Tegel (Reinickendorf) 469
-, Hoffnungs-Kirche, Winterkirche (Pankow) 467
-, Hofkirche: siehe Dominikaner-Klosterkirche (Mitte)
-, Hugenottenmuseum 147
-, Humboldt-Krankenhaus, Kapelle (Reinickendorf) 469
-, Humboldt-Universität, Bibliotheksmagazin (Mitte) 452
-, Immanuel-Kirche (Prenzlauer Berg) *236-237*, 467
-, Institut für Kirchenmusik 489
-, Invalidenhaus (Mitte) 247, 402, 450
-, Invalidenhaus (Mitte), Kath. Kapelle 491
-, Ivar-Rhedin-Haus, Marienfelde (Tempelhof) 477
-, Jerusalem-Gemeindezentrum (Kreuzberg) 460
-, Jerusalem-Kirche (Kreuzberg) 51, 64-65, 109, 460, 486
-, Jesus-Christus-Kirche, Dahlem (Zehlendorf) *406-409*, 484-485
-, Jesus-Christus-Kirche, Konradshöhe (Reinickendorf) 469
-, Jesus-Kirche (Kreuzberg) 160, 460
-, Jesus-Kirche: siehe Dorfkirche Kaulsdorf (Hellersdorf)
-, Joh.-Seb.-Bach-Gemeindezentrum, Lichterfelde (Steglitz) 475
-, Joh.-Seb.-Bach-Gemeindezentrum, Lichterfelde, Gemeindesaal (Steglitz) 475
-, Johann-Christoph-Blumhardt-Kirche (Neukölln) 465
-, Johannes-Kirche, Frohnau (Reinickendorf) *326-327*, 469
-, Johannes-Kirche, Frohnau (Alte Kirche) (Reinickendorf) 469
-, Johannes-Kirche, Lichterfelde (Steglitz) 475, 477
-, Johannes-Kirche, Schlachtensee (Zehlendorf) 484

-, Johannesstift (Spandau) 21, 306, *328-331*, 348, 354, 459, 472
-, Johannesstift, Ev. Kirchenmusikschule (Spandau) 295, 298, 329, 472
-, Johannesstift, Festsaal (Spandau) 472
-, Jona-Gemeindezentrum (Charlottenburg) 455
-, Jüdisches Gemeindezentrum 449
-, Jugendstrafanstalt Plötzensee, Kapelle (Charlottenburg) 455
-, Justizvollzugsanstalt Tegel, Kapelle (Reinickendorf) 470
-, Kaiser-Friedrich-Gedächtnis-Kirche, Hansaviertel (Tiergarten) 21, 299, *362-364*, 478
-, Kaiser-Wilhelm-Gedächtnis-Kirche (Charlottenburg) 19, 218-220, 224, 239, *241-245*, 252, 351, *379-383*, 394, 455
-, Kaiser-Wilhelm-Gedächtnis-Kirche, Bach-Chor (Charlottenburg) 455
-, Kaiser-Wilhelm-Gedächtnis-Kirche, Gemeindesaal (Charlottenburg) 455
-, Kaiser-Wilhelm-Gedächtnis-Kirche, Taufkapelle (Charlottenburg) 455
-, Kapelle Sedes Sapientiae (Steglitz) 475
-, Kapernaum-Kirche (Wedding) 434, 480
-, Kapernaum-Kirche, Kirchsaal (Wedding) 480
-, Karl-Bonhoeffer-Nervenklinik, Wittenau (Reinickendorf) 470
-, Karlshorst: siehe Kirche Zur frohen Botschaft
-, Kath.-Apostolische Kirche (Kreuzberg) 159, 490
-, Kirche am Fichtenberg: siehe Matthäus-Kirche
-, Kirche am Hohenzollernplatz (Wilmersdorf) 298, *308-311*, 356, 483
-, Kirche am Hohenzollernplatz, Gemeindesaal (Wilmersdorf) 483
-, Kirche am Königstor: siehe St. Bartholomäus-Kirche (Friedrichshain)
-, Kirche am Lietzensee (Charlottenburg) 351, 454-455
-, Kirche am Nonnendamm (Charlottenburg) 456
-, Kirche am Seggeluchbecken, Märkisches Viertel (Reinickendorf) 470
-, Kirche am Stölpchensee, Wannsee: siehe Stolpe, Dorfkirche (Zehlendorf)
-, Kirche am Südstern: 218, *246-249*, 460-462, siehe auch Neue Garnisonkirche (Kreuzberg)
-, Kirche auf dem Tempelhofer Feld (Tempelhof) 297, *300-302*, 477-478
-, Kirche beim Großen Friedrichs-Waisenhaus: siehe Waisenhaus-Kirche (Mitte)
-, Kirche Borsigwalde (Reinickendorf) 470
-, Kirche Gartenstadt Staaken (Spandau) 472-473
-, Kirchenmusikschule, Ev.: siehe Johannesstift (Spandau)
-, Kirche Neu-Westend (Charlottenburg) 455-456
-, Kirche Nikolassee (Zehlendorf) *410-413*, 484
-, Kirche Schönow (Zehlendorf) 484
-, Kirche Siemensstadt (Spandau) 473-474
-, Kirche Tempelhof-Ost 477
-, Kirche vor dem Köpenicker Tor (Mitte) 46, 56, 332, 453 (siehe auch Sebastians-Kirche und Luisenstadt-Kirche)
-, Kirche Zu den vier Evangelisten (Pankow) 453, 466-467, 481, 491
-, Kirche Zum Guten Hirten, Friedenau (Schöneberg) *402-403*, 470-471
-, Kirche Zum Guten Hirten, Friedenau, Kapelle (Schöneberg) 471
-, Kirche Zum Heiligen Kreuz (Kreuzberg) 19, 28, 222, 239, 273, 352, 402, 432, 460-461
-, Kirche Zum Heiligen Kreuz, Interimskirche (Kreuzberg) 460
-, Kirche Zum Heiligen Kreuz, Selbständige ev.-luth. (Wilmersdorf) 483
-, Kirche Zum Heilsbronnen (Schöneberg) 21, *368-369*, 394, 396, 465, 471, 475, 477
-, Kirche Zum Heilsbronnen, Ladenkirche (Schöneberg) 471
-, Kirche Zum Vaterhaus (Treptow) 357, 480
-, Kirche Zur frohen Botschaft, Karlshorst (Lichtenberg) 18, 112, *122-135*, 296, 356, 463, 467
-, Kirche Zur Heimat (Zehlendorf) *400-401*, 468, 484
-, Kirche Zur Heimat, Kirchsaal (Zehlendorf) 484
-, Kirche Zur Wiederkunft Christi, Südende (Steglitz) 475
-, Kirchliche Hochschule (Zehlendorf) 400

-, Kirchsaal Johannisthal (Treptow) 480
-, Kirchsaal Neu-Westend (Charlottenburg) 455
-, Kirchsaal Rudower Straße (Köpenick) 459
-, Kirchsaal Wartenberg: siehe Dorfkirche Wartenberg, Kirchsaal (Hohenschönhausen)
-, Klosterfelde: siehe Gemeindehaus Klosterfelde (Spandau)
-, Klosterkirche: siehe Franziskaner-Klosterkirche (Mitte)
-, Königin-Elisabeth-Hospital, Oberschöneweide, Kapelle (Köpenick) 459, 462
-, Königin-Elisabeth-Hospital: siehe Diakoniewerk Königin Elisabeth
-, Königin-Luise-Gedächtnis-Kirche (Schöneberg) 471
-, Königin-Luise-Kirche, Waidmannslust (Reinickendorf) 470
-, Königliches Akademisches Institut für Kirchenmusik 156
-, Konservatorirum, Königliches (Carlottenburg) 276
-, Konsistorium, Weißer Saal: siehe Ev. Kirche der Union
-, Kornelius-Gemeindezentrum (Wedding) 356, *434-435*, 480
-, Krankenhaus Bethanien, Kapelle (Kreuzberg) 459-460, 478
-, Krankenhaus Moabit (Tiergarten) 440
-, Krankenhaus Schönow, Kapelle (Zehlendorf) 485
-, Kreuz-Kirche, Mahlsdorf (Hellersdorf) 458
-, Kreuz-Kirche, Schmargendorf (Wilmersdorf) 483
-, Kreuzkapelle (Friedhofskapelle) (Weißensee) 482
-, Landesnervenklinik (Spandau) 473
-, Laurentius-Gemeindezentrum (Spandau) 473
-, Lazarus-Kirche (Friedrichshain) 456
-, Lazarus-Kirchsaal (Friedrichshain) 457
-, Lazarus-Kranken- und Diakonissenhaus, Kapelle (Wedding) 356, *440-441*, 480
-, Lehrerseminar (Köpenick) 473
-, Lehrerseminar (Spandau) 473
-, Lietzow-Kirche (Charlottenburg) 454-455, 491
-, Linden-Gemeindesaal (Wilmersdorf) 483
-, Linden-Kirche (Wilmersdorf) *388-391*, 483-484
-, Luisen-Friedhofs-Kapelle (Charlottenburg) 456
-, Luisen-Gemeindesaal (Charlottenburg) 456
-, Luisen-Kirche (Charlottenburg) 128, 242, 332, 454-456, 489
-, Luisen-Nord 417
-, Luisenstadt-Kirche, Friedhofskapelle (Mitte) 450
-, Luisenstadt-Kirche (Mitte) 21, 56, 112, *332-335*, 450 (siehe auch Sebastians-Kirche)
-, Lukas-Kirche (Steglitz) 475
-, Luther-Gemeindehaus: siehe Paul-Schneider-Haus
-, Luther-Haus (Pankow) 463
-, Luther-Haus: siehe Martin-Luther-Gemeinde
-, Luther-Kirche (Reinickendorf) *422-423*, 470
-, Luther-Kirche (Schöneberg) 19, 471
-, Luther-Kirche (Spandau) 222, 224, 236, *303-307*, 473, 480
-, Luther-Kirche, Wilhelmsruh (Pankow) 466
-, Luther-Kirchhof (Reinickendorf) 470
-, Magdalenen-Kirche (Neukölln) 221, 229, *232-233*, 275, 465
-, Maria Regina Martyrum 414
-, Mariä Himmelfahrt 455
-, Marien-Kirche: siehe St. Marien-Kirche (Mitte)
-, Marien-Kirche, Selbständige ev.-luth. (Zehlendorf) 485
-, Markus-Kirche (Steglitz) 475, 491
-, Markus-Kirche, Gemeindesaal (Steglitz) 475
-, Martha-Kirche (Kreuzberg) 461
-, Martin-Albertz-Haus, Haselhorst (Spandau) 473
-, Martin-Luther-Friedhof, Kapelle (Reinickendorf) 470
-, Martin-Luther-Gedächtnis-Kirche, Mariendorf (Tempelhof) 179, 309, *316-319*, 353, 477
-, Martin-Luther-Gemeinde, Gemeindesaal (Pankow) 466
-, Martin-Luther-Kapelle (Köpenick) 459
-, Martin-Luther-Kapelle, Buckow-Ost (Neukölln) 465
-, Martin-Luther-Kapelle, Tegel (Reinickendorf) 469-470
-, Martin-Luther-King-Kirche, Gropiusstadt (Neukölln) 465
-, Martin-Luther-Kirche (Neukölln) 20, 224, *274-277*, 465
-, Martin-Luther-Kirche (Wedding) 480
-, Martin-Luther-Kirche, Lichterfelde (Steglitz) 476
-, Martin-Luther-Kirche, Lichterfelde, Kapelle (Steglitz) 476

-, Martin-Luther-Krankenhaus, Kapelle (Wilmersdorf) 483
-, Martinus-Kirche, Tegel (Reinickendorf) 470
-, Matthäus-Kirche (Steglitz) 21, 165, 221, 352-354, *370-373*, 475-476
-, Matthäus-Kirche, Gemeindesaal (Steglitz) 476
-, Matthias-Claudius-Gemeindehaus, Heiligensee (Reinickendorf) 470
-, Melanchthon-Gemeinde (Kreuzberg) 248, 273
-, Melanchthon-Gemeindehaus (Spandau) 473
-, Melanchthon-Gemeindezentrum (Kreuzberg) 461
-, Melanchthon-Kirche (Kreuzberg) 461
-, Melanchthon-Kirche (Spandau) 472-473
-, Michaels-Kirche (Schöneberg) 365, 471
-, Ministerium für Staatssicherheit (Lichtenberg) 463
-, Missionsbetsaal 159
-, Münze 130
-, Musikhochschule 73, 351
-, Musikinstrumentenmuseum 161
-, Nathan-Söderblom-Gemeinde, Skandiaheim (Spandau) 473
-, Nathan-Söderblom-Gemeindezentrum (Spandau) 473
-, Nathan-Söderblom-Haus, Gemeindezentrum, Mariendorf (Tempelhof) 478
-, Nathanael-Kirche, Friedenau (Schöneberg) 471
-, Nathanael-Kirche, Friedenau, Gemeindesaal (Schöneberg) 471
-, Nazareth-Kirche (Alte Nazareth-Kirche) (Wedding) 158, 175, 181, *182-183*, 184-185, 464, 480, 490
-, Nazareth-Kirche (Neue Nazareth-Kirche) (Wedding) 341, 480
-, Neu-Westend (Charlottenburg): siehe Kirche Neu-Westend
-, Neue Domkirche: siehe Dom (Mitte)
-, Neue Garnisonkirche (Kreuzberg): 20, 218, 239, *246-249*, 460-462, siehe auch Kirche am Südstern
-, Neue Kirche: siehe Deutsche Friedrichstadt-Kirche (Mitte)
-, Neue Kirche, Steglitz: siehe Matthäus-Kirche oder Markus-Kirche
-, Neue Kirche, Wannsee: siehe St. Andreas
-, Neue Nazareth-Kirche: siehe Nazareth-Kirche (Wedding)
-, Neues Gemeindehaus, Pankow: siehe Martin-Luther-Gemeinde
-, Nikodemus-Kirche (Neukölln) 275, 465
-, Nikolai-Kapelle (Köpenick) 459
-, Nikolai-Kirche: siehe St. Nikolai-Kirche (Mitte)
-, Oberkirchenrat, Jebensstraße (Charlottenburg) 456
-, Ölberg-Kirche (Kreuzberg) 461
-, Offenbarungs-Kirche (Friedrichshain) 457, 463
-, Oster-Kirche (Wedding) 481
-, Pädagogische Hochschule 455
-, Palais Unter den Linden (Mitte) 127-129, 450, 453, 467, 488
-, Palais Wilhelmstraße (Kreuzberg) 112, 127, 129, 323, 461, 488
-, Palladium-Kino 456
-, Parochial-Kirche (Mitte) 26, 51-52, 60-61, 64, 69, 106, 111, 139, 153, 155, 166, 450-451, 454, 486, 488, 491, 502
-, Parochial-Kirche, Gemeindesaal (Mitte) 451
-, Passions-Kirche (Kreuzberg) 20, 224, *272-273*, 461
-, Patmos-Kirche (Steglitz) 476
-, Paul-Gerhardt-Gemeindezentrum (Spandau) 473
-, Paul-Gerhardt-Kapelle (Spandau) 473-474
-, Paul-Gerhardt-Kirche (Prenzlauer Berg) 468
-, Paul-Gerhardt-Kirche (Schöneberg) 218-219, 224-225, 351, *392-393*, 471
-, Paul-Gerhardt-Stift, Diakonissenmutterhaus, Kapelle (Wedding) 481
-, Paul-Schneider-Gemeindezentrum, Lankwitz (Steglitz) 476
-, Paul-Schneider-Haus (Spandau) 473
-, Paulus-Gemeindehaus (Zehlendorf) 485
-, Paulus-Kirche (Zehlendorf) 485
-, Paulus-Kirche, Lichterfelde (Steglitz) *374-375*, 476
-, Paulus-Kirche, Gemeindesaal, Lichterfelde (Steglitz) 476
-, Petri-Kirche: siehe St. Petri-Kirche (Mitte)
-, Petrus-Kirche (Spandau) 473
-, Petrus-Kirche, Lichterfelde (Steglitz) 476
-, Petrus-Kirche, Gemeindesaal, Lichterfelde (Steglitz) 476
-, Pfarrkirche Rixdorf: siehe Magdalenen-Kirche Neukölln
-, Pfarrkirche Weißensee 46, 160, *426-427*, 482

Ortsregister | 515

-, Pfaueninsel 175, 209
-, Pfingst-Gemeindesaal (Friedrichshain) 457
-, Pfingst-Kirche (Friedrichshain) 457
-, Philharmonie [Alte Philharmonie] 167, 217-218, 224-225, 258
-, Philharmonie [Neue Philharmonie] 351
-, Philipp-Melanchthon-Kapelle, Buckow-Ost (Neukölln) 469
-, Philipp-Melanchthon-Kirche (Neukölln) 465
-, Philipp-Melanchthon-Kirche, Brautkapelle (Neukölln) 465
-, Philipp-Melanchthon-Ladenkirche (Neukölln) 365
-, Philippus-Kapelle (Hohenschönhausen) 458
-, Philippus-Kirche, Friedenau (Schöneberg) 471
-, Philippus-Kirche, Friedenau, Gemeindesaal (Schöneberg) 471
-, Philippus-Kirche, Tegel (Reinickendorf) 470
-, Platz der Akademie (Gendarmenmarkt) 147
-, Prinz-Albrecht-Palais: siehe Palais Wilhelmstraße
-, Radeland Gemeindezentrum (Spandau) 473
-, Realschule Kochstraße 491
-, Reformations-Kirche, Moabit (Tiergarten) 476, 478
-, Reichsforschungssiedlung 282
-, Rosenthaler Tor 181
-, Rufus-Gemeindezentrum, Lankwitz (Steglitz) 476
-, Saal der Reichshallen 491
-, Saal der Stadtmission, Friedrichsfelde (Lichtenberg) 463
-, Samariter-Gemeindesaal (Friedrichshain) 457
-, Samariter-Kirche (Friedrichshain) 457
-, St. Andreas (Friedrichshain) 157, 457, 491
-, St. Andreas / St. Markus, Kirchsaal (Friedrichshain) 457
-, St. Andreas / St. Markus-Friedhof, Kapelle (Friedrichshain) 457
-, St. Andreas, Wannsee (Zehlendorf) *432-433*, 485
-, St. Annen, Dahlem (Zehlendorf) 484-485
-, St. Annen, Dahlem, Gemeindesaal 485
-, St. Bartholomäus-Gemeindehaus, Winterkirche (Friedrichshain) 457
-, St. Bartholomäus-Kirche (Friedrichshain) 236, *384-385*, 457, 491
-, St. Bernhard, Kath. Kirche (Tegel-Süd) 428, 454
-, St. Elisabeth-Kirche (Mitte) 157-158, *180-181*, 183, 184, 232, 440, 451, 490
-, St. Elisabeth-Kirche, Gemeindehaus (Mitte) 451
-, St. Elisabeth-Kirche, Kapelle (Mitte) 451
-, St. Elisabeth-Stift, Hauskapelle (Tiergarten) 479
-, St. Erasmus: siehe Schloß, Erasmus-Kapelle (Mitte)
-, St. Georg: siehe Englische Kirche St. Georg (Mitte)
-, St. Georgen-Kirche (Mitte) 26, 28, 46, 63, 113-114, 139, 402, 451, 486, 488, 491
-, St. Georgen-Kirche, Gemeindesaal (Mitte) 451, 457
-, St. Georgen-Parochial-Gemeinde, Gemeindesaal (Mitte) 451
-, St. Gertrauden-Hospital, Kapelle (Kreuzberg) 461
-, St. Gertrauden-Kirche (Mitte) 451, 454, 487, 490
-, St. Golgatha-Kirche (Mitte) 451
-, St. Golgatha-Kirche, Gemeindesaal (Mitte) 451
-, St. Hedwigs-Kathedrale (Mitte) 26, 91, 153, 167, 452, 486, 488
-, St. Hildegard (Reinickendorf) 469
-, St. Jacobi (Kreuzberg) 19, 162, *198-202*, 205, 218, 225, 248, 297, 352, 461-462
-, St. Johannes-Evangelist (Mitte) 452, 454
-, St. Johannis, Friedhofs-Kapelle, Moabit (Tiergarten) 175, 479
-, St. Johannis, Predigtstätte Perleberger Straße, Moabit (Tiergarten) 479
-, St. Johannis-Gemeinde, Moabit (Tiergarten) 265
-, St. Johannis-Kirche (Spandau) 119, 474, 489
-, St. Johannis-Kirche, Moabit (Tiergarten) *181*, 183-184, *185*, 445, 479, 490
-, St. Laurentius (Köpenick) 459
-, St. Lukas-Kirche (Kreuzberg) 332, 460-461, 491
-, St. Marien-Kirche (Mitte) 17-18, 25, 27, 30, 33, 37-39, 41-42, 45-47, 51, 53, 60, 62-63, 65, 68-80, *83-93*, 96-97, 130, 134, 145, 149, 153-155, 224, 247, 350, 450, 452, 467, 486, 488, 490
-, St. Markus-Kapelle (Friedrichshain) 457
-, St. Markus-Kirche (Friedrichshain) 457
-, St. Matthäus-Friedhofs-Kapelle (Tiergarten) 479
-, St. Matthäus-Gemeindehaus (Tiergarten) 479
-, St. Matthäus-Kirche (Tiergarten) 19, 162, 199, *203-205*, 242, 332, 384, 479
-, St. Michael, kath. (Mitte) 491
-, St. Nikolai-Gemeinde (Spandau) 282
-, St. Nikolai-Kirche (Mitte) 17-19, 25, 30-31, 35, 37-46, 55, 56, 59, 80, 83, 90, 96, 111, 130, 134, 166, *186-191*, 193, 196, 303, 398, 449-450, 452, 488-490
-, St. Nikolai-Kirche (Spandau) 17, 25, 27, 30, 37-38, 41, 43-44, 47, 49, *102-105*, 107, 119, 162, 223, 228, *228-231*, 474, 486
-, St. Norbert 392
-, St. Pauls-Friedhofskapelle (Wedding) 481
-, St. Pauls-Gemeindesaal (Wedding) 481
-, St. Pauls-Kirche (Wedding) 181, 183, *184*, 185, 257, *386-387*, 481, 490
-, St. Peter und Paul auf Nikolskoje, Wannsee (Zehlendorf) 19, 165, *174-177*, 485
-, St. Petri-Kirche, Friedhofskapelle (Mitte) 453
-, St. Petri-Kirche (Mitte, Pfarrkirche Cölln) 19, 26, 31, 35, 40, 46, 83, 97, 107, 139, 156-158, 188, 190, *192-197*, 384, 451-453, 487-488, 491
-, St. Petri-Luisenstadt-Gemeinde, Kirchsaal 453
-, St. Philippus-Apostel-Kirche (Mitte) 453
-, St. Philippus-Apostel-Kirche, Gemeindesaal (Mitte) 453
-, St. Simeon-Kirche (Kreuzberg) 20, 224, 462, 517
-, St. Simeon-Notkirche (Kreuzberg) 462
-, St. Thomas (Kreuzberg) 21, 27, 218-220, 229, 232, 252, 299, *365-367*, 384, 398, 462
-, St. Thomas, Gemeindehaus (Kreuzberg) 462
-, St. Thomas, Interimskirche (Kreuzberg) 462
-, Schauspielhaus (Platz der Akademie) 147
-, Schiffer-Kirche, Westhafen (Wedding) 481
-, Schilfdachkapelle Zum Guten Hirten, Kladow (Spandau) 473-474
-, Schillerhöhe-Gemeindezentrum (Wedding) 481
-, Schillerhöhe-Gemeindezentrum, Ladenkirche 'Petrisaal' (Wedding) 481
-, Schinkel-Museum: siehe Friedrichswerdersche Kirche (Mitte)
-, Schloß (Mitte) 17, 30, 35, 42, 76, 112, *122-128*, 297
-, Schloß, Alte Kapelle (Mitte) 49
-, Schloß, Erasmus-Kapelle (Mitte) 34, 36, 40, 51, 169, 448, 451, 453
-, Schloß, Gemächer ohne Ortsangabe (Mitte) 453
-, Schloß, Kapelle (Mitte) 50, 51
-, Schloß, Kapelle Friedrichs I., Ev.-ref. (Mitte) 47, 453
-, Schloß, Keller (Mitte) 456
-, Schloß, Lustgartenflügel (Orgel der Prinzessin Anna Amalie) (Mitte) *122-129*, 169, 450, 453, 488 (siehe auch Berlin Buch, Schloßkirche, und Berlin-Karlshorst, Kirche Zur frohen Botschaft)
-, Schloß, Neue Kapelle (Mitte) 453
-, Schloß, Raritätenkammer (Mitte) 453
-, Schloß, Ritterstuben (Mitte) 453
-, Schloß Charlottenburg, Eosander-Kapelle 17, 51, 55-57, 59-60, 70-79, 111, 296-297, 356, 417, 456, 488
-, Schloß Charlottenburg, Schloßkapelle: siehe Schloß Charlottenburg, Eosander-Kapelle
-, Schloß Köpenick, Kapelle, Ev.-ref. (Köpenick) 152, 161, 459, 490
-, Schloß Monbijou, Theatersaal (Mitte) 449
-, Schloß Niederschönhausen 75
-, Schloßkirche: siehe Dom [ehemalige Dominikaner-Klosterkirche] (Mitte)
-, Schloßkirche Buch (Pankow) 18, 62, 80-82, *129-131*, 450, 463, 466-467, 488
-, Schwedische Gemeinde (Wilmersdorf) 483
-, Sebastians-Kirche (Mitte) 18, 56, 109, 112, 158-159, 332, 450, 453, 466, 488 (siehe auch Luisenstadt-Kirche)
-, Sedes Sapientiae: siehe Kapelle Sedes Sapientiae (Steglitz)
-, Segens-Gemeindesaal (Prenzlauer Berg) 468
-, Segens-Kirche (Prenzlauer Berg) 468
-, Segens-Kirche (Reinickendorf) 469-470
-, Seminar für kirchlichen Dienst, Andachtsraum (Weißensee) 482
-, Senfkorn-Gemeindezentrum (Reinickendorf) 470
-, Serbisch orthodoxe Gemeinde 248
-, Siemensstadt: siehe Kirche Siemensstadt

Kreuzberg, St. Simeon-Kirche
Entwurf von FRANZ HEINRICH
SCHWECHTEN

-, Silas-Gemeindezentrum (Schöneberg) 471
-, Singakademie 218, 222
-, Skandiaheim; siehe Nathan-Söderblom-Gemeinde (Spandau
-, Sophien-Kirche (Mitte) 18, 26, 57, 75, 110-111, 115, *139-145*, 149, 222, 453, 488
-, Sophien-Kirche, Gemeindehaus (Mitte) 141, 145, 452, 454
-, Spandauer Tor 94
-, Spittel-Kirche: siehe St. Gertrauden-Kirche (Mitte)
-, Staatsoper (Mitte) 491
-, Stadtkirche Charlottenburg: siehe Luisen-Kirche (Charlottenburg)
-, Stadtmission (Neukölln) 465
-, Stadtmission, Predigtsaal (Kreuzberg) 462
-, Stadtmissionshaus, Saal (Kreuzberg) 462
-, Stadtmissions-Kirche 225, 248
-, Stadtschloß: siehe Schloß (Mitte)
-, Stadtvogtei-Kirche (Mitte) 454
-, Stephanus-Gemeinde, Baracke (Zehlendorf) 485
-, Stephanus-Kirche (Wedding) 20, 224, *256-259*, 261, 352, 481
-, Stephanus-Kirche (Zehlendorf) 485
-, Stephanusstiftung, Friedens-Andachtsraum (Weißensee) 482
-, Strafanstalt Plötzensee (Charlottenburg) 394
-, Sühne-Christi-Kirche (Charlottenburg) 357, *394-395*, 456
-, Synagoge, Große, Oranienburger Straße (Mitte) 491
-, Synagoge, private 490
-, Synagoge, Reformierte, Johannisstraße 491
-, Tabea-Gemeindezentrum (Neukölln) 466
-, Tabor-Kirche (Hohenschönhausen) 160, *206-207*, 458
-, Tabor-Kirche (Kreuzberg) 20, *260-263*, 462
-, Tabor-Kirche, Wilhelmshagen (Köpenick) 459
-, Technische Universität, Institut für Schwingungsforschung (Charlottenburg) 472
-, Technische Universität, Institut für Technische Akustik (Charlottenburg) 430
-, Tempelhofer Feld: siehe Kirche Auf dem Tempelhofer Feld
-, Trinitatis-Kirche (Charlottenburg) 456
-, UFA-Palast 155
-, Vaterunser-Kirche (Wilmersdorf) 389, 483-484
-, Verheißungs-Kirchengemeinde, Friedhofskapelle (Friedrichshain) 457
-, Verklärungs-Kirche (Treptow) 480
-, Versöhnungs-Gemeindezentrum (Wedding) 468-469, 481, 483
-, Versöhnungs-Kirche (Mitte) 454
-, Waisenhaus-Kirche (Mitte) 67, 139, 450, 454, 486
-, Wald-Kirche, Heiligensee (Reinickendorf) 470
-, Waldfriedhof, Nikolassee (Zehlendorf) 485
-, Waldkrankenhaus, Kapelle (Spandau) 357, *442-443*, 474
-, Weihnachts-Gemeindezentrum: siehe Gemeindehaus Haselhorst
-, Weihnachts-Kirche, Haselhorst (Spandau) 224, 263, *280-283*, 353, *472-474*
-, Westend-Kapelle (Charlottenburg) 456, 474
-, Wichern-Heim, Rahnsdorf (Köpenick) 459
-, Wichern-Kirche (Spandau) 473-474
-, Wohnstift Otto Dibelius Mariendorf, Hauskapelle (Tempelhof) 478
-, Zachäus-Gemeinde, Kirchsaal (Prenzlauer Berg) 468
-, Zentralstelle für Orgelbau 455, 465
-, Zinzendorf-Gemeindezentrum: siehe Gemeindezentrum Zinzendorf
-, Zions-Kapelle (Prenzlauer Berg) 468
-, Zions-Kirche (Mitte) 454
-, Zions-Kirche, Gemeindehaus (Mitte) 454
-, Zuflucht-Kirche (Spandau) 474
-, Zuversichts-Kirche (Spandau) 474
-, Zweite Garnison-Kirche (Kreuzberg): siehe Neue Garnisonkirche
-, Zwingli-Kirche (Friedrichshain) 457
-, Zwölf-Apostel-Friedhofskapelle (Schöneberg) 218, 471
-, Zwölf-Apostel-Kirche (Schöneberg) 291, *398-399*, 471
-, Zwölf-Apostel-Kirche, Gemeindesaal (Schöneberg) 471
Berlin-Adlershof: Stadtbezirksteil von Berlin-Treptow
Berlin-Altglienicke: Stadtbezirksteil von Berlin-Treptow 479

Berlin-Baumschulenweg: Stadtbezirksteil von Berlin-Treptow
Berlin-Biesdorf: Stadtbezirksteil von Berlin-Marzahn 160, 438-439, 457, 463
Berlin-Biesdorf-Nord: Stadtbezirksteil von Berlin-Marzahn
Berlin-Biesdorf-Süd: Stadtbezirksteil von Berlin-Marzahn 457, 463
Berlin-Blankenburg: Stadtbezirksteil von Berlin-Weißensee 154, 481
Berlin-Blankenfelde: Stadtbezirksteil von Berlin-Pankow 466
Berlin-Bohnsdorf: Stadtbezirksteil von Berlin-Treptow 479
Berlin-Borsigwalde: Stadtbezirksteil von Berlin-Reinickendorf 424-425, 469-470
Berlin-Britz: Stadtbezirksteil von Berlin-Neukölln 404-405, 456, 464-465, 475
Berlin-Buch: Stadtbezirksteil von Berlin-Pankow, 18, 62, 80-82, 129-131, 450, 463, 466-467
Berlin-Buchholz: Stadtbezirksteil von Berlin-Pankow 162, 466
Berlin-Buckow: Stadtbezirksteil von Berlin-Neukölln 207, 464-465, 469
Berlin-Charlottenburg 17, 19, 21, 51, 55-57, 59-60, 70-79, 111, 128, 139, 218-220, 224, 239, 241-245, 252, 295-297, 299, 332, 351, 356-357, 379-383, 394-395, 416-419, 428-431, 436-437, 454-456, 462, 471-474, 488, 491
Berlin-Cölln: siehe Cölln
Berlin-Dahlem: Stadtbezirksteil von Berlin-Zehlendorf 406-409, 454, 456, 475, 484-485
Berlin-Dalldorf: Alte Bezeichnung für Berlin-Wittenau
Berlin-Düppel: Stadtbezirksteil von Berlin-Zehlendorf
Berlin-Falkenberg: Stadtbezirksteil von Berlin-Hohenschönhausen 67, 454, 458, 486
Berlin-Friedenau: Stadtbezirksteil von Berlin-Schöneberg 353, 402-403, 470-471
Berlin-Friedrichsfelde: Stadtbezirksteil von Berlin-Lichtenberg 462-463
Berlin-Friedrichshagen: Stadtbezirksteil von Berlin-Köpenick 458-459
Berlin-Friedrichshain 157, 224, 236, 384-385, 456-457, 463, 491
Berlin-Frohnau: Stadtbezirksteil von Berlin Reinickendorf 326-327, 469
Berlin-Gatow: Stadtbezirksteil von Berlin-Spandau 165, 472
Berlin-Giesendorf: Stadtbezirksteil von Berlin-Steglitz 456, 474-475
Berlin-Gropiusstadt: Stadtbezirksteil von Berlin-Neukölln 464-465
Berlin-Groß Glienicke: Stadtbezirksteil von Berlin-Spandau
Berlin-Grünau: Stadtbezirksteil von Berlin-Köpenick 479
Berlin-Grunewald: Stadtbezirksteil von Berlin-Wilmersdorf 396-397, 481, 483
Berlin-Hakenfelde: Stadtbezirksteil von Berlin-Spandau
Berlin-Halensee: Stadtbezirksteil von Berlin-Wilmersdorf 482
Berlin-Hansaviertel: Stadtbezirksteil von Berlin-Tiergarten 21, 299, 362-364, 394, 478
Berlin-Haselhorst: Stadtbezirksteil von Berlin Spandau 224, 263, 280-283, 353, 472-474
Berlin-Heiligensee: Stadtbezirksteil von Berlin-Reinickendorf 468, 470
Berlin-Heinersdorf: Stadtbezirksteil von Berlin-Weißensee 481
Berlin-Hellersdorf 457-458, 463
Berlin-Hermsdorf: Stadtbezirksteil von Berlin-Reinickendorf 21, 162, 468-469
Berlin-Hessenwinkel: Stadtbezirksteil von Berlin-Köpenick
Berlin-Hohengatow: Stadtbezirksteil von Berlin-Spandau
Berlin-Hohenschönhausen 160, 206-207, 458
Berlin-Johannisthal: Stadtbezirksteil von Berlin-Treptow 480
Berlin-Karlshorst: Stadtbezirksteil von Berlin-Lichtenberg 18, 112, 122-135, 296, 356, 463, 467
Berlin-Karolinenhof: Stadtbezirksteil von Köpenick
Berlin-Karow: Stadtbezirksteil von Berlin-Weißensee 82-83, 96, 223, 226-227, 467, 481-482
Berlin-Kaulsdorf: Stadtbezirksteil von Berlin-Hellersdorf 457-458, 490
Berlin-Kaulsdorf-Süd: Stadtbezirksteil von Berlin-Hellersdorf
Berlin-Kladow: Stadtbezirksteil von Berlin-Spandau 19, 165, 213-215, 471-474
Berlin-Klosterfelde: Stadtbezirksteil von Berlin-Spandau 472

Berlin-Kölln: siehe Cölln
Berlin-Köpenick 23, 152, 161, 458-459, 462, 473, 490
Berlin-Kohlhasenbrück: Stadtbezirksteil von Berlin-Zehlendorf
Berlin-Konradshöhe: Stadtbezirksteil von Berlin-Reinickendorf 469
Berlin-Kreuzberg 19, 21, 27-28, 51, 64-65, 109, 112, 115-117, 127, 129, 159-160, 162, 198-202, 205, 218-220, 222, 224-225, 229, 232, 239, 246-249, 252, 260-263, 272-273, 297, 299, 332, 336-339, 347-348, 352, 365-367, 384, 398, 402, 420, 432, 449, 459-462, 478, 489, 491
Berlin-Lankwitz: Stadtbezirksteil von Berlin-Steglitz 295, 474-476
Berlin-Lichtenberg 21, 164-165, 172-173, 340-343, 457, 459, 462-463
Berlin-Lichtenrade: Stadtbezirksteil von Berlin-Tempelhof 474, 476-477
Berlin-Lichterfelde: Stadtbezirksteil von Berlin-Steglitz 267, 351, 374-375, 456, 474-477
Berlin-Lietzow: Stadtbezirksteil von Berlin-Charlottenburg 454-455
Berlin-Lübars: Stadtbezirksteil von Berlin-Reinickendorf 162, 469
Berlin-Märkisches Viertel: Stadtbezirksteil von Berlin-Reinickendorf 468, 470
Berlin-Mahlsdorf: Stadtbezirksteil von Berlin-Hellersdorf 457-458, 463
Berlin-Mahlsdorf-Nord: Stadtbezirksteil von Berlin-Hellersdorf
Berlin-Mahlsdorf-Süd: Stadtbezirksteil von Berlin-Hellersdorf 458
Berlin-Malchow: Stadtbezirksteil von Berlin-Hohenschönhausen 154, 458
Berlin-Mariendorf: Stadtbezirksteil von Berlin-Tempelhof 165, 179, 207, 309, 316-319, 353, 476-478
Berlin-Marienfelde: Stadtbezirksteil von Berlin-Tempelhof 161, 477
Berlin-Marzahn 160, 463
Berlin-Mitte 16-69, 83-93, 96-97, 100-101, 107-108, 111, 118, 120-128, 130, 134, 136-151, 153-162, 166, 168-171, 180-181, 183, 186-197, 193, 196, 217-220, 222, 224-225, 247, 250-255, 298-299, 303, 320-325, 332-335, 349-351, 356-361, 384, 398, 417, 446-454, 467, 486-491
Berlin-Moabit: Stadtbezirksteil von Berlin-Tiergarten 20, 175, 181, 183-185, 224, 264-265, 272-273, 353, 376-378, 394, 444, 445, 461, 476, 478-479, 490-491
Berlin-Müggelheim: Stadtbezirksteil von Berlin-Köpenick 458
Berlin-Neukölln 20, 109, 115, 161, 207, 221, 224, 229, 232-233, 274-279, 463-467, 480, 490
Berlin-Niederschöneweide: Stadtbezirksteil von Berlin-Treptow 479
Berlin-Niederschönhausen: Stadtbezirksteil von Berlin-Pankow 75, 161, 466
Berlin-Nikolassee: Stadtbezirksteil von Berlin-Zehlendorf 350, 410-413, 484-485
Berlin-Nordend: Stadtbezirksteil von Berlin-Pankow 222, 466
Berlin-Oberschöneweide: Stadtbezirksteil von Berlin-Köpenick 458-459, 462
Berlin-Pankow 161, 453, 463, 466-467, 481, 483, 491
Berlin-Pichelsdorf: Stadtbezirksteil von Berlin-Spandau 472
Berlin-Plötzensee: Stadtbezirksteil von Berlin-Charlottenburg 394, 414-415, 454-455
Berlin-Prenzlauer Berg 234-237, 420-421, 467-468
Berlin-Rahnsdorf: Stadtbezirksteil von Berlin-Köpenick 458-459
Berlin-Rahnsdorfer Mühle: Stadtbezirksteil von Berlin-Köpenick
Berlin-Rauchfangswerder: Stadtbezirksteil von Berlin-Köpenick
Berlin-Reinickendorf 422-423, 468-470, 485
Berlin-Rixdorf Alte Bezeichnung für Berlin-Neukölln 207, 365, 464
Berlin-Rosenthal: Stadtbezirksteil von Berlin-Pankow 46, 263, 357, 466
Berlin-Rudow: Stadtbezirksteil von Berlin-Neukölln 161, 464-465
Berlin-Ruhleben: Stadtbezirksteil von Berlin-Charlottenburg 454
Berlin-Rummelsburg: Stadtbezirksteil von Berlin-Lichtenberg 21, 340-343, 457, 462-463
Berlin-Schlachtensee: Stadtbezirksteil von Berlin-Zehlendorf 484
Berlin-Schmargendorf: Stadtbezirksteil von Berlin-Wilmersdorf 482-483
Berlin-Schmöckwitz: Stadtbezirksteil von Berlin-Köpenick 458
Berlin-Schöneberg 19, 21, 156, 218-219, 224-225, 238-240, 351, 353, 365, 368-369, 392-393, 396, 398-399, 465, 470-471, 475, 477, 489
Berlin-Schönholz: Stadtbezirksteil von Berlin-Pankow
Berlin-Schönow: Stadtbezirksteil von Berlin-Zehlendorf 484-485
Berlin-Schulzendorf: Stadtbezirksteil von Berlin-Reinickendorf

Berlin-Siemensstadt: Stadtbezirksteil von Berlin-Spandau 456, 473-474
Berlin-Spandau 17, 19, 21, 23, 25, 30, 37-38, 41, 43-44, 47, 49-50, 63, 102-105, 107, 119, 139, 162, 222-224, 228-231, 236, 247, 282, 295, 298, 303-307, 328-331, 348, 354, 357, 459, 472-474, 480
Berlin-Staaken: Stadtbezirksteil von Berlin-Spandau 223, 472-473
Berlin-Steglitz 21, 165, 221-222, 352-354, 370-373, 484, 474-476, 491
Berlin-Steinstücken: Stadtbezirksteil von Berlin-Zehlendorf
Berlin-Stolpe: Stadtbezirksteil von Berlin-Zehlendorf 166, 208-212, 484
Berlin-Stralau: Stadtbezirksteil von Berlin-Friedrichshain 456
Berlin-Südende: Stadtbezirksteil von Berlin-Steglitz 475
Berlin-Tegel: Stadtbezirksteil von Berlin-Reinickendorf 428, 454, 469-470
Berlin-Tegelort: Stadtbezirksteil von Berlin-Reinickendorf 469
Berlin-Tempelhof 19, 129, 297, 300-302, 438, 471, 476-478
Berlin-Tiergarten 19, 162, 199, 203-205, 242, 332, 362, 384, 478-479
Berlin-Treptow 178-179, 222, 309, 303, 357, 365, 473, 479-480
Berlin-Waidmannslust: Ortsteil von Berlin Reinickendorf 465, 469
Berlin-Wannsee: Stadtbezirksteil von Berlin-Zehlendorf 19, 165, 174-177, 208-212, 432-433, 485
Berlin-Wartenberg, Stadtbezirksteil von Berlin-Hohenschönhausen 207, 458
Berlin-Wedding 20, 158, 175, 181-185, 224, 256-259, 261, 267, 341, 352-353, 356, 386-387, 434-435, 440-441, 464, 468-469, 480-481, 483, 490
Berlin-Weinmeisterhöhe: Stadtbezirksteil von Berlin-Spandau
Berlin-Weißensee 46, 160, 426-427, 438, 466, 481-482
Berlin-Wendenschloß: Stadtbezirksteil von Berlin-Köpenick
Berlin-Westend: Stadtbezirksteil von Berlin-Charlottenburg 455-456, 474
Berlin-Wilhelmsberg: Stadtbezirksteil von Berlin-Hohenschönhausen
Berlin-Wilhelmshagen: Stadtbezirksteil von Berlin-Köpenick 459, 467
Berlin-Wilhelmsruh: Stadtbezirksteil von Berlin-Pankow 466
Berlin-Wilhelmstadt: Stadtbezirksteil von Berlin-Spandau
Berlin-Wilmersdorf 20, 224, 242, 266-271, 289, 297, 308-311, 353, 356, 388-391, 482-484, 490
Berlin-Wittenau: Stadtbezirksteil von Berlin-Reinickendorf 207, 464, 468-470
Berlin-Zehlendorf 20, 25, 135, 166, 298, 312-315, 322, 324-325, 347, 350-351, 400-401, 446, 468, 484-485
Bernau 44, 49, 156, 166
-, St. Marien 35, 50, 59, 219, 230, 488-489, 491
Biesdorf: siehe Berlin-Biesdorf
Biesdorf-Nord: siehe Berlin-Biesdorf-Nord
Biesdorf-Süd: siehe Berlin-Biesdorf-Süd
Birthälm (Siebenbürgen) 106
Blankenburg: siehe Berlin-Blankenburg
Blankenfelde, Kreis Zossen 451, 487
Blankenfelde: siehe Berlin-Blankenfelde
Blannenberg 490
Blindow, Kirche 82
Blumberg bei Angermünde 486, 488
Bönen, Ev. Kirche (Westfalen) 490
Bötzow bei Oranienburg 487, 489
Bobbin auf Rügen 490
Bohnsdorf: siehe Berlin-Bohnsdorf
Boitzenburg 36, 491
-, St. Marien 488
Bozen (Südtirol) 33
Borsigwalde: siehe Berlin-Borsigwalde
Brachwitz bei Belzig, Ev. Kirche 162
Brandborgh 33
Brandenburg 118
-, Altstadt 37
-, Brüdergemeinde 489
-, Dom 33, 40, 41, 43-44, 49, 50, 64, 68-69, 80, 96, 109, 111, 118, 486, 488-489
-, St. Gotthardt 487
-, St. Johannis 119, 489

-, St. Katharinen 43-44, 63, 68, 102, 486
Brandenburg-Görden, Auferstehungskirche 467
Brandenburg, Kurfürstentum 16, 68
Brandenburg, Mark: siehe Mark Brandenburg
Braunschweig 37, 56
-, Dom 38, 348
-, St. Andreas 348
-, St. Magni 348
Bredow bei Nauen 491
Bremen 49
-, Dom 57, 199
-, St. Stephani 50
Breslau 31, 49, 66, 199
-, Ausstellung für Handwerk und Kunstgewerbe 61, 257, 481
-, Dom 31, 50
-, St. Elisabeth 33, 347
-, St. Maria Magdalena 61-62
-, St. Marien-Kirche 80
Britz: siehe Berlin-Britz
Britz bei Eberswalde 489
Brixen (Südtirol) 33
Brodowin bei Angermünde 491
Brune 111, 489
Buch: siehe Berlin-Buch
Buchholz: siehe Berlin-Buchholz
Buckow: siehe Berlin-Buckow
Buenos Aires 165

Cappel, Ev. Kirche 54
Charenton, Hugenotten-Kirche 146
Charlottenburg: siehe Berlin-Charlottenburg
Cölln (siehe auch Berlin-Mitte) 30, 34-37, 46, 139, 193, 448, 452
Cöthen: siehe Köthen
Cottbus, Oberkirche 439
Crossen, St. Marien 51, 61
Cumlosen 491

Dahlem: siehe Berlin-Dahlem
Dahlwitz 222
Dalldorf: Alte Bezeichnung für Berlin-Wittenau
Danewitz, Dorfkirche 223, 227, 482
Danzig, St. Marien 34, 35
Demmin, St. Bartholomäus 489
Dessau, Marien- (bzw. Schloß-) Kirche 35, 38
-, Theater 317
Deutsch Krone (Westpreußen) 219
Deutsch Wilmersdorf: siehe Berlin-Wilmersdorf
Dortmund, St. Reinoldi 225
Dresden 16, 26, 47, 49-50
-, Alte Kreuzkirche 34, 35
-, Frauenkirche 68
-, Hofkirche 145
-, Kreuzkirche 31
-, Sophienkirche 31
Düpow bei Perleberg 491
Düppel: siehe Berlin-Düppel

Eberswalde, Friedenskirche 454
-, Neustadt, Maria Magdalena 488
-, Stadtkirche 47
Eggersdorf (Kreis Barnim) 462
Eichwalde 20, 218, 275-276, 278-279
Eisenstadt (Österreich) 348
Eisleben 43, 44
Elbing (Westpreußen) 43
-, Stadtkirche St. Nicolai 31
Elsey, Ev. Stiftskirche 490
Erfurt, Dom 33
Essen, Folkwangschule 380
-, St. Elisabeth 471, 477

Falkenberg: siehe Berlin-Falkenberg
Falkenthal bei Templin 491
Falkenwalde, Dorfkirche 111, 488, 491
Felchow bei Angermünde 64, 110, 487
Flemsdorf bei Angermünde 487
Florenz, Sta. Croce 236
Frankfurt/Main 239
-, Gewerbeausstellung 470
Frankfurt/Main-Schwanheim 248
Frankfurt/Oder 19, 21, 38, 49, 196, 220
-, Friedenskirche: siehe Reformierte Kirche
-, Georgen-Kirche 488
-, Hauptkirche: siehe St. Marien
-, St. Marien 31, 35, 36, 490
-, Reformierte Kirche 112-113, 127, 129, 166, 461, 488
-, St. Nikolai: siehe Reformierte Kirche
-, Universitätskirche: siehe St. Marien
Französisch-Buchholz: siehe auch Berlin-Buchholz 46
Frauenburg (Ostpreußen), Dom 31
Freiberg 89, 90
-, Dom 33, 65, 86-87, 89-90
-, Orgeltagung 19, 27, 293-294
-, St. Jacobi 90
-, St. Johannis 90
Freiburg, Orgeltagung 19, 26, 293-294
-, Praetorius-Orgel 292, 295
Freienwalde: siehe Bad Freienwalde
Freyenstein, Ev. Kirche 490
Friedenau: siehe Berlin-Friedenau
Friedersdorf (Niederlausitz) 487, 491
Friedersdorf bei Seelow 491
Friedland 219
-, St. Marien 219
Friedrichsfelde: siehe Berlin-Friedrichsfelde
Friedrichshagen: siehe Berlin-Friedrichshagen
Friedrichshain: siehe Berlin-Friedrichshain
Frohnau: siehe Berlin-Frohnau
Fürstenberg, Stadtkirche 219
Fürstenwalde, Dom St. Marien 40, 41

Gardelegen, Stadtkirche St. Marien 38
Garz auf Rügen 490
Gatow: siehe Berlin-Gatow
Giesensdorf: siehe Berlin-Giesendorf
Glienicke 209
Gnadenthal (Südafrika) 464
Görlitz, Peterskirche 33-35
-, St. Peter und Paul 31
Görlsdorf 491
Görzig, Ev. Kirche 160
Göttingen, St. Marien 293-295, 297
Gohlitz bei Nauen 489
Golzwarden 54
Gosen 222
Gramzow 64, 487
Gransee, St. Marien 487
Greiffenberg 82
Greifswald, St. Jakobi 489
-, St. Nikolai (Dom) 490
Grimmen, St. Marien 490
Grimnitz, Jagdhaus 30
Gristow 489
Gröningen, Schloßkirche 49, 50
Groningen 54
Gropiusstadt: siehe Berlin-Gropiusstadt
Groß Bünzow 491
Großburg bei Brieg 61
Großenhain 34
Groß Kreutz 155, 489
Groß Glienicke: siehe Berlin-Groß Glienicke
Groß Lübbenau 488

Groß Schönebeck 488
Grünau: siehe Berlin-Grünau
Grüneberg bei Gransee 488
Grunewald: siehe Berlin-Grunewald
Güstrow, Dom 223
Gützkow, St. Nikolai 490
Gutengermendorf bei Gransee 491

Hagelberg 57
Hagenberg (Dänemark) 57
Hakenfelde: siehe Berlin-Hakenfelde
Halberstadt 36, 199
-, Dom 31
Halensee: siehe Berlin-Halensee
Halle, Marien-Kirche 62
Hamburg 16, 37, 53, 54, 55, 72-73, 78, 107, 349
-, Dom 55
-, Musikhalle 350
-, St. Jacobi 293
-, St. Johannis-Klosterkirche 54
-, St. Michaelis 488
-, St. Nikolai 54, 55
Hamburg-Lübeck, Orgeltagung (1925) 293
Hannover 349, 407
-, Ref. Gemeinde 469
Hansaviertel: siehe Berlin-Hansaviertel
Hanshagen 490
Haselhorst: siehe Berlin-Haselhorst
Havelberg, Dom 31, 33, 106, 489
Heidelberg 34
Heidelberg-Handschuhheim 463
Heiligensee: siehe Berlin-Heiligensee
Heinersdorf: siehe Berlin-Heinersdorf
Hellersdorf: siehe Berlin-Hellersdorf
Hermsdorf: siehe Berlin-Hermsdorf
Herzfelde, Ev. Kirche 160
Hessenwinkel: siehe Berlin-Hessenwinkel
Hirschberg, Gnadenkirche 61
Hohenbruch bei Kremmen 162
Hohengatow: siehe Berlin-Hohengatow
Hohen-Neuendorf bei Berlin 157, 161
Hohenofen bei Neustadt/Dosse 155
Hohenschönhausen: siehe Berlin-Hohenschönhausen

Innsbruck 34
-, Hofkirche 348

Jade (Oldenburg) 73
Jena, Stadtkirche St. Michael 49
Joachimsthal, Ev. Kirche 163, 490
Johannisthal: siehe Berlin-Johannisthal
Jüterbog, Liebfrauenkirche 487
-, Mönchenkirche 487
-, St. Nikolai 31, 44, 45, 46, 103, 487

Kapellen bei Stolzenfels 490
Karlshorst: siehe Berlin-Karlshorst
Karolinenhof: siehe Berlin-Karolinenhof
Karow bei Genthin 62
Karow: siehe Berlin-Karow
Kaulsdorf: siehe Berlin-Kaulsdorf
Kaulsdorf-Süd: siehe Berlin-Kaulsdorf-Süd
Kemberg (Kreis Wittenberg) 49
Kiekebusch 161
Kienbaum, Ev. Kirche 160
Kladow: siehe Berlin-Kladow
Klein Glien 119, 489
Klein Oschersleben 491
Klein Schwabhausen 479
Klosterfelde: siehe Berlin-Klosterfelde
Klosterneuburg (Österreich) 348

Koblenz, Deutsches Eck 303
Kölln: siehe Cölln
Köln, Musikhistorisches Museum Wilhelm Heyer 93, 452
Königsberg (Neumark), St. Marien (Stadtkirche) 31, 68, 486
Königsberg (Ostpreußen) 34
-, Dom 31
-, St. Johannis 491
Königsberg bei Wittstock, Dorfkirche 223
Königs Wusterhausen 141, 488
Köpenick: siehe Berlin-Köpenick
Köthen 45, 172
Kohlhasenbrück: siehe Berlin-Kohlhasenbrück
Konradshöhe: siehe Berlin-Konradshöhe
Konstantinopel 165
Kreuzberg: siehe Berlin-Kreuzberg
Kronstadt (Siebenbürgen), Schwarze Kirche 490
Kyffhäuser-Denkmal 303

Lamspringe (bei Hildesheim), kath. Klosterkirche 55
Landsberg a. d. Warthe 317
Langhennersdorf 89
Lanke bei Bernau 491
Lankwitz: siehe Berlin-Lankwitz
Lassan, St. Johannes 490
Lebus 489
Lehnin, Stiftskirche 489
Leipzig 43, 45, 123
-, Paulinerkirche 228
-, St. Nikolai 44
-, St. Peter 220
-, St. Thomas 34, 35, 44
-, Völkerschlachtdenkmal 303
Leipzig-Gohlis, Versöhnungskirche 295
Lichtenberg, Schloß 35
Lichtenberg: siehe Berlin-Lichtenberg
Lichtenrade: siehe Berlin-Lichtenrade
Lichterfelde: siehe Berlin-Lichterfelde
Liebenwalde 490
Liegnitz 61, 276
Lieske, Dorfkirche 179
Lietzow: siehe Berlin-Lietzow
Lindow, Ev.-ref. Kirche 154, 488
Lissa (poln. Lészno) 51, 450
Lobetal 454
London, Sydenham Palace (Kristallpalast) 491
Lübars: siehe Berlin-Lübars
Lübeck 16, 49
-, St. Marien 50
Luckau, Stadtkirche St. Nikolai 40, 118
Lüdersdorf 155
Lüdershagen bei Stralsund 491
Lüdingworth, Ev. Kirche 54
Lützenburg 139
Lychen 165

Märkisches Viertel: siehe Berlin-Märkisches Viertel
Magdeburg 18, 37, 55, 57, 65, 75, 91, 149
-, Dom 31, 37, 38
-, Heilig Geist-Kirche 68, 487
-, St. Johannis-Kirche 55
-, St. Katharinen-Kirche 55, 119, 489
-, St. Ulrich 55, 89-90
Mahlsdorf: siehe Berlin-Mahlsdorf
Mahlsdorf-Nord: siehe Berlin-Mahlsdorf-Nord
Mahlsdorf-Süd: siehe Berlin-Mahlsdorf-Süd
Malchow: siehe Berlin-Malchow
Mariendorf: siehe Berlin-Mariendorf
Marienfelde: siehe Berlin-Marienfelde
Marienwerder (Westpreußen), Dom 31
Mark Brandenburg 18, 23, 37, 47, 49, 53, 60-64, 66, 69, 108, 156, 158, 161, 172, 227, 313, 357

Markersdorf bei Görlitz 150
Marwitz, Dorfkirche 223
Marzahn: siehe Berlin-Marzahn
Meiningen, Schützenhaus 224, 281, 474
Memel, St. Johannis 491
Merseburg 55
-, Dom 31
Mittenwalde bei Zossen, St. Mauricius 489
Moabit: siehe Berlin-Moabit
Moorburg, Ev. Kirche 141
Müggelheim: siehe Berlin-Müggelheim
Müllrose, Ev. Stadtkirche 489
München 349
-, Deutsches Museum 225

Naumburg, St. Wenzel 87
Neu Boltenhagen 491
Neuenfelde 55
Neu Hardenberg 489
Neukölln: siehe Berlin-Neukölln
Neulietzegöricke 160
Neumark 62
Neuruppin 37, 153, 165
-, Klosterkirche 487
-, Stadtkirche St. Marien 31, 487, 489-490
Neutrebbin 155
Niederlehme 222
Nieder-Neuendorf bei Berlin 165
Niederschöna, Dorfkirche 66, 90
Niederschöneweide: siehe Berlin-Niederschöneweide
Niederschönhausen: siehe Berlin-Niederschönhausen
Niesky 464
Nikolassee: siehe Berlin-Nikolassee
Nördlingen 33
Norden 55, 294
Nordend: siehe Berlin-Nordend
Norwegen 62
Nothgottes bei Rüdesheim, Kloster 324, 449
Nürnberg, Frauenkirche 33
-, Kongreßhalle, Reichsparteitag der NSdAP 317, 478
-, St. Egidien 33
-, St. Lorenz 33

Oberschöneweide: siehe Berlin-Oberschöneweide
Oderberg bei Bad Freienwalde 491
Österreich 68
Övertornea 42
Ohrdruf 219
Oranienburg, Schloß 51, 57, 60, 73, 450
-, Seminar 491

Passow 110
Pankow: siehe Berlin-Pankow
Papenbruch, Dorfkirche 223
Pelplin (Westpreußen) 196, 490
Perleberg, St. Jacobi 165
Petershagen 222
Pforzheim-Weiherberg 379
Pichelsdorf: siehe Berlin-Pichelsdorf
Plötzensee: siehe Berlin-Plötzensee
Plötzin, Dorfkirche 111, 488
Polen 51
Pommern 62
Porta Westfalica 303
Potsdam 17, 21, 51, 73, 76, 82, 93, 113, 119, 153, 156, 349, 353, 359, 461
-, Alte Garnisonkirche (1722) 57, 60, 64-65, 96, 103, 460, 486
-, Cecilienhof 410
-, Franz.-ref. Kirche 119, 488
-, Friedenskirche 159, 165
-, Heilig Geist-Kirche 165, 486
-, Kath. Gemeinde 450
-, Militär-Waisenhaus 486
-, Neue Garnisonkirche (1731-35) 68, 453, 486-487
-, St. Peter und Paul, kath. 491
-, Schloßkapelle 51
-, Stadtkirche St. Nikolai 59-60, 90, 94, 158, 165, 447
Potsdam-Babelsberg 209
Potzlow 161
Prag 49
-, Bethlehemskirche 121
-, Teynkirche 50
Prenzlau 82, 156
-, Heilig-Geist-Kapelle (Spitalkirche) 61, 80, 82, 467
-, Sabinenkirche 156-157, 489
-, St. Marien 490
-, St. Nicolai 31, 156, 489
Prenzlauer Berg: siehe Berlin-Prenzlauer Berg
Prettin 199
Pritzerbe 69, 486
Pritzwalk, Pfarrkirche 31, 163
Pütte bei Stralsund 490

Quedlinburg 123

Rädel 489
Ragow bei Mittenwalde 487
Rahnsdorf: siehe Berlin-Rahnsdorf
Rahnsdorfer Mühle: siehe Berlin-Rahnsdorfer Mühle
Rauchfangwerder: siehe Berlin-Rauchfangwerder
Reinickendorf: siehe Berlin-Reinickendorf
Reval 223
Rheda, Schloßkapelle (Westfalen) 490
Ribbeck 491
Ribnitz-Damgarten 491
Riegersdorf (Kreis Züllichau) 484
Ringenwalde 109-110, 124
Rixdorf: siehe Berlin-Rixdorf
Röpersdorf 491
Roloffshagen bei Grimmen 490
Rom, Piazza del Popolo 147
Rosenthal: siehe Berlin-Rosenthal
Roskow, Ev. Kirche 111, 124, 126, 488
Rostock, St. Marien 489
Rotberg 161
Rothenburg, Orgeltagung 348
Rudow: siehe Berlin-Rudow
Rühstädt 487
Ruhleben: siehe Berlin-Ruhleben
Rummelsburg: siehe Berlin-Rummelsburg

Sagan (Niederschlesien), Augustinerchorherrenkloster 31
Salzwedel, St. Katharinen 165
-, St. Marien 68-69, 107-108, 487
St. Florian (Österreich) 348
St. Joachimsthal (Jáchymov, CSFR), Spitalkirche 34, 35
St. Petersburg 223
St. Tuna 42
Schippenbeil (Ostpreußen) 491
Schlachtensee: siehe Berlin-Schlachtensee
Schlanow 220
Schlemmin bei Richtenberg 490
Schlesien 53, 60-61, 65-66, 80, 87
Schleswig 54
Schmargendorf: siehe Berlin-Schmargendorf
Schmöckwitz: siehe Berlin-Schmöckwitz
Schmölln 490
Schönebeck 62, 69, 487
Schöneberg: siehe Berlin-Schöneberg
Schönholz: siehe Berlin-Schönholz
Schönow: siehe Berlin-Schönow

Schönwalde bei Nauen 487
Schönwerder 160
Schulzendorf: siehe Berlin-Schulzendorf
Schwaben 68
Schweden 49
Schwedt, Kirche 487
-, Schloßkapelle 487
Schweidnitz 93
Schwerin, Dom 36, 228
-, Nikolai-Kirche 139
Seehausen, Kirche 223
Seelow 155, 489
Seelübbe 490
Selbelang 155, 489
Selchow 449
Siemensstadt: siehe Berlin-Siemensstadt
Soest 490
Soldin (Neumark) 491
-, Franz.ref. Kirche 491
Spandau: siehe Berlin-Spandau
Springe 462
Staaken: siehe Berlin-Staaken
Stade, St. Cosmae 54
-, St. Wilhadi 54
Stargard, St. Johannes 486
-, Marien-Kirche 490
Steglitz: siehe Berlin-Steglitz
Steinkirchen 55, 349-350
Steinstücken: siehe Berlin-Steinstücken
Stendal (Altmark) 31, 38, 47
Sternhagen 487
Stettin 199
-, St. Gertrud-Kirche 108
-, St. Jacobi-Kirche 109
-, St. Marien-Kirche 487
-, St. Nikolai-Kirche 110, 124, 488
-, Schloßkirche 108
Stockholm, Deutsche Kirche St. Gertrud 42, 50
-, Historisches Museum 31
Stolpe: siehe Berlin-Stolpe
Stoltenhagen bei Grimmen 490
Storkow 487
Stralau: siehe Berlin-Stralau
Stralsund 196
-, Heiliggeist-Kirche 490
-, St. Annen und Brigitten 491
-, St. Jacobi 113
-, St. Marien 110, 159, 350, 488
-, St. Nikolai 490
Straßburg, St. Thomas 225
Strausberg, Stadtkirche 488
Stüdenitz 491
Südende: siehe Berlin-Südende
Sundborn 42
Sundre (Gotland) 33

Tangermünde, St. Stephani 34, 59
Tegel: siehe Berlin-Tegel
Tegelort: siehe Berlin-Tegelort
Teltow 30
-, Ev. Diakonissenhaus, Kapelle 359, 360
-, St. Andreas-Kirche 490
Tempelhof: siehe Berlin-Tempelhof
Templin, St. Maria-Magdalenen 486, 491
Thorn (Westpreußen), Graues Kloster 31
Thüringen 19, 219
Tiergarten: siehe Berlin-Tiergarten
Tilsit, Domkirche 489
Torgau 44
-, Alltagskirche 35
-, »Orgeltag« 34

-, Stadtkirche 35
Treptow: siehe Berlin-Treptow
Treuenbrietzen, St. Marien 69, 103-104, 487, 489
-, St. Nikolai 487, 489
Tribohm bei Richtenberg 490
Tribsee, St. Thomas 490
Trondheim (Norwegen), Dom 69, 107, 487

Ueckermünde, St. Marien 108, 490
Ummendorf 484

Västeras, Dom 42
Velgast bei Stralsund 490
Velten 167
Vielitz 488
Vika 42
Völklingen 485
Voigdehagen bei Stralsund 490

Wachow, Dorfkirche 156, 490
Waidmannslust: siehe Berlin-Waidmannslust
Wannsee: siehe Berlin-Wannsee
Wanzleben, St. Jacobi-Kirche 62, 83, 87
Wartenberg: siehe Berlin-Wartenberg
Warthe 449
Wedding: siehe Berlin-Wedding
Weinmeisterhöhe: siehe Berlin-Weinmeisterhöhe
Weißensee: siehe Berlin-Weißensee
Wendenschloß: siehe Berlin-Wendenschloß
Werben, St. Johannis 38, 39, 65, 487
Werder, Pfarrkirche Heilig Geist 489
Wesenberg 60, 62, 448
Westend: siehe Berlin-Westend
Westfalen 75
Wien 34, 50
-, Gesellschaft der Musikfreunde, Großer Saal 228
Wiependorf, Ev. Kirche 160
Wiesbaden 220
Wildberg (Alt Ruppin) 163
Wilhelmsberg: siehe Berlin-Wilhelmsberg
Wilhelmshagen: siehe Berlin-Wilhelmshagen
Wilhelmsruh: siehe Berlin-Wilhelmsruh
Wilhelmsstadt: siehe Berlin-Wilhelmsstadt
Wilmersdorf: siehe Berlin-Wilmersdorf
Wilsnack 37
Winterthur (Schweiz), Konservatorium 422
Wittenau: siehe Berlin-Wittenau
Wittenberg 43, 45
-, Schloßkirche 34
-, Stadtkirche 44
Wittstock, St. Marien 41, 109-110, 155, 223
Wölmsdorf 163, 165, 172, 462
Wolfenbüttel, Marienkapelle 38
Wolfsburg 480
Wolgast, Petri-Kirche
Wotenick bei Demmin 490
Wrechow (Neumark) 491
Wriezen, Stadtkirche St. Marien 46, 63, 69, 486
Wuppertal 485
Wusterhausen/Dosse, Dom 68-69, 89, 487
-, Stadtkirche St. Peter und Paul 31
Wusterhusen bei Wolgast 490
Wutzig 220

Zachow bei Königsberg (Neumark) 491
Zahna 43, 44
Zehdenick 491
Zehlendorf: siehe Berlin-Zehlendorf
Zinna, Klosterkirche 18, 61, 82
Zittau, Johanniskirche 68
Zwickau, Dom St. Marien 35

Ortsregister | 523